中央大学社会科学研究所研究叢書……27

"境界領域"のフィールドワーク

"惑星社会の諸問題"に応答するために

新原道信　編著

中央大学出版部

献　辞

　社会的痛苦の体現者としての病者であり、
社会の医者であろうとし続けたA.メルッチに捧ぐ

はじめに

　本書は，中央大学社会科学研究所の研究チームのひとつであるヨーロッパ研究ネットワークの活動の一環としてすすめてきた「"境界領域"のフィールドワーク」の研究成果である．古城利明を研究代表者としてオーランドと沖縄を比較した共同研究「リージョンの時代と島の自治」（2002年度から2004年度），新原道信を研究代表者として，Alberto Merler, Anna Melucci[1]，古城利明，中島康予，柑本英雄，田渕六郎，藤井達也，石川文也，中村寛，鈴木鉄忠等が参加した科学研究費による共同研究「21世紀"共成"システム構築を目的とした社会文化的な"島々"の研究」（2004年度から2006年度），「国境地域と島嶼地域の"境界領域のメタモルフォーゼ"に関する比較地域研究」（2007年度から2009年度），新原道信の2010年度イタリア・サッサリ大学での在外研究，2011年度から現在に至る阪口毅たちとの「3.11以降」への取り組みのなかに位置付けられる．

　本書はまた，これまでの共同研究の成果を継承発展させることを意図して開始された新規プロジェクト「惑星社会の諸問題に応答する探究／探求型社会調査——3.11以降の"生存の場としての地域社会"形成に向けて（Exploratory Social Research on the Multiple Problems in the Planetary Society: Toward Reconstructing "Regions and Communities for Sustainable Ways of Being" after 3.11）」の出発点を確認することを目的としている．

　ヨーロッパ研究ネットワークの研究活動を長年にわたって主導してきた古城利明は，スウェーデンの政治学者J. バーテルソン（Jens Bartelson）の分類にならって，グローバリゼーションの特徴を「既存の単位間でのものごとの移動・交換（transference）」，「システム・レヴェルでの変容（transformation）」，「単位やシステムを成り立たせる区分の超越（transcendence）」とした上で，（マクロ・トレンドの）「流れに乗じたしたたかな選択や抵抗」に着目しつつ，「『変容』あるいは『超越』の視点から，グローバリゼーションに伴うローカルの『再

審』」を問うことを試みた（古城 2006：i）。"境界領域（cumfinis）"とは，"多重／多層／多面"の境界区分の「変容」「超越」と共に，グローバル・イシューズが衝突・混交・混成・重合するローカルな「場所（luogo, place）」である。

"境界領域"のフィールドワークは，サルデーニャ（イタリア），沖縄，周防大島，コルシカ（フランス），リスボン・アゾレス（ポルトガル），カーボベルデ，ヘルシンキ・ミッケリ（フィンランド），オーランド（フィンランド・スウェーデンの間国境地域），ヴァッレ・ダオスタ（イタリア・フランス・スイスの間国境地域），トレンティーノ＝アルト・アディジェとアルプス山間地（イタリア・オーストリア・スイスの間国境地域），フリウリ＝ヴェネツィア・ジュリアとゴリツィア／ノヴァ・ゴリツァ（イタリア・オーストリア・スロヴェニアの間国境地域），トリエステからイストリア（イタリア・スロヴェニア・クロアチアの間国境地域），ニューヨーク（ハーレム）などの各地で行なってきた。このなかで師友となったA. メルッチ（Alberto Melucci）[2]とA. メルレル（Alberto Merler）[3]には，理論と調査方法の双方，なによりもその"臨場・臨床の智（cumscientia ex klinikos）"に多大な影響を受けている。メルッチは，A. トゥレーヌ（Alain Touraine）にとって，最も優秀かつ"規格外で型破り"な弟子であり，メルレルは，ブラジル・南米社会で最も尊敬された社会学者O. イアンニ（Octavio Ianni）の「社会の医者」の精神を，深いところから継承した弟子であった。

調査研究の"旅／フィールドワーク（autoistruirsi viaggiando, learning/unlearning in the field）"の途上では，"境界領域（cumfinis）"の諸相に出会った。こうして，いくつもの"多重／多層／多面"の「境界（finis）」が"衝突・混交・混成・重合"しつつある（cum）「場所」「時期」「瞬間」あるいは「成層」としての"境界領域（cumfinis）"を，①"テリトリーの境界領域（frontier territories, liminal territories, terra 'di confine'）"，②"心身／身心現象の境界領域（liminality, betwixst and between）"，③"メタモルフォーゼの境界領域（metamorfosi nascente）"という三つの位相（fase）に分節化するに至り，"衝突・混交・混成・重合"によって練り上げつつある現代社会の「状況」とそこに生きる人間の「条件」[4]についての"対話的なエラボレイション（coelaborazione,

elaborazione dialogante)"を試みてきた。

　本書では，これまでの各研究員による調査研究の成果をとりまとめ，地中海・ヨーロッパ諸地域を中心に，アメリカ・アジア・太平洋の諸地域の比較研究として，近年の研究成果を提示するものである[5]。

（文責・新原道信）

注

1) Alberto Melucci は，2001 年に夭逝していたが，アンナ夫人や他の研究仲間を通じて，メルッチが遺してくれた "智（cumscientia）" との対話をずっと続けてきた。

2) A. メルッチは，1943 年にイタリアのエミリア＝ロマーニャ州リミニで熟練労働者の息子として生まれた。ミラノ・カトリック大学で哲学を学んだメルッチは，カトリック青年運動に参加し，ボローニャ大学で臨床心理学を学ぶアンナ夫人と知り合った。そして国立ミラノ大学大学院で社会学を学んだ後パリに留学し，トゥレーヌのもとで社会運動を研究すると同時に，臨床心理学の博士号を取得する。J. ハーバーマス（Jurgen Habermas）や Z. バウマン（Zygmunt Bauman）との学問的交流を経てイタリアに帰国，サッサリ大学，トレント大学，ミラノ大学を歴任したが，2001 年白血病でこの世を去った。新しい社会運動とアイデンティティの不確定性をめぐる現代社会理論の旗手として知られるようになる一方で，アンナ夫人との共同研究により "個々人の内なる社会変動（change form, metamorphose）" に関する膨大な質的調査と精神療法／心理療法の実践の成果をイタリア語で作品化していった。

3) A. メルレルは，1942 年にイタリア北部の都市トレントで生まれ，家族と共にブラジルへとわたり，サンパウロで青年時代を過ごした。イアンニの指導のもと，サンパウロ大学大学院を卒業後，アメリカ，アフリカ，ヨーロッパの各地の大学で教育活動を行ない，イタリアに「帰還」した後は，地中海の島サルデーニャの国立サッサリ大学（創立 1562 年）に勤務し，地域社会研究所（FOIST）の所長としてこの島の地域形成に寄与してきた。メルレルはまた，世界各地の島嶼社会の研究・文化交流の中心人物の一人であり，サッサリ大学の島嶼社会比較研究所（ISC）の所長，地中海島嶼社会の諸問題を研究することを目的とした国際研究組織である地中海研究所 ISPROM の主任研究員，地中海島嶼社会に関する雑誌『レス・メディテラネア（Res Mediterranea）』の編集委員でもある。人の移動に伴って，都市において形成される "社会文化的な島々" の社会学的研究を，イタリア，ドイツ，スウェーデン，スペイン，ポルトガル，フィンランド，ルーマニア，ノルウェー，スロヴェニア，ハンガリー，アイルランド，レユニオン，カーボベルデ，ブラジル，アルゼンチン，パラグアイ，ウルグアイ，チリ，ペルー，ボリビアなどの研究者と共に「人の移動と文化交流のプロジェクト（EUROMIR）」として進めてきた。最近では，「世界の島嶼地域の大学間ネットワーク（R.E.T.I.＝Rete di eccellenza dei Territoriali Insulari）」で中心的役割を果たし，2010 年 7

月にはコルシカ，2011年7月にはマデイラで，地中海・大西洋地域そしてミクロネシアなどから20以上の大学の学長が集まり，「島嶼社会が直面する諸問題についての領域横断的な研究交流」の具体化についての話し合いがなされた。メルレルは，「島の自然：文化，智恵，社会組織（NICSOS=Nature delle isole: culture, saperi, organizzazioni sociali）」というセクションの責任者であり，「島嶼社会の陸地と海洋資源の統合的マネジメント（Managemento integrato dei territori insulari e risorse marine）」と「持続的発展と島嶼社会のアイデンティティ（Sviluppo sostenibile e identita dei territori insulari）」を研究テーマとしている。

4) ここでの「条件」「状況」という言葉は以下のような含意で使用している。中世ラテン語のsituareに由来する「状況（situazione）」の，situsはpositua，つまり，位置，ものの在り方，置かれ方，配置，ひとの姿勢，姿態とかかわる。ラテン語のcondicioneから来ている「条件（condizione）」は，いっしょに（con），言う（dicere），同意する（convenire），契約＝同意の上で決める（stabilire di commune accordo）とかかわる。どちらの言葉にも，人間の主観／主体的側面と客体的側面があり，「条件」には，相互承認／間主観の契機がある。

5) 本調査研究は，シカゴ学派，P.ブルデュー，A.メルッチ，A.メルレル，宮本常一，鶴見良行等によってなされた，社会と個人の深部にまで入り込む調査研究の遺産を受け継ぎつつ，これまで30年ほどの歳月をかけて切り開いてきた，地域とそこに暮らす人々の信頼・協力関係に依拠しての調査研究である。理論的には，メルレルの島嶼社会論，メルッチの"惑星社会（の中の地域社会）"論と"メタモルフォーゼ"論に依拠しつつ，"対話的なエラボレイション"を試みた。古城利明は，イタリアのローマ，ナポリ，ミラノといったどちらかといえば「中心的な」場所を基点に研究を蓄積してきた。他方で，新原道信はイタリアのサルデーニャといういわば「辺境のヨーロッパ」からの研究を積み重ねてきた。この「中心」と「辺境」という二つの位置取りを基本的な対称軸としながら，日本とイタリア（ヨーロッパ）の諸地域の家族の形成のされかたを比較研究し，とりわけ家族社会学におけるトリエステ－サンクトペテルブルク線に着目し調査研究をすすめる田渕六郎，ヨーロッパのサブリージョンを対象とした越境地域間協力を研究する柑本英雄，とりわけフリウリ＝ヴェネツィア・ジュリアにおいて顕著に表れる（国境隣接地域の緊張とかかわるかたちで生じる地域住民のストレスや精神疾患などに着目した精神科医F.バザリア（Franco Basaglia）の運動に強い関心を持ち）個々人の社会的痛苦の問題を研究する藤井達也，とりわけヴァッレ・ダオスタ，トレンティーノ＝アルト・アディジェで顕著に表れる言語・文化の複数性の問題を研究する石川文也，フランス社会と当該調査対象地域のかかわりで"共成"の問題を考える中島康予という軸を重ね合わせて，複数の"境界領域"の"混交・混成・重合"によって構成される複合的現実を，出来る限りきめ細やかに理解することを試み，そこから"境界領域"の理論の練成を企図した。

第二に，社会学的な調査研究としては，社会・文化的なコンフリクトとそれへ

の応答に焦点をあてることになるが，とりわけ今回の対象地域の研究においては，地域社会の基盤，風土や物理的な物質循環にまで降りて考えざるを得なかった。ブローデルは歴史家として自然や風土とひとの意識や「心性（mentalité）」の繋がりを考え，社会学者の鶴見和子や経済学者の玉野井芳郎は，風水土と結び付いた生命系を考えた。これらの先駆的試みを継承しつつ，物質循環と生命系の基盤の上に成立している地域社会システム，さらにその上に成り立つ集合表象，心意現象，記憶を解釈しなおすことを考えた。

　調査研究の分担と協力体制は以下のようなかたちで構成した：

①フランス・スイスと国境を接するヴァッレ・ダオスタ州は，主として石川文也と中島康予が担当した。石川は，フランスとスイスでの留学・在外研究の経験があり，フランス語・プロヴァンス語圏である当該地域で深い調査を行なうことが出来た。ブルデューの調査研究に通暁している中島も，フランスでの留学・在外研究の経験があり，石川と同様の調査遂行能力を有した。

②オーストリア・スロヴェニアと国境を接するフリウリ＝ヴェネツィア・ジュリア州は，藤井達也と田渕六郎が担当した。同地域は今回の調査研究の中心的な調査対象地である。既に新原は，同地域及び隣接するスロヴェニア，クロアチアの国境地域（イタリア語での深い聴きとり調査が可能である）で調査を行ない，協力関係をつくっている。藤井は，トリエステ県精神保健部やトリエステの社会的協同組合と既に定期的な関係を取り結んでいた。田渕はイタリア語の能力を有し，トリエステとゴリツィアの間に位置する港湾工業都市モンファルコーネでの調査などを遂行した。鈴木はバルカン半島・イストリア半島との関係が深い同地域において，イタリア・スロヴェニア・クロアチアの間国境地域の市民社会の構成を考察した。

③サルデーニャについては，留学，在外研究，共同研究，講義・セミナー・シンポジウム・イタリア語の論文や記事の発表などによる地域への寄与など，既に20年以上の地域調査の蓄積と人脈を有する新原道信が担当した。

④古城利明は30年以上にわたってイタリア研究を遂行し，ミラノ・ビコッカ大学のG.マルティノッティ教授，M.ボッフィ教授，ローマ大学のM.コラファート教授，ナポリ大学のF.チェラセ教授などの協力関係を取り結んでいることから，イタリアの特別自治州が，世界システム（ヨーロッパ，イタリア）のなかでどのような役割を与えられてきたのか，またそこからどう抵抗・応答しようとしてきたのかを比較可能なかたちにまで理解・整理を担当した。

⑤ヨーロッパのサブリージョンを対象とした越境地域間協力を研究する柑本英雄は，古城と同じ課題を担当し，オーランドでの共同研究の蓄積も活かしつつ，イタリアの特別州が，EUレベルの地域間協力にいかなるかたちでアクセスしているのかを調査した。

⑥ヨーロッパの諸地域との比較のために，研究協力者である中村寛をニューヨークのハーレムに派遣し（中村は本調査に参加する以前にハーレム地区と

コロンビア大学に長期滞在した経歴を持つ），比較を行なった。
⑦以上の分担を基本として，映像等を活かした十分な知見の共有とリフレクション，さらに日常的に頻繁な海外協力者との打ち合わせによって，インテンシブな地域調査を行なうこととなった。

　海外共同研究者に関しては，新原道信は，サッサリ大学のメルレルとの間で20年以上の共同研究の歴史を有している。メルレルは，サルデーニャのみならず，トレンティーノ＝アルト・アディジェ（トレント大学），フリウリ＝ヴェネツィア・ジュリア（トリエステ大学）と強い関係を持ち，理論や調査方法論に関するアドバイスのみならず今回の調査研究に必要なキーパーソンを紹介する役割を果たしてくれた。ヴァッレ・ダオスタについては，石川文也のスイスでの留学先で同門だったM.カヴァッリ氏が現在ヴァッレ・ダオスタ州教育研究地域研究所・教授となっており，本研究グループの調査に協力してくれた。トレンティーノ＝アルト・アディジェに関しては，トリエステ大学のA.スカリア教授，A.コバルティ教授，サッサリ大学のA.メルレル教授の協力を仰いだ。フリウリ＝ヴェネツィア・ジュリアに関しては，トリエステ大学のF.ラザリ教授，R.プポ教授，オーランド調査においては，K.ライチネン教授が協力者となってくれていた。
　フリウリ＝ヴェネツィア・ジュリアと関係が深く，かつてはイタリア領だったが現在はクロアチアとなっている地域に関しては，メルレルがプーラ大学などに人脈を有しており，国境を越えたイストリア半島地域での補足調査に際してはメルレルの協力を仰いだ。若手研究者に関しては，イタリア政府国費留学生としてA.ガスパリーニ教授の国際社会学研究所に留学し，リュブリアナでスロヴェニア語もマスターした東京大学院生（当時）の井上直子は，ゴリツィアとイタリア国境側のスロヴェニアの地域に深く食いこんでおり，本研究グループの研究協力者として多大な貢献をしてくれた（井上と新原は，新原が東京大学経済学研究科の現代ヨーロッパ経済史CHEESEユニットの連携研究員となっていることから，統合ヨーロッパにおける越境地域間協力に関していっしょに研究するという関係を持ってもいる）。フリウリ＝ヴェネツィア・ジュリアと関係が深く，かつてはイタリア領だったが現在はスロヴェニアとなっている地域に関しては，井上直子が人脈を有しており，国境を越えた地域での補足調査に際しては井上の協力を仰ぐことになった。R.プポ教授の指導を受けトリエステに滞在し調査を進める鈴木鉄忠は，トリエステとスロヴェニア・クロアチアとの間の戦争の記憶と"共成"の可能性に関する社会学研究で，人脈を築き，トリエステを中心として，本研究グループの協力者・推進役の一人となってくれた。
　また，より大きな研究の全体構想のなかで，これまで調査研究を共にしてきた若手研究者であり，ニューヨークのハーレムで長期の滞在型研究を行なって帰国した中村寛にはニューヨーク調査を依頼した。中村には，T.ウイリアムズやW.ユーンブルムとの研究交流に依拠しつつ，"共成""境界領域""メタモルフォーゼ"という本調査研究のキーコンセプトとかかわって，異なる知見を提供しても

らい，イタリアを主たる調査研究対象とする研究グループに新たな比較研究の視点を与える役割を果たしてもらった。

　本調査研究は，研究チームとしての蓄積，そして個々のメンバーのこうした研究交流の積み重ねによって成り立っている。

引用・参考文献

古城利明，2006「序」古城利明監修，新原道信他編『地域社会学講座　第2巻　グローバリゼーション／ポスト・モダンと地域社会』東信社。

地図 1 本書で登場する主な地名（世界地図）

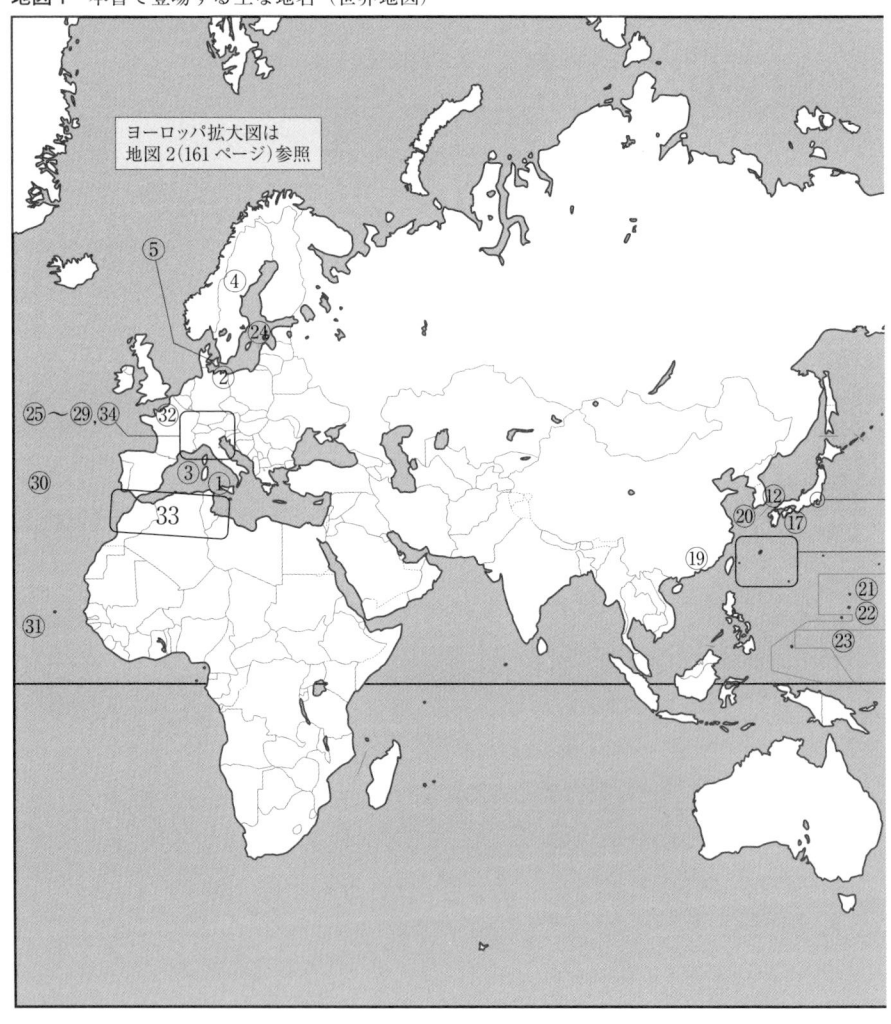

出所：鈴木鉄忠作成。

①サルデーニャ	⑦リオデジャネイロ	⑫対馬	⑱神奈川県の多文化
②ケルン	⑧エスピリット	⑬石垣	・多言語混成地区
③コルシカ	・サント	⑭竹富	⑲マカオ
④エステルズンド	⑨川崎・鶴見	⑮西表	⑳済州島
⑤コペンハーゲン	⑩奄美	⑯南北大東島	㉑サイパン
⑥サンパウロ	⑪沖縄	⑰周防大島	㉒テニアン

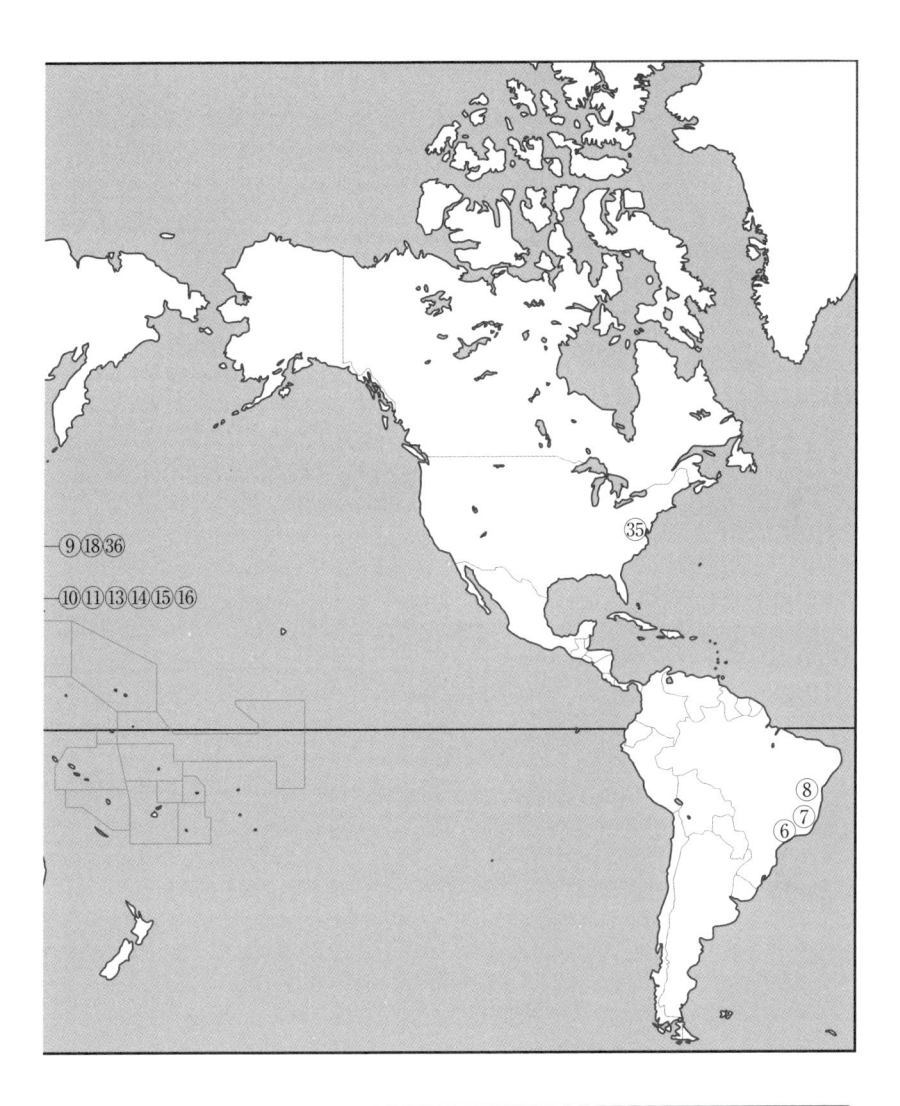

㉓ロタ
㉔オーランド
㉕ヴァッレ・ダオスタ
㉖アルプス山間地
㉗トレンティーノ=アルト
　・アディジェ
㉘フリウリ=ヴェネツィア
　・ジュリア
㉙イストリア
㉚アゾレス
㉛カーボベルデ
㉜フランス
㉝マグレブ
㉞トリエステ
㉟ニューヨーク・ハーレム
㊱新宿・大久保

目　　次

はじめに

地図1　本書で登場する主な地名（世界地図）

序　章　"境界領域"のフィールドワークから"惑星社会の諸問題"を考える

新原道信

1. はじめに：「3.11以降」の"惑星社会"を生きるために …………2
2. "惑星社会"への"かまえ"——フィルターとしての理論／メタファーとしての概念 ……………………………………7
3. メルッチの"生体的関係的カタストロフ" ………………………12
4. メルレルの"複合的身体" ………………………………………16
5. 〈島嶼社会論〉——"社会文化的な島々"から個人と社会の"深層／深淵"をとらえる ……………………………20
6. "根"と"未発の社会運動" ………………………………………28
7. "境界領域"概念を紡ぎ出す ………………………………………38
8. ゆるく固定されたピボット・ピンのように揺れ動くプレイング・セルフ ………………………………………42
9. 〈毛細管現象／胎動／交感／個々人の内なる社会変動／未発の社会運動〉へ ………………………………………47
10. おわりに：「限界を受け容れる自由」とともに …………………51

第1部 "境界領域"のフィールドワークの「エピステモロジー／メソドロジー」

第1章 海と陸の"境界領域"
――日本とサルデーニャをはじめとした島々の
つらなりから世界を見る――

A. メルレル／新原道信
（新原道信 訳）

1. はじめに：マングローブの家，ナマコの目 …………………………79
2. 地中海の境界と"社会文化的な島々" ………………………………81
3. 島々の境界を越えて ……………………………………………………84
4. おわりに："島々"の上にはいくつもの可能性の空が… …………86

第2章 リフレクシヴな調査研究にむけて

A. メルッチ
（新原道信 訳）

1. はじめに：二元論を越えて ……………………………………………93
2. 距離を保つ ………………………………………………………………94
3. 距離を縮める ……………………………………………………………96
4. 関係性としての社会調査 ………………………………………………97
5. 契約としての社会調査 …………………………………………………99
6. 関係性の「遊び」 ……………………………………………………100
7. おわりに：リフレクシヴな調査研究へ ……………………………101

第3章 "境界領域"のフィールドワークの「エピステモロジー／メソドロジー」

新原道信

1. はじめに："聴くことの社会学"と"旅する社会学" ……………113

2．"対話的なエラボレイション"としての"社会学的探求"…………118
3．"探究／探求型社会調査"……………………………………………121
4．"探究／探求の技法"と"叙述／伝達の技法"……………………126
5．「この景観の意味が頭に入っている／身体に入っている」
　　という"知覚"について ……………………………………………138
6．おわりに：路上を漂う，様々な想念を，掬い取る蜘蛛の
　　巣のような"智"とともに …………………………………………140

第2部　"境界領域"のフィールドワークの現場

地図2　本書で登場する主な地名（ヨーロッパ）

第4章　構築主義的政治理論と介入のテクノロジー
―――「地域化／領土化された政策」とフランス共和制―――

中島康予

1．はじめに ……………………………………………………………163
2．構築主義的政治理論とヨーロッパ研究 …………………………167
3．介入のテクノロジーをめぐる政治 …………………………………172
4．フランスにおける地域構築の要因 …………………………………178
5．おわりに ……………………………………………………………184

第5章　国境の越え方
―――イタリア・スロヴェニア・クロアチア間国境地域
　「北アドリア海」を事例に―――

鈴木鉄忠

1．はじめに：変化する国境 ……………………………………………189
2．ヨーロッパ国境地域のなかの北アドリア海地域 …………………195
3．北アドリア海地域「西端」へのフィールドワーク ………………206

4．北アドリア海地域「奥地」へのフィールドワーク …………………214
　　5．おわりに：〈いくつものもうひとつの〉ヨーロッパへ………………220

第6章　もうひとつのエリジウム，あるいは異者を
　　　　造りあげる感性と技術について
　　　　──コロンビア大学のキャンパス拡大とハーレムの
　　　　　境界の引きなおし──

　　　　　　　　　　　　　　　　　　　　　　　　中　村　　寛

　　1．はじめに：コロンビア大学のキャンパスにて ……………………234
　　2．問題の所在──境界という現象とその民族誌的探求 ……………237
　　3．ハーレムの風景と地理的コンテクスト ……………………………241
　　4．境界の引きなおし──コロンビア大学のキャンパス拡大と
　　　　ハーレムへの進出 ……………………………………………………247
　　5．境界と文化コード──コロンビア大学への「闖入」……………265
　　6．おわりに：見えにくい暴力の探求に向けて ………………………271

第7章　移動の歴史的地層
　　　　──新宿大久保地域の空間の定義をめぐる
　　　　　差異とコンフリクト──

　　　　　　　　　　　　　　　　　　　　　　　　阪　口　　毅

　　1．はじめに ………………………………………………………………289
　　2．象徴的空間としての中心地区 ………………………………………291
　　3．移動の歴史的地層 ……………………………………………………300
　　4．複数の声──空間の定義をめぐる差異とコンフリクト …………307
　　5．おわりに：内なる地層と複数の声 …………………………………320

第8章 "深層／深淵"のヨーロッパ
　　　──オーランド，カーボベルデ，サルデーニャと
　　　　コルシカにおける"境界領域"のフィールドワーク──
　　　　　　　　　　　　　　　　　　　　　　　新 原 道 信
　　1．はじめに："時代のパサージュ"と"深層／深淵"の
　　　　ヨーロッパ……………………………………………………335
　　2．エンツェンスベルガーの「危惧」とオーランド人の"根"…………343
　　3．"境界領域"のカーボベルデ……………………………………356
　　4．海の「間国境地域」──サルデーニャ北東部とコルシカ南部……387
　　5．おわりに："惑星社会"と人間の「物理的な限界」から始める……408

終　章　再び"境界領域"のフィールドワークから
　　　　"惑星社会の諸問題"へ
　　　　　　　　　　　　　　　　　　　　　　　古 城 利 明
　　1．本書の構成とその要点 …………………………………………437
　　2．「3.11以降」の"境界領域"と"惑星社会" ……………………440

あ と が き
索　　　引

序　章
"境界領域"のフィールドワークから"惑星社会の諸問題"を考える

新 原 道 信

　私たちは，グローバル化社会となった惑星で生活している。それは，外部の環境および私たちの社会生活そのものに介入していく力によって，完全に相互に結合していく社会であるが，しかし依然として，そのような介入の手が届かない本来の生息地である惑星としての地球（the planet Earth）に拘束されているような社会でもある。社会的行為のためのグローバルなフィールドとその物理的な限界という，惑星としての地球の二重の関係は，私たちがそこで私的生活を営む"惑星社会（the planetary society）"を規定している。

　本書を通じて私が望むのは，比較的目に見えやすい集合的なプロセスが個人の体験や日々つくられる諸関係とふれる場である境界領域（frontier territories）への冒険である。……惑星としての地球に生きていることの責任／応答力が，私たちすべての手に委ねられているということも明らかになってくる。したがって，私は，社会の関係性と諸個人の体験とを二つの軸とした，循環し，迂回していくような道筋を本書で探究しようと思っているのだ。……私の視線は，人間の行為の様々に異なった領域が相互にふれあい，相互浸透しているような場所である境界領域に集中することになるだろう。このフロンティアこそが，私が読者を招き入れ，ともに旅をしたいと思っている場所である。

A. メルッチ『プレイング・セルフ──惑星社会における人間と意味』
（Melucci 1996a = 2008：3, 5-7）

1．はじめに：「3.11以降」の"惑星社会"を生きるために[1]

「3.11」直後，イタリアの新聞は，世界終局を描いたヨハネ黙示録を意味する言葉を用いて「日本の破局（L'Apocalisse del Giappone）」という表現をした。それ以降，「原発・震災」「エネルギー選択」等の問題は，イタリア・ヨーロッパでも強い関心をもって受けとめられており，日本の政治・社会状況への注視が続いている。関心の背後にあるのは，以下のような「予感（presentimenti）」である。「『3.11』は，"時代の裂け目（spaccatura d'epoca / epoca di spaccatura）"，すなわち私達が直面している惑星規模の問題の象徴であり，無関心ではいられない。」[2]。——期せずして，日本社会もイタリア・ヨーロッパ社会も，「統治性の限界（the Limits of Governmentality）」による"時代の裂け目"が可視化している。イタリア・ヨーロッパでは，膨大な時間とエネルギーと対話によって建設されてきた社会保障の背後にある「ヨーロッパ性」の根幹が揺るがされている。

「惑星としての地球」そして「境界領域への冒険」という言葉は，「惑星社会における人間と意味」という副題が付けられたメルッチの理論的主著『プレイング・セルフ』の冒頭に登場している。グローバリゼーションによって「外部」（あるいは「植民」の対象となるはずの「フロンティア」「荒野」）は消失し，線形に予測されるはずだった未来も失われ，いまや私たちは，思っていたほど広くも無限でもない「惑星地球」に暮らしている。ひとたびこの土地の許容範囲を超えた資源の採掘や汚染が起これば，たやすく社会そのものが「自家中毒」を起こし，"生存"の基盤が脅かされる。こうして"惑星社会"は，すべてがローカルな運命共同体，逃げていく場所のない領域（テリトリー）として存立している。『プレイング・セルフ』というタイトルには，"惑星社会"という現在を生きる人間が，構造とシステムに組み込まれた自己から"ぶれてはみ出し（playing&challenging）"，自らの"かたちを変えつつ動いていく（changing

form）"ことへのエールがこめられていた。そして，想像したり把握したりすることが困難な"惑星社会"への洞察が（倫理にとどまらず）論理的必然となった社会を私たちは生きており，"惑星社会の諸問題を引き受け／応答する（responding for／to the multiple problems in the planetary society）"ことがこれからの学問の使命だと考えていた。そのメルッチが，もし「3.11以降」の"惑星社会"に居合わせたとしたら，いかなる着眼と問題への応答をしていくのだろうか。"生身の現実（cruda realtà）"への強い探究／探求心を持ったメルッチなら，このようなことをまず私達に問いかけるのではないかと思う[3]。

> いまもなお，これからもずっと，放射能を含んだ水が流され続けるこの時代に，なぜ私達は，自分の身体の問題でもある"惑星社会の諸問題"を意識できないのか？ 受難，死，喪失，社会的痛苦を「おわったこと，なかったこと」にする力に取り囲まれ，一般市民同士の，風水土や他の生物との，未来とのはてしなき相克・闘争が予感されるなかで，"見知らぬ明日"に対して，学問／社会学／社会学的探求には，いかなる使命があるのか？

ここには，「汚染水」を"基点／起点（anchor points, punti d'appoggio）"[4]として，同時代の問題を"惑星社会"における〈関係性の危機〉としてとらえ，そのような時代の学問に固有の使命とは何かという"問いかけ"が在る。

いま，私達は，"底知れぬ喪失／痛みの深淵（perdita abissale／abisso di dolore）"と「あいまいな喪失」との"隔絶（weiter Ferne, distanza abissale）"を生きている。

地域社会は根こそぎにされ（uprooted, sradicato），「被災地」には「保障」をめぐって，恣意的な境界線が引かれ，住民は分断される。「牛を，田んぼを，先祖の墓を置いて，見えない恐怖から逃げ出さなければならない心情を考えると，ゆっくりと自分の背骨が折られていくような」[5]気持ちを抱えつつ，故郷を想うひとがいる。"隔絶"がもたらす個々人の内なる"痛み／傷み／悼み"は，その傷口の奥深く，刺青のように刻みこまれていく。

「あたりまえ」のものとしてきた日常生活に「裂け目」が生じ，これまで見ようとしなかったものが目に入って来ざるを得ない。そのなかで，都市住民は「うっすらとした不安」を抱えつつ暮らす。「3.11以降の状況」に怒り，「エネルギー政策」や「政治」そして何よりも「社会」そのものが変わらざるを得ないと思った人達がいた。胸騒ぎと共に様々な「限界」を"予感する（ahnen, presentire）"。「いてもたってもいられない」。しかし，第二次大戦後アメリカの軍事戦略への依存（「核のカサ」）のもとでの経済成長主義，核エネルギーへの依存といった背景を考えると，事態は簡単ではないことを体感し，立ち止まり，悩む。「今までと同じではいられない」「変わっていくべき」はずなのだが言葉に出来ない。その一方で，危機的な瞬間（critical moment）に開いた「空間」や「窓」を閉じようとする"肯定性のホメオスタシス（Homeostasis of positive）"，「おわったこと」にしようとする"忘却（amnesia）""忘我・自失（raptus）"の力，受難・死・喪失・社会的痛苦を「なかったこと」にする"没思考の浄化主義（purificanismo spensierato）"の力に呑みこまれていく自分――自らに埋めこまれ，植えこまれ，刻みこまれた"選択的盲目（現実から目をそらす bendarsi gli occhi）"に縛られてもいる[6]。

　私達が直面しているのは，きわめてリフレクシヴ（再帰的／内省的／照射的）な現象であり，資本や市場や情報そのものの運動，あるいは生物多様性や物質循環の運動によって深く拘束されている。それゆえ，"衝突・混交・混成・重合"によって生み出され続けている現代社会そのものが持つリフレクシビティと，個々人の没思考性，没精神性が対位的に存在しているという「状況・条件」のもとで，個々人がいかなるかたちでリフレクションを行ない意味を産出するのかというかたちで問題に対面している。

　こうして私達は，「複雑性のもたらすジレンマ」（Melucci 1996a＝2008：173）がもたらす問題――原発・震災問題も含めた"多重／多層／多面の問題（the multiple problems）"に対する「答えなき問い」を発し続けざるを得ない。そこでは，「生活」や「生き方（Ways of living）」だけでなく，「いのち」さらには"生存の在り方（Ways of being）"にまで及ぶ価値観の見直しへの責任／応

答力（responsibility）が求められている[7]。

　核エネルギーや各種の化合物の「発明」がもたらした新たな環境は，私達の"生存の在り方"を問い，遺伝子操作・産み分け・クローンなどによって「人間」の境界線は揺らいでいる。もはや，「物理的な限界」を無視した「対処」法——「廃棄物処理場」が満杯になったからといって新たな候補地を探したり，化石燃料の蕩尽と CO_2 の排出による「地球温暖化」に対する「原子力発電」，さらには「オイルシェール（油頁岩）」から採取されるシェールガスや「メタンハイドレート」といった新たな地下資源を採掘したりといったやり方——では，未来への不安を消すことは出来なくなってきた。

　「3.11後」ではなく「3.11以降」という言葉の選択には，「突然，想定外の事件が起きたが，それは『おわった』こととなり，また『もとどおり』の在り方へと復興していく」という思考態度（mind-set）とは異なる方向性がこめられている。「3.11後」はなかなか始まらず，今後の社会の行く末が定まらぬまま，岐路に立ち続けている。しかも，日本社会とそこに生きる私達の「状況・条件」は，「震災，津波，原発事故」で変わってしまったのではない。"多重／多層／多面の問題"は，「3.11以前」にも"未発の状態（stato nascente）"で「客観的現実のなかに既にとっくに存在」し，「3.11」はその問題が顕在化する契機となったに過ぎない。統治困難な「除染」や「汚染水」の問題は「3.11以降の状況」のメタファーでもある。

　メルッチは，「私たちは，まさにはじめて本当の意味で人類史の岐路に立っています」（Melucci 2000f＝2001：2-3）と言った。この「グローバルなフィールドとその物理的な限界」という二重性を持つ"惑星社会"を生きる人間にとっての「状況・条件」とはいかなるものであろうか。

　第1に，私達はいま"見知らぬ明日（unfathomed future, domani sconosciuto）"に直面している。ものすごい時間をかけてつくられてきた人間と社会に「深いところでの不可逆的な変化」が連続し，私達は「変容」さらには「超越」へと向かう［動きのなかの］"不均衡な均衡（simmetria asimmetrica）"としての「現在」が抱える根本的危機を前提としつつ生きていかざるを得ない。

第2に，膨大な時間と無数の人間の努力の集積である山野河海や地域社会の営みは，きわめて短期間に根こそぎにされ，「背骨が折られていくような」"底知れぬ喪失／痛みの深淵（perdita abissale / abisso di dolore）"に直面している。この剥奪は「偏差」を伴って現象し，それは"社会的痛苦（patientiae, sufferentiae, doloris ex societas）"であるのにもかかわらず，特定の人間の個人的な"痛み／傷み／悼み"の体験／記憶として深く沈殿していく。そこには，"底知れぬ喪失／痛みの深淵"と「あいまいな喪失」との間の徹底的な"隔絶"が存在している。そして，異なる在り方で"見知らぬ明日"に投げこまれた個々人のそれぞれが，"生存の在り方"の見直しを迫られている。

　第3に，"毛細管現象""交感／交換／交歓（scambio, Verkehr）"，"異物の根絶・排除"，"衝突・混交・混成・重合"，"未発の社会運動"[8]といった"多重／多層／多面"の動き（movimenti）が，"わがこと，わたしのことがら（cause, causa, meine Sache）"とならざるを得ない「状況」が在る。にもかかわらず，（研究者も含めた）個々人が，全景を見ることは難しく，想像力の限界にふれるような存在である"惑星社会の諸問題"が発生するメカニズムを把握することは，きわめて困難なものとなっている。

　"見知らぬ明日"に対して「専門性」を持った知的認識としては「困難だ」「無理だ」という「状況・条件」下で，それでもなお，トータルな人間の学としての（ささやかな）応答を試みるような，学問／社会学／社会学的探求にはいかなる使命[9]があるのか——この地点から，これまでの調査研究の歩みをふりかえりたい。

　以下，序章においては，本書全体の現状認識と到達点について述べたい。本論部分となる第1部では，"境界領域"のフィールドワークの「エピステモロジー／メソドロジー」[10]についての蓄積を提示し，第2部では，「特定の地域の文化の現場について，経験的な問い」を発する試みとして[11]，各自が実際に出会った個々の事実に即しての議論を展開し，終章において全体をふりかえることとしたい。

2. "惑星社会"への"かまえ"——フィルターとしての理論／メタファーとしての概念

　本調査研究は，メルッチ追悼の想いを伴って，21世紀"共成 (codevelopment, cosviluppo)"システム構築を研究の全体構想として，以下のような問題意識から出発した：

　　今日のグローバリゼーション，すなわち地球規模の規格化・画一化（と表裏一体をなす都市や地域の多民族化・複合文化社会化）は，社会に混沌，動揺，統治不可能性をもたらし，異端・異物を排除・根絶する力は，「9.11以降」ますます強くなってきている。構造的な暴力は様々な形で各所に遍在・潜伏し，自らの内なる異端・異物にどのように対峙するのかが，現代社会の焦眉の問題となっている。グローバリゼーションは，地球規模で「国民」「市民」といった枠からはみ出す人々の存在が可視化するプロセスでもある。他方で国家のシステムは厳然として存在し，地域社会の問題は，断裂した社会関係のなかでの配置変え (reconstellation) に伴う問題として生起する。この惑星規模の社会変動は，様々な場所から見られ，語られている。

　　ラテンアメリカの社会学を常にリードし，南米社会・ブラジル社会の従属構造のすぐれた分析を行なってきたO. イアンニ (Octavio Ianni) は，その晩年のエネルギーの大半を，南米社会からグローバリゼーションの意味を解読することに捧げた。イアンニは，グローバル社会というひとつの運動，ひとつの傾向を根本的に把握するために，世界の諸地域において現に起こっている個々の小さな事実にふれて，汚れつつ，その場の意味を，一見かけ離れているように見える他の小さな場の意味と対比しつつ，なにをどう考えるのかというところから考えることの重要性を，くりかえし語った[12]。

E. グリッサン（Édouard Glissant）たちのクレオリザシオン（créolisation）の思想は，グローバリゼーションのもとでのオルタナティヴのひとつとして注目を集めている。すなわち，グローバリゼーションを支える〈システム的思考・大陸の思考〉は，個々人の内的エネルギーをおしつぶす。〈単一ルーツ型〉のアイデンティティは，領土の占有を正当化し他者を排除する。「植民地化」と「労働力移送」の世界規模の運動は，同時に，絶えず混交・混成・重合してゆくクレオリザシオンをもたらした。このプロセスはいまや世界の各地にひろがっている。われわれがいま立ち会っているのは「逆転する植民現象」，「荒野」として「発見」されたものたちの反逆であり，阻止しようとしても出来ない不可逆的現象である。クレオールの〈列島の思考〉と〈リゾーム型〉のアイデンティティは，無数の"根"が他の"根"に出会いにいく，ヨーロッパによって植民地化された土地との〈関係〉を再構築するための概念である（Glissant 1990＝2000；1997＝2000）（Chamoiseau & Confiant 1991＝1995）。

　これらはいずれも，「コロンブスの発見」以来の「植民地支配」という（人間によって創り出された関係の重合性の）拘束によって，「歴史を自らつくり得なかった民（欠けたる存在）」として自らを定義せざるを得なかった人々の記憶と身体を代弁（represent）するものである[13]。他方で，「植民の歴史の主体」だった「ヨーロッパ」[14]のなかから，イタリア内のドイツ文化圏ボルツァーノの間国境地域（南チロル）の A. ランゲル（Alexander Langer）によって提示された「群島（l'arcipelago）」概念は，エコロジー運動のなかから生まれてきた言葉であり（Langer 1985；2011［1996］）（Diani 1988）（Niihara 1992），「内部に異質性を持った島々が群島を形成していく」というイメージが，「いくつものヨーロッパによってつくられるひとつのヨーロッパ（大陸でなく群島）」という新たなヨーロッパ社会論に刺激を与えた（新原 2004a）。ヴェネチアの M. カッチャーリ（Massimo Cacciari）もまた「群島」概念を，いくつもの固有の地域によってヨーロッパがつくられていくという議論のなかで提示し（Cacciari 1997），イタリア・トレント

に生まれブラジルで育ち，セネガルの地で教育者としての歩みを開始した社会学者 A. メルレル（Alberto Merler）は，今日の"複合・重合社会（società composita / composite society）"を"社会文化的な島々（isole socio-culturali）"のつらなりとしてとらえ，この観点から，新たな"共成（cos-viluppo）"システムを構築しようと考えている（Merler 2003＝2004）。

確かに，ヨーロッパの海は，最も強固な〈単一ルーツ型〉の思想を生み出した海である。しかし，その内部に分け入って見ると，むしろ地中海やバルト海は，複数の単一神と無数の「産土（うぶすな）の神々」との戦いの場，すなわち原理主義と"島嶼性（insularità）"の闘技場でもあった。「ヨーロッパ・アイデンティティ」の「創世神話」の内側にありつつも，「野蛮」もしくは「荒野」として「発見」され，「併合」「統合」の対象となり続けたヨーロッパの"境界領域（cumfinis）"，そこで生じた"衝突・混交・混成・重合"の産物である"境界領域を生きるひと（gens in cunfinem）"の"智恵（saperi）"や"智慧（saggezza）"を理解し，新たな 21 世紀"共成"システムの構築へと向かうことが，ここでの"社会学的探求（Sociological Explorations / Esplorazioni sociologiche）"の眼目であった。

システムに組み入れられていること（incorporated）の「確かさ」は，その一方で，個々人の内面において，意識されないがゆえに語られない，あるいはうっすらとは意識されてはいるのだが言語化するには至っていなくて語れない，こだわりやひっかかりを生み出す。いわば"システム化の痛み"，corpus（からだ——可視的な組織や団体や機関といった含意の corporation の語源であるラテン語）のかたちをとらない（その意味で無形の，具体的なものとして感知しにくい）"社会的痛苦（patientiae, sufferentiae, doloris ex societas）"[15]である。こうした"痛苦"は，沈黙，不安，苦悩，自殺，アルコール依存，薬物依存，病，狂気……様々なかたちで，個別的に現れる。確かにそこには在る。しかしその組成があまりにも複雑かつ複合的，しかも個別的で深いところのものであるがために，同時代を生きるものの内面における「変動」について，表象したり，証言

したりすることは，きわめて困難である。だからこそ，この個々人の内面，身体の内なる社会変動の声を"聴くこと"が，社会変動そのものにふれることへと繋がるのだとメルッチやメルレルは考えていた（新原2007a：221-222）。

異なる立場・方法・学派に属する二人に共通していたのは，社会関係の在り方をどう変えるかという問題が個々人の身体の内奥の問題として立ち現れているという認識であった。個々人の内面における衝突・混交・混成・重合性の動態から出発して社会が再構成されていくプロセスをとらえようとすること，それを可能とする社会理論を，今日的に再構成しようとするその"かまえ（disposizione）"は，およそ以下のようなものであった。

①リフレクシヴにメタモルフォーゼする個々人への着目：
　「構造が問題をもたらし人間が行動する」という構造決定論（あるいは，「人間の行為は構造の反映である」と考える反映論）と「人間の行動は自由意思によって決定される」という主体主義に対して，行為の意味付けを問題とすることで，内省するという意味でリフレクシヴであるのと同時に，外界との"衝突・混交・混成・重合"によって，変化していく個々人を想定した。変化させられる自分を認識し，その認識によってまた，変化の在り方に影響を及ぼすという個々人（自己関係の絶えざる"衝突・混交・混成・重合"の"心身／身心現象（fenomeno dell'oscurità antropologica）"の受け皿となる"個・体（individuo corporale）"／"生・体（corpus corporale）"）[16]という見方は，情報化・知識化，グローバリゼーションの網の目のなかで生きざるを得ない現代人を理解するときに，とりわけ重要な人間観であると考えた。

②ごくふつうのひとびとの日常的な意味の生産からの理論構築：
　さらに，ある種の「飛躍」や「超越」，「亡命」や「離脱」をした思想家や哲学者ではなく，「ごくふつうのひとびと（la gente, uomo della strada, ordinary simple people）」が日常的に行なっている行為とその意味付けこそを大切にした。大半の理論において，行為者は対象であったり記号であったりする。むしろ科学（構造主義，システム論，解釈学など）は操作の対象

として，個の声を隠蔽する作用を持っている。これに対して，人間が日々の特定の状況のなかで現実に応答し，その応答の連鎖のなかで自らの組成に変化を生じさせていくプロセスを一般論で語るのでなく，小さな"兆し・兆候（segni, signs）"をあつめていく時間とエネルギーを厭わなかった。そして，個々の人間の経験のなかにある「遺産」を決して無視せずに，微細に観て，聴いて，察して，それを理解するための"かまえ"としての理論を創る努力を徹底して行なった。

③**境界領域を歩く：**

「自我やアイデンティティの一貫性」から"ぶれてはみ出し"，"境界領域を歩くひと"とならざるを得ない現代人を理解するためには，理論と"臨場・臨床（社会調査の実践）"，社会学と心理学，民俗学，人類学他の諸科学など，複数の"コトガラ・モノ"の見方の"境界領域を歩く"という認識の方法（「エピステモロジー／メソドロジー」）が求められると考え，"驚きと遊び心と探求心（a sense of wondering & playing & exploring）"と共に"メタモルフォーゼ"を続けようとしていた。

④**「言葉の地図」を"ともに（共に／伴って／友として）"創っていく：**

地域生活を営む具体的な"個々人の内なる社会変動（change form / metamorphose, metamorfosi nell'interno degli individui corpolali)"から構造やシステムをとらえるという問題提起——これは学問の「エピステモロジー／メソドロジー」をめぐる争いである。いままさに生起しつつある個人の生活，未発の事件の"兆し・兆候"の意味を洞察することはきわめて困難である。なぜなら私達は常に，過去の思考の形式・準拠枠によって，現在を見ている。私達は既に，個人や構造を外側から見る思考か，ミクロをミクロとして見る思考によって拘束されているからだ。だとすると，"うっすらと感じる／予感する（ahnen）"ことや，かろうじて"知覚（percezioni, Wahrnehmungen）"していることから言葉を紡ぎ出すこと，そこから概念や理論を「捻出」していくという道が，"惑星社会の諸問題"への根本的な応答となるはずである。メルッチは，「惑星人の新たな地図（New maps of the planet Man）」（Melucci 1996a＝2008：87）という言い方をしたが，この言葉にならって言えば，「惑星人の新たな『言葉の地図』」を，複数の目・耳・声・流儀をつらねるかたちで創っていくことになろう。

　メルッチは，亡くなる直前まで，新しい社会科学の言葉を模索し，実際に「言葉の地図」を遺した（Melucci 2000c）。言葉のズレやブレ，「遊び（playing）」の様態を出来る限り"遺す"ことで，"化学反応／生体反応（reazione chimica / vitale）"[17]を起こす可能性を秘めた言葉にするという在り方である[18]。

「突然の断絶」によって，確かであるつもりだった「制度」に混沌がもたらされ，そこからまたなんらかの秩序あるいは別の混沌へと移行していくという"変化（passage）"のなかで起こっている個々の小さな事実，場合によっては，特定の個々人から発せられる自然言語・生活言語，さらには，個々人の"心身／身心現象"にまで降りていって検証し，どちらにすすむのかいまだわからない"未発の状態（stato nascente）"から，別の状態へと"移行（passage）"する「条件」を明らかにする。だからこそ，体系化され統合された一般理論ではなく，現実を単にあたりまえのもの，明白なものとして見てしまわないための，リアルな現実をとらえるためのある種の「フィルター（filtro）」[19]，現実が持つ意味について問いを発するためのレンズとなるような，"かまえ"としての理論，「メタファー（metafora）」[20]としての概念が必要となると彼らは考えたのである。

3．メルッチの"生体的関係的カタストロフ"

　いまやカタストロフは，単に自然の問題ではない。単に核の問題でもなく，人間という種そのものが直面する，生体そして関係そのもののカタストロフとなっている。いわゆる「先進社会」のより先端部分で暮らす人々の半分が『悪性新生物』という異物によって死ぬ。さらにその半分は，心疾患で死ぬ。これ

はまさに，現代社会のシステムがそこに暮らすほとんど四分の三の人々の生体に社会的な病をもたらすという"劇的な収支決算（un bilancio drammatico）"となっている。この個々の生体のカタストロフという面から現代社会をとらえなおさねばならないとわたしは確信している。まだ多くのひとによっては語られていないことなのかもしれないが，この"生体的関係的カタストロフ（la catastrofe biologica e relazionale della specie umana）"は，まさにより深く根本的なものだ。(Melucci 2000g；新原 2010：51)

　上記の言葉は，「今日の社会紛争，社会運動，意味の産出にとって，最も重要な闘技場（arena）である身体」というテーマでメルッチが語った 2000 年 5 月の一橋大学での講演の後，質疑応答のなかで期せずして発せられた言葉である。
　メルッチは，複合化し重合化する現代社会の変動の全景を把握しようとするのと同時に，個々人の身体の内側の声を聴くことの大切さを，誰も理解しない頃からずっと言葉にしてきた。「私たちを誘惑すると同時に脅かすような可能性を前にして，私たちは意思決定に伴うすべてのリスクを引き受けざるを得ない（それが核によるカタストロフであれ，環境のカタストロフであれ，カタストロフとはこうしたリスクの極端なイメージでありメタファーである）」(Melucci 1996a＝2008：61)と言う彼は，いわば"社会の医者（i medici della società）"[21]であり，身体の内側から社会へと向かうのは，「限界を受け容れる自由」「変化に対する責任と応答を自ら引き受ける自由」を獲得するための道であると考えていた[22]。
　そして，「現代社会の病（i mali della società postmoderna）」「病んだ近代（i moderni mali）」に固有の「破局（カタストロフ）」とは，自然や社会といった「大きなもの」の話にとどまらず，「思想」や「価値」や「秩序」の話だけでもなく，個々人の生身の身体そのものの"深層／深淵"の話なのだとくり返し述べた。この「生体的関係的」な"人間の内面崩壊／人間の亀裂（degenerazione umana / spaccatura antropologica）"から，現代社会の意味をとらえ返さねばな

らないという指摘に対して，聴衆は，やや「混乱」し「当惑」したように（当日の通訳をしていた筆者には）見えた。白血病を患っていたメルッチが，自らのミクロな身体的「条件」を，社会のマクロな「状況」に，無理矢理重ねてしまっているのではないかと言った人もいたくらいであった[23]。

ところがこの「社会システムそのものとシステムの統制の対象となっている個々人の身体レベルまで含めた諸関係における"内面崩壊／亀裂"から，現代社会の意味をとらえかえさねばならない」という指摘は，この講演の翌年の「9.11」から「アフガニスタン」「イラク」「世界金融危機」，さらに「3.11」へと至る「9.11以降」の"道行き・道程"のなかで，その的確さが次第に明らかになっていく。第二次大戦が終結して以来，実は常に「伏流水」として強固に存在してきた"未発の瓦礫（macerie/rovine nascenti）"は，"破局へと至る瓦礫（andare in rovina）"へと姿を変えた[24]。

メルッチの「破局（カタストロフ）」という言葉は，「現代社会の病」としての社会システムの危機が，社会のそして自らの身体の奥深くに"埋めこまれ／植えこまれ／刻みこまれ／根をおろし"ているという自覚のもとに発せられていた。すなわちそれは，自然や社会といった「大きなもの」の話にとどまらない。「思想」や「価値」や「秩序」の話だけでもない。個々人の生身の身体そのものの"心身／身心現象（fenomeno dell'oscurità antropologica）"の話である。これはマクロに対するミクロという二元論とは異なる次元に存在しているものであり，「制度」や「体制」の深奥，根底，背面——特定の社会や個人を成り立たせている"根（radice）"の問題と深くかかわってくる。地域社会が根こそぎにされていくなかで，個々人は，激しく自らの"根"を揺さぶられ，"根の異郷化／流動化（spaesamento/fluidificazione delle radici umane）"，そして"根の流動性／重合性（fluidità/compositezza delle radici umane）"の行き先を，一人ひとりが考えていく必要に迫られている。

メルッチが，"生体的関係的カタストロフ"という言葉でとらえようとしたのは，実証科学の対象とするには困難さを伴う"心身／身心現象の境界領域（liminality, betwixst and between）"の位相であった[25]。"多重／多層／多面"的

に「差異を産出する複合社会」においては,「社会関係の在り方をどう変えるのかという問題が個々人の奥深くの問題として現象している」と考えたA.メルッチは,社会システム論やA.トゥレーヌの社会運動論から多くを吸収しつつも,個々人の「身体」の"深層／深淵"にまで降りていかねばならなかった[26]。

"惑星社会"を生きる生身の個人の"深層／深淵"を"探究／探求"し,"生存の在り方"を見直すという試みは,対象を限定した上での「明晰さ（Klarheit）」をめざすというよりも,現実を大きくつかむ（begreifen）ことが出来る「難解さ（Dunkelheit）」をめざす試みであるかもしれない。ここでの「難解さ」とは,「暗く,どんよりとした,暗所,不明瞭な（oscuro, obscurus）」,すなわち"深層（obscurity, oscurità）"にふれようとすることを意味する。"深層"はまた,遠目に「鳥の目」から眺望するのでなく「虫の目」で,その「穴」あるいは「淵」を覗きこむものの眼からすれば,「底のないもの（abyssus, abyssos）」という意味で,"深淵（abyss, abisso）"でもある[27]。

メルッチは,この"生体的関係的カタストロフ"という認識に根ざした"生存の在り方"の見直しに着手する途上で亡くなった。象徴的だったのは,彼自身が「病んだ近代」の「劇的な収支決算」とした白血病が,最初は,当人には何の"兆し・兆候"も,ちょっとした不具合（piccoli mali）も,"知覚"させない病だったことである。しかしひとたび顕在化すれば,身体の内から湧き出る声によってではなく,医療機器から「排出」されるデータによって,その姿を現わす。そして,度重なる移植で4,5ヶ月は小康状態が続いたが,『処方』らしい『処方』は何ひとつ存在しなかった。

「社会と個々人の"根"を揺り動かすものとして社会運動は,個々人の内奥の声を聴くことから始めるしかないのだと,微細で猥雑な個々の場面のかすかな"兆し・兆候"に耳をすまし,書き,語ったメルッチ,この社会の未発の病を見通し続けた智者に対して,これほどの予測不可能性と"知覚"の限界,人間存在の有限性が突きつけられたことの意味をどう受けとめるのか。

白血病となった自らの身体への「操作」[28]と,その身体的「条件」のなかで,

病床のメルッチから,「いま『遠い未来』というリニアな（しかしリアリティのない）時間軸の世界から隔絶され，ある個別の瞬間（しかし，現在のある個別の瞬間とは，過去と未来という非在の間の全体である）を生きざるを得ない私にとって，この病んだ現代社会の医者となることが，なによりも重要なテーマだ」というメールが筆者に届いた。これはメルッチ自身の"深層／深淵"からの，最後の"願望と企図の力（ideabilità e progettuabilità）"をふりしぼっての言葉であった。

メルッチの果たそうとしていた学問の使命を殺さずに，そのいのちを次の世代に繋いでいくこと。そのために，思想家 W. ベンヤミン（Walter Benjamin）の言葉「……過去を歴史的に関連付けることは，それを『もともとあったとおりに』認識することではない。危機の瞬間にひらめくような回想を捉えることである」（Benjamin 1974＝1994：333）にあるように，"境界領域"のフィールドワークで出会った事例（ケース）を"想起し続け（keeping anamnesis）",たぐりよせること。これが，メルッチとの別れから十数年を経た,「3.11以降」にまとめられるべき本書の眼目となった。

4. メルレルの"複合的身体"

メルッチは,「現在のインヴェンション（l'invenzione del presente）」という問題意識を持ち，身体が,「現在」のある個別の瞬間とは過去と未来という非在の間の全体，個々人の「要求」と「社会統制」とがぶつかり合う場（arena）であると考えていた。

そのメルッチとの対話において，筆者が提示した概念のなかで彼が最も強い関心を示したのは"複合的身体（corpo composito）"という言葉だった。これは，メルレルとの対話のなかで生まれたものであり，"島嶼性（insularità）"と"衝突・混交し混成する重合性（compositezza）"をキーコンセプトとするメルレルの〈島嶼社会論〉に由来するものであった。

A. メルレルは,"複合的身体"を持った"移動民（homines moventes）"の

生き証人であるといえる。トレントで生まれサンパウロで育った彼は，子どものころから，「異質な他者となにかを創りあげていきたい」という欲求や，ひとつの基準からでなく，様々な観点や立場から対比・対話・対位的にものを考える性質を持っていた。彼のこうした気質は，家族から受け継いだものが大きいのだという。

　父親からは「社会的に生きる倫理(エティカ)（etica sociale）」をもらった。父親は貿易商だったが，同業者の半分程度にしか儲けを可算しなかった。どうしてかと聞くと，「これは社会的奉仕でもあるのだ。必要としている人のところにより適切なものをもたらすのが自分の使命なのだ」といつも語っていた。そして世界各国を歩き，土地や自然から醸成されるものの見方や考え方の違いについてよく識っていた。母親はカトリックの正統派（ortodossa）の価値観を持っていた。母方の祖母は一族のなかで一番の知識人だった。カトリックの価値観が強く支配していた1920年代，子どもを10人以上もうけるのがあたりまえの時代に出産の可能性を減らし4人の子どもだけを育てた。それは当時の社会通念には反していたのだけれども，常に自分自身の判断と自らの信ずる正しさ（giustizia）によって行動していた。祖母からは自らを識ろうとする知的態度をもらった。母方の祖父，この祖母の夫はトレンティーノ県のある市の市長（sindaco）で，地域の人々から尊敬され信頼されていた。それは彼の地位によるというよりも，その智恵によってであった。住民が遺産相続や土地の権利などで争うときには必ず双方の言い分を聴き，よいかたちでの調停をもたらした。また自然や動物についての"臨床・臨場の智"を持っていた。この祖父から"他者との間でなにかを創りあげていくという行動規準(エティカ)（etica comunitaria）"を教わった。

　サンパウロでの少年時代から学生時代，父が手がける仕事をずっと手伝っていた。父親が経営する農園で使用人たちといっしょに肉体労働をすることも多かった。そのなかで，自然から，あるいは自然の中で働く人々から多くのことを学んだ。自分にとってはこれが，「もうひとつの学校（scuola alternanza）」だった。また父につれられてヨーロッパや世界の各地を歩いたことも，自分の"智"に固有性をもたらした。サンパウロでの学校の同級生たちは，通常の都

市ブルジョアで，ヨーロッパなど他の土地，ブラジルのなかの農村や貧困といった他の世界を識らなかった。それに対して自分のなかには，都市ブルジョアの世界，農村の世界，貧困層の世界，ヨーロッパでの体験など，様々な要素がいっしょになっていた（varie cose messe insieme）。

　家庭的にも経済的にもめぐまれていて勉強をしたいと言えばいくらでもやらせてもらえる環境にあり続けた。同級生たちが持ち得ない体験や，歴史的事実や自然に関する知識を生かして，子どものころから「智者」としてよく知られていた。ブラジルには学校対抗のオリンピックがあり，それはスポーツだけではなく，知的討論の部門もあった。いつも学校の代表として出場し必ず優勝した。そしてサンパウロ州（ブラジルという連邦国家のなかのひとつの国を意味する）全体で優勝した。彼の学校としては初めてのことだった。

　イタリアに「帰還」した時，オーソドックスな社会学者達は，自分達とは異なる"智"の形成過程を持つ"異物（corpi estranei）"——古典高等学校（liceo classico）から文哲学部，そしてアメリカ・ドイツ・イギリス・フランスなどで社会学を学ぶという知的キャリアではなく，サンパウロで開発・発展の社会学を学んだ後，セネガルなどアフリカの大学で教えたという自分達のまったく知らない世界で"智"をつくってきた——に恐怖を感じ，どう評価していいのかとまどった。「社会的な統計学者たち（statistici sociali）は自分達が持っている評価（classifica）の基準ではどこに位置付けていいのかわからず，これまで信奉してきた基準の破壊者として『発見』された」のだ。ミラノ・カトリック大学に編入しようとしたとき，当時のイタリア社会学会の会長が，特別の試験（concorso）を課すべきだと言ったくらいだ。イタリアの学会の規範に馴染まないばかりか，これまで入念につくりあげてこられた知の枠組みをゆるがすような危険性を持った"異物"であったのだ。

　"移動民"メルレルは，複合文化社会ブラジルにおいて複数の"社会文化的な島々"の間を生き，その後さらなる体験／記憶を積み重ねていった。イタリア文化圏に加えてポルトガル文化圏，そして近くにあるスペイン文化圏とフランス文化圏への拡がり，しかもそれらの文化圏について本国ではないところか

ら見ることが出来るという強みを彼は持っている。この"旅"の途上で得たものは，彼が体験／記憶として獲得した時のそのままの言葉で（たとえば南米「先住民」の言葉やアルプスの山岳地帯の言葉であるラディーノ語や，ギニアの諺などが彼の言葉として使われる），あるいはラテン語系の言葉から組み直した造語が，論文や著作の中に登場する。おそらくイタリア語によっても，ポルトガル語によっても彼の想念の完結した表現は不可能であろう。

彼の書いたものがもし難しいとすれば，それは理論や叙述のスタイルなど，テクニカルな問題ではなく，彼がこれまで"移動民"として蓄積してきた体験／記憶──〈異なる世界，異なる"社会的文脈"の中に入っていくことによってとまどい，それと格闘することで生じる混乱に，なんらかのかたちで自己をつきあわせるという道程（percorso per entrare in un altro mondo e in un altro contesto sociale）〉の厚みと深み，多系の広がり[29]に由来するものが大きいだろう。メルレルは，自らの内に在るところの，"複合的身体（corpo composito）"に刻み込まれた体験／記憶の"多重／多層／多面"性を掬い取り解読するためのコードとして，"衝突・混交し混成する重合性（compositezza）"（その後には，"島嶼性（insularità）"）という言葉を見出した。

compositezzaは形容詞ではcomposito（女性名詞を形容する場合はcomposita）となる。このcompositoという言葉をあえて日本語で表せば，以下のようになろう。すなわち，静態的にとらえるなら，〈複数性をもっているのになんらかの有機的な繋がりがあるような複合体として存在している様子〉であり，動態としてとらえるなら〈複数の文脈・水脈（con-testi）が，"衝突・混交・混成・重合"していく"道行き・道程（passaggio）"そのもの〉ということだが，なかなかうまく日本語にならない言葉だ。

たとえば，メルレルから見れば，生け花は，自分にはわからないが個々の草花がひとつの秩序，なんらかのまとまりを構成していてcompositoだということになる。それは，個々の要素が独自性を失いつつ「整頓」されてシステムの変数と化していくような複合体（complesso）なのでもなく，個々の要素が異質なものとして（eterogeneo），隔離・分離されてあるのでもなく，内的連関

を欠くかたちでただ絡み合ってあって複雑な（complicato）だけでもない。[動きのなかの]"不均衡な均衡（simmetria asimmetrica）"を持つ[変化し続ける]"偏ったトタリティ（totalità parziale）"である。"複合・重合"性を構成しているところの個々の要素・領域（elementi），成層（stratificazioni），個々の水脈・文脈（contesti）についての十全な理解や解析は困難ではあるが，確かにそこに在るものとして（理解が完結しない相手として）留保しておくことで，恣意的な「分類・整理」の暴力を縮減する可能性をもたらす[30]。

　皮肉なことに，グローバリゼーションに伴って，「市民権を持たない，無国籍の人々（apolide）」は増大し，公共性の構造転換とそこでのコミュニケーション行為を越えて新たな公共哲学をどう創るのかという問題が顕在化している。そこでは，メルレルの研究のフィールドであった人の移動と地域社会に暮らす個々人の深部における微細な変動が交錯・混交する場所は，ますます重要な研究テーマとなりつつある。

　メルレルは，この理解が完結しない相手という意味で"対位的（contrapponendo, polifonico, disfonico, disarmonico [contrapuntal, polyphonic, disphonic and displaced]）"な"複合的身体（corpo composito）"の組成を，"個々人の内なる島々のつらなり"としてとらえようとする。「エスニシティ」という言葉に即して言えば，ある言語や文化を共有すると考えられている集団内にも，個々人のなかにも，複数性と複合性，混交と混成する重合性が存在している（etnicità insulare e composita）。個人や集団，都市と地域が，"島々のつらなり"として映し出される。"個々人の内なる島々のつらなりによる複合・重合的な社会発展と人間の共成（cosviluppo composito e insulare）"が構想され得るのである。

5．〈島嶼社会論〉――"社会文化的な島々"から個人と社会の"深層／深淵"をとらえる

　『グローバリゼーション／ポスト・モダンと地域社会』という本をつくるときに，メルレルに寄稿してもらった論文「世界の移動と定住の諸過程」（Merler

2004＝2006）には，彼の"複合的身体"の来歴がよく現れている。

　前半部分を構成する「〈ひとの移動〉と新たな国民社会の創設」("Mobilidade humana e formação do novo povo" in 450° Aniversàrio da Fundação de São Paulo. Colóquio "Fundação e migrações. Civilização e trabalho italiano", São Paulo, 8-11 de setembro de 2004）は，2004年9月にブラジルのサンパウロにおいて行なわれた人の移動と地域社会形成に関するシンポジウムでのポルトガル語での報告原稿である。そして後半部分の「ヨーロッパ的現実の中での"複合し重合する私"の協業。可能なる異端の結論」(L'azione comunitaria dell'io composito nelle realtà europee. Possibilli conclusioni eterodosse, Conferenza Internazionale presso Università di Trieste, 31 marzo 2004）は，スロヴェニア，クロアチアに隣接した港湾都市トリエステで2004年3月に行なわれた，地域社会政策に関する国際シンポジウムでの報告である。前者は，CESB-Centro Estudos Brasileiros/ASSLA-Associazione di Studi Sociali Latinoamericani（ブラジル研究センター／ラテンアメリカ研究ネットワーク）の代表者としての報告であり，後者は，イタリア社会学会・社会政策部門の会長としての報告である。これに加えて彼は，2005年の10月には，Identità e integrazione nelle migrazione internazionale（国際的な人の移動におけるアイデンティティと統合），そして，2005年4月に没したブラジルの代表的社会学者 O. イアンニを追悼する国際シンポジウムを組織した。彼の研究は，いかなる旅程（itinerarium, route）によってもたらされたのだろうか。

　イタリアに「帰還」した後のメルレルは，ミラノ・カトリック大学，トレント大学（いずれもイタリアにおける社会学の研究拠点である）でキャリアを重ねた後，地中海の島サルデーニャの国立サッサリ大学（創立1562年）に着任し，1980年代には，国内の不均等発展，地域問題としてのイタリア「南部問題」への対処として策定された数次の総合開発計画の破綻とそれに伴う地域社会問題（とりわけ家族と教育／社会保障／医療福祉の諸問題）に関する地道な実証研究を積み重ね，(Merler et al. 1982）などによって「サッサリの社会科学者グループ」として内外に知られるようになった。さらに開発・発展の在り方への批判から

「もうひとつの開発・発展」論を模索し，I. サックス（Ignacy Sachs）のエコ・ディベロップメント概念と中世ヨーロッパにおける都市形成，F. テンニエス（Ferdinand Tönnies）のゲマインシャフト概念等を念頭におきながら開発・発展の概念の再考を試み，「内発的発展（sviluppo endogeno）」から「複合・重合的発展（sviluppo composito）」という概念装置を提示してきた（Merler 1988）[31]。

他方で，自らがヨーロッパと南米の間を移動した人間であることから，南米各国への移民に関する厖大な質的調査と南米社会の社会学的研究を行なってきた（Merler e Mondardini 1987）。人の移動に伴って，都市において形成される"社会文化的な島々"の社会学的研究が一貫して彼の主要な研究テーマであり続けたのだが（Merler 1996），とりわけ近年は，「帰還移民」の研究のみならず，「新移民」の増加・顕在化に伴う地域社会の変容（この十数年のイタリアとブラジルの地域社会の質的な共同比較調査研究の成果として，Merler, Giorio e Lazzari 1999），それと同時に，"移動民（homines moventes）"の心身問題（社会的痛苦による心身の病の問題）と，その問題の理解に基礎付けられた新たな地域社会政策の作成に関する共同研究を精力的にすすめている（cf. Merler, Cocco e Piga 2003；Merler 2011）。

以下では，"社会文化的な島々"というメタファーから，個々人と社会の"深層／深淵"における微細な動きをとらえることを企図して構築されてきたメルレルの〈島嶼社会論〉のエッセンスを見ていくこととしたい。

(1) "島嶼性"概念の三つの位相[32]

「島（isola）」は，通常，「孤立（l'isolamento）」「辺境性（marginalità）」，「開発・発展」によってよりよき「未来」を実現するための最小限の条件すら欠いている状況，「隔絶（separatezza）」，中心部からの隔たりとして理解されているが，ここでの"島"は，それ自体ひとつのメタファーである。メタファーとしての"島嶼性（l'insularità）"概念は，空間的な広がりを持った場として山や平野の中にも存在しうるし，エスニシティ，文化，経済活動のあり方，言語，宗教などを紐帯として形成された社会集団にも適用し得る概念である。"島"は

自らを定義するし（autodefinire），また同時に外部からも定義され得る（eterodefinibili）。「統合」への参加・参入は，自らを定義し意味付与する力を横領されるプロセスともなり得る。

　メルレルは，"島嶼"概念を三つの位相（tre fasi）に分けて考えている。第1は客体あるいは実体の位相，第2は集合表象の位相，第3は個々人の"心身／身心現象"と深くかかわる位相である。

① **"客体・実体としての島嶼（l'insularità / l'insularité）"：**

　地理的・経済的・物理的・生態学的な位相である"客体・実体としての島嶼（l'insularità / l'insularité）"は，境界線を有する実体及びそれらの複合体である。この言葉を最初に定義しているところの海と陸との境界線は（しかしそれは安定しているものではなく制海権の削減，回復にみられるように恣意的なものでもある），きわめて地理的ないしは経済地理的な媒介変数（parameter）に依拠しているものである。なぜならば，島というものは，自然環境・生態環境・経済社会のバランスの総体であり，またそれらの諸関係として存在しているからである。

② **"集合表象・アイデンティティとしての島嶼主義（l'insularismo / l'insularisme）"：**

　政治社会的・地政学的・文化的位相である"集合表象・アイデンティティとしての島嶼主義（l'insularismo / l'insularisme）"は，"アウトノミア（l'autonomia）"[33]の問題と深くかかわっている。「島嶼主義（l'insularismo）」は，自らを定義し意味付与する運動（文化的固有性を重視して自立をめざす運動）を生起する。"島"は，自らの社会資本と文化資本（手元にある［自らの内に，また身近な所にある有形無形の］文化遺産，たとえば問題を解決する独自の仕方）を活かすなかで，「自らを証立てる力」（l'autoreferenzialità）を形成する。すなわち，第三者による問題解決を待つのでなく自分で方策を用意・調達し自分のやり方でよりよい解決を見出そうとする（autorifornirsi e autogovernarsi）力である。したがって"島嶼主義"の本質は，

たとえ政治的にどのような状態にあるのかよりも〈深いところにあるアウトノミア（自らを何者であるかを証し立て独自の「自立」の方向を明らかにする力）〉の問題にある。

③ "心身／身心現象としての内なる島嶼（l'insulità o l'isolità / l'iléité）"：

第3の位相は，"内なる島嶼"とでも言うべき，造語 l'insulità あるいは l'isolità を当てるべき意味内容で，島と住人との間に歴史的連続性をもって形成される固有の関係（島の風土と深く結び付いた島民の "知覚（percezioni, Wahrnehmungen）"，思考，行動様式など），島嶼空間と地域住民との間に存在している固有の諸関係によって構成・生成されている "心身／身心現象としての内なる島嶼（l'insulità o l'isolità / l'iléité）" である。すなわち，固有の体験，行動様式，ものの感じ方，想像されたもの，日常生活での実際のやりくりとして現れる "島のひと（gens insularis）" の身体化された記憶である。「島嶼主義」が第3の位相と結び付いているときは，きわめて根強いものとして存続していき，「自治・自立（オートノミー）」の基盤となり得る。そして獲得されるオートノミーの獲得方法，選択の道筋，その意味付与のプロセスそのものが，各々の社会に固有の社会発展に伴って形成され蓄積された社会の「質」（〈深層のアウトノミア〉）として現れるものである（Merler 1991：78-80）。

以上のような位相を持つ "島嶼性" 概念は，「集合的プロセス」の分類・分析に供するというよりは，個々人と社会の "深層／深淵" における微細な動きの把握を可能にする。たとえばこれらの "島嶼性" 概念によってサルデーニャ社会の把握を試みる場合，サルデーニャが抱える外界との交通の困難については，第1の位相によって「客観的に」分析すること以上に，第2，第3の位相によって把握することがよりふさわしいとメルレルは言う（島内部の結び付きはサルデーニャにおいても外部との結び付きと同様に不安定かつ流動的なものであるという理由から）。そして，社会集団あるいは地域小社会，そこに暮らす個々人の内面が持つ流動性――"衝突・混交し混成する重合性（compositezza）" の動態――

を把握するには，"島嶼性"という比較的に定式化された静態的な概念よりも，より流動性の把握に適した"社会文化的な島々（isole socio-culturali）"というメタファーを採用することによって，「アイデンティティ」「集合的プロセス」「社会運動」等々の社会現象のより深い把握を可能にすると，彼は考えている。

(2)「閉じられた空間」と「開かれ循環する空間」

メルレルによれば「島」という言葉は，相反する二つの見方，すなわち「閉じられた空間」と「開かれ循環する空間」を持っている。

①**閉じられた空間（l'enclave）**：

それは閉鎖それ自体であり，接近の困難さ，とらわれの土地である。また，権力・多数派・統一性を持った排他的な領土の総体，静態的・永続的な中心であり，対等でない関係による協同を特徴とする。この場合，島の内部における差異と非同一性は，危険，衝突，逸脱を意味する。

②**開かれ循環する空間（la circolarità）**：

あらゆる方向から接近することの無限大の可能性，外界への開放，多元性，複合性，混合性を持ったコミュナルでコミュニケーション可能な土地の総体を意味し，より対等で顔の見える関係による協同を特徴とする。この場合，差異と非同一性は，規範，豊かさ，自らを証し立てる回路の多元性，多様な生活の可能性を意味する。

前者は，島の境界線内部におけるウチにむけての凝集性を持った「複雑／複合的な社会（società complessa）」を，後者は島それ自体がヘテロジーニアスな要素を含みこんだ「複合・重合的な社会（società composita）」としてとらえている（Merler 1990：156）。

(3) 視点の問題

次に指摘し得るのは，どこからどの方向を見るかによって生ずる違いである。海岸近くに港が作られ，外界からヒトやモノがやって来る。港という陸と

海との境界から外界を見た場合，外来者がやって来る海が既知のものであり，島の内陸部は未知のものとなる。また外界から島を見た場合にも海岸から中へと分け行って内陸部を識ることはない。これに対して，島の内から島及び外界を見た場合，本島の内陸部あるいは島嶼部こそが"深層／深淵"の"島々"であり，外界は未知の領域である。島嶼性を特徴付ける際の二つの視点のどちらに傾くかは，観察者が誰かにもよるがそれのみならず，島を見る際に何が支配的な見方であるかによっても変わる。

すなわち，誰が自らの〈アウトノミア〉によって"島の側から"世界を見るのか，それとも海の側から島々を征服可能な土地，帝国主義的な支配の拡大の場と見るか（その際には各々の人間集団の〈アウトノミア〉は無視され内陸部は看過される）という歴史の具体的なルート（percorso）によって変わる。そして，島の側からでなく「中心」の側から見られた場合には，様々な「辺境」を取り込んで「普遍性」が作られることになる。内陸部から島の沿岸部及び外界を見た場合，内陸部は既知であり，外界は未知の領域である。それに対して沿岸部から外界を見た場合，外来者がやって来る海が既知のものであり内陸部は未知のものである。また外界から島を見た場合にも海岸から中へと分け入って内陸部を識ることはない。島の側から見る視点，メルレルが言うところの「相対的な辺境性（la marginalità relativa）」の視点は，「中心」からの視点に還元されないものの見方・世界観であり「自治・自立（アウトノミア）」の基礎となり得るものである（Merler 1990：157-158）。

視点による違いは「群島（l'arcipelago）」について考える場合にも生じる。「群島」とは共通のアイデンティティを持った一連の島々の総体，あるいはそれぞれ固有の島嶼性を有する多数の島々である。l'arcipelago は，語源的にはギリシア時代にまで遡り，ギリシア人にとっての「主要な海（il mare principale）」であるエーゲ海を意味していた。意味は，その後およそ以下のような形で変遷したと考えられる――「島々の多元性を有する海（il mare con una pluralità di isole）」，「島々といっしょにある海（il mare insieme a isole）」，「ひとまとまりになった島々がある海（il mare con isole insieme）」そして最後に「一連の島々（le

isole insieme)」あるいは「島々の総体（l'insieme di isole)」へ。「群島」は，そ
れゆえ外部から見るものにとっては一連のひとまとまりになったものとして見
られる（傍点は筆者）。自然地理的・空間的，記号論的には，「群島」で暮らす
住民は「共に生きる」ことを（外部から）強いられる（なぜなら権力を持った他
者からはひとまとまりにされるから）。しかしながら彼らは内側から別の見方で
"ともに（共に／伴って／友として）"生きるということを考えている。「群島」は
外側から与えられたアイデンティティであり，自ら与えるアイデンティティで
ある「固有の島嶼性」とは異なるものである。島の側が自らを「群島」として
形成するのは，ばらばらでは（他の敵に対して）弱いという状況においてのみ
である（Merler 1991：98）。

(4) 小　　　括

　これまでフォローしてきたメルレルの"島嶼性"論の骨格について，筆者の
眼から見ての簡単な整理を行なっておこう。"島嶼性"の諸側面として論じら
れた「閉じられた空間」と「開かれた空間」は，"島嶼性"の即自的（an sich
な）側面と言えよう。そして次に論じられた視点の違いは，"島嶼性"の対自
的（für sich な）側面と言えよう。これを"島嶼性"の三つの位相と組み合わ
せて考えてみるなら，"島嶼性"の三つの位相，すなわち，客体ないしは実体
としての島嶼，集合表象としての島嶼主義，"心身／身心現象"のそれぞれに
は，即自的な契機と対自的な契機があると考えることができよう。第1の位相
は確かに島嶼社会の物質的基盤として即自的に存在しているが，即自的存在と
してその中にある人間がひとたび自己意識を持って自らの母体を意識した場合
に，それは，対自的なものとして客体ないしは実体としての島嶼が存立するよ
うになる。集合表象としての島嶼主義と"心身／身心現象"にも即自的契機と
対自的契機が存在していると考えてよかろう。メルレル及び筆者は，第2の位
相と第3の位相，そしてそれらの即自的契機と対自的契機がどのように相互補
完的に結び付くのかという視点から，地域住民のアイデンティティ，集団の形
成／解体／再編／自己革新，社会運動等の問題を論じようとしたのである。

6. "根" と "未発の社会運動"

　1989年以降，筆者がメルレルとの間で〈島嶼社会論〉の構築の試みを続けていくなかで，とりわけ筆者の側からメルレルたちの研究グループにもたらした理論的貢献は，"根（radice）"の概念を提示したことであった。

(1) 「個別的・根源性」と「抽象的・根源性」

　"根（radice）"の概念は，イタリア・サルデーニャにおける地域社会研究以前に行なった，1985年から1987年にかけての沖縄・広島・長崎における平和運動・社会運動の調査が"端緒（inizio e principio）"となっている。それは，以下のような問題意識であった[34]。

　「石油ショック」以降，それまでの日本企業の対アジア投資において主流だった繊維・雑貨に代わって，エネルギー多消費型，資本集約型の素材産業，とりわけ石油化学，アルミ産業が，ASEAN各国に工場を移し，さらに，家電・エレクトロニクス産業が進出する過程で，食料品から日用雑貨，電化製品に至るまで，日本国民の「近代的生産・生活様式」は，アジアを中心とした世界中の諸地域・人々との「相互依存」関係を持つようになっている。これは，日本の国家と資本の誇張に呼応した日本国民の労働・消費・廃棄等の生活諸分野における広がりのことである。こうした広がりによって，地球の裏側で起こった事件が，誰かの身体に影響を与え，あるいはその逆に，日本で起こっていることがらによって，地球の裏側の身体に影響を与えるという，いわば個々人の身体と惑星との相互浸透，無限連鎖という事態が生じている。

　この事態は，自らと他者の身体の「破壊」と「痛み」を伴うかたちで進行しているが，その起こり方には「偏差」がある。「問題の当事者（受難者）」が抱える「破壊」や「痛み」は，きわめて「根源的」な意味を持っているが，他者には伝わりにくい。個別的ではあるが「根源的」なもの，人間を深い所でつらねていく紐帯となっているものを，「個別的・根源性」と呼ぶことにした。

他方で，身体の「破壊」と「痛み」を伴う諸問題は，地球規模の生存の危機といった「共通の問題」として各人に降りかかってくる。こうした関心は，まだ"予感する（ahnen）"にとどまり，抽象性を免れず，「偏差」の側面を看過してしまう。こちらについては，「抽象的・根源性」と呼ぶことにした。

　この二つの「根源性」は，現代社会の根幹と関わる問題であるのにもかかわらず，いや現代社会の構造ゆえに，一方は個別性を免れず，他方は抽象性を免れていない。身体の「破壊」と「痛み」は，「抽象的・根源性」として現象する場合と，「個別的・根源性」として現象する場合とに分かたれ，他者の身体が「破壊」されたり「痛み」を感じていることを感じとることが出来ない。それぞれ違うかたちで制約された個々の身体がつらなるためには，この「偏差」を伴う「根源的」な問題の位相で「繋がる」ことを模索せざるを得ない，ということである[35]。

　この「根源性」に関する理解を，より分節化・立体化していこうとしたのが，"根（radice）"の概念であった。

(2) "根（radice）"概念の提示

図1　"島嶼性"と"根"の概念図：三つの位相と要素・領域

島嶼性の三つの位相	根の三つの要素・領域
(1) 客体・実体としての島嶼 　（l'insularità / l'insularité）	①風水土という母体
(2) 集合表象・アイデンティティとしての島嶼主義 　（l'insularismo / l'insularisme）	②文化と生活様式，人間の結び付き方（関係性）
(3) 心身／身心現象としての内なる島嶼（l'insulità o l'isoltà/l'îléité） ⇒根（radice）"社会文化的な島々（isole socio-culturali）"	③生活史上の体験／記憶あるいは歴史上の経験 　"未発の社会運動（movimenti nascenti）"

"根"という言葉で表わそうとしたものの中には，少なくとも三つの要素・領域（tre elementi）がある。一つは，風水土という母体（環境・自然的資源・生態系），二つ目は，そこに育まれる文化と生活様式，人間の結び付き方（関係性）であり，三つ目は，政治的・社会的諸関係の中で形成された生活史上の体験／記憶，あるいは歴史的経験である（それは多くの場合，「被害－加害」として意識され，世代間の継承も起こり得る）（新原　1990：76）。

　客体としての第1の位相が"身体化（その意味で主体化）"したものが，"根"の第一の要素・領域（内なる環境と自然的資源）であり，集合表象，とりわけ「自らを証し立てる力」の"身体化"したものが第2の要素・領域（関係性）である。そして，第3の位相である「内なる島嶼」は，「風水土という母体」「文化と生活様式，人間の結びつき方（関係性）」「生活史上の体験／記憶あるいは歴史上の経験」などの諸要素・領域が，"身体化（embedding, incoporating）"し，"埋めこまれ／植えこまれ／刻みこまれ／深く根をおろした（radicato）"ものである。

　そして，これらの要素・領域が，偏りを持ちつつも有機的に結び付いた状態となることが，人が行動を起こし，人と繋がる時の重要な基盤となり，"未発の社会運動（movimenti nascenti）"の「条件」となる。これらの要素のどこかで"共感・共苦・共歓（compassione）"の可能性を持ってはいるのだが（たとえば，「同郷」あるいは，同じような「喪失」や「受難」の体験を経てきたなど），すべての点で一致している訳ではない。こうした結び付きは，きわめて深いものであるが，過度の「一致」を表象し追求した場合，外界に対して排他的性格を持つ場合がある。

　それぞれの要素には，対自的であるいは即自的にとどまっている場合とがある。"根"を対自化している人々は，それを普遍的なものとして対象化してはいるが，自身の体験／記憶として根付いていない（cosmopolitanの「抽象性」）。他方で，即自的なものとしての"根"の「個別性」を持つ人は，それを自分の生々しい体験／記憶として抱えているがゆえに対自化が難しく言葉とするのが容易でない。したがって，同じ要素を持つ"根"の間においても，相手が対自

的なものしか持たない場合，相手のことを理解・共感することは難しく，同じ要素を即自的に共有する場合であっても，それが形成されてきた文脈・水脈が少し異なるだけで伝達に困難が生じる。それゆえ，ある社会にとって固有の"根（radice）"の諸要素を有する者同士であっても，むしろそうした"島"の内部における即自的な複合・重合性を対自化すること，あるいは対自的なものに即自性を獲得すること（「我が身を以て証立てる（sich betätigen）」こと）なしには，深いところで結び付き得ない。

　しかしながら，この困難ゆえに，それがつかみとられた場合には，根本的な"メタモルフォーゼ（change form / metamorfosi）"が起こり得る。私たちがとらえるべきは，"内なる島嶼"，すなわち"根（radice）"からの微細な動きとかかわるところの"未発の社会運動（movimenti nascenti）"である。これは「一揆」に関する鹿野政直の視点と重なるものがある。

　　日常性の根深さは，革命の一時的喧噪などものともしない。……実際には，一揆のときだけが異常事態で，その他のときはすべて静謐であったかのように歴史を描くのは，当を得ていない。不平・不満・いらだち・愚痴・怒り・歎き・悲しみ・あきらめ・そねみ，その他もろもろのかたちをとる秩序への違和感は，人びとのうちに不断に醸しだされてきているのが，むしろ常態で，その意味では一件の一揆は，無数の未発の一揆の延長線上にある一つの波頭としての性格をもつ。"平時"においてもそのように未発の一揆が反芻されるからこそ，一揆の記憶は伝統として生きつづける。そのヴォルテージの高まりが，ある瞬間に一揆として飛翔する。両者を完全に切断し，べつべつの領域に閉じこめるのは，歴史の真相を衝いていない。（鹿野 1988：128-129）

　心意現象・情動に着目して社会変動の問題を考えてきた鶴見和子は，柳田国男にならって，「生活外形（物または行為としてあらわれるもの）」，「生活解説（言葉として現われるもの）」，「生活意識（信仰として現われるもの，心意現象）」と分

けた上で,「有形文化」「言語芸術」「心意現象」の順に探っていくという研究方法を提案した(鶴見 1974：146-186)。これにならって,可視的な獲得の対象となっている〈オートノミー(自治・自立)〉の制度,それを支える根拠とされている〈アイデンティティ(集合表象)〉,さらにその基層としての,オートノミーとアイデンティティを支え,突き動かす〈深層のアウトノミア(the obscurity of autonomia)〉を"探究／探求"することが可能となるはずである[36]。

(3) 「島」と「群島」／「旅人」「寄寓者」「同郷人」

いま述べた回路を応用すれば,「群島」概念も他律的に定義されるだけの概念ではなくなり得る。地域社会内部の多様な個人・集団は,地域のなかに点在する"社会文化的な島々"としてとらえられ,その「集合的プロセス」は,たとえば「群島の形成過程」としてとらえられる。サルデーニャという島の内部に,"社会文化的な島々"として各々の村,すなわち地域小社会が存在するのみならず,これらの村や都市部,海岸部には,言語・文化的な"島々"として,サルデーニャ内の他の村からの移住者,移民からの帰還者,アフリカからの「出稼ぎ」労働者やジプシーたちが存在する。このような意味内容の"島嶼性"は,孤立主義を意味するのではなく(その意味も含みこまれてはいるが),個々の代替不可能な社会単位の固有性を認めた上での交流・結びつきの可能性を示唆する。こうした"島々"の相互交流によって「群島(arcipelago)」が形成される。サルデーニャは,地中海という「群島」を構成する一つの島嶼社会であると同時に,大小様々の"社会文化的な島々"が"衝突・混交し混成する重合性"を持った"群島"でもある。

ここまでの理論内容の提示によって個々人の根底にあるものから集団形成,そして「自立」という過程を見ることは出来よう。しかし,ある地域社会に異なる位置を占める諸個人の関係性,布置連関を表わす概念がまだ提示されていない。そのようなものとして,筆者が提示するのは,「旅人」「寄寓者」「同郷人」である。これは,固定的なものではなく,ある社会そしてその社会に固有な"根"の諸要素から見ての個々人の相対的位置を表わす概念である。この概

念は，地域住民に対しても地域社会を研究する観察者に対しても使用し得る。

「旅人」は，生活に根ざしたものではないにせよ様々な土地を見聞している。時には，いくつかの土地の個別的事実から地域社会に関する一般的な見方を形成している場合もある。「寄寓者」の場合は，ある土地に移住した時点で既に過去に自分が住んだ土地との間に比較の視点を持つことになる。さらには「同郷人」の場合においても帰国移民や移民二世の帰国者にとっては，同郷は異郷でもあり比較の視点を持たざるを得なくなる。

以下はとりわけ観察者に関して言えることだが，地域社会研究は，「寄寓者」として研究する場合には，それが国内の地域社会であれ，外国の地域社会であれ，内なる比較の視点を明晰に認識する努力が必要となる。ましてや「旅人」として研究する場合には，さらに強く比較の位相についての考察が求められる。海外での地域研究の場合には，言語や生活文化の壁を強く意識する。しかしこのような壁は，国内の地域研究の場合にも存在しているはずである。「旅人」の地域社会研究は，まずどうしても入り込めない理解しきれない「地域問題の堅い岩盤」にぶつかる。その「岩盤」と格闘するなかでそれぞれの異質性を前提とした上での共通性が見出されるのである（cf. 新原 1991a：30-31）。

(4) 小括──"もつれてからまりあいつつ，多方向にのびていくマングローブの根"の"流動性／重合性"

筆者は，"方法としての島々への旅"によって，メルレルの"島嶼性"概念にかさね合わせ，つらねるかたちで，メルレルが見ていたのと同じ内実を持つものを，"個々人の内なる根のつらなり"としてとらえた（radice insulare e composita）。

① "根（radice）"という言葉で考えようとしているのは，「エスニシティ」の現状分析あるいは静態的な観察ではない。現代社会に噴出している様々な民族紛争や言語・文化問題を分析するための操作的概念として使うのではなくて，個々人が，自ら"根っこ"の部分の消失を感じつつも，他方で

完全に都市を浮遊することも出来ないという状況それ自体を，"根"が焦眉の問題となっている状況であると考え，そのような境遇を生きざるを得ない現代人の"想い／こだわり／しこり"に迫ることを目的とするからである。その場合には，どう"生きられているか"という民衆知の現在への問いと，その背後にあって遡及すべきものとしての個人史，すなわちどう"生きられたか"という問いが不可欠のものとして存在している。したがって，"根"は，きわめて個人的な覚醒の契機を持つ。個々人の根幹にかかわることによって，いわば"未発の社会運動"を導く。

② "根（radice）"の要素には，場合によっては形質人類学的な契機もその要素に含まれる。また，F. ブローデル（Fernand Braudel）が指摘する三つの契機（長期的持続／局面／事件）とも対応するような諸契機を含む。しかし，これらの契機のあるものが常にどれかを規定するという一方的な〈規定－被規定〉関係ではない。"根（radice）"は，即自的にそれを持つものにとっては"拘束／絆（servitude humana／human bondage）"[37]となる。しかし，他方で，それを対自化することでしか持ち得ないものにとっては，求めてもなかなか手に入らない"逃げ水"のようなものである。このふたつの側面は，一個人の中に並存し得る。

　自らの内なる"根（radice）"を対自化して生きることで，「現在を生きる遊牧民」（メルッチ）としての自分を証し立てざるを得ないのが現代人である。ふたつの土地に引き裂かれるマージナルマンでもないが，また決して，様々な位相のアイデンティティを意図的に組み替えられるようなフレキシブル・アイデンティティでもない。つまり，単に原初的でもないが，かといって完全に操作的なものでもない。動きそのもの，"かたちを変えつつ動いていき（changing form）"，自らを証し立てようとする時の"愛情・痛み・苦しみ（patia）"のなかでのみ，その実在が確認される。限りなく続く反問の過程のなかで，自分をこわしつくりかえていくときに，その時その時に，証し立てるべき自己の内実としてとらえられ得るのが"根"である。したがって，"根"はただ実体的に存

在するのではなく，自己を証し立てる"旅"の途上にあるもの，その意味での"移動民"，運動する者の眼からみたところの"流体（fluido）"であり"基点／起点"なのである。

筆者個人の"旅／フィールドワーク"にとっても，［動きのなかの］"不均衡な均衡"と［変化し続ける］"偏ったトタリティ"の"基点／起点"で在り続けた"根"の概念を，ひとつの微細な動きを持った概念，概念の運動としてふりかえってみたい。

最初は，"根（radice）"という言葉で表わそうとしたもののなかには，少なくとも三つの要素があると考えていた。そして，ヨーロッパの地域社会を歩くなかで，"根の異郷化／流動化（spaesamento / fluidificazione delle radici umane）"という問題意識を持つようになった。社会学者 F. アルベローニ（Francesco Alberoni）は，"深層／深淵"からの"移行，移動，変転，変化，移ろいの道行き"を，「未発の状態（stato nascente）」という言葉で表した（Alberoni 1968；1989）。ここでは，社会運動の生成期，成長期，沈静化の時期が，いささか「単線的」に「理解」されていたのだが，1968年以降の世界の"道行き"と重ね合わせて考えてみるならば，「未発の状態」は，「単線的な移行過程」の一段階であるというというよりは（たとえば「固有性の消失」から「画一化」へという単線的な経路［ルート］ではなく），"根の流動性／重合性（fluidità / compositezza delle radici umane）"というかたちで見直すべきであると考えるに至った。そして以下の理解が現時点での到達点／立ち位置となっている。

α）**〈隙間のある言葉〉**――それは，「岩が鳴動する」というイメージとつらなるところのものだ。生起したことがらをふりかえり，言葉にすることの意味は，そこに残された目に見えるスクリプト（書かれたもの）にのみあるのではない。書かれたものの隙間からほのみえる，汚濁し混濁したままの"根（radice）"の構造や組成について語ること（定型としての真理の体系を叙述しつくすこととして理解されるような真理を究明すること）が究極の目的なのではない。そうではなくて，気配を察することにこそ隠された願望

と企図が存在している。すなわち，ただその在り処について，"根（radice）"はこのあたりに棲息しているということを記憶にとどめ，次の世代やその場を共有しなかった同伴者に，この体験を伝承するための，手がかりを残すことにある。手がかりの残し方はいろいろあり得る。ある特定の状況においては，構造や組成について語るというかたちをとることもある。そこでの伝承は真偽がない交ぜになっている。「のみの市」の伝承。それは，山の奥に分け入って地中深くに"根（radice）"をはった「やまのいも」の在り処を記憶し，後からまたその場所に辿り着くためのささやかな痕跡を山の道に残していくという智恵，山村に生きるものの智恵に類比されるような性質の"智（cumscientia）"の在り方だ。

β)〈そっとふれる〉——構造や力や情動の結節点が濁流のようにおしよせる場に引き寄せられそこに立つものは，まさにその対極にあるような最も原理的，根本的な思考，源基と原思想と串刺しにされているところの"根（radice）"を必要とする。これは低音から高音までの音域が広い歌手のようなものだ。現実のなかで溶解され粉砕されていく恐怖に耐え得るためには，骨太な支えが必要になるというわけだ。音域があらかじめ狭かったのならば，"選択的盲目"によって保障された，ある程度「予測可能な現実」とその「現実」を明快に説明するに足る「理解可能な（intelligible, verstandlich）」理論でこと足りる。

しかし，ここで言語化しようとしているところの"根（radice）"は，実体としてどこかに「鎮座」しているのではない。流動し破砕され溶解させられつつあるその状況に応じて，その際に身体を貫く"愛情・痛み・苦しみ（patia）"に応じて，練り上げられるところの"流体"である。それは，動いているものをつなぎとめて観察するという知の在り方からすれば，「不確か」「明晰でない」「主要な問題ではない」といった批判の対象ともなり得る。しかしながら，それは，自らが最も不確かに，根こそぎにされている（uprooted な）瞬間に，それでもなお，まさにその場で，自らを根付かせようと背筋に力をこめる時にこそ，現象する。逆説的な言い方だ

が，"根（radice）"は最も流動し，そっとふれるものなのである。"根（radice）"は「実体」であるというよりも「主体」であり，「媒介されたもの」[38]としてのみ現象する。

γ）〈"もつれてからまりあいつつ，多方向にのびていくマングローブの根"の"流動性／重合性"〉——「根付かせる」という表現をとったが，これもまた，通常の理解からズレていて，メルッチが言うようなネジの「遊び」のようなブレがある。通常の理解の在り方からするなら，「漂泊」しているか「定住」しているかの二分法であり，動いていた不確かなものが止まって根付いて確かになるという見方となる。しかし，流動の中でとらえられ得るべき"根（radice）"は，くりかえしくりかえし根付かせ続けることを常態とするものである。根付かせようという行為が持つ流動性は，その自らを固定化し壊死させる力によって否定され，その壊死の力は，動いていこうとする力によってまた否定される。

　私達は，ついつい，根もまた主たる根から傍流の根へと分岐する構造を持っていると考えてしまうが，実際のマングローブの根は，同時に多在かつ多面的で，かつ他端／多端へとのびていく存在だ。地上の草や木々は，一見かなり離れているように見えても，互いの地中の根は，遠方まで伸び，もつれてからまりあっている。マングローブの根は，単にからまりあっているだけでなく，地表すれすれに伸びていく水中根の部分とそこから地上へと突き出し伸びている気根（呼吸根）の部分とが同時に在る。「気根（呼吸根）」というのは，いわば，水面下の根系から境界を越え，大気の世界へとやってきた「肺魚」のような存在だ。

　草木を「移植」するときは，微細な根は切り落とされる。草をどんなに根絶しようとしても，除草剤などを使って土壌そのものを「絶命」させない限りは，側根や根系やひげ根，不定根，さらには，個々の根の端の根毛や根冠などが地中に残る。その塵芥，魑魅魍魎や残滓をかきあつめて，まぜこぜにしていくと，どうなるだろう。きっとその，地中に残され，生きのびてしまった個々の根の端の根毛や根冠から，ずれて，はみ出し，染

み出す，"閉じない循環（circolarità schiudendo）"となるであろう。それゆえ，"社会学的探求"もまた，その本来的性格として備え持つ"ぶれてはみ出す"力によって，"側根や根系やひげ根，不定根，さらには，個々の根の端の根毛や根冠などがもつれてからみあい，多方向にのびていく根"であることがますます求められている。"身実（自ら身体をはって証立てる真実）"は，"応答（response）"のつらなり，有限性を自覚しつつもそこへと"あらかじめ身を投げ出す（pro-gettare）"ことへの勇気のなかにある。そして流動性の中にやすらぐ（Flüssichkeit, in sich ruhe）[39]。

7．"境界領域"概念を紡ぎ出す

いま述べてきた"根"と"未発の社会運動"の理解の上で，私たちの調査研究のキーコンセプトとなった"境界領域（cumfinis）"は，"対話的なエラボレイション"の"道行き"から練り上げられたものである。

「エピステモロジー／メソドロジー」双方の生成と錬磨を企図しつつ行なわれた地中海，ヨーロッパ，南米，大西洋，アジア・太平洋の都市・地域での「"境界領域"のフィールドワーク」は，当初は，"テリトリーの境界領域"——国家が引く境界線の突端，"端／果て（punte estreme / finis mundi）"，に位置する存在であると同時に，ひとつの国家から見るなら「他者」，時には前人未踏の地（no-man's-land）である場所へと境界を越えて往き来する領域——を対象としてすすめられた。

グローバリゼーションへの地域社会・地域住民の応答という点で，歴史的に国境沿いに位置して，国境線の移動や人の移動，文化の"混交・混成・重合"を体験してきた国境地域の諸州や，海に開かれた島嶼地域といった"境界領域"とそこに生きる人々から学ぶことは，きわめて多いと考えたからである。しかしこの，一見，地理的・客体的な問題設定が，実は個々人の身体に刻み込まれた"心身／身心現象の境界領域（liminality, betwixst and between）"——個々の内なる"深層／深淵"，間主観性，精神の境界の問題性を伴っていることに気

付かされた(たとえば,トリエステで暮らすスロヴェニア系の精神障害者は,複数の"境界領域を生きるひと"であり,フリウリ＝ヴェネツィア・ジュリアは,様々な固有の歴史的社会的文脈を持った"境界領域を生きるひと(gens in cunfinem)"によって構成されるところの地域社会であった)[40]。

さらにこの一連の調査研究のなかで明らかになったのは,"境界領域"の第3の位相(fase),すなわち,特定の二者の"深層／深淵"における共感・共苦・共歓(compassione)の相互行為が(メルッチが言うところの「聴くことの二重性と二者性」),複数の二者性のつらなりとして現象していく"毛細管現象／胎動／交感／個々人の内なる社会変動／未発の社会運動"と深くかかわるところの"メタモルフォーゼの境界領域(metamorfosi nascente)"の重要性である。

図2 "境界領域"の概念図:三つの位相と成層

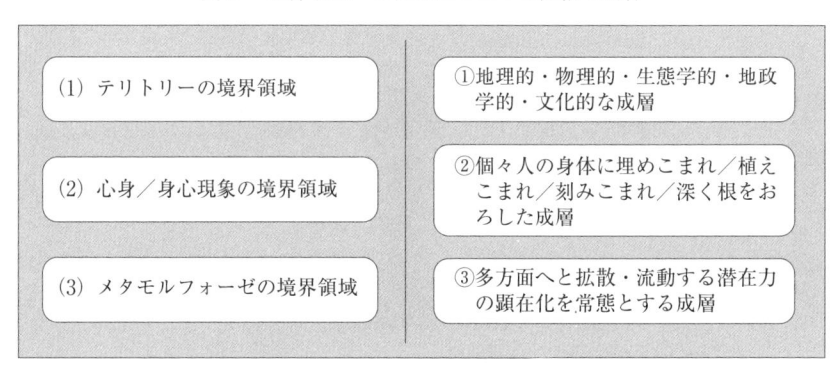

(1) テリトリーの境界領域	①地理的・物理的・生態学的・地政学的・文化的な成層
(2) 心身／身心現象の境界領域	②個々人の身体に埋めこまれ／植えこまれ／刻みこまれ／深く根をおろした成層
(3) メタモルフォーゼの境界領域	③多方面へと拡散・流動する潜在力の顕在化を常態とする成層

① **"テリトリーの境界領域(frontier territories, liminal territories, terra 'di confine')"**

国家が引く境界線の突端,"端／果て(punta estrema / finis mundi)"に位置する存在であると同時に,ひとつの国家から見るなら他者,時には前人未踏の地(no-man's-land)である場所へと境界を越えて往き来する領域である。これは境界領域と交通の問題とも重なる視点である。しかしこの,一見,客体的な問題群は,実は個々人の身体に刻みこまれた(「クレ

オリザシオン」や「受難」や「暴力」とかかわる）"社会的痛苦"の体験／記憶と深く結び付いてもいる。

② **"心身／身心現象の境界領域（liminality, betwixst and between）"**

メルッチが着目した"心身／身心現象（fenomeno dell'oscurità antropologica）"の次元，"社会的痛苦""愛情・痛み・苦しみ（patia）"と共に在る"痛むひと（homines patientes）"の内なる"深層／深淵"と二者の間の問題（間主観性）の領域であり，V. ターナー（Victor Witter Turner）やR. マーフィー（Robert Murphy）が着目した，精神の境界（liminality, betwixst and between）の問題とかかわっている[41]。

③ **"メタモルフォーゼの境界領域（metamorfosi nascente）"**

時代そのものの移動もしくは変転としての"時代のパサージュ（passaggio d'epoca）"とかかわり，そのような移行もしくは移転，"メタモルフォーゼ（change form／metamorfosi）"が噴出する時期・瞬間としての"変転の時代（epoca di passaggio）"とかかわる。たとえばそれは，帝国の支配の対象となった島々が，支配の間隙をぬって，自らのアウトノミアを「捻出」しようとしてきた「間（はざま）」「隙間」である。これはまた，日常性がこわれて新たな枠組みが見えないなかで格闘せざるを得ない被災者や病者，様々なしかし各々の個体性の奥深くを揺るがすような個別的な事件に直面し，「アイデンティティの不確定性」の問題に直面している個々人が"居合わせ"ざるを得ない領域である。二者の"深層（obscurity, oscurità）""深淵（abyss, abisso）"における共感・共苦・共歓（compassione）の相互行為が，複数の二者性のつらなりとして，マングローブの根の広がりのように現象していく状態（stato nascente）と深くかかわる。

こうして"境界領域"は，三つの位相（fase）と重ね合わせつつ言うならば，①地理的・物理的・生態学的・地政学的・文化的な成層（stratificazione），そして，②個々人の身体に埋めこまれ／植えこまれ／刻みこまれ／深く根をおろした"心身／身心現象"の成層，さらには両者の「間（はざま）」「隙間」にあ

るところの，③多方向へと拡散・流動する潜在力の顕在化を常態とする成層，という構成を持つ。この"境界領域"のなかの動態――［動きのなかの］"不均衡な均衡"の場として生成しつつある現象をとらえることが，それ以後の研究課題となった。

それゆえ，「"境界領域"のフィールドワーク」における調査研究の眼目は，地球規模の"移行，変転，変化（passaggio）"のなかで，地域社会に生きる人々の"深層／深淵"部分においては，いかなる"毛細管現象／胎動／交感／個々人の内なる社会変動／未発の社会運動"が起こっているのかということとなった。

すなわちこれは，イタリアの社会学者 A. メルッチが考えていた「時代のパサージュ（passaggio d'epoca）」――「間（はざま）」「隙間」「裂け目」[42] といった言葉でとらえざるを得ない状況，「変容」「超越」を伴う"メタモルフォーゼ（change form／metamorfosi）"が噴出する時期・瞬間が常態化する「変転の時代（epoca di pasaggio）」――への着目であり，思想史家の鹿野政直による，「従来まったく別物と考えられていた正常と異常，先進と後進，理性と狂気，健康と病気，生と死等々の概念が意外に近いばかりでなく，むしろ一個人内でも一社会内でも交錯しているのがかえって常態との意識は，こうして瀰漫しつつある。そのことは，人間や社会が，自らも問題をかかえる存在と認めるのを迫られていることをも意味する。しかも行手が定かにみえぬままに，岐路に立っているという予感に間断なく襲われつつ，いやそれだけにまず，いまを認識しようとの意志，確認したいとの渇望が，高まっている」（鹿野　1988：146）という同時代認識とも重なっている。

しかし，どうして，「複合社会におけるアイデンティティの不確実性」という切口から現代社会のジレンマを考察していたメルッチが，［動きのなかの］"不均衡な均衡"への着目から，個々人の微細な動きの意味を出来る限り固定化を回避した上で，"交感／交換／交歓（scambio, Verkehr）"　"共感・共苦・共歓（compassione）"のなかでとらえ表し出すという使命を意識せざるを得なかったのかについて確認しておきたい。

8. ゆるく固定されたピボット・ピンのように揺れ動くプレイング・セルフ

　メルッチは,『プレイング・セルフ』のなかで,「相互に依存しあう高度に複雑／複合的な惑星システム (highly complex planetary system) の端末」として, システム化の網の目と「物理的な限界」のなかで動き続けざるを得ない個々人がその「条件」下で問題に応答するプロセス——「多重／多層／多面性 (multiplicity)」を持った自己の「アイデンティゼーション (identization)」に着目している。しかしここで力点が置かれていたのは,「可能性」の拡大の側面だけではなく, 私たちが依然として「介入の手が届かない本来の生息地である惑星としての地球」に拘束されていることであった。

　メルッチは, 複雑性と差異によって成立している現代社会を生きる個々人が, 時間や空間, 健康や病気, 性や年齢, 生や死, 生殖／再生産や愛といった自己を形成する諸次元で, 遊び (play)——すなわちゆるく固定されたピボット・ピンのように揺れ動かざるを得ない現代人の「条件」を主著『プレイング・セルフ』のタイトルとした上で,「惑星社会における人間と意味」をサブタイトルとした。「個人の行為に対して可能性に開かれた沃野を提供してきた近代世界」の「システムはもはや不可逆的な勢いで惑星全体を包摂するようになり, 未来の見通しはカタストロフの恐れで被われていることから, 数々の救済神話がもつ楽観論は, 根本から成り立たなくなっている」。そして私達の私的生活は,「社会的行為のためのグローバルなフィールドとその物理的な限界という, 惑星としての地球の二重の関係」によって規定されてしまっている。それゆえ,「惑星としての地球に生きていることの責任と応答力」がごくふつうの個々人に託されるような現在の「惑星社会 (the planetary society)」においては,「日常生活における数々の体験」「諸関係の微細な網の目」のなかで意味が創り出され, 同時代の集合的現象さらには深部からの社会変動がもたらされるとした (Melucci 1996a=2008：1-4, 59)。

可能性と制約のなかで生きるものの〈内的で微細な変化／他者との交感／集合行為〉のプロセス——すなわち,「集合的な出来事」や「私たちの文化を揺るがすような大変動」から「遠く隔てられ」たように見える個々人の"心身／身心現象 (fenomeno dell'oscurità antropologica)" さらには "個々人の内なる社会変動 (metamorfosi nell'interno degli individui corpolali)" に, メルッチは, 社会そのものを "深淵 (abyss, abisso)" "深層 (obscurity, oscurita)" から見直す "基点／起点" を見出そうとした。

そして, "惑星社会" に生きる人間の「条件」として, 自らの限界や制約を「引き受け (responding for)」, 社会関係のフィールドに対して「応答する (responding to)」という「責任／応答力 (responsibility)」を強調した (Melucci 1996a=2008：68)。すなわち, メルッチは,〈社会的行為のためのグローバルなフィールド〉とその〈物理的な限界〉という, 二重の関係を持つ "惑星社会に固有の" 多重／多層／多面 "の問題を引き受け／応答する (responding for/to the multiple problems in the planetary society)" ことの必要性／必然性を示唆し, 可能性／制約のなかで現在を生きるものの〈内的で微細な変化／他者との交感／集合的プロセス〉の動態を把握しようとしたのである。

「ピボット・ピン」も「メタモルフォーゼ」も, メルッチ自身の "惑星社会" を生きるものとしての体験／記憶をくぐりぬけて生み出された言葉である[43)]。「メタモルフォーゼ (metamorphosis) は, 私達の顔, 言語, 関係を多重／多層／多面化するように強いるような世界に対する応答である。それは根本的に暖かな応答だ。恐れや不安がないのではない。しかし決して愛情に欠けることもない。自己と他者への共感・共苦・共歓 (compassion) なしに, 希望も謙遜さ (humility) もなしに, 形を変えようとしてもそんなことはいつまでたってもできはしない」(Melucci 1996a=2008：71)。

メルッチは, 故郷リミニの友人たちとのかかわりを, 大切なもの, 自分の「人間としての根 (radice umana)」だと語っていた。2001 年の夏,「最期」の数週間をリミニで過ごしていたメルッチのもとを訪れた旧友達はみな, 20 代の頃の彼に会おうとしていたとアンナ夫人は言う。「地元に残った」友達は, いわ

ば異郷／異境に「旅立つ前のアルベルト」との関係を固定化しようとしていて，「旅立ちの後」の変化や"メタモルフォーゼ（change form / metamorfosi）"について理解を示そうとしない，もっと言えば見ようとしたがらなかった。これは一体どういうことなのだろうか。

「自民族中心主義（etnocentrismo）」や「外国人嫌い（xenofobia）」に見られる他者性の抹消は，エスニシティの問題にとどまらず，「治療」ともかかわる問題性を持っている。というのは，変化し流動し，"メタモルフォーゼ"していく関係性（とその渦中にある自己）についての理解を拒否し，「幼なじみ」であったはずなのに異なる存在へと変化している目の前の生身の「他者」を，自らの意識から根こそぎにしようとする。なぜなら，そうした"反逆する対象（l'oggetto rivoltandosi）"は，自らの「確かさ」を揺り動かすからだ。

誰もが日々の小さな選択のなかですこしずつ変化し，変成し，"メタモルフォーゼ"していく。「不易」の存在としてではなく，"配置変え（ricostellazione）"をくり返すなかで，瞬間的に，限定されたかたちで，関係がくり返し取り結ばれる。そこには記憶があり企図や願望も埋めこまれているが，ひとつの方向付けによって固定された矢のイメージの運動ではない。かといって点のみで表現されるような刹那的で泡沫の関係というのでもない。くり返し，蛇行し，迂回し，循環し，しかし閉じることなく，配置変えを続けていく。それは，ただ単に矢印でも点でもなく，それらもまた循環のなかに埋めこまれた複合性，"境界領域を生きるひと（gens in cunfinem）"の"複合的身体（corpo composito）"の関係性である。

だとすると，"境界の束としての身体"の記憶に深い関心を持ち，まさに"境界領域を生きる人"であったメルッチは，リミニの旧友たちとの関係性を，動きのなかの"基点／起点"として語っていたということになる。「故郷リミニ」という"根"は，固定された実体として表象されていたのではない。"かたちを変えつつ動いていく（changing form）"なかでふりかえったその瞬間に見出され把握されたところの"流体（fluido）"のなかにのみ，"根"は在る。

それは，boundであるのにunbound, uprootedであるのにrootedであるよ

うな組成を持つことで，自らの内に潜在する生命力によって，「想定内」の「予測」とは異なるかたちで，「かれらの流儀（in their own ways）」で，"異境の力（una capacità 'di confine'）"を練り上げていく存在である。

"異境の力"とは，私見によれば，第1に，"異境で生き抜く力（una capacità di vivere oltre i confini）"，第2に，その生の意味をふりかえることによって，複数の"異郷／異教／異境"[44)]の地を行き来し生き抜き，尚かつその意味を理解し表現しきるという意味での，"いくつもの異境を旅する力（una capacità di viaggiando nei vari confini）"を培っていく。そして第3に，穴だらけで，不備や欠陥があったとしても，おおかたの予想を裏切り，「同郷人」たちをはっとさせるような新たな見方（nuova visione）を提示すること，すなわち，異なる境界線の引き方，補助線の引き方を提示することでその場の"メタモルフォーゼ（変身・変異）"を誘発する力＝"異境を創り直す力（una capacità di ricomporre i confini）"となる。

そこでの"かたちを変えつつ動いていくもの"，厳密な意味での"移動民の根"とは，安定的に「不易」のものとして「定在」するのでなく，"流動性（fluidità）""パサージュ（passaggio：移行・移動・横断・航海・推移・変転・変化・移ろい）"のなかでとらえられた特定の瞬間（「現在性」）の"粗描（abbozzo）"として，動きのなかでのみつかまれるものとなる。ここでの「現在性（presentness）」とは，過去と未来という非在の"境界領域"であるようなある個別の場所・瞬間（un momento particolare）であり，「固定された実体」という「幻覚」を"喪失"する場でもある。

"惑星社会"を生きるものの「日常生活は，現在性と喪失の空間」であり「他者と出会うということは，意味の目眩（vertigo of meaning）への旅に出ることである」（Melucci 1996a＝2008：140）。「安定した根」や「自己」を"喪失"し続けるなか，どうにか自分の"かたちを変えつつ動いていく"ためには，「他者」でもあるような自らの"根"とも出会わざるを得ない。しかし，この"底知れぬ喪失／喪失の深淵"のなかで，「他者はわれわれだ（Gli altri siamo noi）」[45)]という"閉じない循環"（メルレルの言い方なら，開かれていく"社会文化

的な島々"のつらなり）を生きる可能性が開ける。

となれば,「生という不治の病」の航海に臨んだときのメルッチの立ち位置は,『プレイング・セルフ』というタイトルの背後にあった想念のうねりのなかで,既に予見[46]されていたということになる。つまりは,"メタモルフォーゼ"の道行き（passaggio）のなかで,〈実体主義か異種混交か〉といった対立からも身体をずらして,肩の力をふっと抜いたときに,少しだけヒジをつけて,しかも微細な変動をしているような状態で,ぶれて,はみ出しつつ,軸をずらしながら,不均衡な動きのなかで,バランスをとりつつすすむのが「プレイング・セルフ」である。

"流動する根"は,惑星社会の航海者にとっての「港／他者」のイメージであり,そのような航海者は,実は嵐のなかでも,凪のときでも,港でも,それぞれの場のどこかで／どこでも,安らぎ／どよめき,静止しつつ／旅立つ。メルッチは,この"対位する身体（corpo contrapponendo）"のアンビヴァレンスとパラドクスとその豊かさを,静態的にではなく,動きのなかでとらえ表現しようとしていたのだろう。その意味でもメルッチは,"境界領域を生きる人"であり,その動きのなかから未発の社会理論を展開しようとする生の途上に,自らの見通しの確かさを,静寂へと向かう身体の変異の道行きを通して確信／覚悟しながら,この世界を去ったことになる。

以上をまとめる（と同時に次なる考察への「道しるべ」をここに置く）なら,

① "多重／多層／多面"的（multiple）な意味で"境界領域を生きる人（gens in cunfinem）"であったメルッチは,〈モノ（物財）－コトバ（意識,集合表象）－ココロ（心身／身心現象）〉の"境界領域"にあるところの〈コトガラ（のことわり）＝ragioni di cosa／causa［事柄の理］〉を"探究／探求"した[47]。

②そして彼の「"境界領域"の社会学（sociologia 'di confine'）」は,道行き（passaggio：移行・移動・横断・航海・推移・変転・変化・移ろい）のなかで起こっているコトを検証し,"メタモルフォーゼ（変異　change　form／metamorfosi）"の条件を析出するものだった。

③ "境界領域を生きるひと（gens in cunfinem）"であったメルッチの「社会

学的探求」と「生の航海（navigare la vita）」は，惑星社会と身体という二つのコルプスの間の"身実（corporeality）"を生きる「惑星人の新たな地図」として遺されたのである[48]。

9.〈毛細管現象／胎動／交感／個々人の内なる社会変動／未発の社会運動〉へ

　来る日も来る日も，私達は慣習的な行動をとり，外的（external）であったり私的（personal）であったりするリズムに合わせて動き，数々の記憶を育み，将来の計画を立てる。そして他の人々も私たちと同じように日々を過ごしている。日常生活における数々の体験は，個人の生活の単なる断片に過ぎず，より目に見えやすい集合的な出来事からは切り離され，私たちの文化を揺るがすような大変動からも遠く隔てられているかのように見える。しかし，社会生活にとって重要なほとんどすべてのものは，こうした時間，空間，しぐさ（gestures），諸関係の微細な網の目のなかで明らかになる。この網の目を通じて，私たちがしていることの意味が創り出され，またこの網の目のなかにこそ，センセーショナルな出来事を解き放つエネルギーが眠っている。（Melucci 1996a＝2008：1）

　今日の"惑星社会の諸問題"とは，第1に，従来の制度・理論枠組では解けないような矛盾・対立の客観的な現象形態であり，第2に，それを解くことなしには私達の"生存"が脅かされるような，いわば"生体的関係的"な，そしてまさにそれゆえに，わが身にとって「焦眉の問題（urgent problem）」である。ただしそれは，常に意識されている訳ではない。つまり，問題を意識する者は様々な地域・集団に偏在している。そして第3に，問題の〈当事者〉が，何かをきっかけとして問題を"知覚"し，微細な動きが時として可視的な「集合的プロセス」を伴い，その最終的帰結としてオルタナティヴの提示にまで至らざるを得ないような問題を意味している。

どよめきつつある「草の根」の"毛細管現象／胎動／交感"は，社会の制度変革へとつながる社会運動と成り得るのか。この問いに対して，メルッチ，メルレルと筆者は，個々人の内なる微細な動きから「集合的プロセス」が"多重／多層／多面"的に生まれていく道行き（passaggio）の把握を企図して来た。「未発の状態（stato nascente）」（Alberoni 1968；1989）とは，ある特定の「事態／事件」が未だ明示的には起こっていない状態であるが，しかしこの状態から，新たな枠組が生起しつつある状態，すなわち「創発（emergence）」（cf. Polanyi 1966＝2003；2007）が生まれる道程を把握するための概念装置，そのための社会調査の方法を練り上げることであった。

この試みは，「いまだ構築の途上にある」ものであるが，"毛細管現象／胎動／交感／未発の社会運動（movimenti nascenti）"という"創起する動き（movimenti emergenti）"を理解するための概念装置について，現在の到達点を記しておくこととしたい。

"毛細管現象／胎動／交感／個々人の内なる社会変動／未発の社会運動"

図3　"毛細管現象／胎動／交感／個々人の内なる社会変動／未発の社会運動"の諸相

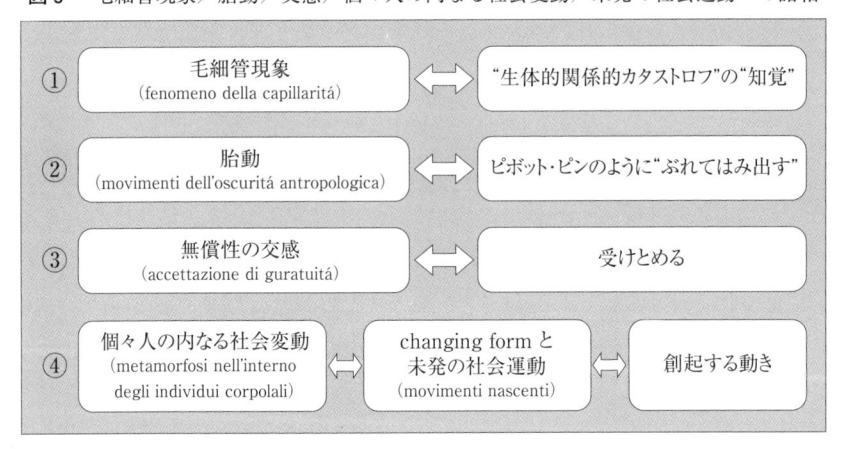

①	毛細管現象 (fenomeno della capillarità)	⇔	"生体的関係的カタストロフ"の"知覚"
②	胎動 (movimenti dell'oscurità antropologica)	⇔	ピボット・ピンのように"ぶれてはみ出す"
③	無償性の交感 (accettazione di guratuità)	⇔	受けとめる
④	個々人の内なる社会変動 (metamorfosi nell'interno degli individui corpolali)	⇔	changing formと未発の社会運動 (movimenti nascenti) ⇔ 創起する動き

① "毛細管現象（fenomeno della capillarità）"：
　個々人の心意／深意／真意のレベル，"深層（obscurity, oscurità）" "深淵

(abyss, abisso)" で起こりつつある "毛細管現象" は, "惑星社会" において は, グラムシが把握しようとしたところの, 社会の "深層／深淵" における "毛細管現象" と強く連動している。この, 社会にとっての「指先」である, 特定の個人の "深層／深淵" で始まる "毛細管現象" は, "個・体 (individuo corporale)" と "生・体 (corpus corporale)" の層を包含する "生体 (organismo vivente)" において, "生体的関係的カタストロフ (la catastrofe biologica e relazionale della specie umana)" を "知覚" することで, 「せっぱつまって」起こる。

② "胎動 (movimenti dell'oscurità antropologica)":

　これまで構造やシステムに組みこまれることで確保していた生活が, その生活の「安定」や「豊かさ」の代償に "生存" そのものが危機に瀕するという状況 (リスク) を察知・体感し, 身体に刻みこまれた社会の構造から, 「ピボット・ピン」のように "ぶれてはみ出す (deviando, abweichend)" ことへの不安をこえて一歩を踏み出してしまう。これは, 個々人のなかで, 集団のなかで, 地域のなかで, ひとつの微細な "兆し・兆候" でしかないが, 同時多発的に, 非規則的に, "雑唱" のかたちで起こることによって, 地域小社会において／地域を越えて, "多重／多層／多面" の "胎動 (movimenti dell'oscurità antropologica)" として現象していく。

③ "無償性の交感 (accettazione di guratuità)":

　個々人の "深層／深淵" で, 生存の単位としての地域小社会の内部の "毛細管現象" として現象する "胎動" は, 資源動員のかたちとは相対的な距離を持ちつつ, "無償性の交感 (accettazione di guratuità)"[49] として現象する (たとえば,「いのちを繋ぐ」のだという意識で行動する)。これは「承認をめぐる闘争 (lotta per riconoschimento)」としての「相互承認 (Anerkennung)」でなく, "出会い"[50], "ただ受けとめる (accettare)" という性質を持つ。「他者, 差異, 還元出来ないものを承認する (recognition of the other, the different, the irreducible)」こと,「差異のただなかで, ともに・生きていくことの責任／応答力とリスク (the responsibility and the risk of *co*-living amongst the difference）」を引き受けることでもある（Melucci 1996a＝2008：177-178）。

　"無償性／無条件性／惜しみなさ（gratuitousness, guratuità）"の"交感／交換／交歓（scambio, Verkehr）"，そこからの"共感・共苦・共歓（compassione）"は，"ただ受けとめる"という一見受動的な行為のなかに，"低きより（humiity, humble, umiltà, humilis をもって，高みから裁くのでなく，地上から，廃墟から）"，遮蔽しようと思えば出来ないことはないと思われることがら，識ることの恐れを抱くことがらをあえて境界を越えて選び取る，あきらかなる介入（intervento）の暴力を自覚し罪責感とともにその自らの業を引き受けるという"コミットメント（s'engager＝存在との契り）"が埋め込まれている。

④ "個々人の内なる社会変動（metamorfosi nell'interno degli individui corpolali）"
　と"未発の社会運動（movimenti nascenti）"：

　個々人の"心意／深意／真意"，"深層／深淵"で起こりつつある"毛細管現象""胎動""無償性の交感"——このような内なる変動／相互作用を伴って，"かたちを変えつつ動いていく（changing form）"人間が，"見知らぬ明日"に直面し，ぶつかり／繋がり／つらなる。そこでは，二者から三者への繋がりが突然創られ，「集合的プロセス」が立ち現れる。ごくふつうの人々によって危機の瞬間に"想起／創起"されたもののなかから，"創起する動き（movimenti emergenti）"となるものがある。"創起する動き"とは，危機の瞬間に"居合わせ"，その特定の時と場でのみ"想起"される"智恵（saperi）"を突き合わせていく動きのなかで創起される「創発（emergence）」であり，生まれ続ける動き（少なからずそのなかには，"破局へと至る"動きも含まれる）のなかに"創起する動き"が散発的に立ち現れる。

　つまりは，ひとつのうねりのなかに，一者と二者と三者（個々の身体と個々人の関係，地域，社会）の相互作用とそれぞれの"深層／深淵"における微細な動きが存在している。この一連の"かたちを変えていく動き（changing form）"が持つ個々人（"個・体（individuo corporale）"／"生・体（corpus corporale）"）にとっての意味をとらえた概念が，"個々人の内なる社会変動"とな

る。さらにこの動きそのものの社会的意味をとらえた概念が，"未発の社会運動"となる。

10. おわりに：「限界を受け容れる自由」とともに

(1) "喪失"を生きる

「3.11以降の"惑星社会"を生きる」とは何か。川辺に，吹きだまりに，側溝に，湾岸に，そしてなによりも個々の生命体内部（「内なる惑星（The inner planet, Il pianeta interno）」）に蓄積された放射能。それは，惑星地球のたゆまぬ地殻変動，人間社会に固有の病としての社会現象，さらには"人間の内面崩壊／人間の亀裂"という"心身／身心現象"，いま起こりつつある"毛細管現象／胎動／交感／個々人の内なる社会変動／未発の社会運動"のメタファーである。

現に今起こりつつある「焦眉の問題」，小さな"兆し・兆候"に対して，臨機応変に，"臨場・臨床の場"で，"生身の現実を観察"し，意味付け，再解釈し，新たな枠組を練り上げ，"身実（自ら身体をはって証立てる真実）"を提示する営み——それは，常に終わりなき営み，「未完」「未解決」の企図である。そうとは識りつつ，本書の"境界領域"のフィールドワークのなかで——私達がまだ理解しきれないコトガラについて次世代に託すためにも——とりわけ本書の第2部においては，"惑星社会の諸問題"を"知覚"した瞬間についてのエピソードを"描き遺す"ことを試みた。そしてまた，出来る限り，"惑星社会の諸問題"を"大きくつかむ"ためのフィルターとしての理論／メタファーとしての概念を提示した。

なぜなら社会学は，"見知らぬ明日"に立ち向かうことを使命とする学問として出発したと考えるからだ。"見知らぬ明日"に直面し，徹底的に根こそぎにされ，それでもなお，人間に"埋めこまれ／植えこまれ／刻みこまれ／深く根をおろした"ものであるはずの"智"が，輝きを放つ瞬間があるとしたらそ

れは，いかなる「条件」のもとで，いかなる"道行き・道程"を伴って現象するのか？　ますます懸命に，余裕などないなかで，深きより，"生存の在り方"の見直しをごくふつうの私達がせざるを得ないという「条件」下での学問の使命はいかなるものか？

　今日本列島には，「身を切られる」思いで「出郷」してきたひとたちが，うめき声をあげつつ，声を押し殺しつつ暮らしている。その情景は，「居ながらの出郷（者），心情の出郷（者）」（水俣病のなかでうめき声に背中を押され患者の奥底からわきあがる「(故郷という）出奔した切ない未来」に向けての声なき声を描き遺した作家・石牟礼道子の言葉）そのものとなっている（石牟礼 1972：302-303）。

　根こそぎの「居ながらの出郷」「心情の出郷」が"多重／多層／多面の問題"として多発し続ける「状況」に対して，私達は，これから様々なかたちの自らの「出郷」と共に生きる道を練り上げていかねばならない。その道は，「固有性の消失」から「画一化」へという単線的な経路［ルート（percorso）］ではないだろう。

　地域小社会とそこで懸命に生きる人達は，根こそぎにされ続けた歴史の果てに，いながらにして"見知らぬ明日"に直面している。3月11日の大震災で，最も大きな被害を受けた地域は，津々浦々の地域小社会である。そして最も深い"喪失"に直面しているのは，何世代にもわたって地域小社会の生活と文化を担ってきた人々である。"底知れぬ喪失／痛みの深淵"と「あいまいな喪失」との"隔絶"を見据え，地域社会の津々浦々，都市の一つひとつのストリートや団地や公園で立ち現れる"衝突・混交・混成・重合"のダイナミズムに即しての，異質性を含み込んだコミュニティ形成の課題がよりリアルな問題として立ち現れたと言えよう。吉原直樹が指摘しているような「異質なものとの出会い・対質を通して内からの動的な関係を築き上げていく」ところの「創発的なまちづくり」へと向かわざるを得ない（吉原 2011：234）。

　"圧倒的な現実（realtà ingovernabile）"に押し流されつつも，その流れを少しだけずらし，不協和音を発しつつ，「ただ在る」ことの意味を嚙みしめ，い

くつもの世界の見方，応答の在り方，他者との関係の創り方を生み出している——"衝突・混交・混成・重合"の場である個々の地域小社会や都市のストリートに暮らす「小さな主体」が持つ潜在力——「様々な声，表現，生活様式によって生成し続けている社会の"複合性・重合性（compositezza）"」（Merler 2004＝2006：74）による新たな公共空間創出の可能性を提示することが求められている。

　　グローバリゼーションの名の下に迅速な反応が求められているまさにその時に，少し先を見越した応答としてきわめて重要なのは，実はこの，すでに手元にある，さまざまな声，表現，生活様式によって生成し続けている社会の"複合性・重合性（compositezza）"の存在を再認識することに力を注ぐことである。幸いなことに，グローバリゼーションは，すでに"混交，混成，重合"した複合的身体を有する"移動民（homines itinerantes, homines moventes）"を，眼前に登場させ，規格化・均質化・画一化の夢を打ちくだく。グローバリゼーションがもたらす社会の複雑化は，まさにこの，明晰にしてシステマティックな「社会の複雑性（complessità sociale）」のゆえに，そのあくなきシステム化からすり抜け，染み出し，内側から異化するところの"複合性，混交し混成する重合性"が，分厚い実質と構造をもって，より現実的な意味をもつのである。それゆえ，この歴史的に形成された"複合性，混交し混成する重合性"は，こうした想念がイデオロギーに縛りつけられてしまった時代とは異なり，旧来のシステムに拘束されつつもすでに新たな社会を萌芽している現在の人間社会にとってきわめて具体的な社会形成の道標として，実質的価値ならびに新たなエティカ（etica）として存在しているのである。（Merler 2004＝2006：74-75）

⑵ "喪失"に応答する

　現在の知が行使する分解（Scheidung）の力は，大波のごとくに"心身／身心"を打ち砕き，切り刻み，標本化する。しかし，その生命力が最後の一滴まで奪

われ尽くそうとする"喪失"の瞬間にこそ，かえってその内側から，予想以上の反発力が沸き上がってくる。そしてこの"責任／応答力（responsibility）"に後押しされて，大波にのり，航海し続ける道を選択する。

"底知れぬ喪失／喪失の深淵"と「あいまいな喪失」との"隔絶"に応答しつつ動き，変わる。複数の眼で，見えないものを見る。自身からはみ出し，染み出し，自らにも反逆し，対位する存在となる。一見疎遠に見えて実はつらなりを持つコトガラを対比し，他者と対話を続ける。本質主義・原理主義がもたらす対立そのものに反逆し，支配的なる知とは別の補助線をひき，対立の場の固定化を突き崩し，揺り動かす。自らの"拘束"と内なる境界線の束をズルズルとひきずりつつ飛翔し，根こそぎにされた状態そのものを"根"として，不条理に根こそぎにされたものたちになり代わってその存在の意味を証し立て（represent），自分であれ他者であれ，この世界の最も根源的な"痛み／傷み／悼み"を絶対の基準とする。なにを考えるのかというところから自分で始め，多数派，正統派から見たら異物，異端，異教徒であるような存在として最初の一歩を踏みだし，撃たれつつ，遡行し，迂回し，蛇行し，進む。高く飛び低く這う鳥でもあり虫でもあり，上でもあり下でもあり，内にいて外でもあり，そのような自ら自身に絶えず反逆し，転倒し，神出鬼没に，対位的に，生身で衝突しつつ，"メタモルフォーゼ"し，動く。概念の言葉と日常の言葉で，「明晰判明さ」と予感と"知覚"が混交した言葉で，書き，声を発し，"思行（思い，志し，言葉にして，考えると同時に身体を動かしてみる）"する[51]。

メルッチは，「創発」への道を，「変化に対する責任と応答を自ら引き受ける自由」として表現した。すなわち，「可能性のフィールドが，ある一定の範囲をこえて拡張」し，「選択，不確実性，リスクといった問題」が噴出し，「社会が自らを破壊出来る力を備え，何ら保証もない選択に個人の生活が依存しているような時代」において，意識的に自らの「限界を受け容れる自由」（Melucci 1996a = 2008：79）を創造する道である。

そして，これから持続していく道,「このような前人未踏の地（no-man's-land）では常に起こることだが，ある人が発見するものは，未だ明確な形を持って展

開されていないだけに，流動的な状態のまま残されている」のであり，そのような「創発」的なやりくりのプロセスがもたらしてくれる成果については，「未だ構築の途上にある自由」「私たちすべてが変化に対する責任と応答を，自らに由る形で引き受けるという意味での自由に」委ねるしかないとした（Melucci 1996a＝2008：7）。

「自らの身体が静寂へと向かう旅」の途上にあったメルッチは，自分には「余裕（room, skholé）」[52]がないことを自覚していた。それでもなお，"拘束"と"絆"と共に，自らの「フィールドのなかで書くこと（writing in the field, writing while committed）」[53]を，死の直前までなし続けた。惑星社会の諸問題を引き受け／応答するなかで生まれる「創発（emergence）」の道とは，危機の瞬間に"居合わせ"，その特定の時と場でのみ"想起"される"智慧（saggezza）"を突き合わせていく動きのなかでこそ"創起する動き（movimenti emergenti）"であるはずだ。

その道は，ごくふつうの人々が危機の瞬間において様々なことがらを"想起"するという集合行為，個々人の応答のなかに現れつつある"未発の毛細管現象／胎動／交感／社会運動（movimenti nascenti）"と，そこから"創起する動き（movimenti emergenti）"が持つ意味を把握し，常態化する危機のなかで存続可能な社会の方向性を示唆することへと向かっていく。

ごくふつうの人々が，せっぱつまって，ぎりぎりのところから，焦眉の問題に対して応答していく呼吸とリズムに合わせて，人間と社会を調査研究することを使命とするもの（リサーチャー）は，頻発し継起する眼前の問題に対して，ひき続き"社会学的探求"を続けることになろう。

「『スローダウン』『限界を受け容れる自由』など出来るはずがない，意味がない」という声に，メルッチは，故郷リミニのシンポジウム「リミニ人の省察」で応答している。惑星社会の構造と動態，そこから生じる諸問題は必ずしも「明晰」「判明」ではない。惑星社会は，きわめて"複合・重合"的なひとつのまとまりを持った有機体として形成されており，問題は複雑さや微細さと共に立ち現れる。しかしそれゆえに，自分が属している小さな場（いまここで）か

ら始める可能性を秘めている。今在る「かたちを変える」こと，喪失から展望することへの勇気を持ちさえすれば。

　……対話をしつづけること，可能性を信じ続けることは，私たちがなすべき重要な使命であると考えています。それはなぜか？　なぜならば，私たちはいま，過去のいかなる時代にも見ることがなかったほどに，相互に衝突・混交・混成・重合し，"多重／多層／多面"化が極度に進行した現在という時代を生きているからです。過去においては，変化や革新，あるいは支配的傾向への異議申し立ても，数量に換算されていました。しかしいまや多数であることが必ずしも必要ではない世界へと突入しているのです。いまや私たちが暮らす相互依存的で相互作用的な世界においては，限定されたものやマージナルなものもまた／かえって効果的であったりもするからです。この認識が私に楽観主義の態度をとらせる根拠となっています。数量がもはや有効性の唯一の規準とならないのであれば，私たちは予見しえない重要性を潜在的に秘めた小さな個々の仕事とかかわることができます。希望や楽観は決して幻想ではありません。私が楽観的なのは，深く社会学的な理由からなのです。社会のこうした転換によって，ごくごく小さな事件や，小さな集団や，ごくごく小さな行為などによって生み出されたことがらから考えていくことを可能にしてくれます。現在の社会においては，ほんの小さな行為が重要な意味をもちます。というのは，この惑星の隅々に至るまで体験や出来事や諸現象を"多重／多層／多面"化させている相互依存の網の目にとって，それら小さきものこそが，根本的な資源となっているからです。（Melucci 1996a＝2008：vii）

注
1）本章の「はじめに」と「おわりに」の同時代認識は，チェルノブイリから25年後の2011年4月26日にむけて執筆を依頼された（新原2011c）を「通奏低音（Basso continuo）」として，（新原2012a；2013a；2013b；2014）などで積み重ねてきた思考及び叙述と重なっている。

序　章　"境界領域"のフィールドワークから"惑星社会の諸問題"を考える　57

2) イタリア・ヨーロッパにおける「3.11」への関心の推移については，イタリアを中心としたドキュメントの収集蓄積と，サルデーニャを中心とした識者からの意見聴取と意見交換に基づいている。ここでとりあげた発言は，2011年8月3日に行なった国際セミナー「3.11以降の日本社会の危機」，そして2012年8月2日に行なったサッサリ大学地域研究所主催の国際シンポジウムにおける新原の基調報告「Fukushima：エネルギー選択，市民社会，生活の質」をめぐっての会場とのやりとりから生まれた言葉による。詳細は，（新原2013a）を参照されたい。
3) 筆者は，まったくの"奇偶"と"機縁"によって，白血病となってからのメルッチと，多くの出来事，時間を共にした。この"病"のなかで，彼は，「受動性／受苦性」とそこから生まれる「責任／応答力（responsibility）」，そして"想像／創造の力"を高めていった。メルッチという「巨大な図書館」が，"病"という「条件」の下で，能動的な行動と思考の力を壊されつつあったときに，それでも尚，その場所で，"臨場・臨床の智"が結晶化していったのである。最期の最も困難な時期に，"社会的痛苦"の体現者として自らも病み，その場所から社会の病を知覚し，社会理論を構築していった"社会の医者"メルッチは，どんな世界を見ていたのか。数少ない言葉とその気配を受けとめ，掬い取り，なんとかその"智"を，こころある人につたえたい。たまたま物理的に近くにいた人間として，メルッチの"想像／創造"の"道行き・道程（passaggio）"を，出来る限り，メルッチの声を聴くべき人，その内実をより深く把握し得る人のもとに"贈り"届けることを，この場でも試みていきたい。
4) "基点／起点"は，メルッチの「アンカー・ポインツ（anchor points, punti d'appoggio）」に照応する。メルッチは，「整序された物語」として「私が何者であるのか」という問いに答えることが困難な時代にあって，ますます求められるものとしての「しっかりと錨をおろせる場所（anchor points=punti d'appoggio）」を考えている（Melucci 1996a=2008：3）。しかしこの言葉は，アーチェリーで矢を放つときにかまえを安定させるための点であり，動きのあるものがさらに動いていくため錨をおろす場所であり，あくまで流動性のなかにある翠点である。
5) 両親共に福島県飯舘村出身の元ゼミ生から届いた言葉である。
6) "選択的盲目"，"忘却"，"忘我・自失"，"没思考の浄化主義"については，2009年5月の「新型インフルエンザ」をめぐる社会と個々人の反応についての考察を（新原2009c）でしている。
7) 自己の"生存の在り方"の見直し（ways of livingからways of beingにかけての意味の産出）については，（新原2003b）及び（大門2012）を参照されたい。
8) "未発の社会運動（movimenti nascenti）"については，（新原2003b；2006c；2012a）などを参照されたい。可視的な社会運動や「集合的プロセス」の"深層／深淵"における微細な動きについては，これまで考察を重ねてきた（新原1991a；1997a；1998c；2006d；2007b；）。特定の二者の"深層／深淵"における共感・共苦・共歓と「聴くことの二重性と二者性」については，（Melucci 2000f=2001）を参照されたい。

9)「使命」は，社会学者の"メチエ（職務，誓願，使命：métier, professione, Beruf)"でもある。フランス語のメチエには，「職務」「技巧」「腕前」などの意味があるが，ドイツ語は，「神の招聘」「天職」「志望」の意味を持つ Beruf，イタリア語は，「専門的職業」以外に「宣言」「（宗門に入るときの）誓願」の意味を持つ professione を含める。英語では calling, vocation となろう。

10)「エピステモロジー／メソドロジー」というかたちで二つの言葉を連結しているのは，ここでの方法としての"フィールドワーク (learning / unlearning in the field)"においては，認識論的前提，理論，調査研究の方法論，技法などが分かちがたく結び付いてしまっていることによっている。

11) カルチュラル・スタディーズ研究者の M. モリス（Meaghan Morris）は，「理論とは……グローバルな英語的現象である。その産みの親は，トランスナショナルな出版社，各地で点々と開催される国際会議，北アメリカ方式の大学院」であり，「職業教育を主眼として運営されているグローバル指向の新しい大学に」おいても，この意味での「理論」が「リンガ・フランカ（共通語）」となっている（強調は筆者）。しかし，「やがていつの日か，市場原理にどっぷり浸かったその論理に対して，積極的な不満を表明する人も現れるだろう」。だからこそ，「特定の地域の文化の現場について，経験的な問いを発すること（誰が，何を，いつ，どこで，どのように，なぜ）であって，現場検証から一般原則を導き出す作業を避け，拒絶するのに，あえて理論家を気どる必要もない。私たちに必要なのは，背後に横たわる大きなプロセスや縦横のネットワークを分析し，自分が行なったケース・スタディに意味づけをすることである」(Morris 1999＝2001：266-278) と述べた。

12) O. イアンニは 1926 年に生まれ 2005 年 4 月 4 日に亡くなった。1969 年の軍政下のブラジルで，サンパウロ大学の職を追われ，祖国から離れざるを得なくさせられたが，未だ軍政下の 1977 年に帰国。2005 年 4 月 10 日付の『ル・モンド』の追悼文は，この老社会学者がいかに南米社会に勇気を与えていたかを報じた。日本でもよく知られるようになった S. サッセン（Saskia Sassen）が，別の社会的文脈からも社会をとらえていることが，両者の関係から見てとれる。イアンニは，A. メルレルの恩師でもある。彼らは，年の差をこえて 1960 年代のブラジルの軍政下を共にたたかった同志だった。イアンニの著書『グローバリズムの時代』(1996 年) のイタリア語版 (Ianni 1996＝1999) に紹介文を寄せたサッセンは，国家の単位を前提としていわば移動の骨組みのみを分析しがちな既存の研究に対して，イアンニの仕事は，配置変えの実態と意味を把握するという質的試みにとってきわめて重要な寄与をなしているとした。

13)「先住民」からの世界認識を「代弁 (represent)」する試みとして，夭逝した保苅実の仕事（保苅 2004）や，鎌田遵の仕事（鎌田 2006；2011）を忘れるわけにはいかない

14) ヨーロッパは歴史的に存在してきた地域であるが，ここでの「ヨーロッパ」は，"衝突・混交・混成・重合"によって生成し続ける地域社会の"移行・移動・横

断・航海・推移・変転・変化・移ろいの道行き・道程（passaggio）"を表す「メタファー（metafora）」として使用している。"衝突・混交・混成・重合"によって生成し続ける地域社会の"移行・移動・横断・航海・推移・変転・変化・移ろいの道行き・道程（passaggio）"，さらにその"深層／深淵"を，"大きくつかむ"ためには，構造分析を可能とするような社会科学的な概念とは別に，「メタファー」がきわめて有効であると考えている。この点については，（新原 1992a；1993；1995a；1995b）などで言及している。また，（Merler 2004；2006）（Melucci 1996a = 2008）（Niihara 1992）なども参照されたい。

15）"社会的痛苦／痛み／傷み／悼み（patientiae, sufferentiae, doloris ex societas）"を，社会（科）学的に認識するときは，"社会的痛苦"という言葉をあて，生身の人間の"わがことがら（cause, causa, meine Sache）"として体感する状況を表す場合には"痛み／傷み／悼み"という言葉をあてた。宗教や文学の対象であり生の意味とかかわる根源的痛苦，不快の根絶・排除／不快との共存，あるいは緩和医療といった問題とかかわる心身の（徴候としての）痛苦とは区別して，社会学が対象とする相対的剥奪感，不安，不満，ちょっとした不具合（piccoli mali）なども含めての痛苦として"社会的痛苦"を考えた。それゆえ，"痛み／傷み／悼み"と"社会的痛苦"（さらには，根源的痛苦や心身の痛苦）の関係性は，"衝突・混交・混成・重合"ということになる。

16）"個・体（individuo corporale）"は，「個々人」という観念に，人間が身体を持つという側面を組み込んだ概念である。「身体」は，そのもの（an sich）として，物理的には"有体（corporeality）"，生物学的には"生体（organismo vivente）"である。表象として（für sich），「心身」から表象された場合は"個・体（individuo corporale）"，「身心」から表象され，"個・体（individuo corporale）"と対比される場合には，"生・体（corpus corporale）"としてとらえられる。メルッチが"生体的関係的カタストロフ（la catastrofe biologica e relazionale della specie umana）"というときは，不均衡な均衡を形成しつつ，物理的・生物学的代謝も含めて自己関係の絶えざる"衝突・混交・混成・重合"の"心身／身心現象（fenomeno dell'oscurità antropologica）"の"舞台（arena / scena）"となっている「個々人の身体」における「カタストロフ」を含意している。以上の考察は，『プレイング・セルフ』第五章「境界としての身体，身体のメッセージ」での議論を発展させたメルッチとの"対話的なエラボレイション（elaborazione dialogante）"に依拠している。

17）"メタモルフォーゼ（変身・変異 change form / metamorfosi）"や"カタストロフ（異変 catastrofe）"の"兆し・兆候""端緒（inizio e principio）"となり得るもの。"応答（resposta）"は，無数の「反応（reazione）」のなかから，この"化学反応／生体反応"を見出し，位置付け，ひとつの流れをつくっていくことに，自覚的な責任を持つ行為の"道行き・道程"ということになる。

18）メルレルもまた，ラテン語やギリシア語のみならず，ヨーロッパや南米の先住民族の言葉も含めて，言葉を練り上げている。筆者の場合は，ヨーロッパ言語の

語源と漢語・和語の語源とが交錯する場所から言葉を紡ぎ出すという"かまえ"は，哲学の恩師・真下信一先生の影響である。
19) 一橋大学での講演に際して発せられたメルッチの言葉による。2000 年 5 月に白血病の身体で日本に来てくれたとき，メルッチは，「現実を単に当たり前のもの，明白なものとして見てしまわないための，リアルな現実をとらえるためのある種のフィルター，現実が持つ意味について問いを発するためのレンズとなるような理論です。このような理論なしに社会を観察するとどうなるでしょうか。素朴な経験主義，無意識に蓄積してきた判断で社会を理解することになってしまいます。ですから，必ずしも統合された一般理論ではなく，現実にふれようとするときに，その土台として分析の指針となり得るような"かまえ（disposizione）"を必要とするのです」(Melucci 2000g；新原 2010：55) と言った。
20) メルレルは，(Merler 2004＝2006)のなかで，〈人の移動〉の意味するところを，理論的メタファーによって解きほぐしている。「移動は，度重なる多方向への旅（帰還し，再び旅立ち，再び入植し，複数の場所の間で，一定期間をおいて繰り返し移動し続けること）を繰り返すという〈ひとつの再帰的な旅〉をし続ける状態を意味する。この観点からするなら，たまたまあるものが特定の土地に留まり「定住している」という現象は，この循環し再帰し多系的に展開していく旅の一場面を見ているということになるだろう。……移動のなかで，送出社会であれ受け入れ社会であれ，移動民とその送出／受け入れ社会の双方が"受粉"し，そこに生まれた新たな社会文化的な"果実"が社会と個人のなかに編み込まれ，接ぎ木・移植され，混交・交配し雑種化し，混成し，そのプロセスは重合し，そこから新たな文化的なアイデンティティが，個人としてであれ集団としてであれ創られていく。こうした今日の移動をとらえるためには，ことによると，"（動植物が）新しい風土に慣れ（人が）新たな土地に住みつく（acclimatamento）"や"社会文化的な島々（isole socio-culturali）"のような不安定な輪郭を持った概念を探求することが出来るかもしれない。」(Merler 2004＝2006：63-64, 68)
21) "社会的痛苦の体現者としての病者でもある社会の医者／自らの病と共にある社会の医者（i medici-malati degli／negli mali della società）"は，メルッチとの協業で紡ぎ出された言葉であるが，(新原 2007a：217-227) で詳しく言及した。
22) メルッチの「限界を受け容れる自由（free acceptance of our limits）」「変化に対する責任と応答を自ら引き受ける自由（a freedom that urges everyone to take responsibility for change）」については (新原 2009a) を参照されたい。
23) 2000 年 5 月の日本での講演の経緯については，(新原 2004b) を参照されたい。
24) "瓦礫や廃墟の切れっ端（rovinaccio）""破局へと至る瓦礫（andare in rovina）""未発の瓦礫（macerie／rovine nascenti）"については，(新原 2007a：159-179) で詳しく論じている。とりわけこの視点からのメルッチの社会理論が，阪神・淡路大震災に直面して以降の日本の都市・地域社会（研究）にとってきわめて深い示唆をもたらすことについては，ミラノの追悼シンポジウムにおい

て報告し(Niihara 2008)，その後(新原 2009a；2010)においても言及している。
25) "心身／身心現象"は，人間そのものの(antropico)「身体と精神，感覚，知覚，意識，胸中，心，魂(corpo e mente, sensazione, senso, percezione, coscienza, consapevolezza, cuore, animo, anima)」などとしてイメージされる領域(elemento)の奥深くで起こっている現象である。「身体」は，"生体(organismo vivente)"そのものとしては(an sich)，「内なる惑星(il pianeta interno)」，コルプス／コルポリアリティ，メメント／モメントなど，そのなかに"埋めこまれ／植えこまれ／刻みこまれ／深く根をおろした(radicato)"社会や文化や自然が成層化した総体である。"心身／身心"は，その総体をとらえようとした場合に，"個・体(individuo corporale)"／"生・体(corpus corporale)"として(für sich に)表象されているものである。
26) システムと身体の間の"心身／身心現象"についての考察は，とりわけ(Melucci 1984b；1991；1994a；1996a = 2008；2000g)(新原 1995a；1996；1998b；1998e；2001d；2003b；2004a；2004c；2008b；2009a；2010；2011b)でなされている。
27) "深層／深淵"をテーマとした調査研究と考察の成果は，主としてサルデーニャでの知見に依拠する(新原 2004a；2004b；2007a；2009b)(Niihara 1999)。沖縄については(新原 1988；1992c；1997b；1998a；1998e；2000a；2001a；2001b；2003a)，オーランドについては(新原 2006a)を参照されたい。
28) メルッチは，その最期の時期，故郷のリミニで，彼は友人や家族に囲まれて過ごした。病院でも特別室で過ごすことが出来た。それでもなお，本当に最期の時期には，かたわらにいることが許されなかった。また，ある日，彼の様子がひどくおかしいと感じた。病院の通路でおなじ病に苦しむ家族と話をしたら，きわめてよく似た状態だという。一番近くにいるはずの人間に何も知らされていない。それで，医者にどんな薬を投与しているのかを聞きにいった。医者は家族に何も伝えることなく，副作用で本人の性格が変わるような薬を投与していたという(アンナ夫人より)。
29) メルッチにおける体験／記憶における"衝突・混交し混成する重合性(compositezza)"については，アンナ夫人が，『プレイング・セルフ』の日本語版への「はしがき」のなかで，以下のように書いている。「旅の途上での日本との出会い，そこでの病から死へと至る最も困難な時期における協業と精神的な交流は，知識人としての旅の遍歴にとってのみならず彼の魂そのものにとってもかけがえのないものとなりました。自分にとっては未知の場所で，注意深い観察者となり，そのような場所でこそ，この世界との出会いを実感し，その出会いに満ち足りる。この世界は，これほどに複合・重合的であり，パラドクスが持つ豊かさは，私たちの想念をより豊かなものとしてくれる，遠き端／果てにてはじめて出会う深い理解というものがある，その力によって思想は練り上げられ深められる，彼はそう考えていました。そして聴くことの社会学という彼にとっての最後のプロジェクトは，共感・共苦・共歓する他者／友との出会い，そこでの献身，敬愛，配慮によって育まれるものでした。」(Melucci 1996a = 2008)

30)「文化の複数性」や「社会の多様性と複雑性」という語りのなかで，たとえば「南島」は，「辺境」「少数派」「異質性」「異物」といったかたちで「発見」される。「発見」され「分類・整理」の対象となることで，「庇護」され「承認」されると同時に，その"衝突・混交し混成する重合性（compositezza）"の実質が見落とされる。さらにこの「発見」の後も，境界線はくり返しひかれ直され「再承認」されていく。「実際の沖縄とは別に『原日本』として見いだされる『南島』は，自己同一的な『日本』を作り出すための差異として措定され，馴致され，鋳型に流し込まれて見いだされている」，つまり，「『南島』は，同質的な『日本』を固定するための微妙な差異として，またもっともリスクの少ない，安全な『比較』対象として固定され」た（村井1992：14-15）という村井紀の指摘を参照されたい。

31)「開発・発展（lo sviluppo）」概念に対する彼の主な考えを示せば以下のようになる——「自然に介入し社会集団にとって有益な形に自然を秩序付ける人間の能力とは，社会的必要性にかなった応答をする能力であり，それは，『開発・発展の諸過程』と呼び得るものであり，少しずつ明らかになっていくリアルな必要性に関する人間集団おのおのに固有の過程であり，特殊な過程である。それゆえこうした過程は，各々の社会に固有のものであり各々の社会の文化としてその内側から生まれるものである。それは，すべての社会に供し得るような『より進歩した結果』を獲得するために自由に交換，強制，貸与が可能であるような，ただ一つのモデルによって厳格に成文化できる運動ではない。それゆえ，実際［たんに］経済的な価値ではなく，それゆえ人間生活のすべての次元（文化，真理，社会，政治，再生産，創造性など）にかかわった複合的総合的な一つの過程である。」「『未来』『開発・発展』はもはや，ただたんにゼロの状態から何かを生み出すことではなく，現に在るもの，過去に在ったものから続く可能性であり，各々の過程においては，もしそれが途中で断ち切られた場合，最初の形では再建不可能な過程なのである。したがってその過程は，各々の社会に固有のものであり，各々の社会に内面的で深いところでの連続性を持ち，またその内部に諸矛盾を内包するひとつの過程である。」「［今日における開発・発展の新たな定義は，それぞれの社会に］固有の文化的経済的な潜在力に基づいて，適性規模で，社会的な必要性にこたえる能力」であり，「個々の人間集団に可能な開発・発展とは，生息環境全体を消費し尽くさないようなしかたでの消費の量と質を配慮することである。」「もうひとつの開発・発展（altro modo allo sviluppo）」を考える際には，「各々の内にある潜在力，すなわち各々の内なる文化的遺産，技能，アイデンティティ，意識」などに配慮せねばならない。」（Merler 1989：34-35）

32)〈島嶼社会論〉の骨格は，(Merler 1989；1990；1991)の3部作でほぼ確定している。その後，(新原 1992a)(Niihara 1992；1994)(Merler 1996)(Merler e Niihara 2011a；2011b)などにより，メルレルと筆者の間で錬成してきた。

33) メルレルとの対話のなかで前提となっているアウトノミア（autonomia）の理解は以下のようなものである。アウトノミアとは，第1には，自らの nomos（法，習慣，伝統文化）で自らを治める，管理・運営・経営する，養育する，か

じをとる，操縦する，制御する，自分でやっていくことであるが，〈深層のアウトノミア (the obscurity of autonomia)〉は，"自らを立てる力 (l'autoreferenzialità)"，「我が身を以て証立てる (sich betätigen)」(ヘーゲル)，「我が身を投ずる」(上野英信)，すなわち"願望と企図の力 (idealità e progettualità, ideabilità e progettuabilità)"である。ひとつの理念を想い描く力と同時に，観察したり分析・解釈したりするときに，あらかじめ (pro) 我が身をその場に投げ出す (gettare)。(我が) 身をフィールドに投じて，その理念が実現していく可能性と道筋を他者に得心してもらう (convincere) 力である。

34) 現時点からふりかえるならば，このとき抱いていた〈個々の地域社会問題が持つ「根源性」をどうとらえるか〉という問題意識は，"惑星社会の諸問題を引き受け／応答する"ことへと繋がっていた。

35) 「根源性」については，初期の沖縄研究，サルデーニャ研究において，とりわけ主要な考察の軸となっていた (新原 1988；1990；1991a；1991b；1992c)。

36) このメルレルと筆者の〈島嶼社会論〉から，オーランドをフィールドとして，〈深層のアウトノミア〉をテーマとする調査研究をとりまとめた (新原 2006a)。

37) "拘束／絆 (servitude humana / human bondage)" "自分の内に根付くもの，自らを拘束するもの (servitude humana)" "人間の拘束 (servitude humana / human bondage / catena e legame umana)" "縛られた人間の固執観念 (obsessio / obsession / ossessione)" などについては，(新原 1998a；1998b；1998e；2002；2006b；2009c；2011b；2013b) などを参照されたい。

38) ただそこに「在る」のではあるが，その「在り方」とは，自分と異なったものから自己へとやってきた限りで存在しているのであり，この運動は，命題における「主語 (主体)」が，それ自体，自己を喪失する運動を通じて「述語 (Resultat)」が出てくるような，radical, bounded, playing な運動である。旅程の在り方によって，述語にはズレが生じ，予想をこえる。トートロジーではないところの"閉じない循環 (circolarita schiudendo)"である。「私がベルリンに居るということは，私の直接的な現在であるが，これはここに来るまでの旅によって媒介されている (Daß ich in Berlin bin, diese meine unmittelbar Gegenwart, ist vermittelt durch die gemachte Reise hierher)」(Hegel 1970：157)

39) サルデーニャから地中海・バルト海・大西洋への"旅／フィールドワーク (esprorazione, learning / unlearning in the field)"と，川崎・鶴見，神奈川，沖縄本島，石垣，竹富，西表，南北大東島，サイパン・テニアン・ロタなどで出会った琉球弧の方たちから学んだことをとりまとめた際に，この理解をとりまとめた (新原 2000a；2001a；2001b；2002；2003a)。

40) ドイツ文化圏とイタリア文化圏とラディーノ文化圏の「間」で生きざるを得なかったトレンティーノ＝アルト・アディジェとアルプス山間地の人々は，ドイツ，イタリア，ラディーノのどれかの民族集団に自分が属すると「宣言」することを義務付けた1981年の国勢調査に強い異議申し立てをした。この調査のデータは，民族集団の数量が統計局に送られ，個々人の名前については裁判所に送ら

れる。その人数比に即して，仕事や社会的サービスなどの枠や予算が割り振られる。もし誰かが，県になんらかのサービスを申請したとすれば，民族集団ごとの枠によって受給されるかどうかが決まるというものだった。住民の動きのなかには，固定された民族集団でなく，"境界領域 (liminality, betwixst and between)" から新たな言語文化を創るという方向性が萌芽されていた（cf. Langer 2011［1996］）。

41) マーフィーの（Murphy 1990［1987］=2006）と（新原 1998b）を参照されたい。神経学者 O. サックス（Oliver Sacks）は，その臨床の場での様々な体験から，神経の病という特有の状態にある人間が病と共に生きるという独自の生き方を探し出している状況に直面しそれを理解した。神経の変化と薬などの相互作用によって，きわめて固有の世界が生み出される。はじめ物事は予測可能に思えるが，ある臨界点をこえると，予測や制御が不可能な世界が出現する。しかしサックスは，進化や宇宙の成長を早送りで見ているような気がして，ある種の啓示を得て，奇妙な変わったものこそが自然の本質ではないかと考えた（Sacks 1985＝1992；1995＝1997）。

42) 中澤秀雄は，「『すき間』ないしは『裂け目』(cleavage) というべき部分がむしろ地域を支えたり変動させたりしているといってよい状況」という言い方をしている（中澤 2007：188）。

43) ここでの記述は，2007 年 11 月にメルッチの故郷リミニの墓前をアンナ夫人と共に訪れ，夫人やリミニの友人たちと過ごすなかで，あらためてメルッチの言葉をふりかえり，その場で沸き上がった想念によっている（新原 2008b：243-244）。

44) "異界（un altro mondo / pianeta）" "異物（corpi estranei）" "異郷化（spaesamento）" "異形（stramorfo）" "カタストロフ（異変 catastrofe）" なども含めて，異なる土地としての "異郷（terra estranea）"，異なる教えとしての "異教（pagania）"，異なる引かれ方の境界線の束を持つ場としての "異境（status in cunfinem, stato 'di confine'）" の概念については，（新原 2007a：13-21）（新原 2011a：iii-vi）を参照されたい。

45) 「かれらは他者（the other, gli altri）だ，"異物（corpi estranei）" / "異形（stramorfo）" のものだ」という「判断」を一時停止してみる。"他者はわれわれだ（Gli altri siamo noi）" という，一見，「錯乱」した理解の "端／果て" に，"異境を創起する動き（movimenti emergenti di ricomporre i confini）" を見出す。

46) "予見［的認識を］する（prevedere）" ということについて言えば，自らの「生という不治の病」の最期の時間を生きたメルッチは，「航海」という言葉でこの状況を表し，「他者の社会的痛苦を識ることを通じて自らの身体的状況の拘束性と受動性を予見してしまっていたのかもしれない。だからいまの課題は，この拘束性と受動性をもった自らの身体をくぐり抜けるかたちで，社会の予見的認識をすることなのだ」と話していた。メルッチの追悼シンポジウムは，ミラノにおいて，2002 年そして 2008 年に行なわれたが，その場においても，彼の議論が持つ予見的認識が重要な焦点のひとつとなっていた。2002 年のシンポジウムは，「A.

メルッチ追悼――惑星社会におけるアイデンティティと社会運動」と題して開催された。この国際シンポジウムには，メルッチの師 A. トゥレーヌ，友人 Z. バウマン等が招かれ，日本から参加・報告したのは，矢澤修次郎教授と新原だった（Niihara 2003a；2003b）。2008 年は，イタリアの社会学者でメルッチから学問的影響を受けた研究者たちが招かれ，新原が日本から参加し基調報告をした（Niihara 2008）。

47) この方向性は，3 章でも言及するが，メルレルそして南方熊楠の「事理」の学との対話から紡ぎ出されている。

48) ここでの理解と重なる内容を，2008 年の追悼シンポジウムの基調報告として，「A. メルッチ：惑星人の境界，航海（道行き），メタモルフォーゼ（Alberto Melucci: confini, passaggi, metamorfosi nel pianeta uomo）」というタイトルで行なった（Niihara 2008）。

49)「無償性（gratuitousness, gratuità）」についてメルッチは，以下のように論じている。「日常生活の体験が展開する目下の環境においては，パートナーとの関係性とは別に，愛のもつ偶発的な性質が子どもたちとの関係にも影響してくる。生物学的な親子関係が自然の必然性から逃れるとき，親－子の関係性も，選択の無償性に基づくものになっていく。このことは，大人－幼児の関係性に深い変化をもたらす。子どもたちは，かつて描いていたような両親の生物学的な系統によるつながりではもはやありえず，また純粋に繁殖し養育する対象，つまり私たちが社会の価値や規範を託す器でもありえない。子どもたちは，いまや個人としての自律性を授けられた個人であり，愛の関係性のなかでのパートナーでもある。さらに言うなら，遊びの驚き，答えられない問いへの驚きを，私たちにいまなお学ばせてくれることのできるパートナーでもあるのである。」（Melucci 1996a＝2008：171-172）

50)"出会い" については，「他者との出会い」に関するメルッチの下記のような理解と結び付いている。「……出会いの苦しみと喜びは，微妙な均衡の中にある。他者性の挑戦に向き合えるかどうかは，自己を失うことなく他者の観点を引き受ける力にかかっている。感情移入（empathy）は，日常言語の中にいまや入り込んでいる用語であり，それは他者の近くにあること，他者の観点から物事を見ることができるということを示している。しかしこれは往路にすぎず，空虚や喪失から自分を守らねばならない。私たち自身のなかにしっかりと錨をおろしたまま，私たちの自己と他者の自己との間の空白に橋を架けるという力をもたないのであれば，そこに出会いはなく，単に博愛や善意があるにすぎない。出会いは，意味の二つの領域（region）をいっしょにする。そしてそれは，私たちが調整している異なった振動数をもつ二つのエネルギーのフィールドを，互いに共鳴するところにまでもっていく。出会いは，苦しみ，感情，病を・ともにすること（sym-pathy）である。すなわちそれは，自らの情動や力のすべてをふりしぼって，内からわきあがる熱意をもって，喜び，高揚し，痛み，苦しみに参加すること・ともにすること（com-passion），ある他者と・ともに・感じている（feeling-with-another）ということである。ここで発見するのは，意味は私たちに帰属するものではなく，むしろ出会いそれ自体のなかで与えられるものであり，にもかかわらず，それと同時に，私たちだけがその出会いをつくり出すことができるということである。」（Melucci 1996a＝2008：139-140）

51) ここでの"生存の在り方（Ways of being）"は，（新原 2004b）でも論じている。ここで提起されているのは，根本的な意味での"異端（estraneo contrapponendo）"である。ある対立において，それぞれが本質主義・原理主義をとる場合には，互いに相手を「異端」と呼んだとしても，それは，ここでの意味における"異端"ではない。異端（eresia）は，この本質主義・原理主義が／をもたらす対立そのものに反逆する。その語源的な意味は，αιρεω（奪取，征服，占領）と同時に，αιρεομαι（①選択出来る，選択の余地が与えられている，選挙，②計画，目的，意図，③学説，学派，宗派，セクト，④選ばれた人の集まり，委員会）でもある（古川 1989：31）。その意味で，自らにも対位し，異なる声を同時にあげ，どこにいても不協和音となり所在のない不均衡な存在として現れ続ける身体を持つ"異端（estraneo contrapponendo）"でもあり，現実を媒介されているものとして把握するものたちの「委員会」の担い手でもある（中井 1995）。

52) E. サイード（Edward W. Said）の「それ自身の余地＝部屋をまだあたえられていない（have not been given a room of their own）」から来ている（Said 1994＝1998：71）。P. ブルデュー（Pierre Bourdieu）は，晩年の理論的著作『パスカル的省察』のなかで，「知の専門家」は，十分な時間や社会的文化的経済的「条件」と，その「余裕」のなかで，「知識化された知」を生産しており（生活の智慧までも標本化して），この「条件」に無自覚であることから人間と社会について誤った判断をおかすのだと言った（Bourdieu 1997＝2009）。

53) この言葉は，ニューヨーク・ハーレムの子どもたちと共に，書き，描き，表現する場をつくる社会運動（ハーレム・ライターズ・クルー）をすすめた社会学者T. ウィリアムズ（Terry Williams）の都市エスノグラフィー『アップタウン・キッズ』（Williams & Kornblum 1994＝2010）を訳出した中村寛さんからいただいたものである。中村によれば，この作品が魅力的なのは，「フィールドのなかで書くこと（writing in the field, writing while committed）から来る諸々の困難や制約を，作品中の言い淀みや途切れてしまっている論理等のなかに見つけられるからであり，それ以外ではあり得なかった仕方で作品が成立して」おり，「形式的な完成度を拒否した（せざるを得なかった）ことから来る魅力がある」という。この動きのなかにある研究の方法と叙述の方法が，「想像と創造（conceiving, imagining, creating）」の「条件」と深くかかわっていると考えている。

引用・参考文献

Alberoni, Francesco, 1968, *Statu Nascenti*, Bologna: Il Mulino.

―――, 1989, *Genesi*, Milano: Garzanti.

Benjamin, Walter, 1974, "Über den Begriff der Geschichte", *Walter Benjamin*

Abhandlungen. Band I·2, Frankfurt: Suhrkamp.（＝1994，野村修編訳「歴史の概念について」『ボードレール 他五編』岩波書店）
Bourdieu, Pierre, 1997, Méditations pascaliennes, Paris: Seuil.（＝2009，加藤晴久訳『パスカル的省察』藤原書店）
Cacciari, Massimo, 1997, L'arcipelago, Milano: Adelphi.
Chamoiseau, Patrick & Confiant, Raphaël, 1991, Letttres créoles: Tracées antillaises et continentales de la littérature, Haïti, Guadeloupe, Martinique, Guyanne 1635-1975, Paris: Hatier.（＝1995, 西谷修訳『クレオールとは何か』平凡社）
Colborn, Theo, Dianne Dumanoski and John Peterson Myers, 1997, Our stolen future: are we threatening our fertility, intelligence, and survival?: a scientific detective story: with a new epilogue by the authors, Ney York: Plume.（＝2011, 長尾力・堀千恵子訳『奪われし未来〔増補改訂版〕』翔泳社）
Diani, Mario, Isole nell'arcipelago: il movimento ecologista in Italia, Bologna: Il Mulino.
古川晴風編著，1989『ギリシア語辞典』大学書林．
古城利明，2006「序」古城利明監修，新原道信他編『地域社会学講座 第2巻 グローバリゼーション／ポスト・モダンと地域社会』東信堂．
―――，2011a「総論・地域社会学の構成と展開［新版］」地域社会学会編『キーワード地域社会学新版』ハーベスト社．
―――，2011b『「帝国」と自治—リージョンの政治とローカルの政治』中央大学出版部．
Galtung, Johan, 1984, "Sinking with Style", Satish Kumar (edited with an Introduction), The Schumacher lectures. Vol.2, London: Blond & Briggs.（＝1985, 耕人舎グループ訳『シュマッハーの学校—永続する文明の条件』ダイヤモンド社）
Glissant, Édouard, 1990, Poétique de la relation, Gallimard: Paris.（＝2000, 管啓次郎訳『〈関係〉の詩学』インスクリプト）
―――，1997, Traité du tout-monde, Gallimard: Paris.（＝2000, 恒川邦夫訳『全―世界論』みすず書房）
Hegel, Georg Wilhelm Friedrich, 1970, Werke in 20 Bänden mit Registerband: Bd. 8: Enzyklopädie der philosophischen Wissenschaften im Grundrisse 1830. Erster Teil. Die Wissenschaft der Logik, Frankfurt am Main: Suhrkamp.
日高六郎，1986「市民と市民運動」似田貝香門他編『リーディングス日本の社会学10 社会運動』東京大学出版会．
保苅実，2004『ラディカル・オーラル・ヒストリー—オーストラリア先住民アボリジニの歴史実践』御茶の水書房．
Ianni, Octavio, 1996, A Era Do Globalismo, Rio de Janeiro: Civilização Brasileira.（＝1999, Francesco Lazzari 訳, L'era del globalismo, Padova: CE-

DAM）

石牟礼道子，1972『苦海浄土――わが水俣病』講談社。

鎌田遵，2006『「辺境」の抵抗――核廃棄物とアメリカ先住民の社会運動』御茶の水書房。

――――，2011『ドキュメント　アメリカ先住民――あらたな歴史をきざむ民』大月書店。

鹿野政直，1988『「鳥島」は入っているか――歴史意識の現在と歴史学――』岩波書店。

古在由重，1982『草の根はどよめく』築地書館。

Langer, Alexander, 1985, "L'arcipelago verde alle elezioni", in *Un sole nelle urne di Maggio. Chi sono e che cosa vogliono le liste verdi*, M. De Re (a cura di), Pistoia: AAM Terra nuova.

――――(A cura di Edi Rabini e Adriano Sofri), 2011 [1996], *Il viaggiatore leggero. Scritti 1961–1995*, Palermo: Sellerio.

Melucci, Alberto, 1982, *L'invenzione del presente. Movimenti, identità, bisogni individuali*, Bologna: Il Mulino.

――――, 1984a, *Altri codici. Aree di movimento nella metropoli*, Bologna: Il Mulino.

――――, 1984b, *Corpi estranei: Tempo interno e tempo sociale in psicoterapia*, Milano: Ghedini.

――――, 1989, *Nomads of the Present: Social Movements and Individual Needs in Contemporary Society*, Philadelphia: Temple University Press.（＝1997，山之内靖・貴堂嘉之・宮崎かすみ訳『現在に生きる遊牧民――新しい公共空間の創出に向けて』岩波書店）

――――, 1991, *Il gioco dell'io: Il cambiamento di sè in una società globale*, Milano: Feltrinelli.

――――, 1994a, *Passaggio d'epoca: Il futuro è adesso*, Milano: Feltrinelli.

――――, 1994b, *Creatività: miti, discorsi, processi*, Milano: Feltrinelli.

――――, 1996a, *The Playing Self: Person and Meaning in the Planetary Society*, New York: Cambridge University Press.（＝2008，新原道信・長谷川啓介・鈴木鉄忠訳『プレイング・セルフ――惑星社会における人間と意味』ハーベスト社）

――――, 1996b, *Challenging Codes. Collective Action in the Information Age*, New York: Cambridge University Press.

――――, 1996c, *Verso una sociologia riflessiva: Ricerca qualitativa e cultura*, Bologna: Il Mulino.

――――, 2000a, *Zénta: Poesie in dialetto romagnolo*, Rimini: Pazzini.

――――, 2000b, *Giorni e cose*, Rimini: Pazzini.

――――, 2000c, *Parole chiave: Per un nuovo lessico delle scienze sociali*, Roma: Carocci.

――――, 2000d, *Diventare persone: Conflitti e nuova cittadinanza nella società*

planetaria, Torino: Edizioni Gruppo Abele.
―――, 2000e, *Culture in gioco: Differenze per convivere*, Milano: Il saggiatore.
―――, 2000f, "Sociology of Listening, Listening to Sociology".（＝2001，新原道信訳「聴くことの社会学」地域社会学会編『市民と地域―自己決定・協働，その主体　地域社会学会年報13』ハーベスト社）
―――, 2000g, "Homines patientes. Sociological Explorations（Homines patientes. Esplorazione sociologica）", presso l'Università Hitotsubashi di Tokyo.
―――, 2002, *Mongolfiere*, Milano: Archinto.
Melucci, Alberto e Anna Fabbrini, 1991, *I luoghi dell'ascolto: Adolescenti e servizi di consultazione*, Milano: Guerini.
―――, 1992, *L'età dell'oro: Adolescenti tra sogno ed esperienza*, Milano: Guerini.
―――, 1993, *Prontogiovani: Centralino di aiuto per adolescenti: Cronaca di un'esperienza*, Milano: Guerini.
Merler, Alberto, 1988, *Politiche sociali e sviluppo composito*, Università degli Studi di Sassari.
―――, 1989, "Tre idee-forza da rivedere: futuro, sviluppo, insularità", in *Quaderni bolotanesi*, n. 15.
―――, 1990, "Insularità. Declinazioni di un sostantivo", in *Quaderni bolotanesi*, n. 16.
―――, 1991, "Autonomia e insularità. La pratica dell'autonomia, vissuta in Sardegna e in altre isole", in *Quaderni bolotanesi*, n. 17.
―――, 1996, *Regolazione sociale. Insularità. Percorsi di sviluppo*, Cagliari: EDES.
―――, 2003, *Realtà composite e isole socio-culturali: Il ruolo delle minoranze linguistiche*.（＝2004，新原道信訳「"マイノリティ"のヨーロッパ―"社会文化的な島々"は，"混交，混成し，重合"する」永岑三千輝・廣田功編『ヨーロッパ統合の社会史』日本経済評論社）
―――, 2004, *Mobilidade humana e formação do novo povo / L'azione comunitaria dell'io composito nelle realtà europee: Possibili conclusioni eterodosse*.（＝2006,新原道信訳「世界の移動と定住の諸過程―移動の複合性・重合性から見たヨーロッパの社会的空間の再構成」新原道信他編『地域社会学講座　第2巻　グローバリゼーション／ポスト・モダンと地域社会』東信堂）
―――, 2011, *Altri scenari. Verso il distretto dell'economia sociale*, Milano: Franco Angeli.
Merler, Alberto et al., 1982, *Lo sviluppo che si doveva fermare*. Pisa-Sassari: ETS-Iniziative Culturali. Merler, Alberto e G. Mondardini 1987 "Rientro emigrati: il caso della Sardegna", in Antropos, n. 18.
Merler, Alberto, M. Cocco e M. L. Piga, 2003, *Il fare delle imprese solodali*.

Raporto SIS sull'economia sociale in Sardegna. Milano: Franco Angeli.
Merler, Alberto, G.Giorio e F. Lazzari (a cura di), 1999, *Dal macro al micro. Percorsi socio-comunitari e processi di socializzazione*, Verona: CEDAM.
Merler Alberto e M. Niihara, 2011 a, "Terre e mari di confine. Una guida per viaggiare e comparare la Sardegna e il Giappone con altre isole", in *Quaderni Bolotanesi*, n. 37.
———, 2011b, "Le migrazioni giapponesi ripetute in America Latina", in *Visioni Latino Americane*, Rivista semestrale del Centro Studi per l'America Latina, Anno III, Numero 5.
Merler, Alberto and A. Vargiu, 2008, "On the diversity of actors involved in community-based participatory action research", in *Community-University Partnerships: Connecting for Change*: proceedings of the 3 rd International Community-University Exposition (CUexpo 2008), May 4-7, 2008, Victoria, Canada. Victoria, University of Victoria.
Morris, Meaghan, 1999, "Globalisation and its Discontents". (= 2001, 大久保桂子訳「グローバリゼーションとその不満」『世界』2001 年 4 月号)
村井紀, 1992『南島イデオロギーの発生―柳田国男と植民地主義』福武書店.
Murphy, Robert F., 1990 [1987], *The Body Silent*, New York, London: W. W. Norton. (= 2006, 辻信一訳『ボディ・サイレント』平凡社)
中井正一 (長田弘編), 1995『中井正一評論集』岩波書店.
中澤秀雄, 2007「地方自治体『構造分析』の系譜と課題―『構造』のすき間から多様化する地域」蓮見音彦編『村落と地域 講座社会学3』東京大学出版会.
新原道信, 1988「対抗文化の可能性―沖縄・広島・長崎における生活の見直しと自立への動き」『平和運動の思想と組織に関する政治社会学的研究』(昭和 60-62 年度科学研究費補助金 (総合 A) 研究成果報告書, 研究代表者・吉原功).
———, 1990「小さな主体の潜在力―イタリア・サルデーニャ島の「開発・発展」をめぐって」季刊『窓』第 3 号.
———, 1991a「地域の内発的発展の先行条件に関する一考察―サルデーニャにおける『地域問題』把握の過程と知識人」千葉大学文学部『人文研究』第 20 号.
———, 1991b「統合ヨーロッパの内なる『島』と『群島』―イタリア・サルデーニャの移民が選択した協同への回路」『思想と現代』第 25 号.
———, 1992a「〈島嶼社会論〉の試み―「複合」社会の把握に関する社会学的考察」千葉大学文学部『人文研究』第 21 号.
———, 1992b「ひとつのヨーロッパ・もうひとつのヨーロッパ―イタリアにおける"複合社会"論の展開が意味するもの」関東社会学会『年報社会学論集』第 5 号.
———, 1992c「沖縄の自立と内発的発展を考える―地中海島嶼社会との比較で」日本平和学会『平和研究』第 17 号.
———, 1992d「イタリア社会の再発見―"混成社会"に関する社会学的考察」千葉大学文学部『人文研究』第 22 号.

序　章　"境界領域"のフィールドワークから"惑星社会の諸問題"を考える　71

─────，1993「方法としての地中海への"旅（itinerario）"─日本社会と日本人を再発見するために」奥山真知・田巻松雄編『20世紀末の諸相─資本・国家・民族と「国際化」』八千代出版。

─────，1995a「"移動民"の都市社会学─"方法としての旅"をつらねて」奥田道大編『21世紀の都市社会学　第2巻　コミュニティとエスニシティ』勁草書房。

─────，1995b「『素人』の学としての沖縄関係学」『沖縄関係学研究会　論集　創刊号』。

─────，1996『横浜の内なる社会的・文化的"島"に関する実証社会学的研究』かながわ学術研究交流財団。

─────，1997a『ホモ・モーベンス─旅する社会学』窓社。

─────，1997b「"移動民（homo movens）"の出会い方」『現代思想』vol. 25-1。

─────，1998a「Over Sea Okinawans……それは境界をこえるものの謂である」川崎市文化財団『EGO-SITE　沖縄現代美術1998』。

─────，1998b「THE BODY SILENT─身体の奥の眼から社会を見る」『現代思想』vol. 26-2。

─────，1998c「境界領域の思想─「辺境」のイタリア知識人論ノート」『現代思想』vol. 26-3。

─────，1998d「そこに一本の木があって─サルデーニャのことがらが語る地域社会論のために」専修大学現代文化研究会『現文研』No. 74。

─────，1998e「島への道─語り得ぬすべてのものを語るという試み」『ユリイカ』No. 407, vol. 30-10。

─────，1999「"異文化"を"社会学する"」玉水俊哲・矢澤修次郎編『社会学のよろこび』八千代出版。

─────，2000a「"恐怖の岬"をこえて─サイパン，テニアン，ロタへの旅」『EDGE』No. 9-10合併号。

─────，2000b「『ストリート・コーナー・ソサエティ』を読む」『書斎の窓』No. 496。

─────，2001a「生起したことがらを語るという営みのエピステモロジー」大阪大学『日本学報』No. 20。

─────，2001b「境界のこえかた─沖縄・大東島・南洋」立命館大学『言語文化研究』Vol. 13-1。

─────，2001c「聴くことの社会学のために─二〇〇〇年五月の"賭け（progetto）"の後に」『地域社会学会年報13』ハーベスト社。

─────，2001d「"内なる異文化"への臨床社会学─臨床の"智"を身につけた社会のオペレーターのために」野口裕二・大沼英昭編『臨床社会学の実践』有斐閣。

─────，2001e『多文化・多言語混成団地におけるコミュニティ形成のための参加的調査研究』科学研究費補助金基盤研究(C)報告書（研究代表者・新原道信）。

─────，2002「旅」永井均他編『事典　哲学の木』講談社。

─────，2003a「ヘテロトピアの沖縄」西成彦・原毅彦編『複数の沖縄─ディアスポ

ラから希望へ』人文書院。

―――, 2003b「自らを見直す市民の運動」矢澤修次郎編『講座社会学 15　社会運動』東京大学出版会。

―――, 2003c「地中海の島々から見た"深層のヨーロッパ""願望のヨーロッパ"」『中央評論　特集・歴史の中の欧州統合』通巻 244 号。

―――, 2004a「深層のヨーロッパ・願望のヨーロッパ―差異と混沌を生命とする対位法の"智"」永岑三千輝・廣田功編『ヨーロッパ統合の社会史』日本経済評論社。

―――, 2004b「ともに旅をして，対比・対話し，考える (Viaggiare, comparare, pensare)」『評論』No. 143。

―――, 2004c「生という不治の病を生きるひと・聴くことの社会学・未発の社会運動―A.メルッチの未発の社会理論」東北社会学研究会『社会学研究』第 76 号。

―――, 2006a「深層のアウトノミア―オーランド・アイデンティティと島の自治・自立」古城利明編『リージョンの時代と島の自治』中央大学出版部。

―――, 2006b「他者を識る旅」中央大学『中央評論』No. 256。

―――, 2006c「序」「現在を生きる知識人と未発の社会運動―県営団地の"総代""世間師"そして"移動民"をめぐって」「あとがき」新原道信・奥山眞知・伊藤守編『地球情報社会と社会運動―同時代のリフレクシブ・ソシオロジー』ハーベスト社。

―――, 2006d「いくつものもうひとつの地域社会へ」「あとがき」古城利明監修，新原道信他編『地域社会学講座　第 2 巻　グローバリゼーション／ポスト・モダンと地域社会』東信堂。

―――, 2007a『境界領域への旅―岬からの社会学的探求』大月書店。

―――, 2007b『未発の「第二次関東大震災・朝鮮人虐殺」の予見をめぐる調査研究』科学研究費補助金基盤研究(C)調査報告書（研究代表者・新原道信）。

―――, 2007c『21 世紀"共成"システム構築を目的とした社会文化的な"島々"の研究』科学研究費補助金基盤研究(B)学術調査報告書（研究代表者・新原道信）。

―――, 2008a「『グローバリゼーション／ポスト・モダン』と『プレイング・セルフ』を読む―A.メルッチが遺したものを再考するために」『中央大学文学部紀要』社会学・社会情報学 18 号（通巻 223 号）。

―――, 2008b「訳者あとがき―『瓦礫』から"流動する根"」A.メルッチ，新原道信他訳『プレイング・セルフ―惑星社会における人間と意味』ハーベスト社。

―――, 2009a「変化に対する責任と応答を自ら引き受ける自由をめぐって―古城利明と A.メルッチの問題提起に即して」『法学新報』第 115 巻，第 9・10 号。

―――, 2009b「境界領域のヨーロッパを考える―移動と定住の諸過程に関する領域横断的な調査研究を通じて」『横浜市大論叢』人文科学系列，第 60 巻，第 3 号。

―――, 2009c「"生身の現実を観察する"という社会学の実践感覚について」中央大学通信教育部『白門』第 61 巻第 9 号。

―――, 2010「A.メルッチの"境界領域の社会学"―2000 年 5 月日本での講演と

2008 年 10 月ミラノでの追悼シンポジウムより」『中央大学文学部紀要』社会学・社会情報学 20 号（通巻 233 号）．
――――，2011a『旅をして，出会い，ともに考える』中央大学出版部．
――――，2011b「A. メルッチの『時間のメタファー』と深層のヨーロッパ―『フィールドワーク／デイリーワーク』による"社会学的探求"のために」『中央大学文学部紀要』社会学・社会情報学 21 号（通巻 238 号）．
――――，2011c「死者とともにあるということ・肉声を聴くこと―2011 年 3 月の震災によせて」メールマガジン「大月書店通信」第 28 号（2011.4.26）所収。http://www.otsukishoten.co.jp/files/memento_mori_20110426.pdf, http://www.otsukishoten.co.jp/news/n 2274.html
――――，2011d「"境界領域"のフィールドワーク―サルデーニャからコルシカへ」『中央大学社会科学研究所年報』15 号．
――――，2011e「出会うべき言葉だけを持っている―宮本常一の"臨場・臨床の智"」『現代思想　総特集＝宮本常一　生活へのまなざし』vol. 39-15．
――――，2012a「現在を生きる『名代』の声を聴く―"移動民の子どもたち"がつくる"臨場／臨床の智"」『中央大学文学部紀要』社会学・社会情報学 22 号（通巻 243 号）．
――――，2012b「"境界領域"のフィールドワーク(2)―カーボベルデ諸島でのフィールドワークより」『中央大学社会科学研究所年報』16 号．
――――，2013a「"惑星社会の諸問題"に応答するための"探究／探求型社会調査"――『3.11 以降』の持続可能な社会の構築に向けて」『中央大学文学部紀要』社会学・社会情報学 23 号（通巻 248 号）．
――――，2013b「"境界領域"のフィールドワーク(3)―生存の場としての地域社会にむけて」『中央大学社会科学研究所年報』17 号．
――――，2014「A. メルッチの『限界を受け容れる自由』とともに――3.11 以降の惑星社会の諸問題への社会学的探求(1)」『中央大学文学部紀要』社会学・社会情報学 24 号（通巻 253 号）．
Niihara, Michinobu, 1989, "Sardegna e Okinawa: Considerazioni comparative fra due sviluppi insulari," in *Quaderni bolotanesi*, n. 15.
――――, 1989, "Alcune considerazioni sulla vita quotidiana e sul processo dello sviluppo. Confronto fra due processi: Giappone-Okinawa e Italia-Sardegna," in *Il grandevetro*, n. 102.
――――, 1992, "Un tentativo di ragionare sulla teoria dell'insularità. Considerazioni sociologiche sulle realtà della società composita e complessa: Sardegna e Giappone," in *Quaderni bolotanesi*, n. 18.
――――, 1994, "Un itinerario nel Mediterraneo per riscoprire il Giappone e i giapponesi, Isole a confronto: Giappone e Sardegna," in *Quaderni bolotanesi*, n. 20.
――――, 1995, "Gli occhi dell'oloturia. Mediterraneo insulare e Giappone," in

Civiltà del Mare, anno V, n. 6.

―, 1997, "Migrazione e formazione di minoranze: l'altro Giappone all'estero e gli'estranei' in Giappone. Comparazioni col caso sardo," in *Quaderni bolotanesi*, n. 23.

―, 1998, "Difficoltà di costruire una società interculturale in Giappone," in *BETA*, n. 3.

―, 1999, "Integrated Europe as Viewed from Mediterranean Island", in T. Miyajima, T. Kajita & M. Yamada (eds.), *Regionalism and Immigration in the Context of Europian Integration*, JACAS Symposium Series No. 8, The Japan Center for Area Studies-National Meseum of Ethnology, Osaka, July 1999, pp. 63-69.

―, 2003a, "Homines patientes e sociologia dell'ascolto," in Luisa Leonini (a cura di), *Identità e movimenti sociali in una società planetaria: In ricordo di Alberto Melucci*, Milano: Guerini.

―, 2003b, "Il corpo silenzioso: Vedere il mondo dall'interiorità del corpo," in Luisa Leonini (a cura di), *Identità e movimenti sociali in una società planetaria: In ricordo di Alberto Melucci*, Milano : Guerini.

―, 2008, "Alberto Melucci: confini, passaggi, metamorfosi nel pianeta uomo," nel convegno: *A partire da Alberto Melucci …l'invenzione del presente*, Milano, il 9 ottobre 2008, Sezione Vita Quotidiana-Associazione Italiana di Sociologia, Dipartimento di Studi sociali e politici-Università degli Studi di Milano e Dipartimento di Sociologia e Ricerca Sociale-Università Bicocca di Milano.

―, 2010, "I servizi socio-educativi in Giappone: una comparazione," nel convegno: *Sistema formativo e servizi socio-educativi per le famiglie, per le scuole, per le comunità*, Sassari, il 15 luglio 2010, Laboratorio FOIST per le Politiche Sociali e i Processi Formativi con il patrocinio di Sezione di Sociologia dell'educazione e Sezione di Politica sociale-Associazione Italiana di Sociologia, Università degli Studi di Sassari.

―, 2011, "Crisi giapponese―Conseguente al disastro nucleare degli ultimi mesi", nel *Seminario della Scuola di Dottorato in Scienze Sociali*, Università degli Studi di Sassari.

―, 2012, "Il disastro nucleare di FUKUSHIMA. Scelte energetiche, società cvile, qualitàdella vita", nel *Quarto seminario FOIST su Esperienze internazionali nell'università*, Università degli Studi di Sassari.

大門正克, 2012「『生活』『いのち』『生存』をめぐる運動」安田常雄編, 大串潤児他編集協力『社会を問う人びと―運動のなかの個と共同性』岩波書店.

奥田道大, 1990「訳者解題」, Faris, Robert E.L., with a foreword by Morris Janowitz, 1970, c 1967, *Chicago sociology, 1920–1932* (The heritage of sociology), Chicago: University of Chicago Press.（＝1990，奥田道大・広田康生訳『シカゴ・ソシオロジー：1920-1932』ハーベスト社）

Polanyi, Michael, 1966, *The tacit dimension*, The University of Chicago Press.（＝2003，高橋勇夫訳『暗黙知の次元』ちくま学芸文庫）

―――, 2007，慶伊富長編訳『創造的想像力［増補版］』ハーベスト社。

Sacks, Oliver, 1985, *The Man Who Mistook His Wife for a Hat, and Clinical Tales*, New York : Summit.（＝1992，高見幸郎・金沢泰子訳『妻を帽子とまちがえた男』晶文社）

―――, 1995, *An Anthropologist on Mars : Seven Paradoxical Tales*, London: Picador.（＝1997，吉田利子訳『火星の人類学者―脳神経科医と7人の奇妙な患者』早川書房）

Said, Edward W., 1994, *Representations of the intellectual : the 1993 Reith lectures*, London: Vintage.（＝1998，大橋洋一訳『知識人とは何か』平凡社）

最首悟，1998『星子が居る―言葉なく語りかける重複障害の娘との20年』世織書房。

鶴見和子，1974「社会変動のパラダイム―柳田国男の仕事を軸として」市井三郎・鶴見和子編『思想の冒険／社会と変化の新しいパラダイム』筑摩書房。

―――, 1981『南方熊楠―地球志向の比較学』講談社。

Whyte, William Foote, 1982, "Social Inventions for Solving Human Problems: American Sociological Association, 1981. Presidential Address", *American Sociological Review*, Vol. 47.（＝1983，今防人訳「人間の諸問題を解決するための社会的発明――アメリカ社会学会，1981年会長就任演説」，「社会と社会学」編集委員会編『世界社会学をめざして　叢書社会と社会学Ⅰ』新評論）

―――, 1993, *Street Corner Society: The Social Structure of An Italian Slum, Fourth Edition*, The University of Chicago Press.（＝2000，奥田道大・有里典三訳『ストリート・コーナー・ソサエティ』有斐閣）

Williams, Terry and William Kornblum, 1994, *The uptown kids : struggle and hope in the projects*, New York: Grosset/Putnam Book.（＝2010，中村寛訳『アップタウン・キッズ―ニューヨーク・ハーレムの公営団地とストリート文化』大月書店）

吉原直樹，2011『コミュニティ・スタディーズ―災害と復興，無縁化，ポスト成長の中で，新たな共生社会を展望する』作品社。

第1部　"境界領域"のフィールドワークの「エピステモロジー／メソドロジー」

第 1 章
海と陸の"境界領域"
―― 日本とサルデーニャをはじめとした島々のつらなりから世界を見る ――

A. メルレル／新原道信
（新原道信訳）

　鶴見良行は，東京・武蔵野の飲み屋で出会ったパラオ（ベラウ）の女性から，こう言われた。「海の底でナマコはあなたを見るのよ（They'll notice you！）」。……星くずから太陽を眺め，ナマコの眼を借りてヒト族の歴史と暮らしを考えてきた。もとよりナマコに眼はない。これは仮空に視線を合わせ事実を追った一片の物語である。

　　　　　　　　　　　　　　　　　　　　　　　　　　　鶴見良行『ナマコの眼』
　　　　　　　　　　　　　　　　　　　　　　　　　　　（鶴見 1993：33, 554）

1．はじめに：マングローブの家，ナマコの目

　ヨーロッパではあまりなじみのない生き物であるナマコは，マングローブの森がある多島海を生息地としている。マングローブは，海と陸，海水と淡水が交わる境界領域に生きる。陸の植物の境界を越えてはいるが，海の植物というわけではない。海の境界線を越え，陸の境界線も越え，海と陸の間に在って，海と陸，海水と淡水，二つの要素をすべて包括した一つの領域に暮らしている。マングローブの森という境界領域は，そこに暮らす人々に豊かな恵みをもたらす。そこでの水と土の統合は，象徴的あるいはメタファーには決してとどまらず，内実として，共に在る存在である。

この水，海，土の境界（confine）は，「陸である海／海である陸（Terra-mare）」と呼ぶことができよう[1]。実のところそこには，厳密な境界線など存在せず，ラテン語の境界（cum-finis），すなわち複数の境界（finis）が共に在る（cum）という字義のように，可変的で，自然や人間とかかわるすべてのことがらが，流動し不確定である。この複数の境界（finis）が共に在る（cum）という状態は，津々浦々の波打ち際で，毎年毎年のめぐる季節のなかで，環境，文化，社会，人間といった諸要素の関係それぞれにおいて起こっている。

しかしながらこの状態は，マングローブの側から見るなら，取り違えようもなく，取り除きようもない，まさにホーム，自分の家そのものなのである。この状態は，消えることも，他の何かの状態に変わってしまうこともない。どちらともつかない曖昧な状態ということなのではなく，むしろ確かなものだ。常に，〈移行・移動・横断・航海・推移・変転・変化・移ろい〉のなかにあって，重ね合わさり，衝突・混交し混成していくことを自らに固有の性格としている。自然なかたちで，周囲に溶け込み，やわらかく，深く，ゆっくりと，素のままの存在として具現している。相互に支え合う諸要素・領域のなかで，その間に，自らの生存する場を見出している。

それゆえ，境界とは，分離・分割を意味しているのではなく，〈衝突・混交・混成・重合〉する〈移行・移動・横断・航海・推移・変転・変化・移ろい〉の道行き・道程（passaggio）そのものなのであり，そこからどこへでも越え出て行ける通路，共生の場，確かな生存の場である。すなわち境界領域とは，現実のなかに実は在るところの"複合・重合性（compositezza）"の理解を可能とする場である。

ナマコは，このマングローブの沼地から広がる海を生存の場として，エコシステムのなかに自らを溶け込ませながら，用心深く慎重に自らのテリトリーを航海する。ナマコは，アジア・太平洋の海のみならず地中海にも生息しているのであるが，実のところ眼はない。「ナマコの眼」というのは，アジア・太平洋の島々を歩いた学者・鶴見良行のメタファーなのである[2]。

日本の支配的階級の子息としてロサンゼルスに生まれた鶴見良行（1926－

1994）は，第二次大戦における日本帝国のアジア支配を記憶しつつ成長した。そしてアジア・太平洋におけるアメリカと日本の関係を考えることから，その比較的短い人生の後半部では，実際にアジアの多島海を歩き，見て，ひとの話を聞くことから，海と大地と島々の意味を見直し，その具体的事実の積み上げから新たな社会認識を創っていった。彼の識ることへの試みの何よりの特徴は，既に 1960 年代には多国籍企業による支配が入り込んでいたアジア・太平洋の無数の島々のなかでも，世界経済の網の目からもこぼし落とされた"他端／多端"のもの，「とるに足らない」とされた小さな事実――人間の身体にたとえれば毛細管現象のようなもの――を丹念に掬い取り，拾い上げていくことだった。

　こうして鶴見は，西洋近代国家の国境の枠組みから，遠く離れて，複数の境界を越え，境界を共にして，ゆったりと深く呼吸し，自らを生態系のなかに埋め込まれたひとつの楽器のような存在となって暮らす人々に出会った。境界領域にて営まれる，脱中心的な，島々の「生」のエッセンスが持つ意味を理解し，この理解を凝集させた言葉が，「海の底でナマコはあなたを見るのよ（They'll notice you！）」なのであった。

　耕作に適した平野を前提とする見方からするなら，しばしば島嶼は，価値のある土地を持たない陸地，はずれ，端，辺境と見なされてきた。その一方で，国家が領土の拡張を目論むときの国境線を引く口実となる場所としても機能してきた[3]。辺境の島々は，さらなる領土と領海獲得をめざす大陸の中心部から見て，国家戦略的・商業的・軍事的・文化的な前哨基地として確保されるべきものだった。このような見方のなかで，島々は，あくまで中心との関係性によって位置付けられてきたのだが，これは私達の関心とは異なるものの見方であることを確認して，次に進むこととしたい。

2．地中海の境界と"社会文化的な島々"

　この地球の表面積の大半を占める太平洋や大西洋のような巨大な海とくらべ

るなら，地中海は本当に小さな海だ。この海は，アフリカ，アジア，ヨーロッパという三つの大陸に囲まれていることから，それぞれに多くの異なる民族が暮らす三つの大陸を分かつと同時に繋げるものであった。それゆえ地中海は，様々な要素に分かれていると同時にひとつのまとまりであるという矛盾をそれ自体かかえている。

地中海の民とは，多島海に暮らす島の人々を意味している。この「陸地の中に在る海（mare fra le terre）」は，比較的大きな島，無数の小さな島々，この海を囲む沿岸の陸地によって構成されている。そこは決して，境界が不分明な場所なのではなく，周囲を陸地に囲まれた海，海に浮かぶ島々の複合体であり，三つの異なる大陸（アフリカ，アジア，ヨーロッパ）の出会う場所として定義され，分離・分割されることないひとつのまとまりをもった海である。要するに，地中海とは，分かち合われた，そして共有可能なひとつの海であり，分離・分割されておらず，またそうすることの出来ない海なのである[4]。

地中海の民は，境界線上に生きる人々ではない。しかしよく知られるように，この相対的に小さな海は，ヨーロッパ中心主義的な理解による政治的・文化的・軍事的な理由から，最初は「西」と「東」，その後は「北」と「南」の境界線として，くり返し危機的な瞬間を迎えてきた。たとえば，古代ギリシアの植民，古代ローマ帝国の分割，イスラム教の伝播と拡散，キリスト教内部の分裂，ヨーロッパの植民地主義，そして，単一の成長・発展モデルの絶対化（物質的次元しか考慮の対象とせず，ひとつの方向性のみを設定する）などによる，イデオロギー的な境界線，集合表象の境界線がもたらした危機である[5]。

こうした線引きは，異なる生存の在り方，成長の在り方を持った――なかには，非物質的な次元に関する智恵を蓄えてきた――人間や社会が存在しているという事実，異なる成長・発展の可能性について忘却させることを意味していた。この想像上の，しかしなかなか削減することが困難な境界線は，たとえ公的にその存在が否定されているという場合であっても，文化，商取引，言語，思想や芸術，様々な分野のなかに入り込み，可変的な現実のなかで，排除されることなく存在し続けてきた。それゆえ私たちは，この地中海への入り方を，

別の仕方で試みる必要がありそうなのもまた事実である。

　私たちが見ようとした，共に在る存在としての地中海は，いくつもの海岸地帯，山野河海，島々，そしてこの水土の混じり合う土地に暮らす人々によって構成されている。この境界領域としての地中海を表現する言葉として，"社会文化的な島嶼性（insularità socio-culturale）"をあげたい。ここでの"島嶼性"とは，物理的島嶼の位相にとどまらず，"島（isola）"という言葉に内包されている意味の複数性を指し示すところの「多義性・あいまいさ（ambiguità）」を表している。"島嶼性"は，たとえばひとつの島が持つ文化の多様さと，その意味の広がりあるいは制約を表している。

　これに対して，通常の「島」への理解は水によって囲まれた陸地，「陸」とも「海」とも「異なるもの（una differenza）」である。「異なるもの」と言ったのは，「島」は，通常の「陸地」そして陸地を取り囲む「海」という理解のなかでは本質的に「不確定な」存在，すなわち「陸地－静止」あるいは「海－流動」という理解のどちらにも属さないという意味付けを持っているからである。

　「海」「陸」とは「異なるもの」という理解は，実は，「静止」「流動」の確かさを絶対化することから来ているのであり，現実そのものは，ひとつの確実性に収斂されない「多義性・あいまいさ」を持っている。むしろ，「静止」と「流動」の間にある第三の要素・領域は，複数性（pluralità）を持ち，多岐にわたる横断可能な道筋を持つ世界である。だとすると，既存の理解の枠組みを打ち壊し，この複数性と多岐性（molteplicità）の様態を描写し得る言葉を生み出す必要がある。

　たとえば，「半島（penisola）」すなわち，「島尾」＝「尾（しっぽ）」を持った「島」（penis+insula）という言葉は，ラテン語のinsulaが前提となっている[6]。ペロポネソス半島，イタリア半島，マラッカ半島，カリフォルニア半島，ユトランド半島，フロリダ半島などが，その例である。これらは，ほとんど島のようなかたちの一定の面積を持ったテリトリーを持ち，その半島の最も狭い部位を形成する地峡を除けば，全方面を海水に囲まれている。

　そしてこの，「島尾（l'isola con la coda）」という語彙によって，世界の多く

の場所を表現することが可能となる。たとえば，イベリア半島，バルカン半島，スカンディナヴィア半島といった具合にである。こうして，「異なるもの」という言葉の含意を"社会文化的な島々"という理解によって解きほぐしていくことが可能となるのである。

「陸」とも「水」とも「異なるもの」とされた地中海のなかに分け入ると，そこには明らかなる複数の「差異（differenze）」が存在している。いくつもの海岸地帯，人々，習俗，自然，山野，湖沼，砂州や潟（lagune），エコシステムの「差異」が存在し，過去において，また現在においても，その場所で，異なる形態の社会組織，文化，異なる言語，宗教，食，民族集団，経済，制度などを持つ文明が生み出された。

この，比較的すぐ近くに在る他者との間にも存在する差異性（diversità）は，"島嶼的な特殊性のエラボレイション（elaborazioni insulari specifiche）"として理解される。すなわち，"社会文化的な島々"は，各々の特殊性に従いつつ，異なる特殊性を持った他者と"ともに"生き，比較し，横断し，補い合い，支え合う。

この共生（convivenza）そして協同（cooperazione）を，ここでは"共成（co-sviluppo）"と呼びたい。しかしそれは，互いの特殊性に敬意を払い，他の"島々"の存在意義を否定せず，他者に対して優位に立ち自分に同化させようとしないこと，現存する複数性を無視してただ一つの方向へと画一化しようとしない場合にのみ可能となるものである。

3．島々の境界を越えて

地中海は，たとえそこに強大な権力が存在しているような時期にあっても，いくつもの差異性と特殊性，アウトノミアの双方向的な敬意によって支えられてきた[7]。たとえば，地中海の自治都市では，いくつもの異なる智恵（saperi），そして，農業や手工業，採掘などに関する実践的な技術，あるいは法や規範などについて，異なる特殊性に敬意を払ったエラボレイションをしてきたことを想起されたい。

こうして"社会文化的な島々"は，文化や人間，言語や社会，生活の複数性の欠くべからざる構成要素となっている。ここで述べたのは，地中海の民が持つ"島嶼性"の話であるが，これは，海に取り囲まれた自然地理的な意味での島の住民でなかったとしても，"社会文化的な島々"を生きる人すべてに言えることなのである。

　このような意味での"島々"の見方からするならば，自民族中心主義やセクト主義を持つことはあり得ず，互いに敬意を払うかたちでの対話，比較，協同とならざるを得ない。しかもこれは，多様性を容認するといった範囲にはとどまらない。家族や友人など，親密圏まで含まれる場所からの共生として始まり，私たちが，"社会経済的共成（co-sviluppo socio-economico）"と呼ぶところの，環境・社会・政治・制度などの要素が総合的に組み込まれた持続可能な企図の力（progettualità）へと繋がっていく。

　しかしながら，陸と海の境界領域，支配でも服従でもない対話を可能とする"島々"という概念によって代弁される「突破口とその道行き（i varchi e i passaggi）」は，あらかじめ美しく整備され準備されたものではない。ただこれから創っていくことが可能な方向へと歩んでいくための旅程を，指し示してくれているのである。

　これまで話してきた地中海の"社会文化的な島々"の話は，人々から移動し航海し，出会い，ぶつかり合う，すべての多島海に共通する話である。たとえば，カリブ海，インド洋，東南アジア，オセアニア，無数の島々と群島を抱える太平洋，西から東，南から北，全方位に広がるところの，地質・人間・植物・季候などが織りなすモザイクを考えてみればよい。そこでの"社会文化的な島々"は，複合・重合的な諸要素がひとつに絡み合ったもの（un intrecciarsi di elementi compositi）として組み立てられ，再びそこから旅立つ場所を意味している。洋上の島々は，何度も何度も世界の"端／果て（punta estrema / finis mundi）"として「発見」されたが，その先には，何もないどころか新たな岸辺が開けていった。実のところ島々は，新たな可能性に向けて突き出ている「岬」として在り続けてきたのである[8]。

こうしたリフレクション，すなわち，分節化した個々の領域に関する考察というよりも，全景把握とでもいうべきものを提示しようとする試みは，いくつもの異なる文化や社会の間を旅し，移動し，そこでの出会いの意味を位置付けていくという経験と結び付いている。境界領域を生きる人々，旅する人々，"島々"を越えて対話をする人々に分かち持たれるものの見方を蒐集していくことは，生身の人間のなかに息づく複数性と多岐性を持った視点に気付かせてくれる。すなわち，編み目のつまった布のような存在である個々人や制度，文化の相互関係を，ゆっくりやわらかくとらえていくことの助けとなってくれるのである。

4．おわりに："島々"の上にはいくつもの可能性の空が…

私たちは，人間の知性が，抽象的な思考を生み出すことを知っている。しかし，それと同時に，私たちの身体は，この惑星地球という生身の存在に深く根をおろしている。こうして私たちは，記憶をたくわえ，その記憶を何度も何度も練り直していく――家族についての記憶，前の世代の記憶，どんな家に住んでいたのか，故郷はどんなところだったのか，どんな気候のどんな場所で育ってきたのか，少年時代，青年時代，青春をどのように過ごしてきたのか，誰と出会い，誰を愛し，誰を憎んだのか。どんな空の下で人生の意味を学んだのか，人生の方向を定める星座をどのようにつくったのか。どんな森，荒野，山の頂，雪，河や海で私達は出会い，自分を，他者を識ったのか[9]。

私達は，こうした追憶のフィルターとレンズによって，私達のなかに深く根付いた生身の現実の意味を学び，問いを発する。"複合し重合する私（io composito）"[10]は，厳格に存在しているかのように見える「境界線」をあまり気にすることもなく，今となっては慣れ親しんだ境界の束を越えていく。そして，自らの旅の道行きで獲得した固有の見方に従いながら，いくつもの異境を越え（attraversare i confini），「厳格な境界線」の限界を抜け出ていく。たとえ「ノーマルではない」「違っている」「マイノリティだ」「不適応だ」と言われても，

異境を旅する力と共に生きてゆく。

　　仮想の「正常さ」や「画一性」から見たらしっくりこない，
　　"社会文化的な島々"として，
　　たとえこの真剣なコンチェルトの試みが，
　　トータルには理解されていないとしても，
　　より多くのひとの耳に，この"不協の多声"が届くことを願いつつ。

〔訳者改題〕

　本章は，新原のイタリアでの在外研究期間の最後の時期であった2011年2月に，メルレルとの間で，これまで二人の間で練り上げてきた〈島嶼社会論〉と〈ひとの移動〉に関する「エピステモロジー／メソドロジー」をふりかえり，動きのなかでの"粗描（abbozzo）"として一区切りをつけようと話し，書かれた原稿である。メルレルの書斎で長時間にわたって話し続け，二人でまとめた原稿は，（Merler e Niihara 2011a ; 2011b）として，イタリアの学術雑誌で公刊された。本章は，〈島嶼社会論〉についてのまとめを"企図"した（Merler e Niihara 2011a）の日本語版ということになる。今ひとつの原稿「ひとの移動と"根の流動性／重合性"――南米の日系移民における再帰的なひとの移動に即して」（Merler e Niihara 2011b）については，機会をあらためて日本語版を発表する予定である。

　メルレルの仕事は，今日の社会に対する新たな読解を提供するものとして，イタリア・ヨーロッパ，そして南米のラテン系の国々を中心として評価されてきた。本章は，とりわけ「エピステモロジー」とかかわる部分についての想念であり，この想念を具体化した「メソドロジー」による調査研究の展開は，ヴァルジウ（Andrea Vargiu），ピガ（Maria Lucia Piga），コッコ（Maiaantonietta Cocco），デリウ（Romina Deriu），ケッサ（Stefano Chessa）等のメルレルの優れた弟子たちによってなされている。

　その独創性は，序章4節でもふれたメルレル自身の"固有の生の物語（biography）"とも相俟って，魅力的であるのと同時に，明晰判明には理解し難いものとされてきた。これは，同じく「優秀な弟子」を多く抱えたメルッチにも共通していることだったのだが，「俊英」の弟子や共同研究者達が，"異境の力"（"境界を異なる形で創りなおす力（una capacità di ricomporre i confini）"）を持つ智者の仕事の全景把握を試み，他者に語ることの困難についてあらためて考えさせられる。弟子たちは，師の一部しか知らない（もしくは，一部にしかふれることが出来ない）。その一部分から全体像を理解するためには，自前の回路（知の集積が有機化され身体化された"智"へと変換するための通り路）を持つしかない。自前の「回路」を創るきっかけのひとつとなるのは，何らかの意味で〈たったひとりで"異郷（terra estranea）""異教（pagania）""異境（terra oltre i confini）"の地に降り立つ〉ことを試みることだ。

"異郷／異教／異境"や，"異界（un altro mondo / pianeta）"，"異形（stramorfo）"，"異物（corpi estranei）"，"異端／他端／多端（estranei di punta fine / finis mundi）"，"痛み（patientiae, sufferentiae, doloris）"とふれること，じかに，生身のそのひとにふれ，汚れる（contaminandosi）ことによって，他者の／自らの内なる"境界領域"の理解が始まる。その"道行き・道程"は，いつも不全，未完であり，「はてしない物語（una storia infinita）」とならざるを得ない。「科学」（範囲を限定し，何を明らかにするのかをあらかじめ確定した上で，「すべてにおいて正確に」という思考態度）の一部を犠牲としても，全景把握をめざすことを意味する。これは，"驚きと遊びと探求心"と対比・対話・対位し得るものだし，「無益な博識（vain erudition）」の価値を見直すことでもある。

メルレルは，新原との対話のなかで，鶴見良行の話にとりわけ興味を示した。本章の冒頭で，メルレルが選んだエピグラフのなかにある「仮空」の話は，本書の最終節の「いくつもの可能性の空（i cieli possibili）」の話とつらなっている。本章の原稿を共に練り上げながら，メルレルは何度も，「まだまだ"ともに（共に／伴って／友として）"旅をしなければならないんだ。この世界が実はどんな場所なのか，伝えなきゃいけないことがたくさんあるんだ」とくり返し言っていた。特定の二者の間の"伝承・伝達"でしか伝えられないこともあ

るのだろう。メルレルと私の間にこうした機会を持てたことは本当に幸運だった。だからまだ旅を続けたく思う。

　メルッチとは，困難な限られた時間の対話の後に，共に文章を練り上げていく時間はなかった。2000年3月，最後に出会ったとき，「あとは頼む」と言われて，書き込みのある手書きの原稿やテープを託された。だからメルッチとは，こころのなかで旅と対話を続けつつ，その未発の社会理論・社会調査を，再構成していくしかない。今は亡き歩く学問の先達・鶴見良行が言うところの「ナマコの眼」で，「仮空」のなかの「いくつもの可能性の空（i cielli possibili）」を遠く眺めつつ。

注

1) 奇しくも，ポー川流域の低湿地帯に生まれた青銅器時代の文化は，テッラマーレ（Terramare）と呼ばれている。
2) イタリア語での鶴見良行の理解については，（Niihara 1994；1995）などを参照されたい。
3) 15世紀末から16世紀初頭にかけてのスペインとポルトガルが，カナリア諸島やカーボベルデ諸島をどのように位置付けたかを想起されたい。あるいは，カリブ海の島々，沖縄，サハリンなども同様である。
4) 地中海は単にばらばらの緒要素を持つ地域ではなく，ゆるやかなまとまりを持つ地域である。もし地中海に，これほど多くの島々が存在しなかったとしたら，「地中海」というひとつのまとまりは実現しなかっただろう。たとえば，イタリア半島とバルカン半島に囲まれたアドリア海とイオニア海，その沿岸地方には，数え切れないくらいの小さな島々や入り江が存在し，ギリシアやイタリア，クロアチアやアルバニアの諸地域の繋ぎ目となっている。さらに東地中海に分け入ると，キプロスとクレタという二つの大きな島，そしてエーゲ海に浮かぶ無数の島々，群島を目の当たりにする（こうした無数の島々によって形成された地域は，オセアニアや東南アジア，カリブにも見出すことが出来よう）。まさにこの地において，古代ギリシア文明が生まれ，現代ヨーロッパの各言語で「群島」を意味するarchipelagoは，もとをたどれば「主な海」すなわち「エーゲ海」から来ている。さらに広くとれば，海を辿ってエーゲ海と黒海を結ぶダーダネルス海峡地帯の島々も地中海の島々に含むことが出来よう。西地中海にはバレアレス諸島がある。バレアレスにはマジョルカ，メノルカ，イビサ，フォルメンテラなどの島々があり，いずれも多くの人が住み，地中海観光の中心地のひとつでもある。観光にかかわる諸問題は，すべての地中海の島々，海岸部の諸地域にとって，今最も重要な課題である。とりわけ中部大西洋の島々―アゾレス諸島とマデイラ

諸島（ポルトガル領），カナリア諸島（スペイン領）——は，西地中海の島々と同じような視角から観光問題を考えていくことが可能だ。さらに望むなら，北回帰線を越えて北緯15度付近まで大西洋を南下してカーボベルデ共和国の島々を加えることも出来る。こうして，太古の昔より，地中海の島々は，様々な民族や文化の架け橋として，繋ぎ目として，コミュニケーションの場，消え去ることのない確かな出会いの場として存在し続けた。太古の地中海にこぎ出した勇敢な海民たちがどんな人々であったのかは，今となってはさだかではない。ただ名前のみ知られている海民もある。しかし多くの場合は，いくつか残された巨石建造物や，今のヨーロッパ言語の中に見られるわずかばかりの言葉の痕跡や，古い地名や，古い詩歌や言い伝え，音楽，霊的なものへの考え方など，今日の"地中海人"の暮らしのなかにのみ，その記憶を留めている。

5) 確かに地中海には，今日でも使われている言葉——「西洋」と「東洋」，「ヨーロッパ」（キリスト教世界）と「アジア」（はじめはイスラム世界の意味で，後には非キリスト教世界のすべてをさして）——によって境界線が引かれてきた。この世界観によって，15世紀から16世紀にかけての「大航海時代」が準備された。そこでは，ヨーロッパから見て「極東」にあるインド，中国，日本，東南アジア・太平洋の島嶼社会，オセアニアへ，あるいは「極西」にあるアメリカ大陸へと，異郷もしくは異教徒の地へとヨーロッパ・キリスト教世界の人間が向かうのだと考えられた。さらに，18世紀から19世紀にかけての植民地主義のものの見方にささえられて，地中海にはもうひとつの境界，「南」と「北」の境界線が引かれた。この「南」への拡張主義的なものの見方によって，地中海沿岸諸地域は大きな苦しみを味わった。第二次大戦が終わりをつげるまでの間，地中海に面したアフリカとアラブの諸地域は，大英帝国，オスマントルコ，フランス，そして遅れてやってきたイタリアのファシズムによって植民地支配を余儀なくされた。イギリスに支配されるジブラルタルや，モロッコ国内にありながら飛び地としてスペインの領土となっている二つの町セウタとメリリャは，植民地主義支配の証人である。こうした植民地主義的支配のなかで地中海の島々はそれぞれ数奇な運命を辿った。たとえばイギリス軍はマジョルカ島（バレアレス諸島）を占拠し，マルタやキプロスに至っては，アジアやアフリカ，オセアニアの各地での植民地解放の時代であった1960年代に至るまで独立の機会を与えられることはなかった。フランスやイタリアもまた，地中海の島々を軍事戦略上の要所として占拠した。今日でも地中海の島々には，NATOをはじめ各国の軍事施設が無数に存在している。こうして実際には小さな海であるのにもかかわらず，地中海は世界規模の軍事戦略の要石の役割を与えられているのである。

6) 「島尾 (penis + insula)」については，島尾敏雄の話をふまえている。『死の棘』『出発は遂に訪れず』などの作者・島尾敏雄は，島尾という「苗字が一種の呪力を持」つかのように，日本列島を島尻へと南下し，ベニヤ板のボートに爆弾を積んだ「震洋」特攻隊基地が置かれていた奄美諸島の加計呂麻島・呑ノ浦へと派遣された。島尾敏雄の「琉球弧」論などについては，（新原1998），（新原2007）の

なかの「島の尾の『浦』の奥底に潜む棘」などで論じている。
7) ここまで言及してきた地中海の島々は，島嶼社会をどう創り上げているかという観点から見るなら，たいへん興味深い共通点を持っている。つまり，今日これらの島々はすべて（ギリシア領のクレタ島はのぞいて），政治的自治を獲得している。たとえばカーボベルデ，マルタ，キプロスは 1960 年代から 1970 年代にかけて，共和国として独立した。アゾレスとマデイラはポルトガル，カナリアとバレアレスはスペイン，サルデーニャとシチリアはイタリア，コルシカはフランスと，それぞれ国家の枠内であるとはいえ自治権を獲得している。マルタ，シチリア，サルデーニャには，既に 1500 年代には大学が存在している。コルシカにおいても，政治的独立を確保していた短い時期，18 世紀の半ばには独自の大学を持っていた。今日では地中海の主要な島々のすべてに大学があり，その多くは，独自の文化や言語（たとえばマルタ語，バレアレス語，コルシカ語，サルデーニャ語）を持った人々が暮らす地域であるという理由に後押しされるかたちで，地域の歴史や文化，経済に関する研究所を有している。とりわけバレアレス，コルシカ，サルデーニャ，シチリア，マルタ，キプロスの大学には，地中海島嶼社会研究所が設立されている。
8) (Derrida 1991 = 1993)（Suzuki & Oiwa 1997）などを参照されたい。
9) 著者二人は，1987 年のサッサリでの最初の出会い以来，複数の大陸と大海を越えて，無数の旅を重ね，数十ヶ国の様々な地域で，シンポジウム，セミナー，講義，祭り，フィールドワーク，出会いを"ともに"してきた。"旅をして，他者と出会い，比較し，ともに考え"，"共感・共苦・共歓（com-passione）"と共通感覚をそれぞれの内に育み，よりゆっくりと，やわらかく，深く，耳をすまして聴き，勇気を持って，たすけ合うことをつらねてきた。
10) メルレルは，"複合し重合する私（io composito）"についてこう述べている。
「今日の移動，すなわち近年の（旧「植民地」や「入植」先からの）「帰還」移民，世界を移動・遍歴しつづける人々（homines itinerantes），そうして生まれた子供たちを見るなら，「私」の中に既に他者があるような，常に「私」が「私」に反逆し，居心地悪く，引き裂かれ，心の奥底で悲鳴をあげているような「引き裂かれた私（io diviso）」，「自分と和解しえない私」として存在しているように見える。そしてこの「引き裂かれた」存在に対して，様々な援助の手がさしのべられる。しかしこの援助は，制度的なものであれ，個人的なものであれ，「引き裂かれた」「欠如した」存在であるという前提に立つ限りは，回復不可能なものにむかっての努力を強いるだけのものとなる。「複数の私（io plurimo）」とは，必ずしも，心理学やセラピーの対象となる「引き裂かれた私（io diviso）」や，社会規範から逸脱する危険性をかかえた，社会化されていない「闘争的な私（io conflittuale）」を意味するわけではない。ここで「複数性」という概念によって表したいのは，むしろ，いくつもの体験が単にバラバラに「多元的」に投げ出されているのでなく，有機化しまとまりをもっているような「ひとつとなった複数性（una pluralità）」によって構成されているところの，"複

合し重合する私（io composito）"である。
　その私とは，いくつもの「複数文化」を横断することによって媒介されており，多様な社会的文脈や規範，複数の民，土地，歴史，宗教，生活の哲学，倫理的価値観，死生観，経済観念，政治の感覚，等々の複数性に同時に帰属しており，霊的なものや物的なものへの意識，愛他主義と利己主義，個人や集団の承認を巡る闘争に対する価値意識，直接的見返りを求めるのか理想のためには犠牲もいとわないのかといった問いに対して，願望，失望，痛み，そして参加のあり方…等々の問題への，単線的ではない応答のあり方を内に秘めているのである。」（Merler 2003＝2004：71-72）

引用・参考文献

Derrida, Jacques, 1991, *L'autre cap: suivi de la democratie ajournee*, Paris: Minuit.（＝1993, 高橋哲哉・鵜飼哲訳『他の岬——ヨーロッパと民主主義』みすず書房）

Merler, Alberto, 2004, *Mobilidade humana e formação do novo povo / L'azione comunitaria dell'io composito nelle realtà europee: Possibili conclusioni eterodosse*.（＝2006, 新原道信訳「世界の移動と定住の諸過程——移動の複合性・重合性から見たヨーロッパの社会的空間の再構成」新原道信他編『地域社会学講座 第2巻 グローバリゼーション／ポスト・モダンと地域社会』東信堂）

Merler Alberto e M. Niihara, 2011 a, "Terre e mari di confine. Una guida per viaggiare e comparare la Sardegna e il Giappone con altre isole", in *Quaderni Bolotanesi*, n. 37.

———, 2011b, "Le migrazioni giapponesi ripetute in America Latina", in *Visioni Latino Americane*, Rivista semestrale del Centro Studi per l'America Latina, Anno III, Numero 5.

新原道信, 1998「島への道——語り得ぬすべてのものを語るという試み」『ユリイカ』No. 407, vol. 30-10。

———, 2007『境界領域への旅——岬からの社会学的探求』大月書店。

Niihara, Michinobu, 1994, "Un itinerario nel Mediterraneo per riscoprire il Giappone e i giapponesi, Isole a confronto: Giappone e Sardegna," in *Quaderni bolotanesi*, n. 20.

———, 1995, "Gli occhi dell'oloturia. Mediterraneo insulare e Giappone," in *Civiltà del Mare*, anno V, n. 6.

Suzuki, David & Keibo Oiwa, 1997, *The Japan we never knew*, Sydney: Allen & Unwin.

鶴見良行, 1993『ナマコの眼』筑摩書房。

第 2 章
リフレクシヴな調査研究にむけて

A. メルッチ
(新原道信訳)

1. はじめに：二元論を越えて

　調査研究者と当事者（社会的活動の担い手）との関係性は，社会調査にとっての根本的な鍵をにぎっている。この問題は，社会学が，近代－産業社会を観察し，その行為の意味をふりかえることを使命として生まれたことと深くかかわっている。自然科学が，観察者と観察する対象を峻別し，その関係性を確定的に定めることが出来るのに対して，社会科学は，その誕生以来，観察する対象である社会関係のなかに埋めこまれている観察者が，その自らも含めて観察するという認識の在り方が持つ問題を，根源的に抱えていた。

　それゆえ，社会学者は，この観察主体と観察される対象の間のジレンマに向き合わざるを得なかった。すなわち，一方では，自然科学が想定する客観性（対象性）を模して価値中立的に対象から切り離された観察をするという抽象的モデルを志向し，あるいはその逆に，特殊な形態の認識が持つ固有の状態をただそのままに受けとめ，さらには観察された社会関係のなかに自らも没していくということが起こった。このジレンマは，社会学の古典のすべてに通底しており，また現在においても，社会調査における根本問題となっている。

　問題を整理するために，この観察主体と観察対象との関係性を二つのモデルに整理してみよう。一つは，観察対象となる社会的世界を参与観察するにあたって，可能な限り，介入・かかわり・観察の障害を減ずるというモデルであ

る。ここでは，客観的観察を保証するため，観察者が組み込まれている条件設定から自由となるために，可能な限りの距離と価値中立性を確保しようとすることになる。いまひとつのモデルは，距離をなくし，相手の社会的世界の奥へと入り込み，その世界の特徴そして経験を深いところから理解しようと試み，なんらかの仕方で社会的世界を映し出す鏡，あるいは代弁者になるというものである。

　ここで単純化を試みた二つのモデルは，社会調査の理論と実践のなかに，今尚在り続けているものである。しかし今私たちには，この近代－産業社会が生み出した知の形態が持つ二元論を乗り越え，方向転換をしていくことが求められている。近代社会が生み出した社会調査は，より直接的かつ明示的に社会の自己認識を表し出すものとして，その根の部分に，二元論を相続してきた。そして今日では，この大変な労苦を認識し，二元論を縮減する必要に迫られている。近現代が危機的瞬間を迎えているということからも，私達は，対話し，経験を積み重ね，新たな社会認識の枠組みへの方向転換をしなければならないのである。

2．距離を保つ

　客観的な科学としての実証主義的モデルを求めるかたちで，社会科学は，観察主体が観察の対象となっている社会関係のなかに含みこまれているという事実から来る障害を乗り越えようとしてきた。そこから，調査者と観察対象との距離が接近するようなあらゆる次元，あらゆる要素を，観察の場から減らそうと，さらには除外しようとしてきた。こうして，観察の主体は，観察対象との間で，出来る限り，距離を保ち，かかわりを持たず，仮に物理的な距離が近かったとしても認識においては対象から遠く離れ，あらゆるタイプの情動から自由でなければないという想定のもとに立てられた。

　それとは別の定義は，観察者は，観察するフィールドの一部（parte del campo）であるというものである。観察者は，自らがかかわる社会的世界にな

んらかのかかわりを持ってしまっており，そこでは，当事者達によって，観察している当の社会的世界が構築されていくまさにその場面に参加して（fa parte）しまっている。しかしこの，社会的世界の観察においては純粋に客観的な視点を獲得することなど出来ないという問題は，科学であろうとした社会調査が最初から抱えたパラドクスであり，自然科学が想定する純粋な客観性や中立性と比べ，科学としての純度を欠くものであるとの認識をもたらすものでもあった。

　この客観性に関して最初から抱えた困難を少しでも除去するために，あらゆる仕方で，観察主体と観察対象との距離を増大させることを試み，両者の関係性に偶発的に生じる個々の問題を処理するための技術を開発し，試行してきた。量的データを数学的手法によって処理することで，社会学者の観察が持つ弱点を克服しようとした。量的データの厳格な収集・整理と洗練された統計的手法の適用によって，データの正当性を認めてもらい，社会学的観察が抱える当初からの弱点を克服してくれるかのように見えた。

　しかしながら，量的調査研究の方法が，社会についての認識に関するすべての道筋を提供してくれるわけではない。弱点をかくすためのレトリックとなっているに過ぎず，その量的データが，どのようなかたちで収集されたのかという問題が残る。というのは，実際のフィールドで，どのようなかたちで，観察者と当事者との間で，どのようなかかわりのなかで生み出されたのか，インタビューをしたとしたら，そのときはどんな関係性のもとで言葉が収集されたのかといった問題である。

　それゆえ，きわめて洗練された量的調査においても，社会調査という認識の在り方が根本的に抱えるひととひととの関係性の問題は残ってしまう。こうして，観察主体と観察対象との距離を増大させる試みは，社会調査が抱える根本的なジレンマを解決しているわけではなく，この問題は，ひき続き，開かれたままの状態である。

3．距離を縮める

　さて，いまひとつの試みは，観察主体と観察対象との距離を縮める試みである。様々な方法で当事者の生活にかかわり，フィールドに直接的に入り込み，経験を共にし，あるいはまたフィールドでの実践的活動にきわめて積極的に加担し，ほとんどそのフィールドの成員となるというのもまた，社会調査の伝統的手法として活用されてきたものだ。

　この場合には，可能な限り，相手の言葉遣いや習慣や文化モデルのなかに入り込み，相手の生活のなかに深く没入し，感情的な調和のもとで，相手の内面や行為の意味を理解しようとする。その際，調査者は，出来る限り，相手の理解の在り方をつかもうとするときの障害となるであろう自らの文化をはぎ取る努力，偏見や習慣から自らを解放する努力が必要となる。自らに内在する文化的なフィルターで，理解をゆがめたりねじ曲げたりすることなく，必要な情報を収集するために，限りなく透明な鏡のような存在とならねばならない。

　ここで暗黙の前提となっているのは，まったく異なる文化的背景を持った調査者と当事者の間の透明性である。この透明性を前提としたモデルを部分的に変更したものとして，介入的調査あるいは参与的行為調査（アクション・リサーチ）がある。ここでは，フィールドで当事者達の体験をただ観察し理解するために参加することはあり得ない。当事者達の行動や体験に介入し，その場を作り変えていくという意図が組み込まれている。当事者は，弱者もしくはマージナル，あるいは社会的資源から引き離されており，社会学的調査の介入によって，こうした状態からの脱却を促すというものである。暗黙の構成要素となっているのは，救済と伝導である。

　このモデルの極端な例は，根本的な社会変革をめざすグラムシの有機的知識人論のなかに見てとれる。有機的知識人は，抑圧され，搾取され，より弱い立場に置かれた人々の側に立ち，その知的な認識を，実は自分たちのものとして持つべきであった当事者達にもたらす。当事者たちは，有機的知識人によって

もたらされた知的認識によって，自らを解放する行為へと向かっていく。ここにも，救済と伝導の物語が見出される。こうした知的伝統からの社会調査には，社会を変革するという意志が吹き込まれており，政治的にはラディカルな性格を持つようになっていた。それゆえ，調査者と当事者の距離を縮める，さらには両者が一体化するという形態には，暗黙の内に，知的認識を持つものと持たざるもの，自らの識るところのものを伝導すべき使命を持ったものと，真実と認識が運ばれてくるのを待つものとの間のヒエラルキー（位階制）が残存し続けた。

　調査者と当事者との距離を縮めるという戦略は，両者の差異を無きものとすることを目指しており，それはまた，構造的に異なるものであることから成り立っている関係性の除去を強いることにもなっている。逆説的ではあるが，この救済と伝導のモデルは，啓蒙的な教育の関係性として再編されていく。すなわち，真実にふれることの出来る少数者が，抑圧された他者に光をもたらすのである。こうして見てくると，距離を縮めるという戦略もまた，私たちが抱えている社会調査の根本問題を解決してはくれないようである。

4．関係性としての社会調査

　これまで見てきたように，社会調査の最も根本的な構成要素は，調査者と当事者との関係性である。調査活動のなかで，出来る限りの障害を除去し，両者の距離を増大させようとしても，あるいはその逆に距離を縮めようとしても，関係性そのものを乗り越えるということは出来ない。社会調査とは同じフィールド内に併存する二つの主体の関係性である。調査者はフィールドの外部に存在する抽象的な実体ではない。調査者もまた，調査という特殊な条件を授けられた当事者である。調査者は，調査をする動機と目的，そして調査に関する認識を資源として持つ存在である。

　こうした特徴によって，調査者は，社会的関係そのものを観察することを使命とする特殊なタイプの社会的活動の当事者となっている。この意味で，調査

者は，社会的関係の専門家であるということが出来るのであり，それゆえに，調査をする能力があることを制度的に認められ，社会が調査による社会認識を必要とする場所に調査者として受けいれられる。

　他方で社会的主体（観察の対象）は，各々の体験の場に埋めこまれた当事者であり，自らの行為の意味を識る能力を持っている。社会的主体は，自らがコントロール出来ないゲームに参加していることを自覚していないチェスのポーン（こま）ではない。そうではなく，むしろ問題の当事者として，自らの行為の意味を認識し自覚的にふるまう。この意味においては，社会的主体もまた，その度合いに違いこそあれ，自らの行為をふりかえる能力を持っており，自分に関してのなんらかの認識を生産するという意味では，調査者であるということが出来よう。それゆえ，調査者と当事者は，一方では同じフィールドにおいて共有する部分を持つと同時に，その社会的位置付けの特殊性と，それぞれが有する社会的資源の違いによって分かたれてもいる。

　社会調査は，調査者と当事者という特殊な状況設定からくる固有の関係性があると同時に，他のタイプの社会的関係――一つのシステムのなかで共に拘束され，社会的資源をめぐって行動する異なる主体が存在する――との違いはない。

　社会調査は，社会的現実についてのリフレクションをすることを委託された調査者が，制度化された目的のもとに行動するという特徴を持つ特殊な関係性を持っている。常に差異を生産し続ける現代社会においては，どのような社会となっているかの自己認識を必要とする。専門的調査者が社会から委託されて行う社会調査によって，自らの行為をふりかえり，その理解に基づき社会的行為を行う。他方で，社会的行為の当事者は，この自らの社会についてのリフレクションを必要とする社会の成員であり，暗示的であれ明示的であれ，個人的な行為の意味についてのリフレクションが求められ，自らの行為が社会に対して適切なものとなるべく行為を作り変えていくのである。

5．「契約」としての社会調査

　社会調査における人間の関係性は，調査にかかわる調査者と当事者の双方が，一定の書式を持った書類にサインをするといったかたちでの「契約」とはなっていない。そこでは，利害関心と目的に関する何らかの一致点があるかないかが問題となる。調査者と当事者の間の利害関心と役割があまりにも異なっている場合には，調査者が社会調査を実施したとしても，当事者は調査者にとって意味のある情報の提出を拒否することが出来るし，わざとねじ曲げて伝えることも出来る。調査者と当事者の利害関心と役割に関する距離感がきわめて小さい場合には，調査者の調査目的が優先した調査が行われるか，あるいは，当事者の意志と目的に従うかたちで調査者は調査をする装置と化す。したがって，ここでの「契約」とは，紙面上のサインの話ではなく，お互いの距離を確認し適切な間隔を設定することを意味している。

　それでは，社会調査における二つの主体は，いかなる関係性をつくればよいのか？　少なくとも三つの課題がここにはあると考えられる。

①調査者の使命は，その能力を，あくまで新たな認識を生産することのみに活用することである。
②当事者は，調査者の手元にはない有意の情報を調査者にもたらす必要がある。
③調査者は調査によって獲得した新たな認識をなんらかのかたちで当事者のもとに返す必要がある。そして調査に応じた当事者もまた他の当事者に新たな認識を返す必要がある。そこで重要となるのは，結果の伝達を通じての直接的なコミュニケーションそのものであり，もし直接的なコミュニケーションが困難な場合でも，書籍や報告書などを通じて，獲得した新たな認識を公共の場に開示することが必要となる。

こうして，調査者，そして自らも社会——自らの行為のリフレクションをしていくという意味での調査者でもある当事者の関係性は，お互いの対話者との相互行為のなかで自由を獲得していく。そのどちらもが，それぞれの目的に応じたかたちで調査の結果をわがものとするのである。

6．関係性の「遊び」

　調査者と当事者は，同じフィールドで調査という体験を共にするプレーヤーである。「遊び（gioco, play）」というメタファーは，この関係性の本質を表すのに適していると思われる。というのは，調査というゲームの規則を共有し，パートナーとして適切にふるまい，体験を共有していくからである。

　調査を構成する根本要素としての関係性にとって「遊び」が重要なのは，まず何よりも，アプリオリに決定されているものではないという点である。経験的調査を体験したものなら誰しも，調査のなかで調査のプロセスそのものも変わっていくこと，実際に行なわれたことは，始まった当初のプロジェクトから異なることを識っている。調査者も当事者も，自らの境界を揺り動かし，パートナーの動きと変化する周囲の環境に応じて動く。確かに社会調査は，通常のところ，論理的かつ線形的に仮説を検証し，秩序ある一貫性のもとにデータ収集と解析が行われるものとなっている。しかし実際には，調査における仮説も調査方法もデータ収集のための特別な技法も，当事者との間に起こる予想外の出来事や困難のなかでの関係性の修正に拘束されてもいる。

　関係性の「遊び」とは，調査のなかでの両者の関係性それ自体が対象ともなるということを考えれば，メタレベルのコミュニケーションでもある。その関係性を見ないようにする，あるいは調査のプロセスから除外してしまうことは出来ず，両者の関係性そのものの動きを，リフレクションとメタ・コミュニケーションの場に含みこまざるを得ない。

　この視点からするならば，調査者と当事者の距離を開くことも縮めることも，どちらの場合であれ，その関係性の「遊び」自体が調査のプロセスとなっ

ているのだから，価値中立化も他者への同化の努力も意味を持たないこととなる。実は，新たな認識を生産するという目的が明示されるかたちの調査のなかで，異なる当事者との出会いによって，メタ・コミュニケーションの場では，調査していること以外の新たな認識も生まれている。この関係性の「遊び」によって，社会調査が主観から分離された客観的な現実を忠実に映し出すという幻想はこわれてしまう。

社会調査は，当事者の社会的活動に直接的に介入しており，調査者の存在によって，その介入によって，フィールドは常に「かき乱され（distrubato）」ている。当事者と距離を保ち，干渉の度合いが比較的少ない調査において，フィールドは，調査以前と以後も状態が変わらずに在ることが強く求められる。それは幻想であるのだが，社会調査における関係性を，〈〈調査以前も以後も，二者が分離した状態で在り続けたとする）人工的な性質を持った関係性〉を想定することが求められる。

それゆえ，調査のプロセスには，人工的な性質が設定されていることを認識し，この観点から明示的なリフレクションと調査の対象を設定し直す必要がある。すなわち，自然な関係性とされているものは，あくまで調査活動とその成果のなかで構築されたものであり，そこでの企図は，常に限界とリスク，歪曲にさらされているということを識るためにである。

本当の意味で調査者と当事者の間に適切な距離を得るためにはこのメタレベルの認識が必要である。こうした関係性の「遊び」を創ることを，社会調査すべてのプロセスにおける最も中心的な鍵とすることが求められる。すなわち，距離の増大でも距離の除外でもなく，きわめて精密に細心の注意を払った接近の能力を生み出すこと，社会調査に恣意やイデオロギーが入り込む余地を縮減することが求められるのである。

7．おわりに：リフレクシヴな調査研究へ

私は，これまで日常生活における諸活動に関して，"創造力（creatività）"と

いう概念によって調査研究をすすめてきた。そこには，調査に協力してくれた当事者との間のコミュニケーション行為，そこで調査者との間に築かれていた関係性についての深い関心があった。そのなかで，この関心をさらに深化させ，観察における調査者側のコミュニケーション行為を把握することを欲した。すなわち，その調査は，調査研究グループ自身の自らへのリフレクションを含みこみ，そこでは，そのリフレクションの結果も調査の成果に組みこまれるというものである。しかしながら，こうした調査の成果のなかに，現実がすべて描き尽くされるわけではなく，あくまで可能な筆写（trascrizione）のひとつであるに過ぎない。

　"創造力"というテーマに即しての，私のエピステモロジーへの関心は，内に在るのと同時に外にも在るような，観察に固有の新たなコードに関する智への関心として表現し得る。こうして私は，フィールドで考え，協業し，おたがいにふりかえりつつ交わるグループの異なるメンバーのための調査の技法を探求した。こうして私たちの調査研究グループは，かなりのエネルギーを自らの調査実践をふりかえることに向けることとなった。

　この自らに対してもリフレクシヴな観察をすすめるなかで，関係性がつくられていくプロセスが持つ固有の性質を認識したいとすることから生じるジレンマに直面した。

　調査対象との関係性で生じたジレンマの第1は，創造力というテーマに関してシステム化された研究がそもそも可能なのか，この概念の設定そのものが矛盾ではないのかという疑問である。第2は，モラルにかかわる問題である。すなわち，きわめて内的かつ自発的，高度に主体的な活動である創造の要素を，個々の実際の行為のなかから析出し，そのプロセスを客観化することは困難なのではないかという疑問である。第3の認知する側の問題とかかわるジレンマは，私たち研究グループの研究成果は，新たな知を生産しているのか，それとも既に自分たちのなかに埋めこまれているステレオタイプをなぞっているだけなのかという問題である。

　こうしたジレンマに直面したことによって，かえって重要な意味を持ったの

は，創造力に関する実質的な定義を確定してしまわずに，当事者との対話や調査メンバー間の対話のなかで，解釈の配置変えをしていくことに対して開かれた理論（teorie disponibili）を創ろうとしたことだった。

　そこでは，異なる文化的背景を持った専門的集団が，それぞれに創造力を生み出している。調査のプロセスにおいては，大きく揺れ動きつつも，客観的な立場に立つということも，リフレクシヴであり続けるということも，避けて通ることは出来ない。自らが生産する知や認識の在り方（流儀）の特徴に対して持続的な注意を払うというかまえを保ちつつ，このエピステモロジーのジレンマのなかで生きていくしかないことを悟った。

　調査対象の当事者における創造力を調査研究するということは，その創造のプロセスを理解するための認識の方法を研究グループ自身が創造しているのかという問題も含めてリフレクシヴとならざるを得なかった。この意味でのリフレクシヴな調査研究の在り方，自らが観察するものへの視線の在り方を自らにも向けるという在り方は，これまで異なる位相で行なわれた調査研究の歴史すべてに向けられ，これまで，そしてこれからの調査活動のプロセスすべてに対して，徹底的なリフレクションを求めることになる。こうして，調査研究の成果のとりまとめにあたっては，創造活動そのものと同時に，その活動を理解しようとした認知のプロセスそのものにも焦点をあてることとなった。

　こうして，創造力という概念には複数の意味が組み込まれたものとなり，この認識のあり方が調査研究グループ内部にも組み込まれ，これまでの調査研究のプロセスそのもののなかにある多重性が顕在化した。この自らに対してもリフレクシヴな調査研究の実践を通じて，社会を認識するための調査研究の意義を鼓舞する多元的で双方的な性質を再確認したのである。

〔訳者改題〕

(1) A. メルッチとの"臨場・臨床の智"のセッション

　本章は，亡くなる前のA.メルッチが，白血病を発症してからの最も大きな旅となった2000年5月の日本滞在中，投宿先の横浜のホテルで，「昨夜は比較的体調がよかったので，頭に浮かんだことを吹き込んだよ」と言って手渡されたカセットテープのなかにあった言葉を起こした原稿である。録音された日は，おそらく2000年5月15日（5月14日の地域社会学会での記念講演（於，関東学院大学）と5月16日の一橋大学でのセミナーの間）であったと記憶している。記念講演では，事前に提出した原稿とはほぼまったく異なるかたちの話として「聴くこと」をテーマに話し，一橋大学では，メモすら持たない状態で，「身体」をテーマとして，言葉を発し続けた。

　そして，テープ起こし原稿も，2000年5月のメルッチが直面していた「状況・条件」，言葉がかわされた場所と関係性によって規定される形で発せられたclinicalな語り，ある特定の状況に埋めこまれた (situational and conditional な)，個々人の身体の奥底で生じている喪失，変性，変質とそれに対する応答のつらなり，そこからつむぎ出された言葉による語りであった。

　ここでのclinical, すなわち"臨場・臨床 (clinicus, klinikós)" とは，「場に臨む」「床に臨む」，自分であれ他者であれ病んでいたり，苦しんでいるもののかたわらにいる，共に在る，とにかくかたわらに在るということである。かたわらに在るのは，自分に近しい誰か，対象である誰かでもあるし，あるいは自分の「病」とか「狂気」のかたわらに在るときもある。かたわらに在って，適切な関係性を持つためには"智 (cumscientia)" が必要となる。"智"とは，ラテン語のscientia（なにかについてしること）とcum（〜と共に）との複合体，すなわち複合的でかつ可変的な事実に対して，まさにその動きのなかで変動に応えていくような，動きのなかになんからのまとまりを持った"智"のダイナミズムであり，"智"のセッションである。

"智"のセッションとは，エネルギーの蕩尽，違和感，齟齬，衝突，自己の揺らぎ，等々を聴くことの場である。ひとつの目的に対する合理目的性，効率性という観点から考えるのなら，それぞれの責任の所在と守備範囲を明確にして，その範囲内での合理的な思考と役割行動を行なうことが期待される。これに対して，何度も互いの体験と時間とエネルギーを重複させつつ，また常に内部矛盾を意識化させ，ふりかえりつつ，多方向にしかも複線的，複合的に，自己や他者へとはたらきかけていくことは，実践の"智"のレベルにおいてきわめて挑戦的な意味を持っている。このような試みは，瞬間的に，しかも動きのなかにおいてしか成立せず，常にメタモルフォーゼ（変成）していくことを運命としている。

　"臨場・臨床の智"は，個々の個別科学によって到達し得る範囲を把握しつつ，こうした科学的な知が看過してしまったり，掬い取ることが出来ない「例外」や「異端」も含めて，総体としての現実を，真偽が綯い交ぜになったその状態のまま，媒介された直観としてとらえる。認識の淵，境界，すきま，ズレと共に在るところの"智"なのである。

　その必要条件は，複数のディシプリンに関する"知慧（sapienza）"，複数の社会・文化体験もしくは認識に根ざした"智恵（saperi）"である。そして，ともすれば解体・拡散する危険性もあるそれらの複数性を，きわめて動態的で不定形な，なんらかのまとまりをもった複合的な"智慧（saggezza）"として構築していくことを十分条件とする。

　ただその一方で，ここで獲得された"智"を，個別科学の世界の言語で表現するのには，大きなジレンマが存在している。リアルな多層性，痛み，深み，重みが，十分に伝わっていかない，もどかしさがある。それぞれの内側に在る複数の島，複数の文脈，複数の"根"を持つ"想念"のぶつかり合い，動きのなかに在るものを，conventional な単一の文脈の中に固定し，表し出そうとする試みには，「往」と「還」とでもいうべき困難が立ちはだかっている。

　すなわち，自分の足下さらには自らの内側に食いこんでしまっているような"異文化にふれる智"を練り上げるために，まずはその「見えない」もしくは

"選択的盲目"によって「見ようとしていない」ものにどのように"ふれる"のか，いかにかかわるのかという困難，「往く」ことの困難である。

これが一つ目の困難であるとするなら，二つ目の困難は，より重層的なものだ。このメタレベルのコミュニケーションにふれようとするものは，自らの組成に配置換えが起こってしまい，もはや最初に持っていた言葉では，自らもその場に埋め込まれているその状況について表わしきれないことを感得してしまう。動いた後に前にいた場所とは異なる場へと「還る」という困難，断片や切片としてまき散らかされた"智"を，もはや標本箱にいれることを「黙認」出来なくなってしまったその身体とともに，"智"の生命力を練り上げていく"産婆"となることの困難である。いかに「往き」「還る」のか。

これが，病を得てからのメルッチとの間で，最も真剣に話し続けたテーマだった。

(2) 社会調査の困難と可能性への意志のオプティミズム

本章では，社会調査における調査主体と当事者との関係性が，実は，可視的なレベルのみならずメタレベルのコミュニケーションにおいても成り立っていることに着目している。そして，当事者の側のみならず調査主体の側にも複数性と多重性があり，それぞれに固有性を持った個々人同士の二者の関係性が，「遊び (gioco, play)」をもって，ゆるく固定されたピボット・ピンのように揺れ動いていくなかでなされる営為として，社会調査をとらえた。さらに，このプロセスを，メタレベルも含めて丹念なリフレクションを行ない，複数の目で見て，複数の声を重ねて，固有の二者関係をもとにして当事者にも調査結果を返していく（その意味で，お互いに照り返していく），持続的なリフレクションについての提案となっていた。

このとき発せられた言葉にはどのような背景があったのか。白血病となる直前のメルッチは，共同研究の成果である『創造力――夢，話，プロセス』(Melucci 1994b)，理論的主著である『プレイング・セルフ』(Melucci 1996a = 2008) と，社会運動に関する共同研究である『チャレンジング・コード』

（Melucci 1996b）をとりまとめていた。これらは，師匠である A. トゥレーヌの「社会学的介入」を批判的に乗り越えようとするなかですすめられた社会運動に関する共同調査研究の成果であった。

　しかしながら，調査研究の方法論についての集大成である『リフレクシヴな社会学のために』（Melucci 1996c）を完成させた後，メルッチは，若い共同研究者たちと作って来た調査研究グループを解散させていた。実はこれで三度目の解散だという。これまで膨大なエネルギーを費やして，年若い人達との共同研究のグループを形成して来た。しかし彼らは自分を「活用」しようとするだけで，彼ら同士も対立し合い，自分の狭い居場所を作ることに終始し，全体を結び付けていく努力には興味をしめさない。それぞれが論文を発表しているが，共同研究の成果であることに誰も言及しない（互いからの知的刺激から生まれたことを認識しない）。

　そして自分が元気な時にあらゆることを求めてきた若い弟子たちは，ひとたび自分が病気になるとみんな離れていき誰も近づかなくなった。何十年もの間，彼らに費やしてきた膨大な努力はまったく無益だったのかと思ってしまう。たしかに彼らは「優秀」だ。様々な知を消費の対象としてきれいにまとめ，「的確な（だが実質のない）」質問をする。しかし彼らが参加している「ゲーム」がいかにして成立したのか，つまり自分が拘束されているその枠組みそのものについて考えるという契機を欠いている。皮肉なことに結果だけ見るなら，出来るかぎり対等な関係性——従来のイタリアの学者世界にありがちなタテ型の人間関係，利害共同体に対して，新たな共同性をつくっていくという試みのまさにその場所で，「優秀」だがエゴイスティックな後進が育っていったということになるのだろうか。

　自分の半生についてこのようにふりかえらざるを得ないことが，病気以上に自分を苦しめている。もちろん，遠いところに自分の仕事（著作だけではなく研究活動の全体が持つ意味）について理解してくれている人達がいることは大きな励みになっている。しかし最も身近なところにいて膨大なエネルギーと時間を共にした人達が，自分からするなら否定的な方向へと育っていきむしろ今のア

カデミズムの体質を強化していくのではないかという疑念が自分を苦しめているのだ。

「今はもう，生命存続の危険と共に生きるという条件下で，最も考えたいこと考えねばならないことに，残された時間とエネルギーを使って生きていきたいと思う。」このような心身の状態と〈知性のペシミズム〉のなかで，それでもなお，発せられたところの〈意志を持つことへのオプティミズム〉が，このテープ起こし原稿だったのではないかと想像している。

(3) "療法的でリフレクシヴな調査研究"に向けて

メルッチは，新しい社会運動と「アイデンティティの不確定性」をテーマとする現代社会理論の旗手として知られると同時に，アンナ夫人との共同研究で青少年の個々人の内なる社会変動に関する膨大な質的調査と精神療法／心理療法（psychotherapy）の実践の成果を作品化してきた（Melucci e Fabbrini 1991；1992；1993）。メルッチは，前述の2000年5月の一橋大学のセミナーにおいて下記のような発言をしている。

> 私の仕事の大半は，理論的なものだと思われているのですが，むしろ私は，その場所にいて，人々がなにを考えなにをしているのかを見て，"聴くこと"に力を注いできました。そのために，私は大きくわけて二つのことをしてきました。ひとつは，多くの研究者との間で行なってきた社会運動などについての共同調査研究です。もうひとつは，20年以上続けてきた精神療法／心理療法（psychotherapy）です。ここでは，様々な個々人や集団，若者，老人，成人男女の痛み（sufferenze e disaggi）を聴くという体験と出会うことになりました。そしてまた，他者の痛みとかかわる仕事をする人達，臨床心理士，医者，看護者，社会福祉士などの人達のための専門教育の仕事にも携わってきました。この仕事については，本当にたくさんの国々の異なる社会的文化的文脈のなかで仕事をしてきました。異なる文脈を生きる人達との仕事に，じつに膨大な時間を費やしてきたのです。

こうして私は，二つの顔を持って，つまり，フィールドリサーチャー，そして，臨床家のための教育プログラムづくりもする精神療法／心理療法の臨床家という二つの活動を通じて，ひとと出会い，ひとびとが考え行為していることの意味を考え，現実にふれるという営みをしてきました。それぞれの専門性の世界の境界はきわめてリジッドであることから，この二つの顔を結びつけていくことには常に困難がつきまとったのですが，なんとかこの二つの顔を近くにおき，対話をさせようとしてきました」(Melucci 2000 g)。

本章で語られた話は，「社会運動などについての共同調査研究」についてのリフレクションである。残念なことに「精神療法／心理療法」についてのリフレクションをまとめて人前で話す機会はなかった。しかしながら，2000 年 3 月，ミラノの家でアンナ夫人，私との三人で夕食を共にしながら，彼はこんなことを言っていた。

病によって，長期的な見通しを立てたり，計画を持ったりすることが困難になった。いつも中途半端な状態におかれている。ものごとの感じ方が変わった。チョコレートの成分を統一して，カカオを使わずに植物性脂肪を使うという決定は，EU の市場の規制によって，ローカルな産品（prodotti locali）は雑菌が多くて基準を満たさないなどの理由で流通が困難になる。結果的に嗜好の画一化が進み，地域ごとの固有性について理解をする力が衰退する。市場の中での物流は，具体的ことがらだと考えられているが，ひとつの基準によって統一されていくことによって，個々のものが持っていた固有性・複合性を減ずるという点できわめて抽象的なのだ。この抽象化された具体性によって身体感覚自体が危機を招く。今回の EU の政策もまた，身体の思考を破壊していく選択となる危険性がある。その危険性は，数十年も後になって結果が暗示的に現れるだけなので，この「静かな革命」に気付く人間は少ないが，実はきわめて根源的な問題なのだ。薬が

病気を治すというのも同じ文脈で語ることが出来る。薬はある特定の条件において直線的な効力を発揮するが、それは副作用をもたらすものでもある。食物も薬も、唐突な形で身体に取り込まれれば、「土地の香り（gusto, sapore, odori di terra）」と分かちがたく結びついた各々の身体が持つ循環を破壊するものでもある。この複合性と複数性をそのままうけとめる"智（cumscientia）"を築き上げたい。

もし今なおメルッチが生存し続けてくれているのであれば、どう言葉を続けただろうか。「土地の香りと分かちがたく結びついた各々の身体が持つ循環」は、本章で語られた関係性の根幹をなすものであり、その「根源的な問題」をも射程に入れたリフレクシヴな社会理論・社会調査でなければいけない。しかもそのリフレクシヴな社会理論・社会調査は、かたちを変えつつ動いていく(changing form)「循環的な関係性（*circular relationship*）」（Melucci 1996 a = 2008：127）を持った"療法的でリフレクシヴな調査研究（Ricerca terapeutica e riflessiva, Therapeutic and Reflexive Research（T&R））"となっていかざるを得ないだろう（3章を参照されたい）。これがメルッチから託された「使命」であると考えている。

引用・参考文献

Melucci, Alberto, 1982, *L'invenzione del presente. Movimenti, identità, bisogni individuali,* Bologna: Il Mulino.
―――, 1984 a, *Altri codici. Aree di movimento nella metropoli*, Bologna: Il Mulino.
―――, 1984 b, *Corpi estranei: Tempo interno e tempo sociale in psicoterapia*, Milano: Ghedini.
―――, 1989, *Nomads of the Present: Social Movements and Individual Needs in Contemporary Society*, Philadelphia: Temple University Press.（＝1997, 山之内靖・貴堂嘉之・宮崎かすみ訳『現在に生きる遊牧民――新しい公共空間の創出に向けて』岩波書店）
―――, 1991, *Il gioco dell'io: Il cambiamento di sè in una società globale*, Milano: Feltrinelli.

──, 1994a, *Passaggio d'epoca: Il futuro è adesso*, Milano: Feltrinelli.

──, 1994b, *Creatività: miti, discorsi, processi*, Milano: Feltrinelli.

──, 1996a, *The Playing Self: Person and Meaning in the Planetary Society*, New York: Cambridge University Press. (＝2008, 新原道信・長谷川啓介・鈴木鉄忠訳『プレイング・セルフ─惑星社会における人間と意味』ハーベスト社)

──, 1996b, *Challenging Codes. Collective Action in the Information Age*, New York: Cambridge University Press.

──, 1996c, *Verso una sociologia riflessiva: Ricerca qualitativa e cultura*, Bologna: Il Mulino.

──, 2000a, *Zènta: Poesie in dialetto romagnolo*, Rimini: Pazzini.

──, 2000b, *Giorni e cose*, Rimini: Pazzini.

──, 2000c, *Parole chiave: Per un nuovo lessico delle scienze sociali*, Roma: Carocci.

──, 2000d, *Diventare persone: Conflitti e nuova cittadinanza nella società planetaria*, Torino: Edizioni Gruppo Abele.

──, 2000e, *Culture in gioco: Differenze per convivere*, Milano: Il saggiatore.

──, 2000f, "Sociology of Listening, Listening to Sociology". (＝2001, 新原道信訳「聴くことの社会学」地域社会学会編『市民と地域─自己決定・協働, その主体　地域社会学会年報13』ハーベスト社)

──, 2000g, "Homines patientes. Sociological Explorations (Homines patientes. Esplorazione sociologica)", presso l'Università Hitotsubashi di Tokyo.

──, 2002, *Mongolfiere*, Milano: Archinto.

Melucci, Alberto e Anna Fabbrini, 1991, *I luoghi dell'ascolto: Adolescenti e servizi di consultazione*, Milano: Guerini.

──, 1992, *L'età dell'oro: Adolescenti tra sogno ed esperienza*, Milano: Guerini.

──, 1993, *Prontogiovani: Centralino di aiuto per adolescenti: Cronaca di un'esperienza*, Milano: Guerini.

第 3 章
"境界領域"のフィールドワークの「エピステモロジー／メソドロジー」

新 原 道 信

……記録は今日の足跡を記すことを最終目的とする。フィリピン，インドネシア，マラッカで，エビ，ナマコ，ヤシの実の取得と売り買いの現場を歩き，その日の見聞をその日のうちに日記に書くことの積み重ねから，眼のつけどころが青年時代とかわり，文体も目線にあわせてかわっていく。すでに初老の域に入って，食材を自分で選び，自分で夕食を調理する，その残りの時間に日記を書く。見聞を記録するのは，気力であり，気力は，見聞に洞察を加える。アキューメン（acumen）*という言葉を私は思い出し，この言葉をこれまでに自分が使ったことがないのに気づいた。……とにかく鶴見良行は，フィールドノートに，毎日の見聞を統括するアキューメンの働きを見せている。それは，彼の想像力の中でおこなわれた，米国に支配される日本から，アジアの日本へという舵の切り替えだった。[*acumen: keep perception, Oxford Little Dictionary]　　　　　　　　（鶴見俊輔 2006：41）

1．はじめに："聴くことの社会学"と"旅する社会学"

イタリアには，社会学の"旅"を"ともに（共に／伴って／友として）"してきた二人のかけがえのない友人がいた。「いた」と言わざるを得ないのは，そのひとりメルッチが，あの「9.11」の次の日，白血病でこの世を去ったからだ。

2001年9月12日，今こうして書き始めるだけで，景色もにおいも変わったその日の，伏流水として強固に存在していた戦争状態が顕在化したすぐ後に"智"の先達を失ってしまった瞬間の広く深い衝撃が，そのまま蘇る。身体を

突き刺した痛苦の瓦礫のなかでやって来て，現在に至るまで"絶対の基準"となっている言葉がある。

　　私たちの日常は，未発の事件によって満たされている。社会的大事件のみならず個人の病・死も含めて。学問とは，特定の状況，とりわけ限界状況（Grenzsituation）において，"想いを／あきらめない気持ちを持ち続ける力（power of idea）"力を発揮するための"臨場・臨床の智"である。

2004年3月11日[1]，マドリードの列車爆破事件で騒然とするヨーロッパへ，いまひとりの友メルレルに会うため向かった。出会ってすぐ，あわただしくローマへと旅立つメルレルと行動を共にし，二人で話し合ったことは，旅をして，対比・対話し，ともに考える（viaggiare, comparare e pensare insieme）ということだった。

　　今この社会で起こりつつあるコトガラに対して，「グローバリゼーション」「帝国」……様々な言葉が飛びかっている。大学や身のまわりの状況，世界の各所で起こっているコトガラが意味するものを根本から把握するために，私達は，どこからなにをなすべきか。つまり，大いなる事件が現に起こっている個々の小さな場にふれて，汚れつつ，その場の意味を，一見隔絶されているように見える他の小さな場の意味と対比しつつ，なにをどう考えるのかというところから考えるということ。つまりは，単一の基準によって構築された推論の同心円的拡大によって外界を規定し他者を支配するのでなく，移動し，（自らとも／自らの内でも）対位し，対比・対話し続けるということ。しかしこれは，「宣言」することでも「独断」することでもなく，動くことから始めるということ自体を考えることから動き始めるという，"閉じない循環"の構造を持つところの，想念と行動の"境界領域"，いわば"思行（facendo una cumscientia ex klinikós）"であるのだ。

本書第 1 部の記述は，A. メルッチそして A. メルレルという二人の盟友であり師友である社会学者それぞれとの間で積み重ねられた"社会学的探求（Sociological Explorations / Esplorazioni sociologiche）"に基づいている。もしその"道行き・道程"に名前を付けるとすれば，A. メルッチとの間では"聴くことの社会学（sociologia dell'ascolto）"，A. メルレルとの間では"旅する社会学（sociologia viaggiante）"ということになろう[2]。

メルッチ（Alberto Melucci）とメルレル（Alberto Merler），二人のアルベルトは，「書き手／描き手」として名手であるのみならず，「話し手」としては，さらに，"智の言葉（概念詩）"を発するひとであった。彼らと「話す」たびに，ちがう「展開」や「発見」がある。しかもその「話」の背後には，特定のひと・特定の場面が「土台」としてあって，自在に「話」をしていくなかで，相手によって異なる内容を"想起"し，そこから新たな"連想"への扉が開かれていった。

メルッチが病を得てからの"交感／交換／交歓（scambio）"は，まさに"聴くことの社会学"に関する"智を身体化する（embedding/imprimere una "cumscientia" in corpus）"プロセスそのものだった[3]。

　　"聴く"とは，ある固有の条件下にある人間の体験です。"聴く"には，二重性，相互性，"聴く"ということが意味を持ちうるような他者の存在を必要とします。"聴く"ためには，話すことと同様に，個別具体的な二者を必要とするのです。……他者の声を聴くことのできないものは自らの声を聴くこともできず，自らの声を聴くことのできぬものは他者の声を聴くことはありません。この往環は，聴くことの深いところに存在する根のごときもので，これはじつは人間の関係そのものの根なのです……・それゆえ聴くことのためには，それとかかわるもの自身の奥深くにまではいりこんでいくことが必要です。たとえて言うなら，建物の最上階にいてすべてわかってしまうような理解ではありません。そこから一段一段ゆっくりと地下にまで降りていくような受けとめかたです。私たちの存在のすべ

て，個性のすべて，私たちの身体のすべてを巻き込む形で，具体的な個人とかかわりをつくるということです。(Melucci 2000f=2001：6-8)

上記の「私たちの存在のすべて，個性のすべて，私たちの身体のすべてを巻き込む形で」という言葉の意味は，2000年5月一橋大学にて行なわれた講演での身体をめぐる話からも理解し得る。

身体は，第一に，目に見えない，生理的，感情的で内的なプロセスと他者とのコミュニケーションとの境界線であり，第二に，個人的なるものと社会的なるものとの境界線，第三に，自然と文化との境界線，フィジカルとシンボリックとの境界線，そして第四に，人間の体験のなかでもっとも奥深くにあるものである愛や痛苦と，権力・社会統制との境界線である。今日の人間の身体は，ますます境界線の束として，多重／多層／多面のアイデンティティ，パラドキシカルで具体的なものとならざるを得ない。それゆえ，今日の社会科学者の責務は，様々な「関心」の背後の「要求」と，様々な「操作」にあらわれたる権力と社会統制の現代的形態との両極性を明らかにすること，不可視のもの（として隠蔽されているもの）を見えるものにして，言語化することである。(Melucci 2000g；新原 2010：57-60)

メルッチは，一般的・抽象的な操作の対象としてますます取り扱われるようなった身体の，"深層／深淵"から来る「要求」や「意味」の"心意／深意／真意（の現象形態）"を掬い取ることを，今日の学問の「条件」とした。しかも，文化人類学者のR.マーフィー（Robert Murphy）[4]が言ったように「我々人間は雲の中に頭だけはつっこんでいるかもれないが，他の部分は糞まみれ(Though we humans may have our heads in the clouds, the rest of us is embedded in dung)」である。「文化における象徴の意味を人間の社会的表現から切り離して理解することも，逆に行動を象徴的表現から切り離して考えることも不可能」(Murphy 1990 [1987]=1992：214-215)であり，だからこそ，自らの"境界

第3章 "境界領域"のフィールドワークの「エピステモロジー／メソドロジー」　*117*

線の束としての身体"と向き合い，その"深層／深淵"からの声に耳をすますところから，この"惑星社会（società planetaria）"そのものの根本問題に接近していくことが可能だと述べた。

　病に臨むメルッチの"思行（思い，志し，言葉にして，考えると同時に身体を動かしてみる所作）"より，「最期」を意識するメルッチとの"受難の深みからの対話（dialogues with the abyss of passion, dialoghi con l'abisso di passione）"から，多くを学んでいる。

　メルレルからは，"旅／フィールドワーク"の途上で"対話的にふりかえり交わる（riflessione e riflessività）"こと，"生身の地域社会の現実"を読み解くための考現学と系譜学，そしてまた，それぞれの土地に暮らす人へのふれ方を学んだ。サルデーニャ，沖縄，北海道，川崎・鶴見，コルシカ，ケルン，エステルズンド，ロスキレ，サンパウロ，リオデジャネイロ，エスピリトサント，マカオ，リスボン，アゾレス，カーボベルデ，トレンティーノ＝アルト・アディジェ，アルプス山間地，トリエステからイストリアなどへの"旅／フィールドワーク"をメルレルと共にするなかで，"対比・対話・対位"の営みを積み重ねてきた[5]。

　"旅（explorations, esplorazione, itinerarium）"とは，それが自分の内面への"旅"であれ，地球の裏側への"旅"であれ，同じカンヴァスの上に何度も絵の具を塗っていくような，その過程で，一つひとつの木や草花，岩が持つ意味，都市や地域に住む人の生活，ものの感じ方考え方，一つひとつの土地が持つ固有の意味などが，少しずつ視界の中に入っていくような"旅"である。この"旅"の途上で，はじめは対象として語っていた相手をしだいに語れなくなり，自身のものの見方の枠組みが流動化するのをうっすらと感じた。対象は反逆するのである。そして，いつしか対象を語っているつもりが自分を語っていることに気付いた。しかし同時に，自分を語っているつもりがいつのまにか対象を語ってもいる。語っているときに相手の声が聴こえてくる。そして相手の声に聴き入るそのときに，自分が語りかけているような感覚を覚える。固くしこった自分が溶けだし，ゆるく固定されたピボット・ピンのようになり，相互

浸透がそこでは起こっている。

　不思議なことに，メルッチが亡くなってからも，この意味での"旅"が続いているという感覚がある。メルレルとも，いつもいっしょにいるわけではないが，偶然にも，同じ出来事に対して，異なった観点から同じような方向で考えていることに度々気付かされる。「いっしょに長い時間いて食事をしたり冗談をいったり日常性を共にする。そういう友達もあるだろう。でも私の友達は，たといっしょにいなくても，人生の道筋がどこか重なっていて，深いところでの理解を互いに持っていることを感じている，そんな友達が少しいる……」といった内容の詩を，メルッチが詠んでくれたことがあった。今ここに居なくとも，"いつも君とともにある (Sempre sarò con te)"[6]という"臨場・臨床 (klinikós)"の感覚をのこす"友愛／共感・共苦・共歓 (compassione)"もまた，"境界領域"のフィールドワークの「エピステモロジー／メソドロジー」の根茎となっている。

　メルッチとメルレル，それぞれとの深いところでの二者関係による"共創 (cocreazione)"の過程で紡ぎ出された，社会の見方の「見取り図（航海図）」とでも言うべきものを，あくまで"粗描 (abbozzo)"のかたちではあるが，現段階の整理という意味をこめて提示しておきたい。以下では，"社会学的探求 (Sociological Explorations / Esplorazioni sociologiche)"，"探究／探求型社会調査 (Exploratory Social Research)"，"探究／探求の技法 (arti di ricerca / esplorazione)"という順番で紹介していく。

2．"対話的なエラボレイション"としての"社会学的探求"

　"社会学的探求"は，「生という不治の病い (There's no cure for life)」[7]を生きるメルッチ，そして妻の突然の死を経て"旅／フィールドワーク"を続けるメルレルとの対話のなかから紡ぎ出された言葉である。"共創 (cocreazione)"の途上にある"社会学的探求 (Sociological Explorations / Esplorazioni sociologiche)"

の見取り図は，現段階でおよそ以下のようなものである。

"社会学的探求（Sociological Explorations / Esplorazioni sociologiche）"の見取り図

第1部　"探究／探求の技法（Arti di ricerca/esplorazione, Art of exploring）"

1. その場に"居合わせる（Being there by accident at the nascent moments in which critical events take place）""ぐいっとのみこむ，かく，きざみこむ（keeping perception / keeping memories）""追想／追憶し続ける（keep re-membering, ri-cordando）"："生身の現実"にふれ続け，絞りこまずにあらゆるものを集め，記憶していく。

2. "対話的にふりかえり交わる（fare riflessione e riflessività）"：動きのなか，余裕のないなかで自らふりかえり続ける，その営みを特定の他者との間で"交感／交換／交歓"し続けようとする。"寄せ集めるという骨折り（spezzare le ossa per essere eterogeneo）"によって獲得した得がたく深い「情報」を他の事実と"対比・対話・対位"し，意味付けと再解釈により自前の理論と新たな枠組を対話的に練り上げる。

3. この"智を身体化する（embedding / imprimere una "cumscientia" in corpus）道行き・道程"を，よりゆっくりと，やわらかく，深く，耳をすましてきき，勇気を持って，たすけ合う（lentius, suavius, profundius, audire, audere, adiuvare）かたちで行ない続ける。

第2部　"叙述／伝達の技法（Arti di rappresentazione, Art of representations）"

1. "不協の多声（polifonia disfonica）""共創（cocreazione）""対話的なエラボレイション（elaborazione dialogante）"の"閉じない循環（circolarità schiudendo）"：複数の目で見て複数の声を聴き，複数のやり方で，大量で詳細な記述と再解釈をもとに"叙述／伝達の技法"を練り上げていく。

実際の"社会学的探求"のなかでは，《まだ言葉にもなっていないような個々人の内面で生じている微細な現象をどうとらえるか，なぜこれをとらえなけれ

ばいけないか，すぐには見えない動きをどうやって社会科学として理解するのか》ということが主たるテーマとして意識されるに至った。そして，三つの領域（tre elementi）——①モノ…「制度」「階層構造」など「可視的」な「客体・実体」，②コトバ…「自然言語」「生活言語」も含めた「集合表象」，③ココロ…「心意現象」（調査研究の過程で"心身／身心現象"という言葉に変更）——を意識し，①から③へと「理解」を深めていくことを考えるようになった。

そして社会学は，これら三つの領域の"複合・重合体（corpo composito）"であるところの第4の領域であるコトガラの"探究／探求"を，自らの"メチエ（職務，誓願，使命：métier, professione, Beruf）"とする。すなわち，《〈モノ（物財）—コトバ（意識，集合表象）—ココロ（心身／身心現象）〉の"境界領域"にあるところの〈コトガラ（のことわり）＝ ragioni di cosa / causa［事柄の理］〉を"探究／探求"する営み》である。そして地域社会研究は，《社会構造の"移行・移動・横断・航海・推移・変転・変化・移ろい"の"道行き・道程"で生起する個々の現象が持つコトガラ（「事柄の理」）をとらえ，個々人と社会の"メタモルフォーゼ（change form / metamorfosi）"の条件を析出する営み》である。

"探究／探求"の意味について言えば，「探求する」は，quest, search, pursuit, andare in cerca, esplorare であり，「探検する」「踏査する」「渉猟する」（esplorare, explorare［ex-外に＋plorare流す　よく流れるようにする］）の含意がある。これに対して，「探究する」は，research, investigation, inquiry, study, ricerca, studio, indagine, investigazione であり，「仮借なき［博識の］探究（a relentless erudition）」（erudizione＝ampio corredo di cognizioni intorno a varie discipline, erudire＝rudis［rozzo］＋ex-）の含意を持つ。すなわち，「探究」には，穿鑿の鋭さ，博識への粘り強さがあり，ゆっくり lente となる（ゆったり落ち着いて placarsi，やわらかに intenerirsi，上品に静まる addolcirsi）ことがない。これに対して，"社会学的探求"は，ゆっくりと，やわらかく，深く（lentius, suavius, profundius）を特徴とする。しかしこの二つの"かまえ"は，二律背反するものではなく，"対位する"ものとして存在している。

「叙述する」は，descrivere, narrare, raccontare であり，「記述」する「書

き手」や,「描写」する「描き手」や,「物語」る「語り手」なしにはあり得ない。他方で,「伝達する」は,まず trasmettere であり,「伝え,託す (mittere)」べき「他者」を必要とする。そしてまた,「意志の疎通を図る (comunicare)」ためには,「コミットメント (commmitment = engagement, committere = cum + mittere)」すべき「なんらかの共同の場 (communis)」を必要とする。

3．"探究／探求型社会調査"

　本調査研究の「エピステモロジー」の"基点／起点 (anchor points, punti d'appoggio)"となっているのは,メルッチの"プレイング・セルフ (playing self)",そしてメルレルの"社会文化的な島々 (isole socio-culturali)"という理論的なメタファーである。ここでの理論的メタファーとは,「私たちが既に身につけている視点をずらし,関係のつらなりをつかみ取ったり,体験をくり返し束ねたりすることが可能になるような,ものの見方」(Melucci 1996 a = 2008：7) である[8]。

　"社会文化的な島々のつらなり (la rete dei rapporti interinsulari)"が社会の諸要素を結び付けるための重要な"境界領域"となり得るとするメルレルは,可視的なシステムを静態的に分類・整理するのではなく,いくつもの異なった固有性の"衝突・混交・混成・重合"によって形成されつつある"流動性／重合性 (fluidità / compositezza)"として現代社会を理解しようとした。

　「グローバリゼーション」がもたらす社会の複雑化は,その「明晰」にしてシステマティックな「社会の複雑性 (complessità sociale)」のゆえに,あくなきシステム化からすり抜け,染み出し,内部から異化するところの"混交し混成する重合性 (compositezza)"の潜在力を,かえって増大させる。異なる諸要素をひとつの平面上に規格化し整頓し保存・補完しようとする力が働けば働くほど,そこで生じる(「複雑さ」や「多様性」として当面は理解される)現象そのものの力によって,その社会が持つ"多重／多層／多面"性,混交し混成する重合性の諸側面,"社会文化的島々のつらなり"に対面せざるを得ない。

そこで求められるのは，自らとは異なる理解の在り方で世界を見る力を持った他者の存在を直視し，理解しようとつとめ，決して単線的には成立し得ない対話の可能性を探り続ける力，それぞれの"複合・重合的な体験（esperienze composite）"を，「脱色」し「単線化」することなく，そのものとしてただ受けとめる（accettare）力である[9]。このような意味での"島々のつらなりのコミュニケーション（la comunicazione inter-insulare）"による"交感／交換／交歓""共感・共苦・共歓"は，個々の人間文化の生物多様性に根ざして形成される社会の礎となり得るものなのだとした。

メルッチとメルレルの両者に共通する"かまえ（disposizione）"は，システム化された社会の"境界領域"で生起する［動きのなかの］"不均衡な均衡（simmetria asimmetrica）"，"継ぎ目や裂け目（giunture e spaccature）"への繊細さと，"ごくふつうの人々（la gente, uomo della strada, ordinary simple people）"が持つ"偏ったトタリティ（totalita parziale）"へのきめ細やかな関心である。そこでの同時代認識と人間理解はおよそ以下のようなものであった。

すなわち，現代人は，情報化・知識化の網の目のなかで，"境界線の束としての身体（corpo della catena dei confini）"を持つ自己の"多重／多層／多面"性を自覚し，「自我やアイデンティティの一貫性」からずれて，はみ出し，"境界領域を生きるひと（gens in cunfinem）"とならざるを得ない。「センセーショナルな大事件」のみならず個々人にとっての危機である「生老病死」も含めて，私たちの日常生活は，"未発の瓦礫（macerie / rovine nascenti）"に満たされている。「複雑性のジレンマ」がもたらすところの個々人の内なる"痛み／傷み／悼み"は，「澱み」となって沈殿し，ある日突然発火し噴出する。"現在の危機／危機の現在"を生きる個々人は，その"生存"の危機に際して，揺れ動き，震えおののき，"見知らぬ明日"の渦中で，ゆるく固定されたピボット・ピンのように揺れ動きつつも，なんとか"プレイング・セルフ"として生きることを身体で覚えてゆくかもしれない。この小さな応答，個々人のなかでの微細な"変化（change form）"が，"未発の毛細管現象／胎動／交感／社会運動"の"基点／起点"であり，"境界領域"の第3の側面である"メタモルフォー

ゼの境界領域"が生起する「条件」となっている。

"探究／探求型社会調査（Exploratory Social Research）"は，この「エピステモロジー」との相互運動のなかで組み立てられた「メソドロジー」であり，メルレルそしてメルッチ夫妻のそれぞれとの間でなされた試みである。メルレルとの間では，地域社会形成とかかわる"コミュニティを基盤とする参与的行為調査（Community-Based Participatory Action Research（CBPR））"，メルッチ夫妻との間では，個々人の間の関係性構築とかかわる"療法的でリフレクシヴな調査研究（Therapeutic and Reflexive Research（T&R））"を錬磨してきた。

メルレルたちの研究グループFOISTが実践してきた調査研究方法の特徴を表すとすれば，K. レヴィン（Kurt Lewin, 1890-1947），O. ボルダ（Orlando Fals Borda, 1925-2008），P. フレイレ（Paulo Reglus Neves Freire, 1921-1997）などの流れを汲む"コミュニティを基盤とする参加型アクション・リサーチ（CBPR）"となる。筆者は，1987年よりメルレルたちFOISTの調査研究実践に共同研究者として関与し，調査研究方法を共同開発してきた。2008年のカナダ・ヴィクトリア大学においても報告されている（Merler e Vargiu, 2008）（http://eprints.uniss.it/4109/）。

W. F. ホワイト（William Foote Whyte）が『ストリート・コーナー・ソサエティ』の「参与観察調査」の経験を発展させ提唱した「参与的行為調査（Participatory Action Research）」――「参与的行為調査は，調査者が研究対象の組織のメンバーを招き，データの収集と分析を通しての調査計画や，調査での発見を実際に適用していくという調査プロセスのすべての段階において，共に参加し研究するというひとつの方法」（Whyte 1993＝2000：358）とも類比可能な調査方法である。筆者は，サッサリ大学との共同調査研究をイタリア・ヨーロッパ・大西洋島嶼社会（アゾレス，カーボベルデなど）で行なう一方，国内において，S団地，Eキャンプなどをフィールドとして調査実践を行なってきており（新原2012a），現在は，立川において新たなプロジェクトに着手している[10]。

土壌の地均しをする初期段階においては，構造的認識とデータの蓄積と，フィールドでの諸活動に準備段階から持続的に参加するなかで，フィールド

ノーツを蓄積する。中期段階（土壌を豊かにする時期）においては，「政策」（地域社会計画）の構築と，大学と地域の双方での社会の"社会のオペレーター（operatori sociali）"育成に着手する。さらに，「政策」の軌道修正をしつつ，コミュニティ形成の体験を移植することを企図する調査研究である。メルレルの共同研究者であるサッサリ大学のA. ヴァルジウ（Andrea Vargiu）を中心に地中海・ヨーロッパの諸大学の連携プロジェクトとしてすすめられている調査方法CBPRのワークショップ／サマースクールとも連携を図っている。

　メルッチは，『リフレクシヴ・ソシオロジーにむけて：質的調査と文化（*Verso una sociologia riflessiva: Ricerca qualitativa e cultura*）』（Melucci, 1996c）において，社会運動研究を中心とした質的調査研究の方法をとりまとめた。その後，"聴くことの社会学（sociologia dell'ascolto）"と"社会学的探求（Sociological Explorations / Esplorazioni sociologiche）"の錬成を「晩期」の切実な課題としたが，その途上でこの世を去った。"療法的でリフレクシヴな調査研究（T&R）"は，メルッチの企図を再構成した調査実践の方法である。メルッチの死後，アンナ夫人，メルッチの臨床社会学的研究における共同研究者，筆者との間では，"療法的な聴きとり調査の成果としての"痛む／傷む／悼むひと（homines patientes）"とかかわるエスノグラフィー／モノグラフの蓄積（Quaderni di "homines patientes"），絵画・詩・舞踏などの創造活動の蓄積，メルッチがのこしたテープにより療法的でリフレクシヴな能力を身につけた"社会のオペレーター"の育成などを含めた"聴くことの場"の工房（Centro studi : I luoghi dell'ascolto）"を企図している。アンナ夫人とメルッチの臨床社会学の共同研究者だったフェラーラ大学のM. イングロッソ（Marco Ingrosso）たちが，実施している療法的調査のワークショップとの連携を図りつつ，立川でのプロジェクト等で実践している。

　"探究／探求型社会調査（Exploratory Social Research）"は，その"探究／探求の技法（Arti di ricerca / esplorazione, Art of exploring）"と"叙述／伝達の技法（Arti di rappresentazione, Art of representations）"の双方において，"自らの罪責／悪／弱さをつつみかくさず，道理のある話をする（chiacchierare con tutte le vulnerabilità e le ragioni)"ことが求められる。「純粋観察という特権的地位」から立ち位置をずらし，個々人の"知覚（percezioni, Wahrnehmungen）"と学者の分析との関係を結び直すことの「折り合い」を付けようとするものである。これはまた，「文化的伝統の継承と解釈」を旨とする人文科学の側からのE. サイード（Edward W. Said）の「傷つきやすさと整合的な議論の組み合わせ（combination of vulnerability and rational argument）」という"かまえ"とも共鳴するものであろう[11]。

　ここでの学問とは，特定の状況，とりわけ最悪の状況においてのみ力を発揮する"臨床・臨場の智（cumscientia ex klinikós）"であり，最悪の状況でもたたかうための武器としてのみ意味を持つ。日々の行動のなかの小さなズレ，ちょっとした不具合（piccoli mali）や"兆し・兆候"のなかに現象する"未発の毛細管現象／胎動／交感／社会運動"を丹念に掬い取るには「ある種のフィルター」のような理論が必要である。「多重／多層／多面の自己のメタモルフォーゼ」，自己の"生存の在り方"の見直し（ways of livingからways of beingにかけての意味の産出）の意味を理解し，"惑星社会の諸問題を引き受け／応答する（responding for / to the multiple problems in the planetary society）"には，部分的な「解答」や「意見」ではなく，おおもとで受けとめる（識ることの恐れを抱くコトガラをあえて境界を越えて選び取ることから始める）しかないのである。

　そのための「条件」として，メルッチが"低きより，地上から，廃墟から"という"かまえ"を持っていたことは，「3.11以降」，とりわけ大切な遺志であったと思わざるを得ない。2000年5月の記念講演において，メルッチは，"聴くこと"は，「建物の最上階にいてすべてわかってしまうような理解ではありません。そこから一段一段ゆっくりと地下にまで降りていくような受けとめ方です。わたし達の存在のすべて，個性のすべて，わたし達の身体のすべてを巻き込む形で，具体的な個人とかかわりをつくるということです」（Melucci 2000 f＝2001：8）と言った。

　さらに，この講演の最後の言葉として，「応答する（respond）力がある」という意味でのresponsibilityを選び，智を生み出すこと，"聴くこと"，応答す

ることの循環を指摘した上で,「智を生み出すという課題に応えるということは, なにか特権的な行為なのでなく, "聴くこと"の場を生み出すことへの責任（responsibility, 聴いて応答する力）なのです」（Melucci 2000f＝2001：9）と述べた。

しかし, この渾身の力で発せられた言葉のなかで, "聴くこと"の「条件」として, "慎み深く, 思慮深く, 自らの限界を識ること（umiltà）"が大切だと言われたことについては, その場で通訳をしながら得心出来ずにいた。というのは, umiltà というイタリア語は, キリスト教的な美徳を表す言葉であり,「冷たい知性」でも「宗教的な救済」でもない智の"共創（cocreazione）"を企図したメルッチに似つかわしくない言葉だと思ったからである。しかし今あらためて, この言葉の含意を,「3.11 以降」の"惑星社会の諸問題"と重ね合わせるかたちで考えてみよう。

umiltà は, 英語の humiity に相当し, ラテン語の húmilis から来ている。húmilis は, humus すなわち「大地」に由来し, 地上から, 地面から, 廃墟から（国原 2005：326）, 低く, 深く, 謙虚に, 果断にではなく, 慎ましく, 痛みとともに, 弱さと向き合い, おずおずと, 失意のなかで, 臆病に, 貧相に, 平凡に, 普通の言葉で（Mir e Calvano 1986：413）といった含意を持つ。常に語源的なことも意識して言葉を選ぶメルッチの"かまえ"から推察するなら, "聴くこと"に不可欠の条件として umiltà という言葉を選んだことの背景には, 彼の社会理論の根幹をなす「エピステモロジー」が, "低きより, 高みから裁くのでなく, 地上から, 廃墟から"というものであったのだと気付かされるのである[12]。

4．"探究／探求の技法"と"叙述／伝達の技法"

"異郷／異教／異境"の地に深く入っていき, "深層／深淵"にふれるということはいかにして可能か。これは"探究／探求"の問題である。もし仮になにごとかを「理解」したとして,「体制や構造の比較」ほどには「明晰・判明

(clear and distinct)」に語ることが出来ないコトガラ（「事柄の理(ことわり)」）をどのようにひとに伝えるのか。こちらは，"叙述／伝達"の問題となる。"境界領域"のフィールドワークの「エピステモロジー／メソドロジー」をいかなるかたちで具体化するのか——"探究／探求の技法（Arti di ricerca / esplorazione, Art of exploring）"と"叙述／伝達の技法（Arti di rappresentazione, Art of representations）"について，ここでは言及しておきたい。

(1) "探究／探求の技法"としての"旅／フィールドワーク"

"探究／探求の技法"として，ここではまず，A.メルレルとの間で練り上げてきた"旅／フィールドワークする社会学（viaggiare, comparare e pensare, 旅をともにして，対比・対話し，考える）"の技法について簡単に紹介する。「最初の『こだわり』は奥底に携えたまま，一度はそれと切れたかたちで他者のなかに入って格闘してみて，その過程で自分が変わっていくことをよしとしつつ，もう一度，最初の地点とつき合わせてみて，自分が変わったということを自らの"場"において具現化してみせる旅」（新原 2002：697-698）[13]というのが第一義的な定義であるが，実際に"旅／フィールドワーク"を試みるなかで，およそ以下のような"かまえ"が蓄積されてきた。

①よりゆっくりと，やわらかく，深く，耳をすましてきき，勇気を持って，たすけ合う（lentius, suavius, profundius, audire, audere, adiuvare）を基本的な"かまえ"とする。
②すべての事実を「迅速かつ効率的・系統的に収集する」という方法でなく（もちろん事前に出来る限りのことはやっておくし，調査の前後に調べ尽くすようにすることを前提とした上で），"奇偶"と"機縁"，偶然出会った断片的事実，土地と人との特定の関係性（"出会い""想起／創起"）を大切にする。
③その「断片」の意味を，一見隔絶されているように見える他の小さな場の意味と対比しつつ，なにをどう考えるのかというところから始める（枠組そのものを考えるところから始める）。

④異なる旅の経験を持った同伴者を得ることが出来た場合には，旅のなかでの「観察」と同時に，その「観察」とかかわる連想・想起・着想などの対比・対話・対位に，出来るかぎりの時間とエネルギーを割く。

⑤そうすることで，旅のなかでの"知覚（percezioni, Wahrnehmungen）"の「自然な集積の結果」によって生まれた"化学反応／生体反応（reazione chimica / vitale）"を少しずつかたちにしていく。

⑥"旅／フィールドワーク"の後も，日常的な"不断・普段の営み"として，体験したことの意味（何と何が対比され想起されたか）を"反芻する（rimeditare）"。

メルレルとの"旅／フィールドワーク"の知見の「自然な集積」を，より有機的に結び付けかたちにするためのプロジェクトとして，現在すすめているのが，「大航海時代以後の移動と定住の諸過程に関する"旅／フィールドワーク"」であり，8章の3節でとりあげるカーボベルデ調査もその一環として行なわれた。大航海時代のポルトガルの航海者たちと「先住民」の衝突・混交・混成・重合の過程（passaggio）を辿り，アゾレス，マデイラ，カーボベルデ，そしてレユニオン，ブラジル，マラッカ，マカオ，東ティモール，沖縄なども含めた"境界領域"が，いかなるかたちでメタモルフォーゼしてきたのかを調査研究し，これまで調査研究を蓄積してきたサルデーニャ，オーランド，イストリア，アルプス山間地域などの事例と対比することを企図している。

現時点においては，リスボンからの「航海」の「繋留地」となったアゾレスとカーボベルデの島々，他者との出会い・衝突・混交・混成・重合の「闘技場（arena）」となったブラジル，そしてアジアへの旅の終着点のひとつとなったマカオと沖縄への旅などをメルレルと共にしており，今後は，東ティモール，さらには，リスボン新大学（Universidade Nova de Lisboa）教授のJ. バストス（José Gabriel Bastos）やL. バプティスタ（Luís Baptista）の協力を得て，アフリカ，インドなど他の地域への旅を考えている[14]。

ここでの"旅／フィールドワーク"とは，ある特定の地域をフィールドとし

て社会学的な実地調査をするという意味のみならず，日々の暮らしをフィールドとして，自覚的に行なうべきデイリーワーク（日々の"不断・普段の営み"）が含まれている。すなわち，机の前での「勉強の時間に」というよりは，朝起きてニュースを見ているとき，新聞の記事を読んでいるとき，電車のなか，食事中，風呂やトイレのなかで，つまり，日常生活のあらゆる場面で，臨機応変に，"臨場・臨床の場"での"対話的なエラボレイション"を意味している。具体的・身体的な職人的な"智恵（saperi）"としての技法（art）は，「エピステモロジー」と連動するかたちで，この20数年の"旅／フィールドワーク"の試みのなかで蓄積されてきたものであり，現在のところ，およそ以下のような組み立てで，実際の観察・フィールドワークを行なっている。

・地図…あらかじめ何種類かの縮尺の地図（世界，国，地域，街，等々）を準備，あるいは現地で購入し，実際に歩きながら書き込みをいれていく。
・手書きのメモ…スケッチなども含めて手書きしか出来ないこと，手書きがふさわしいことをメモしていく。サイズの小さなものでジャケットのポケットに入るものがよい（あるいはＡ４の用紙を四つ折りにしてポケットにいれる）。青と赤のボールペンを使用（青は通常の記録で，注意を喚起する場合は赤を使う）。
・現地で採集したモノ…その場の記憶をよみがえらせるために，石や貝殻，葉っぱなどの切片をとっておく。花や枝葉などは，手書きのメモに押し花にしてのこす。石や貝殻などは解説を付けて，小さな透明の袋などにいれてのこしておく。
・写真…そのときには意味がわからないことでもあとから調べられるように，出来るだけ「大量で詳細な記述」となるような写し方をする（最も撮りたいものと近くのものを同時に，その写真がいかなる状況で写されたのかを含めて撮影する）。
・動画…そのときには意味がわからないことでもあとから調べられるように録っておく。①列車や車で移動中に流し撮りをすることで土地の全景を

把握するために撮るもの，②広場や公設市場などの光景や街路での人々の歩き方，話し方，生活のリズムなど，動画での記録がふさわしいもの，③メモをとれないときの音声メモとして撮る場合などがある。

・クリアファイル…日付の順番に行く先々で収集した紙ベースの資料，メモ，地図などを整理し保存していく。最後の部分には領収書・旅程など旅そのものの実務に関するものを入れておく。これとは別に，旅程に関する資料を入れたファイルと調査そのものに関する事前資料（インターネットで集めた情報など）を入れるファイルを常備しておく。

・日誌（フィールドノーツ）…デジタルデータのかたちでフィールドノーツをのこしておく（後日まとめようと思ってはいけない）。出来るかぎり同日夜か翌日の早朝までに，その日に手書きでメモしたことなども含めて，記憶している言葉や事実の断片，状景などについて，「大量で詳細な記述」を書きのこしておく。またそのときに，連想したこと，想起したこと，着想したことなどもそのままの順番で記しておく。これまでの経験の蓄積のなかから，理解し得たことがひとつの概念としてうかびあがる瞬間があったら，その概念を記録すると同時に，その概念がいかなる条件のもとで，いかなる連想と蓄積のなかで，いかなる"化学反応／生体反応"により生み出されたのかも記録しておく。

・対話…旅を"ともに"する相手がいた場合には，その旅の間に，感じたこと，考えたこと，連想や着想なども含めて，出来る限り対話する時間を設ける。旅の後にも，その旅の意味をふりかえるための機会をつくる。一人旅の場合には，日誌（フィールドノーツ）をつくると同時に，親しい人達に向けて，旅の途上で得られた感覚に忠実なかたちで，手書きの手紙（絵葉書などでもよい）やEメールを送っておくようにする。

・滞在地の新聞や雑誌，TVニュースなど…フィールドワークの間にも，現実は地球規模に動いていき，フィールドでの体験と特定の社会的個人的な「事件」とが深く切り結ぶ可能性がある（これまでも，旅の途上で，ベルリンの壁の崩壊，昭和天皇の崩御，阪神・淡路大震災，旧ユーゴスラビアやイラク

への空爆，父親の死など，マクロとミクロが混ざり合った様々な「事件」が起こった）。「時代のうねり」を，特定の条件下における固有のものとして記憶し理解していくために（たとえば2001年9月11日は，その翌日にメルッチが亡くなった日として記憶・理解されている），旅の行き帰りに読んだ機内誌や新聞などを持ち帰る。とりわけ行きの飛行機では，機内誌や行き先の新聞・雑誌などに目を通し，ふだんは見ないタイプの映画などを見る（多くの人が目を通しているものが何かを知るため）。帰りの飛行機の機内では，まずメモと記録をもとに旅の最後のリフレクションの内容を日誌に記して一休みした後に，日本語の新聞・雑誌などに出来る限り目を通し，少しずつ日本（語）の生活のリズムにもどる準備をする。また新聞・雑誌・映画などで偶然出会った情報・言説についての社会学的解釈（「日常言語」のなかにいかに「科学」は混入しているのかなど）を考察する。

ここでの「日誌（フィールドノーツ）」は，フィールドワークのなかで最も肝要な「果実」であり，フィールドで生起しつつある"毛細管現象／胎動／交感"の断片を掬い取るための「沃地」となっている。

⑵ "叙述／伝達の技法"について——「方法としての手紙」

なんらかの意味で，"深層／深淵"の一端にふれることが出来たとして，"叙述／伝達の技法"はいかなるものとなるだろうか。論文の「書き手」である（社会）科学者は，資料の引用・要約，他の論者の議論の要約，自分の文などを，「意識的に統制しつつ書いている」ことを明示することを常としている。「語り」の構成を「書き手」が完全に「統制」するということは，「書き手」という「神」がその世界を支配していることを意味する。

しかしながら，"出会った"土地，人，コトガラ（「事柄の理(ことわり)」）などが，それぞれに声を発し，しかもその声の一つひとつに，異なる声が含み込まれているような場合，その"深層／深淵"の様相を出来る限り忠実に表現しようとすればするほど，「どんよりとした，不明瞭さ」を持ったものとならざるを得ない。

「書き手という神」は，首尾一貫した「近代的自我」であり，他の論者や，対象とは明確な一線を画することによって存在可能なものだが，"深層／深淵"という言葉でとらえようとしている領域に，あえて勇気を持って踏み込んでいくならば，首尾一貫した「自我と対象」という関係に"裂け目"が生じざるを得ない[15]。

さらに困難なことに，これから本稿の全体を通じて述べていくことだが，"深層／深淵"（として表象しているもの）は長い時間をかけて造られるものであると同時に，また流動性も持っている。そこでは，"深層／深淵"についての「明確な」「理解」から出発し，演繹的に精緻な論理を構成していくことはきわめて困難だと考えたほうがよい。むしろ，その"深層／深淵"のおおよその在り処を示しつつ，それ以外の言語化可能な領域については，内容そのものが要求する固有の「エピステモロジー／メソドロジー」に即して言葉にしていく，ということになるだろう。論じるべき内容が形式を規定するのであるから，内容に固有の"叙述／伝達の技法"が採用されるべきであるのだ。ここで想起されるのは，"深層／深淵"の"叙述／伝達"についてのメルッチの試みである。

A. メルッチは，"深層／深淵"を描き出すための方法として，『創造力——夢，話，プロセス（*Creatività: miti, discorsi, processi*）』（Melucci 1994b）において，対話的な"想像／創造"の意味に着目した。病とたたかいつつの旅であった2000年5月の日本での講演「聴くことの社会学」において，「これはレクチャーであるというより，非公式なおしゃべり（chiacchiera）でありたい」と言い，病のなか，思い通りには動けない「条件」の下での「対話（dialoghi）」や「談話（discorsi）」のなかから"臨場・臨床の智"を生み出すことを試みつづけた。

以下では，メルッチの試みにつらなるかたちで，「首尾一貫した書き手による叙述」であるはずの「論文」という「枠」との緊張関係を保ちつつも，"描き出す"べき内容が持つ"多重／多層／多面性と複合・重合性"に少しでも接近するための"叙述／伝達"の試みのひとつであった「方法としての手紙」について言及していきたい。

フィールドワークのなかで，特定の相手に向けて手紙を書くことを始めたのは，1988年から1989年にかけてのサルデーニャ滞在からだった。それまでは，形式を整えた質問票を準備して，比較的短期間に集中的な調査を行なうという手法のトレーニングを受けてきた。しかし，ヨーロッパの地域社会の"深層／深淵"にふれるためには，南方熊楠が北米，中南米，イギリスなどでしていたように（cf. 鶴見和子 1981），"異郷／異教／異境"の地に暮らしながら，そのときの自分の意識や考えからこぼし落としてしまう「些細なこと」を身体的記憶として刻み込んでいく必要があると考えるようになった。しかしそれと同時に，「日々の暮らし」のなかで，「統制的な調査項目」の射程からもれてしまうような微細な「発見」をどのように「記憶・記録」し，また人に伝えるのかということもあらためて考えねばと思うようになった。そのとき，フィールドワークのすぐれた先達である大野盛雄の下記の言葉が背中をおしてくれた。

　　「だし」と「だしがら」という言葉を使えば，フィールドノートに記入していたことはたしかに「だしがら」であったような気がする。だしがらといういい方が悪ければ繊維質でもよい。……下手をすると「だし」だと思っていることが，実はきわめて主観的な偏見に満ちたものであることが多いこともときには認めないわけにはいかない。しかし，私はこれまで調査に出かけてこの繊維質にあたるものをとってきても，そのためにかえって「だし」にあたるものを捨てて帰ってきたのではないかと思うようになった。この両手でものをたしかにつかんだ実感はあったが，指の間から大切なものをもらしてしまっていたということを，はっと我にかえって気がついた。（大野 1974：175-176）

　フィールドワーカーのつとめは，《フィールドでの"出会い"を，ひとまずは"ぐいっとのみこみ"，身体に"刻みこみ""書き／描きのこし"（keeping perception / keeping memories in the field）》，そこでの「理解」を自分なりの仕方で繋げ，人に伝えることである。そしてまた，自分がその場にいたときには

気づかなかったことにあとから気づくため，あるいは他の人でもよいから，誰かに気づいてもらうための「土台」をのこしておく必要がある。私達がフィールドとする土地や人は，自分の「所有物」ではないのだから，土地の人達からいただいた"贈りもの (dono)"は，他の誰かの役にも立つように，そして何度も何度も最初の「発見」についての解釈を組み替えていける余地をのこしたほうがよい。現に人が暮らす土地のことを，そのときの考え（先入見）で塗り固めてしまってはいけないと考えた。

とはいえ，どうしても無意識のうちに，「塗り固め」は起こってしまうので，その危険を出来るだけ「回避」するために，いわば（考え直すきっかけとなる）"継ぎ目や裂け目"の要素をあらかじめ準備しておく必要がある。この手立てとして，大野は，近からず遠からずの相手に手紙を書くことをした。なぜこの距離感なのかといえば，近すぎる相手には「説明」や「言語化」をしなくなり，遠すぎると「説明」の困難から，伝達そのものを投げ出してしまう。筆者は，大野の着想から，多くを学び，1980年代から1990年代にかけては，定期的に「サルデーニャ通信」という文章を，知人・友人に送った（こうすると，自分のそのときの状態が，偏見や間違いも含めて残ってしまうからだ）。

「方法としての手紙」に書き残すべきは，自ら無意識のうちに落としこぼしてしまう事実の切片や断片である。私達は，「とりまとめ」を意識するあまりに，「これはあまり重要でないと自分では思うので，切り捨ててもまあいい」という"選択的盲目"をしてしまいがちである。研究目的に沿って記述内容が整えられた「日誌（フィールドノーツ）」でなく，「方法としての手紙」として，「研究テーマにあまり関係なさそうな」細々としたこと，"連想"や"想起"まで"書き／描きのこす"という発想は，「歩く学問」の先達であった鶴見良行からも学んだ。「漁師（認識者としての学者）が用いる『タモ網（学者が用いる概念）』から『落ちた魚（その概念から落ちこぼれた事実）』を追いかけていく」（鶴見良行 1995 : 144-164）という鶴見の"かまえ"に少しでも近づきたいと思い，鶴見の本を持ってサルデーニャへと向かった（Niihara 1995）。

さらにまた，鈴木佑司の「『あることについて全てを識り，全てについて何

程か識る』(アダム・スミス)ことがかつて求められたことに即していえば，それへの断念からスタートすることである……むしろ，自分自身の関心をはっきりさせることであり，また，逆にできるだけ沢山の，別の関心を持っている研究者との共同作業をすることである」(鈴木 1982：212-213)という言葉にも触発された。

　筆者はこれが，インドネシアでの「日々の暮らし」に沈潜し，ほとんどその「土地のひと」にまでなろうとする努力の果ての言葉だと考えた。逆説的な言い方であるが，「なにかをすべて識ろう，すべてのことを忘れず」にという「暴挙」を一度はやってみて，それが不可能だということを身にしみてわかってから，(かなり未練がましく)「断念」し，自らの限界を意識した上で，「自分自身の関心」を発見しないといけないということだ。

　"識る"ことの困難と不可能性を自覚するなかで，自分にやれること，やらずにはいられないことに辿りつくようにするべきなのだと「理解」し，まずは「すべてをやりつくそう」とする。しかしひとたびフィールドに入ったら，その土地の人からの「声」や「まなざし」や「呼び出し」に対しては，常に耳をすまし，目をこらし，機を逃さず，臨機応変に，自在に動き出せるようにしようと考えた。そのため，自分のペースではなにひとつすすまず，いつもふりまわされつつ，こころならずもあまたの「不慮の出来事(accidenti)」(時には「生老病死」にまで至る災難)にコミットメントせざるを得ない状況で，"出会った"人達と行動をともにし，その背中から学ぶこととなった。

　自分が感じたり考えたりしたこと("知覚")について，目の前の相手と「話」をして，それと同時に「日誌(フィールドノーツ)」も書き続けていたが，それでもなお「手紙」を書くことは必要だった。というのは，「日誌(フィールドノーツ)」との比較で言えば，「手紙」は，より特定の相手との特定の時間と場所における"交感／交換／交歓"，そして"拘束／絆(servitude humana / human bondage)"を持つものとなる。「話」は，"交感／交換／交歓"，そして"拘束／絆"を持つが，「記憶」のなかにとどめられる。「記憶」として強く残るようなことだから，「手紙」としても書きたい(ひとに伝えたい)という気持ちとな

るものだからだ。こうして，"旅／フィールドワーク"においては，「話」と「日誌」と「手紙」という三つの「デイリーワーク」を続けてきた。

(3) フィールドのなかで書くことの意味

　旅の途上においてはもちろんのこと，日常の生活においても，それ自体を旅の途上，フィールドと考え，"不断・普段の営み"として書くこと（keeping perception / keeping memories）を続けている。旅の途上，「フィールドのなかで書くこと（writing in the field, writing while committed）」[16]は，何にとって，いかなる意味があるのか。「異郷化」「移動」「超領域」「流動性」「複数性」「多様性」「越境性」「境界性」といった言葉でとりあげられているテーマの意味を問い直すにあたって，なぜこのように遅々として茫漠とした歩みを，方法として選択しているのか。

　研究室や書斎で生み出される見事な文章や巧緻な論理と，実質ある"想像力／創造力"との間には，どれほどの相関性があるのだろうか。「歩く学問」のすぐれた先達であった民俗学者・宮本常一（あるいは鶴見良行）の思索は，研究室や書斎の机の前で万全の体勢をもってのものではなかった。話を聴きながら，旅先の宿で，移動の列車のなかで，いつも，経済的にも時間的にも精神的にも，まったく余裕のない状況で，記憶し，記録し，描き遺した。宮本は，自分には「余裕がない（no room）」ことを自覚していた。そして，毎回の「頼まれ仕事」や急ぎの仕事のなかで，それでも尚，フィールドで出会ったひとたちのことを想い起こしながら，数々の"拘束"と"絆"と共に，死の直前まで"書き／描き遺す"ことを続けた（新原 2011e）。

　とはいえ，宮本常一のように「フィールドのなかで書くこと」をこころがけようとしてみても，少しでも気を許せば，「（空疎な）思考」の独自の文脈によって，土地と人のリズムから乖離し，暴走していく危険性を常に持っている。すなわち，物理的に（生体として）フィールドにいたとしても，「思考」の「外壁」は閉ざされたままで，「そこにいた」「発見した」というアリバイと共に，きれいにコーティングされた「理論」が産出されるだけとなる危険性は決

して小さなものではない。

　しかしながら，旅の途上で「不慮の出来事」に出くわした折に，特定の"連想・想起"がなされたことには，少なからぬ意味があったと考えている[17]。「外壁」が裂け，非意識的に集積された旅の記憶の相互浸透が起こったのだ。この"奇偶""機縁"（という他者）に出くわす可能性を出来るだけ大きくする環境を整えるというかたちで，旅の途上，フィールドで考えることは，"想像／創造"の実質を持たない「（空疎な）思考」へと変成していく危険を少しは減らしてくれるはずだと考える。

　メルレルとの方法は，"不断・普段の営み"としての観察・記録・情報収集とリフレクション（意味付けと再解釈）を，すなわち，複数の目で見て複数の声を聴き，複数のやり方で，大量で詳細な記述と再解釈をもとに"叙述／伝達の技法"を練り上げていくことを，その根幹としている。食事中，移動中，ホテルで，散歩しながら，今何を感じ，どう理解したか，それはいかなる意味があると現在考えているか，過去のいかなる体験や知識が"想起"されているか，新たな知覚によって，いかなる着想が生まれたか（ことがらの"化学反応／生体反応"が起こったのか）などを，出来るかぎり対話し，フィールドでの動きのなかでの理論化を試み続けている。

　メルレルとの旅は，他の調査仲間から見れば，「いつも突然にいきあたりばったり」である。"嗅覚"を働かせてレストランに入って，内部の装飾やメニューなどを見てから店の人に話しかけ，会いたいと思ってきた人の名前を出して消息を訪ね，偶然とれた約束で人に会う，その人からまた連絡をとってもらうという"奇偶""機縁"で動いていくのだが，このように，歩くことの内的なリズムとエピステモロジー，"想起"が継起する契機を大切にして，それ自体をひとつのプロセスとしている。

　「新しい風土に慣れ新たな土地に住みつく（acclimatamento）」（Merler 2004 ＝2006：67）という言葉で"人の移動"と定着を表現したメルレルとの間では，植物からのメタファーによって，"奇偶"と"機縁"（という他者）に出くわす可能性を出来るだけ大きくする環境を整える努力をしてきた。そして，"もつ

れてからまりあいつつ，多方向にのびていくマングローブの根"のように，個々の根の端の根毛や根冠からこそ，"想像／創造"は生まれるのだろうと考えた。だから，「フィールドのなかで書くこと」によって書かれるべきは，社会学以前の不随意筋と髄液の部分，側根や根系やひげ根，不定根，さらには，個々の根の端の根毛や根冠，もつれてからまりあった"根たち（radici）"のような"思行"に支えられた思考なのである。

5．「この景観の意味が頭に入っている／身体に入っている」という"知覚"について

　ここまで述べてきた「エピステモロジー／メソドロジー」そのものが，"境界領域"のフィールドワークのなかで練り上げられ，「析出」というよりは「捻出」されたものであった。ここでは，"対話的なエラボレイション"のなかで紡ぎ出された実際の"知覚（フィルターとしての理論，メタファーとしての概念の"基点／起点"となるもの）"のエピソードを提示しておきたい。

　サッサリからサルデーニャ内陸部へと向かう道は，これまで何度も通り過ぎてきた。しかし，突然に，2009 年 11 月，この 150kmほどの"道行き（passaggio）"の「草や木々のひとつひとつ，石や岩，建物のひとつひとつの意味が，頭に入っている／身体に入っている」という"知覚"が生まれた。その意味について少し考えてみたい。

　「頭に入っている」という"知覚"は，サルデーニャというひとつの系（生命系であり社会システムであり，歴史，文化，自然などが衝突・混交・混成・重合する多系の根茎）の組成と骨組みについては，一定の構造的理解を獲得するに至っているので，これまで出会った／これから出会う個々の事実の断片を有意味なものとして繋ぎ合わせていくことが出来るという，観察者の側の条件に由来していると考えられる。すなわち，認知の条件における「骨格」の部分である。

　他方で，「身体に入っている」という"知覚"は，これまで出会った／これから出会う個々の事実の断片を当面の認知のパターンによる結び付け方で獲得

した理解の「骨格」から"ぶれてはみ出す"「中身」の部分とかかわっている。すなわち、「身体に入っている」個々の断片が、観察者の体内では、命脈を保ち続けており、新たな他者との出会いによって、個々の断片はまた異なる「反応（reazione）」を引き起こし、個々の「化学反応（reazione chimica）」「生体反応（reazione vitale）」や"異物反応（reazione dei corpi estranei）"のなかから、「応答」や「反芻」、さらには、"メタモルフォーゼ"が生まれていく。その結果、新たな理解の「配置図（曼荼羅）」へと重ね描きがなされていく。

すなわち、何度か見かけていたつもりの断片が、観察者の側の"移行・移動・横断・航海・推移・変転・変化・移ろい"のなかで、異なる「反応」を引き起こし、「ああこういうことだったのか」という感触と共に、新たな理解の地平（"メタモルフォーゼ"）が開けていく。この「中身」の側からの「反逆」の力、サルデーニャの人類学者M.ピラ（Michelangelo Pira）の言葉で言えば「対象の反逆（rivolta dell'oggetto）」（Pira 1978）であり、コトガラそのものの動きの力で、現実がその姿を表し出していくのである。

しかしこれらの「反応」は決して予定調和的なものではない。むしろ死や自己崩壊の危険と背中合わせの"異物反応"の多発のなかで持ちこたえ続ける緊張関係である。たったひとりで"異郷／異境／異教"の地に降り立つという行為は、その地にとって、旅人が、"異物（corpi estranei）"となっているのと同時に、旅人の身体の側にも、"異物"が侵入し、その内部で衝突・混交・混成・重合が起こり続けるという条件を創り出す。この条件下にある"境界領域を生きるひと（gens in cunfinem）"の身体は、認識する側の構造化の力でコトガラを再構成しようとする流れと、コトガラそのものの動きの力をそのままのかたちでなんとか受け止めようする流れとが、衝突・混交・混成・重合する場所となる。

この多方向からの濁流、逆流、予期不可能な"異物反応"によって、自らもまた空中分解してしまうぎりぎりのところでなんとか命脈を保ち、「頭に入っている」だけでは、理解は固着し、形骸化してしまう。他方で、「身体に入っている」だけでは、"知覚"を構造化・言語化して他者に説明する可能性を減

ずることになる。したがって，他者との衝突・混交・混成・重合，そして相互浸透という契機においては，「頭に入っている／身体に入っている」という"知覚"の間で"衝突・混交・混成・重合"をくりかえし，練り直し，描き直し，個々の特定の条件下でなされた素描の線がぶれたまま重ね描きをしていくという"道行き"が大切となる[18]。

　ここでの「反応」は統制されるはずのないものだが，多方向への展開／停滞の可能性を予見した上で，「反応」から"メタモルフォーゼ"への蓋然性を準備していくような在り方は可能である。その際に，サルデーニャという"ひとつの系（南方熊楠で言えば「宇宙」，メルッチで言えば"惑星"，筆者の言葉で言えば"ぶれてはみ出すマングローブの根"）"を，"知覚"の相互行為を通じて理解していくという「エピステモロジー／メソドロジー」は，粘菌というひとつの系を観察することから自分の理論（「曼荼羅」）を構築していった南方熊楠の営みとも重ね合わせて考えるべきものである。

6．おわりに：路上を漂う，様々な想念を，掬い取る蜘蛛の巣のような"智"とともに

　最後に，メルッチとメルレルの"智（cumscientia）"の特徴を，路上を漂う，様々な想念を，掬い取る蜘蛛の巣のような構造を持った"智"というメタファーに即して記しておきたい。

　風が強く吹く日には，土や砂や枯葉や花粉や虫の死骸が空を舞う。そのうちのいくつかは，蜘蛛の巣へと漂着する。ハーバード大学のキャンパスのベンチで夕日を浴びながら，メルッチ夫妻は，二人が続けてきたミラノでの精神療法／心理療法による知見をどのようなかたちで著作にとりまとめるかを話していた。アンナ夫人から湧き出てくる，生々しい感覚がのこる，いくつもの，一見とりとめもない断片を，メルッチは，まるで蜘蛛の糸に吸い付けるようにして，器用に掬い取り，練達の手仕事で，言葉のつらなりへと編み上げていった。そして，『黄金時代――夢と経験の間の思春期』というタイトルの本が生

まれた（Melucci e Fabbrini, 1992）。

　ここから，私達は，以下のような，"生身の現実を観察する"ための実践感覚を学び取ることが出来よう。

①"智"の働きとは，自分も含めた宇宙の存在そのものを理解しその総体を理解し翻訳すること，《〈モノ（物財）－コトバ（意識，集合表象）－ココロ（心身／身心現象）〉の"境界領域"にあるところの〈コトガラ（のことわり）＝ragioni di cosa / causa［事柄の理］〉を"探究／探求"する営み》である。

②都市の街路や山野のあぜ道で，そこに暮らすごくふつうの人々の話を聴き，街並みや山野をその場で観察する。あるいはまた，日常生活を生きるごくふつうの人々のしぐさや表情，行動，リフレクションの諸相を観察する。自分の観察，人々のやりとりから考えを始め，そこから抽出された理論（ものの見方）によって，緒論を検討する。この方法は，演繹的方法（まず一般理論を学びそれに適合する範囲で現実をサーベイする）からはみ出し，個別具体的な事実とその事実にふれている自分自身との関係，その動きを対比・対話・対位させていくことから理論を練り上げていく「たたき上げ方式」のリフレクションである。

③ともすれば途中で空中分解してしまいそうなこのやり方の最大の特徴は，ものごとを考えていくときの〈枠組そのものを考えるところから始め〉，しかも，その新たな着想に基づく枠組を目に見えるものへと組み立てることである。これはまた，うまくいかない危険を引き受けることでもあり，playing & challenging である。失敗の危険を引き受け，探求をしていく。

④この試みが持つ，子どものように従来の枠組を越え出て行く力（"領域横断力／突破力（Einbruchskraft）"と"驚きと遊びと探求心（a sense of wondering&playing&exploring）"）によって，実際の制度に変容をもたらしていく。

⑤枠組そのものを考え，それを現実のものにすることにかかわる自分も含めて，可変的に柔軟に考え，新たな形をつくっていくことは，"境界領域"

の社会学のなによりの特徴だ。そして，この営みの基盤となるのは，あらゆることの意味を問い，"かたちを変えつつ動いていく不断・普段の営み"である。この営みの探求者は，その組成における差異があるが故に，対話と理解のプロセスの途上に在り続ける。

「宇宙万有は無尽なり。ただし人すでに心あり。心ある以上は心の能うだけの楽しみを宇宙より取る。宇宙の幾分を化しておのれの心の楽しみとす。これを智と称することかと思う。」(明治36年6月30日付，南方熊楠差出，土宜法竜宛書簡より)と言った南方熊楠[19]のように，メルッチもまた「驚嘆すること(wondering)」を"社会学的探求"の条件にあげた(Melucci 1996 a = 2008：197)。"驚きと遊びと探求心"と共に，《素朴に悩み，考え，意味を問い，自分なりの応答をしていく》ことは，これまでの時代以上に必要となっている[20]。

"見知らぬ明日"に翻弄され，ゆっくりものを考え，書くことなど出来ない状況で，"選択的盲目"に陥らないために。たとえそれがつたないものでも，その日に観察したことをその日に書き残すという小さな試みを，ただ愚直に積み重ねるという"不断・普段の営み"を"ともに"する。メルッチの以下の言葉をたずさえて。

　　不思議なものに驚くことの場を創り出すということは，可能なものと見知らぬものとを目撃しそれを証言しようとする人々との間に創られる，無心の関係性を再構築する必要があることを意味している。私達は，子ども達へ，人間とは異なる種へ，そして伝統的文化へと目を向けることから始めることが出来るのである。それらは，何もかもすべてが暴かれたわけではないこと，すべてが語られたわけではないこと，そしてきっと，すべてが語られる必要はないということを，私達に想い起こさせてくれるのだ。(Melucci 1996 = 2008：197)。

第3章 "境界領域"のフィールドワークの「エピステモロジー／メソドロジー」　*143*

注

1) これは2004年の時点で考えていたことだが（新原2004b），その後，チリの「1973.9.11」とアメリカの「2001.9.11」のように，スペインの「2004.3.11」と，日本社会にとっての根本的な意味を持った「2011.3.11」が重なったことには，万感の想いが湧き上がる。

2) 皮肉なことに，イタリア社会学「界（champ）」内部でのメルレルとメルッチは，別の学派に属しており，両者の間の個人的な交流はほとんど皆無だった。その両者それぞれとの間に深い交友があることに対して，イタリアの社会学者の多くからとても驚かれた。しかしながら，おたがいの「生老病死」と "底知れぬ喪失／喪失の深淵" の体験／記憶が重なるなかで，"無償性／無条件性／惜しみなさ（gratuitousness, guratuità）" と "共感・共苦・共歓（compassione）" に基づく深い二者関係が，それぞれとの間で創られていった。

　それぞれとの "対話的なエラボレイション" により形成されたメタファー（概念）やフィルター（理論）は，異なる "道行き" と "旋律" を持ちつつ，"化学反応／生体反応（reazione chimica/vitale）" を起こしてきた。"もつれてからまりあいつつ，多方向にのびていくマングローブの根" というイメージは，このふたりの智者との "対話的なエラボレイション" の多系のプロセスの総体を表す言葉として「やって来た」ものである。

3) メルッチとの間では，1994年に北海道から京都までを縦断する "旅／フィールドワーク" を共にした後，彼が病となった1997年以降は，ミラノの彼の自宅やミラノ近郊を散策しつつ，何度も話をしながら "痛みと共にあるひと（homines patientes）" の "智（cumscientia）" についての言葉と思考を探っていった。

4) アマゾンやニジェールやナイジェリアへの調査の旅をしてきたこの文化人類学者R. マーフィーは，48歳の夏に肛門部に痛みを覚えたのが実は神経難病で，52歳で車いす，57歳で四肢麻痺となり，その年1990年の10月8日に永眠した。マーフィーは，日々刻々と他者へとなりゆく自分の身体についての「旅の報告書」として『ボディ・サイレント』という著書を遺し，自らの身体が変成していく歩みと二重写しにするかたちで，運動神経系麻痺者たちがどのような態度と行動をもって「強く美しく若々しい」アメリカ文化の中に順応し，また順応出来ないでいるかを，眼に焼き付け，耳をすました。これは，メルッチが病のなかで再確認した "かまえ" とも通底するものであった。生前のメルッチとは，マーフィーについても話し合い，2002年の追悼シンポジウムにおいても，このことを報告し，イタリアでの共著本としてとりまとめた（Niihara 2003a；2003b）。

　2002年の "聴くことの社会学（sociologia dell'ascolto）" へのリフレクションについては，メルッチ夫妻の旧い友人でありイタリアを代表する女性社会学者の一人であるL. ボヴォーネ（Laura Bovone）によって，（Niihara 2003a）にも言及するかたちで深い考察がなされている（Bovone 2010）。

5) メルレルとの "旅／フィールドワークする社会学" の成果のひとつとしては，(Niihara 2010)（Merler e Niihara 2011a；2011b）（新原2009b；2011a；2011e；

2012b) などを参照されたい。
6) この言葉は，メルッチの「遺言」のひとつだが，共にいない「関係（Beziehung)」となってしまっても相手のかたわらに在るという「間柄（Verhlätnis）」をもちつつ生きていく。共には居られなくなってしまった大半の時間のなかで"ともに"在るために，いずれは別れる相手に何を遺せるかを考えつつ，時間と場所をともにする。学問の"かまえ"，エピステモロジー，理論，技法・作法のすべてを，他の人達に提供する（そのために，同時におなじことをする機会をくり返しつくり，何度も実際にやってみせ，同じメッセージを違う言い方で何度も噛んで含むように言う）といった意味が含まれていると感じている。
7) 人類学者・辻信一による（Murphy 1990［1987］= 1992 : 273）からの絶妙の訳である。
8) メルッチは，「私達の身に現在何が起こっているのかを理解するには，様々な知がぶつかりあう十字路に身をおく必要がある。多くの顔を持つ自己の現在を理解するためには，私たちが既に身につけている視点をずらし，関係のつらなりをつかみ取ったり，体験をくりかえし束ねたりすることが可能になるような，ものの見方を選ばなければならない」（Melucci 1996a = 2008 : 7）と述べ，その実践として，第一章「日常の挑戦」を「時間のメタファー」という項目から始めている。
9) 序章9節の"未発の毛細管現象／胎動／交感／社会運動（movimenti nascenti）"で述べた"無償性の交感（accettazione di guratuità）"と深くかかわる。
10) 立川砂川地区・大山団地を主たるフィールドとして，原発・震災問題も含めた"惑星社会の諸問題"に応答するプロセスを〈大学－団地〉間で共有しつつ，以下のことに着手している：

(1) 調査研究グループの形成
初期シカゴ学派的な研究集団（現場主義，小集団による問題発見，多声の確保による調査研究アプローチの錬磨，メンバーの世代交代と智の継承などの側面を持った「調査者の知的コミュニティ」）をめざして「立川・大山団地プロジェクト」（「立川プロジェクト」）を構築する。
(2) 調査者育成プログラムの構築
研究代表者・分担者・連携研究者・研究協力者が担当する講義・ゼミ・研究会を有機的に組み合わせ，"惑星社会"論と二つの"探究／探求型社会調査"（CBPR / T&R 調査）を習得しフィールドで実践する調査者育成のプログラムを中央大学内に構築する。
(3) CBPR / T&R 調査法の錬磨
大山団地自治会・避難者の方々との協力体制により初期段階のCBPR調査（フィールドの講造認識・分析，データ収集，フィールドでの諸活動への持続的参加システム構築等）とT&R調査を行ない調査研究方法の錬磨・修正を行なう。

第3章 "境界領域"のフィールドワークの「エピステモロジー／メソドロジー」　*145*

(4)コミュニティ形成の条件析出
　立川・大山団地を中心とした調査結果に基づき，異質性を含みこんだ「3.11以降」の持続可能な（被災者個々人との関係性構築の方法と制度設計を含めた）コミュニティ形成の条件を析出し，CBPR / T&R 調査の新規計画を準備する。

　主要なフィールドとなる立川・大山団地は，立川市北部の砂川地区，立川基地の跡地に位置し，2012年6月現在，65歳以上890人（内，一人暮らし300人），車椅子12人，聴覚障害者3世帯，特別依頼訪問6世帯を抱えている（高齢化率27.8%）。2000年の三宅島噴火の避難者受け入れ経験を活かすかたちで「3.11」の直後，避難者受け入れを開始（2011年3月28日に20世帯60人受入，4月19日より新たに45世帯185人の受入，9月に入り岩手県・福島県より10世帯・50人が入居），出身地域は，福島県（相馬市，南相馬市，いわき市，富岡町，大熊町，双葉町，浪江町，広野町），宮城県（石巻市，塩釜市，仙台市，南三陸町），岩手県に及んでいる。避難者の80%以上は，帰宅困難な高齢者か幼児連れの家族であり，土地や地縁，職場，知人とも引き離されたという「出郷」の問題に加えて，原発による強制避難／自主避難／津波での避難などの条件のちがいによる補償の格差の問題を抱えている。
　調査の実施にあたっては，中央大学側と団地側の連絡体制を緊密なものとして，諸活動への参加のなかで，住民・避難者の方たちの個別の状況と関係性の把握につとめ，団地側の要請によって，出来うる限り臨機応変に調査計画を組み直していくことを調査研究の大前提として，調査時期・内容の再調整につとめている。

11) "傷つきやすさ／攻撃されやすさ (vulnerability)" は，「dogmatic voice providing the *ipsissima verba*（独断的な言葉）」すなわち"ipsedixit (he himself said it) = 権威を持ったものからの独断・断定"をする「識者」の位置から"ぶれてはみ出す"ための方策となる。
　「女性と小説について講演を依頼されたウルフは，最初こう考える。結論は決まっている―女性は，もし小説を書こうとするなら，お金と自分自身の部屋を持たなければならない。ただ実際に講演するとなると，この結論を述べてそれで終わりにはならず，この結論というか命題をふくらませて，整合的な議論を組みたてねばならない。そのため彼女は，つぎのような方法をとる。『人が出来るのはただ，なんであれ，自分のいだいている意見を，自分はどのようにして，いだくようになったのかをつまびらかにすることだけである』。自分の議論の楽屋裏をさらけだすことは，ウルフによると，いきなり真実をしゃべることとは異なる行為である。おまけに，ことが男女の問題になると，結論をだそうものなら，かならず論争になってしまう。そこで，『聴衆の一人ひとりが自分の手で結論を導きだせるようなチャンスを，聴衆にあたえるにこしたことはない。そのためにも，聴衆に，語り手の限界や，語り手がいだく偏見や個人的嗜好をとくと観察してもらうのだ』。戦術としてみると，これはもちろん武装解除であり，見せたくもな

い個人的事情をさらすというリスクもある。しかし、わが身の欠点をさらけだしつつ、整合的な議論を展開することによって、自分の話題にふさわしいとっかかりをウルフは手に入れることになった。彼女は、決定的な言葉をもたらす独断的な予言者としてしゃべるのではなく、知識人として、女性という忘れられた「弱き性」を女性にみあった言葉で表象するのだから」(Woolf 1929＝1999：5) (Said 1994＝1998：69-70)。

12) とりわけ「廃墟」とかかわって言えば、彼は、自身にとって最悪の時期にあっても、慈愛に満ちた笑みをうかべるようなひとであったが、時折、彼の目に海の深淵が透けて見える瞬間があった。その深淵の意味についてはずっと考えていた。

　メルッチは、第二次大戦末期の1943年、空襲によって生み出された「瓦礫」と共にイタリア有数の保養地リミニで生まれた。「爆死あるいは食糧難による餓死や病死があたりまえの時代を生き延びることが出来た。それ以来、私の命は、『贈りものなのだ』という感覚をずっと持ってきたのだよ」という話を聴いたのは、リフレクシヴ・ソシオロジーという意味ではきわめて近いところで仕事をしているP.ブルデューとの異同が、社会の構造認識への "かまえ" だけでなく、有限性の知覚/自覚に対する根の在り方のちがいなのかもしれないという話をしていたときだった。この「瓦礫」の原体験が彼の内面世界の根幹を形成し、いわば「瓦礫」のなかから、「不可視」や「未発」、「境界領域」への関心が紡ぎ出されていったのかもしれない。

13) "方法としての旅" については、(新原1997a；2004a；2006b；2007a) などを参照されたい。

　フィールドでの体験によって、従来のものの見方が突き崩され、身心の内部で複数の言語が混交・混成した状態となるが、その折々に去来していた想念を素描しておくための「言葉の地図」をつくるようにしている。フィールドでの知覚・知見からうかびあがった想念の素描としての言葉は、"…" を付けるかたちで「言葉の地図」に「集積」してきた (研究室や書斎で書籍資料を読むことなどによって他の論者から獲得した概念は「…」で示してある)。たとえば、"反芻する (rimeditare)" は、「学びほぐす (unlearn)」(鶴見俊輔)、「消化する, 自分のものにする (digerire)」といった言葉のつらなりのなかで存在している。まずは "ぐいっと飲み込む (ingerire, inghiottire, keeping perception / keeping memories)"、つぎによく "反芻する (rimeditare)"、そして、ゆっくりと "自分のものにしていく"、「学びほぐす」という "道行き" となる。「言葉の地図」については、(新原2007a：256-260) にてその一部を紹介している。

14) これはまた、歴史の「物語」として再構成されつつある地域を辿るということと同時に、グローバル・ネットワークの現在を辿ることにもなっている。ポルトガル語圏の諸国・諸地域のメンバー (Cidadãos de Lingua Portuguesa) は、Portugal, Brazil, Angola, Mozambique, Cape Verde, Guinea-Bissau, Sã o Tomé and Príncipe, East Timor であり、これに加えて、Equatorial Guinea,

第 3 章　"境界領域"のフィールドワークの「エピステモロジー／メソドロジー」　*147*

Mauritius, Senegal が associate observer である。その他，Officially interested countries and regions として，Andorra, Morocco, Philippines, Galicia, Macau, Malacca, Goa, Indonesia, Croatia, Romania, Ukraine などの国とその他の国とに分けられている。

15)「多重／多層／多面的な語りをすること（のエピステモロジー）」については，2000年10月に開催された第17回よこはま21世紀フォーラム「ヨーロッパ統合と日本」の成果をまとめた永岑三千輝・廣田功編『ヨーロッパ統合の社会史』（日本経済評論社，2004年）の作成途上で，東京大学の小野塚知二教授よりいただいた助言に，そのほとんどを依拠している（cf. 新原 2004a；2009b）。

16) 序章の注 53) を参照されたい。

17) 具体的には，カーボベルデを歩きながら，沖縄で玉野井芳郎をめぐって感じ・考えたこと（新原 2009b；2012b），沖縄からの慰霊団の方たちと同道したサイパン・テニアン・ロタへの旅で，沖縄の人々とチャモロの人達との出会い方について考えたこと（新原 2000a；2001a；2001b），無人島であった南北大東島が「20世紀の開始と共にその歴史が始められた」ことの意味を考えたこと（新原 2000a；2001a；2001b），ブラジル・エスピリト・サント州の内奥の開拓地の「農村家族学校」で考えたメルレル達とのサルデーニャ内陸部の調査のことなど（新原 2012b）（Merler, Giorio e Lazzari 1999）である。

18) これは，メルッチにおける「治療」による"痛苦"の生産に対する「精神療法／心理療法的（psychotherapeutic）」な方法と共同歩調をとるものである。

　「精神療法／心理療法は，痛みをもって生きるひとに視野の変化を産み出すのであり，それは彼女／彼の自己と世界についての知覚の変化なのである。この地平の移行は，何も真空の関係性のなかで起こるのではなく，療法がもたらす知覚的で情緒的な影響を伴って，まさにある固有の関係性のなかで起こるのである。私たちがそれを「療法的（therapeutic）」と呼ぶのは，関係をかたちづくる二つの極がお互いに交わり，重なり合い，相互浸透しつつも，お互いの差異を維持することが出来るという，特別な空間と時間をもたらすものだからである。他者性とコミュニケーション，開くことと閉じること，近さと距離，これらが外から押し付けられるのではなく，自らによって選択されたとき，別の世界観が開かれるようになるのである。
　こうした見方を選び取ることによって，私たちは因果論に基づく療法のモデルを放棄せざるを得ない。痛みをもって生きる人の臨場の文脈のなかでそれらすべてが生じるところの精神の苦悩と，それを軽減する可能性は，常に循環する原因の多重／多層／多面性によって規定されている。療法的体験はそのひと個人と全的にかかわるのである。精神的な病に対峙するには，現に在る痛苦を，直線的な出来事の連鎖における最後のリンクだと見るような，診断的側面のみを強調する因果論に頼ることは出来ない。しかし，直線的な因果関係モデルを疑問視するからといって，原因や結び付きを使って考えることを止めるべ

きだというのではない。ただこれらの結び付きは，こんにちではその量や度合が多重／多層／多面化しているので，それらに一義的な関係を確立することなどもはや出来ないのである。

　したがって，療法の関係性は，科学的説明のモデルから演繹することは出来ない。その独特な性質は，理論によって完全に説明することは出来ない。それについて語ることは出来るし，セラピストや患者がその体験を述べることも出来る。科学的言説の主題にすることも出来るし，そうすることがセラピストを安心させ，彼らが専門的共同体の一員であることを保証してもくれる。しかし，これらのどれひとつとして，変化をもたらすものではないのである。

　療法の実践とそれを叙述し解釈するのに使われるモデルとを隔てている距離を認識すること，これが痛みをもって生きる人への新しいふれ方の始まりとなる。私達が言語の道具や解釈のコードを用いて構築するのは，ひとつの地図であり言語である。しかしそれは出来事を説明するかもしれないが，完全に翻案するなど決してできないのである。療法的状況は，循環的な関係性（*circular relationship*）から成るものである。それは，お互いの期待と恐れが入り交じった，繰り返されることのないゲームのなかで，セラピストと患者の間を往復するものに依拠している。そしてまた，お互いがふれることが可能となるのかそうでないのか，聴くことと自分から耳を傾けることが出来るのかどうかにかかわるものなのである。」(Melucci 1996a＝2008：126-127)

19) すべてについてなにごとかを識ろうとするという意味での博物学者だった南方熊楠は，故郷・紀伊田辺に暮らし，上半身裸のまま，山野河海を歩いては標本と本だらけの部屋にこもり，ものを書き，しらべものをする稀代のフィールドワーカーだった。何億年かけて海からはい上がった植物が熊野の森にある。森への雨は河をつたって海に豊饒をもたらす。植物や菌の環境（コンテクスト）のもとに成り立つ生態系を剥製にすることなく，生々しいその姿のままに観察し，その生態系のなかで暮らすひとたちの話を聞き，そこから事物の道理を理解した。

　産土の神は鎮守の森に息づき，人々は「もののけ」や「精霊」と共に暮らしていた。明治の「神社合祀令」による「鎮守の森」の伐採は，この小さな地域ごとの小宇宙の網の目・循環に，「国策」の名のもとに楔を打ち込んできた。神社合祀は，明治・大正の「大合併」，グローバリゼーションだった。森は伐採され，鉄道が建設されていく。「ものいわぬ」とされてきた人々は，伐採に反対し必死に声をあげた。熊楠もまた，激怒し，「森の木が切られるのは，我が身が切られるようだ」と役人に抗議し，留置場の人となった。農民，漁師，芸者が釈放を訴え，駆けつけた。伐採に反対するため，村人と協力して神域の調査を行なった。南方は村人の調査をもとに，エコロジーという新概念を駆使して県知事を説得した。しかし，大半の杉は伐採されてしまった。まさに焦眉の問題!! 長大な意見書を急いで書き，民俗学者・柳田國男がこれを製本・複写して配布した。伐採の後の自然破壊の状況を知らせるため膨大な写真をとり，写真の裏にメモをしたためた。写真は国会でもとりあげられ，中央政府の決定をひっくりかえした。70代

の熊楠は，貴重な標本をキャラメルの箱にいれて天皇に献ずる，という場違いな (disphonic and displaced) 行動をやってのける人だった。

熊楠の学問は，現代の科学にとっても，自然を相互に連関する複雑で複合的な循環の系であると考えたという点で，複雑系の科学を"予見的に認識（predere)"していた。植物と動物の境界領域に位置する生物であった粘菌の研究は，理論のみならず実証の対象として，きわめて先見的な意味を持っており，「南方曼荼羅」と呼ばれる"粗描（abbozzo)"は，衝突・混交・混成・重合する事物の理(ことわり)をとらえるものだった。cf.（松居・田村 2012）（松居・岩崎 2005）（鶴見和子 1981；1992；1998；2001）

20) メルッチが「夢見る SF 少年」でもあったことを知ったのは，彼が亡くなってからのことだった。彼の作品の背後にあった"驚きと遊び心と探求心（a sense of wondering&playing&exploring)"，既存の近代知の枠組みをはみ出していくような"領域横断力／突破力（Einbruchskraft)"は，好奇心旺盛な子どものような魂と深くかかわっていた。彼は筆者のことを「火山のようだね」と言ったり，「見た目は若いが古い魂がやどっているね」と言ったりしたが，「火山」「古い魂」は彼自身にこそあてはまることだった。子どものように目をくりくりと輝かせて，ただ直線的にすすむのでなく，蛇行したり迂回したり，ときに停滞したりすることを楽しみしつつ，「古い魂」を持って，「火山」のように，精神を飛翔させていた。著作の執筆だけに集中する同業者が多いなかで，メルッチは，自分の生活や，学生との言葉のやりとりや，フィールドで出会う人達との対話に，膨大な時間とエネルギーを費やした。その作品は，余裕を持って，自力かつ自分のペースで構築されたものではなく，他者とのやりとりが持つ固有のリズムの大海を，小さなオールひとつで漕ぎながら書かれたものである。メルッチはまた，「これまで千人以上の人達との話をしてきた。その一人ひとりを覚えているんだ。私の書く文章の背後には，いちいち名前をあげてはいないけれど，特定の人との特定の場面の記憶があるんだ」と話してくれた。特定の相手と対面して「話」をする「対話」や，うちとけた状態で歓談するという意味での「談話」など，いずれにせよ，特定の人との特定のことがらと結び付いたかたちで，思い，考え，言葉にしてみることの自然な集積のなかで"創造"したものだというのである。だからメルッチは，「出会うべき言葉だけを持っている（Solo parole abbiamo per trovarci)」のだろう（Melucci 1996a＝2008：viii）。

引用・参考文献

Bovone, Laura, 2010, *Tra riflessività e ascolto: l'attualità della sociologia*, Roma: Armando Editore.
国原吉之助, 2005『古典ラテン語辞典』大学書林.
松居竜五・岩崎仁編, 2005『南方熊楠の森』方丈堂出版.
松居竜五・田村義也編, 2012『南方熊楠大事典』勉誠出版.
Melucci, Alberto, 1982, *L'invenzione del presente. Movimenti, identità, bisogni individuali*, Bologna: Il Mulino.
―――, 1984 a, *Altri codici. Aree di movimento nella metropoli*, Bologna: Il Mulino.
―――, 1984 b, *Corpi estranei: Tempo interno e tempo sociale in psicoterapia*, Milano: Ghedini.
―――, 1989, *Nomads of the Present: Social Movements and Individual Needs in Contemporary Society*, Philadelphia: Temple University Press.（＝1997, 山之内靖・貴堂嘉之・宮崎かすみ訳『現在に生きる遊牧民：新しい公共空間の創出に向けて』岩波書店）
―――, 1991, *Il gioco dell'io: Il cambiamento di sè in una società globale*, Milano: Feltrinelli.
―――, 1994a, *Passaggio d'epoca: Il futuro è adesso*, Milano: Feltrinelli.
―――, 1994b, *Creatività: miti, discorsi, processi*, Milano: Feltrinelli.
―――, 1996a, *The Playing Self: Person and Meaning in the Planetary Society*, New York: Cambridge University Press.（＝2008, 新原道信・長谷川啓介・鈴木鉄忠訳『プレイング・セルフ―惑星社会における人間と意味』ハーベスト社）
―――, 1996b, *Challenging Codes. Collective Action in the Information Age*, New York: Cambridge University Press.
―――, 1996c, *Verso una sociologia riflessiva: Ricerca qualitativa e cultura*, Bologna: Il Mulino.
―――, 2000a, *Zénta: Poesie in dialetto romagnolo*, Rimini: Pazzini.
―――, 2000b, *Giorni e cose*, Rimini: Pazzini.
―――, 2000c, *Parole chiave: Per un nuovo lessico delle scienze sociali*, Roma: Carocci.
―――, 2000d, *Diventare persone: Conflitti e nuova cittadinanza nella società planetaria*, Torino: Edizioni Gruppo Abele.
―――, 2000e, *Culture in gioco: Differenze per convivere*, Milano: Il saggiatore.
―――, 2000f, "Sociology of Listening, Listening to Sociology".（＝2001, 新原道信訳「聴くことの社会学」地域社会学会編『市民と地域―自己決定・協働、その主体　地域社会学会年報13』ハーベスト社）
―――, 2000g, "Homines patientes. Sociological Explorations（Homines patientes. Esplorazione sociologica）", presso l'Università Hitotsubashi di Tokyo.

———, 2002, *Mongolfiere*, Milano: Archinto.

Melucci, Alberto e Anna Fabbrini, 1991, *I luoghi dell'ascolto: Adolescenti e servizi di consultazione*, Milano: Guerini.

———, 1992, *L'età dell'oro: Adolescenti tra sogno ed esperienza*, Milano: Guerini.

———, 1993, *Prontogiovani: Centralino di aiuto per adolescenti: Cronaca di un'esperienza*, Milano: Guerini.

Merler, Alberto, 1988, *Politiche sociali e sviluppo composito,* Università degli Studi di Sassari.

———, 1989, "Tre idee-forza da rivedere: futuro, sviluppo, insularità", in *Quaderni bolotanesi,* n. 15.

———, 1990, "Insularità. Declinazioni di un sostantivo", in *Quaderni bolotanesi,* n. 16.

———, 1991, "Autonomia e insularità. La pratica dell'autonomia, vissuta in Sardegna e in altre isole", in *Quaderni bolotanesi,* n. 17.

———, 1996, *Regolazione sociale. Insularità. Percorsi di sviluppo,* Cagliari: EDES.

———, 2003, *Realtà composite e isole socio-culturali: Il ruolo delle minoranze linguistiche.*（＝2004, 新原道信訳「"マイノリティ"のヨーロッパ— "社会文化的な島々"は，"混交，混成し，重合"する」永岑三千輝・廣田功編『ヨーロッパ統合の社会史』日本経済評論社）

———, 2004, *Mobilidade humana e formação do novo povo / L'azione comunitaria dell'io composito nelle realtà europee: Possibili conclusioni eterodosse.*（＝2006, 新原道信訳「世界の移動と定住の諸過程—移動の複合性・重合性から見たヨーロッパの社会的空間の再構成」新原道信他編『地域社会学講座　第2巻　グローバリゼーション／ポスト・モダンと地域社会』東信堂）

———, 2010, *Altri scenari. Verso il distretto dell'economia sociale,* Milano: Franco Angeli.

Merler, Alberto et al., 1982, *Lo sviluppo che si doveva fermare*. Pisa-Sassari: ETS-Iniziative Culturali.

Merler, Alberto, M. Cocco e M. L. Piga, 2003, *Il fare delle imprese solodali. Raporto SIS sull'economia sociale in Sardegna*. Milano: Franco Angeli.

Merler, Alberto, G. Giorio e F. Lazzari (a cura di), 1999, *Dal macro al micro. Percorsi socio-comunitari e processi di socializzazione,* Verona: CEDAM.

Merler, Alberto e G. Mondardini 1987 "Rientro emigrati: il caso della Sardegna", in *Antropos*, n. 18.

Merler Alberto e M. Niihara, 2011a, "Terre e mari di confine. Una guida per viaggiare e comparare la Sardegna e il Giappone con altre isole", in *Quaderni Bolotanesi*, n. 37.

―――, 2011b, "Le migrazioni giapponesi ripetute in America Latina", in *Visioni Latino Americane*, Rivista semestrale del Centro Studi per l'America Latina, Anno III, Numero 5.

Merler, Alberto and A. Vargiu, 2008, "On the diversity of actors involved in community-based participatory action research", in *Community-University Partnerships: Connecting for Change*: proceedings of the 3 rd International Community-University Exposition (CUexpo 2008), May 4-7, 2008, Victoria, Canada. Victoria, University of Victoria

Murphy, Robert F., 1990 [1987], *The Body Silent*, New York, London: W. W. Norton.（=1992, 辻信一訳『ボディ・サイレント―病いと障害の人類学』新宿書房）.

新原道信，1988「対抗文化の可能性―沖縄・広島・長崎における生活の見直しと自立への動き」『平和運動の思想と組織に関する政治社会学的研究』（昭和60-62年度科学研究費補助金（総合A）研究成果報告書，研究代表者・吉原功）.

―――, 1990「小さな主体の潜在力―イタリア・サルデーニャ島の「開発・発展」をめぐって」季刊『窓』第3号.

―――, 1991a「地域の内発的発展の先行条件に関する一考察―サルデーニャにおける『地域問題』把握の過程と知識人」千葉大学文学部『人文研究』第20号.

―――, 1991b「統合ヨーロッパの内なる『島』と『群島』―イタリア・サルデーニャの移民が選択した協同への回路」『思想と現代』第25号.

―――, 1992a「〈島嶼社会論〉の試み―「複合」社会の把握に関する社会学的考察」千葉大学文学部『人文研究』第21号.

―――, 1992b「ひとつのヨーロッパ・もうひとつのヨーロッパ―イタリアにおける"複合社会"論の展開が意味するもの」関東社会学会『年報社会学論集』第5号.

―――, 1992c「沖縄の自立と内発的発展を考える―地中海島嶼社会との比較で」日本平和学会『平和研究』第17号.

―――, 1992d「イタリア社会の再発見―"混成社会"に関する社会学的考察」千葉大学文学部『人文研究』第22号.

―――, 1993「方法としての地中海への"旅（itinerario）"―日本社会と日本人を再発見するために」奥山真知・田巻松雄編『20世紀末の諸相―資本・国家・民族と「国際化」』八千代出版.

―――, 1995a「"移動民"の都市社会学―"方法としての旅"をつらねて」奥田道大編『21世紀の都市社会学　第2巻　コミュニティとエスニシティ』勁草書房.

―――, 1995b「『『素人』の学としての沖縄関係学」『沖縄関係学研究会　論集　創刊号』.

―――, 1996『横浜の内なる社会的・文化的"島"に関する実証社会学的研究』かながわ学術研究交流財団.

―――, 1997a『ホモ・モーベンス―旅する社会学』窓社.

―――, 1997b「"移動民（homo movens）"の出会い方」『現代思想』vol. 25-1.

第 3 章 "境界領域"のフィールドワークの「エピステモロジー／メソドロジー」　153

―, 1998a「Over Sea Okinawans……それは境界をこえるものの謂である」川崎市文化財団『EGO-SITE　沖縄現代美術 1998』。
―, 1998b「THE BODY SILENT―身体の奥の眼から社会を見る」『現代思想』vol. 26-2。
―, 1998c「境界領域の思想―「辺境」のイタリア知識人論ノート」『現代思想』vol. 26-3。
―, 1998d「そこに一本の木があって―サルデーニャのことがらが語る地域社会論のために」専修大学現代文化研究会『現文研』No.74。
―, 1998e「島への道―語り得ぬすべてのものを語るという試み」『ユリイカ』No.407, vol. 30-10。
―, 1999「"異文化"を"社会学する"」玉水俊哲・矢澤修次郎編『社会学のよろこび』八千代出版。
―, 2000a「"恐怖の岬"をこえて―サイパン，テニアン，ロタへの旅」『EDGE』No. 9-10 合併号。
―, 2000b「『ストリート・コーナー・ソサエティ』を読む」『書斎の窓』No. 496。
―, 2001a「生起したことがらを語るという営みのエピステモロジー」大阪大学『日本学報』No. 20。
―, 2001b「境界のこえかた―沖縄・大東島・南洋」立命館大学『言語文化研究』Vol. 13-1。
―, 2001c「聴くことの社会学のために―二〇〇〇年五月の"賭け（progetto）"の後に」『地域社会学会年報 13』ハーベスト社。
―, 2001d「"内なる異文化"への臨床社会学―臨床の"智"を身につけた社会のオペレーターのために」野口裕二・大沼英昭編『臨床社会学の実践』有斐閣
―, 2001e『多文化・多言語混成団地におけるコミュニティ形成のための参加的調査研究』科学研究費補助金基盤研究（C）報告書（研究代表者・新原道信）。
―, 2002「旅」永井均他編『事典　哲学の木』講談社。
―, 2003a「ヘテロトピアの沖縄」西成彦・原毅彦編『複数の沖縄―ディアスポラから希望へ』人文書院。
―, 2003b「自らを見直す市民の運動」矢澤修次郎編『講座社会学 15　社会運動』東京大学出版会。
―, 2003c「地中海の島々から見た"深層のヨーロッパ""願望のヨーロッパ"」『中央評論　特集・歴史の中の欧州統合』通巻 244 号。
―, 2004a「深層のヨーロッパ・願望のヨーロッパ―差異と混沌を生命とする対位法の"智"」永岑三千輝・廣田功編『ヨーロッパ統合の社会史』日本経済評論社。
―, 2004b「ともに旅をして，対比・対話し，考える（Viaggiare, comparare, pensare）」『評論』No. 143。
―, 2004c「生という不治の病を生きるひと・聴くことの社会学・未発の社会運

動—A. メルッチの未発の社会理論」東北社会学研究会『社会学研究』第 76 号。
——, 2006a「深層のアウトノミア—オーランド・アイデンティティと島の自治・自立」古城利明編『リージョンの時代と島の自治』中央大学出版部。
——, 2006b「他者を識る旅」中央大学『中央評論』No. 256。
——, 2006c「序」「現在を生きる知識人と未発の社会運動—県営団地の"総代""世間師"そして"移動民"をめぐって」「あとがき」新原道信・奥山眞知・伊藤守編『地球情報社会と社会運動—同時代のリフレクシブ・ソシオロジー』ハーベスト社。
——, 2006d「いくつものもうひとつの地域社会へ」「あとがき」古城利明監修,新原道信他編『地域社会学講座　第 2 巻　グローバリゼーション／ポスト・モダンと地域社会』東信堂。
——, 2007a『境界領域への旅—岬からの社会学的探求』大月書店。
——, 2007b『未発の「第二次関東大震災・朝鮮人虐殺」の予見をめぐる調査研究』科学研究費補助金基盤研究 (C) 調査報告書（研究代表者・新原道信）。
——, 2007c『21 世紀"共成"システム構築を目的とした社会文化的な"島々"の研究』科学研究費補助金基盤研究 (B) 学術調査報告書（研究代表者・新原道信）。
——, 2008a「『グローバリゼーション／ポスト・モダン』と『プレイング・セルフ』を読む—A. メルッチが遺したものを再考するために」『中央大学文学部紀要』社会学・社会情報学 18 号（通巻 223 号）。
——, 2008b「訳者あとがき—「瓦礫」から"流動する根"」A. メルッチ, 新原道信・長谷川啓介・鈴木鉄忠訳『プレイング・セルフ—惑星社会における人間と意味』ハーベスト社。
——, 2009a「変化に対する責任と応答を自ら引き受ける自由をめぐって—古城利明と A. メルッチの問題提起に即して」『法学新報』第 115 巻, 第 9・10 号。
——, 2009b「境界領域のヨーロッパを考える——移動と定住の諸過程に関する領域横断的な調査研究を通じて」『横浜市大論叢』人文科学系列, 第 60 巻, 第 3 号。
——, 2009c「"生身の現実を観察する"という社会学の実践感覚について」中央大学通信教育部『白門』第 61 巻第 9 号。
——, 2010「A. メルッチの"境界領域の社会学"—2000 年 5 月日本での講演と 2008 年 10 月ミラノでの追悼シンポジウムより」『中央大学文学部紀要』社会学・社会情報学 20 号（通巻 233 号）。
——, 2011a『旅をして, 出会い, ともに考える』中央大学出版部。
——, 2011b「A. メルッチの『時間のメタファー』と深層のヨーロッパ—『フィールドワーク／デイリーワーク』による"社会学的探求"のために」『中央大学文学部紀要』社会学・社会情報学 21 号（通巻 238 号）。
——, 2011c「死者とともにあるということ・肉声を聴くこと—2011 年 3 月の震災によせて」メールマガジン「大月書店通信」第 28 号 (2011.4.26) 所収。http://www.otsukishoten.co.jp/files/memento_mori_20110426.pdf, http://www.ot-

第 3 章　"境界領域"のフィールドワークの「エピステモロジー／メソドロジー」　155

sukishoten.co.jp/news/n 2274.html
─────, 2011d「"境界領域"のフィールドワーク──サルデーニャからコルシカへ」『中央大学社会科学研究所年報』15 号。
─────, 2011e「出会うべき言葉だけを持っている──宮本常一の"臨場・臨床の智"」『現代思想　総特集＝宮本常一　生活へのまなざし』vol. 39-15。
─────, 2012a「現在を生きる『名代』の声を聴く──"移動民の子どもたち"がつくる"臨場／臨床の智"」『中央大学文学部紀要』社会学・社会情報学 22 号（通巻 243 号），2012 年 3 月。
─────, 2012b「"境界領域"のフィールドワーク(2)──カーボベルデ諸島でのフィールドワークより」『中央大学社会科学研究所年報』16 号，2012 年 7 月。
Niihara, Michinobu, 1989, "Sardegna e Okinawa: Considerazioni comparative fra due sviluppi insulari," in *Quaderni bolotanesi,* n. 15.
─────, 1989, "Alcune considerazioni sulla vita quotidiana e sul processo dello sviluppo. Confronto fra due processi: Giappone-Okinawa e Italia-Sardegna," in *Il grandevetro*, n. 102.
─────, 1992, "Un tentativo di ragionare sulla teoria dell'insularità. Considerazioni sociologiche sulle realtà della società composita e complessa: Sardegna e Giappone," in *Quaderni bolotanesi*, n. 18.
─────, 1994, "Un itinerario nel Mediterraneo per riscoprire il Giappone e i giapponesi, Isole a confronto: Giappone e Sardegna," in *Quaderni bolotanesi*, n. 20.
─────, 1995, "Gli occhi dell'oloturia." Mediterraneo insulare e Giappone," in *Civiltà del Mar*e, anno V, n. 6.
─────, 1997, "Migrazione e formazione di minoranze: l'altro Giappone all'estero e gli'estranei' in Giappone. Comparazioni col caso sardo," in *Quaderni bolotanesi,* n. 23.
─────, 1998, "Difficoltà di costruire una società interculturale in Giappone," in *BETA,* n. 3.
─────, 1999, "Integrated Europe as Viewed from Mediterranean Island", in T. Miyajima, T. Kajita & M. Yamada (eds.), *Regionalism and Immigration in the Context of Europian Integration*, JACAS Symposium Series No. 8, The Japan Center for Area Studies-National Meseum of Ethnology, Osaka, July 1999, pp. 63-69.
─────, 2003a, "Homines patientes e sociologia dell'ascolto," in Luisa Leonini (a cura di), *Identità e movimenti sociali in una società planetaria: In ricordo di Alberto Melucci*, Milano: Guerini.
─────, 2003b, "Il corpo silenzioso: Vedere il mondo dall'interiorità del"in Luisa Leonini (a cura di), *Identità e movimenti sociali in una società planetaria: In ricordo di Alberto Melucci*, Milano: Guerini.

───, 2008, "Alberto Melucci: confini, passaggi, metamorfosi nel pianeta uomo," nel convegno: *A partire da Alberto Melucci…l'invenzione del presente*, Milano, il 9 ottobre 2008, Sezione Vita Quotidiana-Associazione Italiana di Sociologia, Dipartimento di Studi sociali e politici-Università degli Studi di Milano e Dipartimento di Sociologia e Ricerca Sociale-Università Bicocca di Milano.

───, 2010, "I servizi socio-educativi in Giappone: una comparazione," nel convegno: *Sistema formativo e servizi socio-educativi per le famiglie, per le scuole, per le comunità*, Sassari, il 15 luglio 2010, Laboratorio FOIST per le Politiche Sociali e i Processi Formativi con il patrocinio di Sezione di Sociologia-dell'educazione e Sezione di Politica sociale-Associazione Italiana di Sociologia, Università degli Studi di Sassari.

───, 2011, "Crisi giapponese─Conseguente al disastro nucleare degli ultimi mesi", nel *Seminario della Scuola di Dottorato in Scienze Sociali*, Università degli Studi di Sassari.

───, 2012, "Il disastro nucleare di FUKUSHIMA. Scelte energetiche, società cvile, qualitàdella vita", nel *Quarto seminario FOIST su Esperienze internazionali nell'università*, Università degli Studi di Sassari.

大野盛雄, 1974『フィールドワークの思想―砂漠の農民像を求めて』東京大学出版会。

Pira, Michelangelo, 1978, *La rivolta dell'oggetto. Antropologia della Sardegna*, Milano: Giuffré.

Said, Edward W., 1994, Representations of the intellectual: the 1993 Reith lectures, London: Vintage. (＝1998, 大橋洋一訳『知識人とは何か』平凡社)

鈴木佑司, 1982『東南アジアの危機の構造』勁草書房。

鶴見和子, 1974「社会変動のパラダイム―柳田国男の仕事を軸として」市井三郎・鶴見和子編『思想の冒険／社会と変化の新しいパラダイム』筑摩書房。

───, 1981『南方熊楠―地球志向の比較学』講談社。

───, 1992『南方曼陀羅論』八坂書房。

───, 1998『南方熊楠のコスモロジー』藤原書店。

───, 2001『南方熊楠・萃点の思想―未来のパラダイム転換に向けて』藤原書店。

鶴見俊輔, 2006「言葉にあらわれる洞察」『図書』第 690 号。

鶴見良行, 1995『東南アジアを知る―私の方法』岩波新書。

Whyte, William Foote, 1982, "Social Inventions for Solving Human Problems: American Sociological Association, 1981. Presidential Address", *American Sociological Review*, Vol. 47.（＝1983, 今防人訳「人間の諸問題を解決するための社会的発明―アメリカ社会学会, 1981 年会長就任演説」,「社会と社会学」編集委員会編『世界社会学をめざして　叢書社会と社会学Ⅰ』新評論）

───, 1993, *Street Corner Society : The Social Structure of An Italian Slum*,

Fourth Edition, The University of Chicago Press.（＝2000，奥田道大・有里典三訳『ストリート・コーナー・ソサエティ』有斐閣）
Williams, Terry and William Kornblum, 1994, *The uptown kids : struggle and hope in the projects*, New York: Grosset / Putnam Book.（＝2010，中村寛訳『アップタウン・キッズ──ニューヨーク・ハーレムの公営団地とストリート文化』大月書店）
Woolf, Virginia, 1929, *A room of one's own*, London: Hogarth Press.（＝1999，川本静子訳『自分だけの部屋』みすず書房）

第2部 "境界領域"のフィールドワークの現場

地図 2　本書で登場する主な地名（ヨーロッパ）

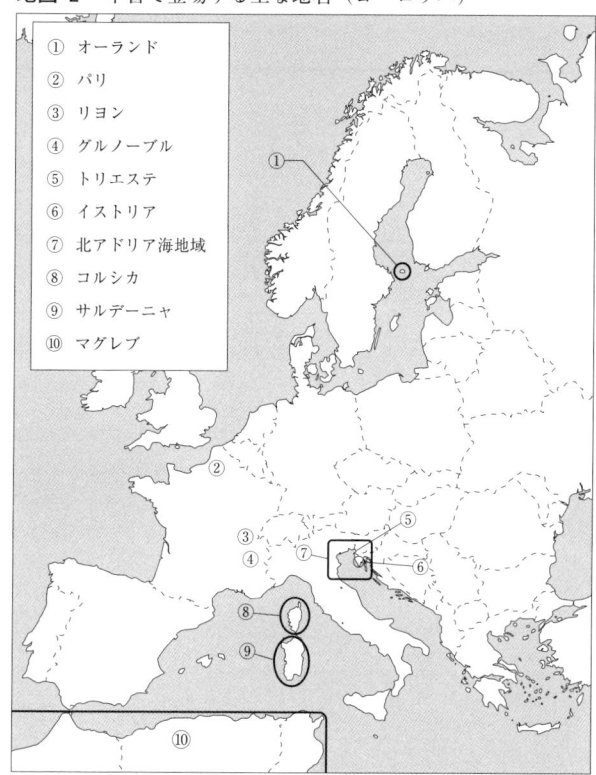

① オーランド
② パリ
③ リヨン
④ グルノーブル
⑤ トリエステ
⑥ イストリア
⑦ 北アドリア海地域
⑧ コルシカ
⑨ サルデーニャ
⑩ マグレブ

出所：テキサス大学のホームページ（http://www.freeworldmaps.net/europe/political.html）から取得した著作権フリーの地図をもとに鈴木鉄忠が作成した。

第 4 章
構築主義的政治理論と介入のテクノロジー
――「地域化／領土化された政策」とフランス共和制――

中 島 康 予

1．はじめに

(1) 不可逆な決定としての政治についての理論

　「3.11」以降の，「もとにはもどらない」という直感。それは，「不可逆なもの（irreversible）」を否応なく意識させる。この「不可逆なもの」は一つ一つの選択・決定を不可欠な要因として生み出された。政治とは，様々な資源の制約のなかで人々が自分達にかかわることがらについて行なう選択や決定という営みであるとするならば，「不可逆なもの」は政治がつくり出した。不可逆な決定としての政治の無残を「3.11」と「3.11以降」は私達に見せつけている。出来れば，その無残から目をそむけ，もう終わったこと，なかったことにしたい，もとにもどすことが出来ると信じたい，そのような誘惑と欲望が様々な意匠を凝らして蠢いている。いかにして，なぜ，そのような選択・決定がなされたのか，あるいは，なされようとしているのか，その経路を明らかにすることを追究する，「政治についての理論」が要請される。

　本書を導く糸，「惑星社会（the planetary society）」は，この社会が，第一に，社会的行為のためのグローバルなフィールドであると共に，第二に，物理的限界があり，そのような惑星としての地球に生きていることの責任／応答力を問う概念である。「惑星社会」という視座は，物理的限界を閑却する，私達の無

頓着，無邪気さ，したがって，責任を負う決定をしたことへの無自覚，萎えた応答力を浮き彫りにする。

ここで注意しなければならないのは，「惑星社会」の物理的限界は，政治という営みが前提とする資源の制約とは区別しておかなければならないという点である。決定の不可避性と不可分の政治において，資源の「制約」は社会的・政治的に構築されたものである。時間的・物理的制約を理由ないし口実とした選択肢の縮減が可能になるのもそのためである。それに対して惑星社会論における物理的限界は文字通り物理的なもので次元を異にする。しかし，この物理的限界を自覚し，「限界を受け容れる自由」，「変化に対する責任と応答を自ら引き受ける自由」（本書序章3節と10節）を獲得出来るか否かは政治に左右される。自由の保障は政治的構築の結果なのである。

(2) 可能なもの，未発のものをさぐりあてる政治の理論

自由の獲得は，「可能なもの」，「未発のもの」をさぐりあてる政治にかかっている。可能なもの，未発のものをさぐりあてる政治の役割・意義を明らかにし，その理路，それを現実にする条件（可能条件）を析出する「政治の理論」が求められる。

本書で新原道信は，社会学の三つの領域，すなわち，①「モノ」の領域，「制度」「階層構造」など「可視的」な「客体・実体」，②「コトバ」の領域，「自然言語」「生活言語」を含めた「集合表象」「意識」の領域，③「ココロ」の領域，心身／身心現象を挙げる。そして，この三つの領域の複合・重合体であるところの第4の領域すなわちコトガラ（のことわり［事柄の理］）をとらえ，個々人と社会のメタモルフォーゼ（変移）の条件を析出する試み，秩序あるいは別の混沌へと移行していくという変化（passage）のなかで起こっていることを個々の小さな事実にまで降りていって検証することを社会学の課題として設定している。「私達に共通のことがら」としての政治，「私達に共通のことがら」の線引きにかかわる政治の理論が第3の領域をどのようにあつかうべきかについては留保をつけたいが，少なくとも可視的な――政治の多元主義モデルが固

執した「可視性」とは異なるものとしてとらえなければならない——制度と集合表象，そして両者の相互作用としての「ことわり」のなかから，可能なもの，未発のものをさぐりあてる政治の理路，可能条件を析出することが，政治の理論の課題である。

　変化，変容をうんだ不可逆の決定についての理論にあっても，変化の可能条件を析出する理論にあっても，外生的なショックに依存し，それを待望する知の"かまえ"を警戒する必要がある[1]。危機的な瞬間（critical moment）に開く「空間」や「窓」を閉じようとする選択的盲目，「おわったこと」にしようとする忘却の力，受難・死・社会的痛苦をなかったことにする没思考の浄化主義の力（本書序章）と，危機論，「ショックドクトリン」，「災害ユートピア」という形をとり，外生的危機を奇貨として，この空間や窓をこじあけようとする企図は，いずれも「リアルな現実」に丁寧に向き合うことを回避しようとする，背中合わせの"かまえ"だと筆者は考える。一方は，既に存在が危うくなっている，あるいは危うくなっていたにもかかわらず，それをよりどころに，もと通りの現実を「再建」しようとする。他方は，既に在る「可能なもの」，「未発のもの」に目を閉ざし，あたかも，受難・死・社会的痛苦を埋めもどして更地をつくることが可能であるかのようにふるまい，その更地の上に手っとり早く新しい制度を構築しようとする。

(3) 再帰的近代の二重の負荷

　なぜ，このような近道を選ぼうとするのだろうか。一般的にはコストの節約で説明可能である。ただ，今日のコンテクストでは再帰的近代の二重の負荷を回避する行為と解することが出来るのではないだろうか。

　再帰的近代のもとでは，個人が自分の人生を自分で選択し，そのリスクを自分自身で担わざるを得なくなっているとされる。選択の結果への責任，他者への応答を一人一人が負わなければならない。その負荷に耐え得る強い個人が求められる。耐えられぬ個人の弱さは道徳的な非難の対象にすらなる。これが，再帰的近代が，私達に負うことを強いる第1の重荷である。

再帰的近代はもう一つの重荷を具体的に，そして現実に背負うことを求めた。「3.11」は，核／原子力という，現代の知が生み出したものが，惑星社会の物理的限界を越え出たものであることを不可逆な形で現出させた。篠原一は，1970年代を「長い年月をかけて人間が形成してきた近代そのものが根底から変えられていく社会変容の時代」（篠原　2004：iv-v）ととらえているが，おそらく，近代以前から時間をかけてかたちづくられてきたもの，構築されてきたものを根底からくつがえすことになる選択をしたことの帰結をひき受けるよう私達に迫ったのである。

この応答の在り方をめぐって「私達」の間にいくつもの線が引かれようとしている。オリンピックの東京開催決定をはさんで「別世界」の出来事のように思えると言う福島の被災者の声は境界線の在り処を鮮明にする。本書が考えるメタファーとしての「島」は，「孤立」，「辺境性」，「開発・発展」によってよりよき「未来」を実現する最小限の条件すら欠いている状況，「隔絶」であり，中心部からの隔たりなどを意味する。したがって，「島」は，空間的な広がりとしては山や平野のなかにも存在するし，エスニシティ，文化，経済活動の在り方，言語，宗教などを紐帯として構築される社会集団でもあり得る。「島」は自らを定義するし，外部からも定義されるから，そのプロセスは自らを定義し意味付与する力を横領されるプロセスともなり得る（序章5節）。「3.11以降」に現れているのは，応答をめぐって構築される，少なくともテリトリーの境界領域の位相である（序章7節）。

本章は，上述のような問題意識に基づき，不可逆な決定としての政治についての理論と，可能なもの，未発のものをさぐりあてる政治の理論とを統合するものとして構築主義的政治理論という方法を位置付け，この方法によりながら，フランスにおける「新しい貧困」，「社会的排除」に関する言説政治の展開を考察する意義と課題を再確認することをめざす[2]。以下，2節では，政治学，政治理論の展開にそくして，これまで述べてきた問題を再整理する。それをふまえ，1970年代以降の賃労働社会の変容がつくり出した「場所の赤字（un déficit de places）」を埋めるべく採用された介入のテクノロジーが「地域」——メ

タファーとしての島，包摂・参入が賭けられている境界領域——を構築する理路を，社会的排除への対処としての都市政策の変遷・変質（3節）とその要因（4節）を概観・検討することを通して考えたい。そして最後に，一にして不可分の共和国であるという意味で，近代の祖型を示すフランスを対象とする研究の今後の課題を整理する（5節）。

2. 構築主義的政治理論とヨーロッパ研究

(1) 構築主義的政治理論

近年，国際関係論ないし国際政治学，政策学，そして比較政治学の分野で，アイディア，すなわち，認知的要素，理念，信念，規範等の間主観的要素——前節で言及した「コトバ」の領域に当たるだろう——に注目し，政治が社会的に構築されるメカニズムを明らかにしようとするコンストラクティヴィズムと称される研究が蓄積されている。行動論的政治学からの脱却は，行動論的政治学がヘゲモニーを掌握していた時代には閑却されていた政治哲学・政治理論の復権というかたちで現れた。と同時に，1980年代以降，実証研究の領域においても，自己利益の最大化をめざし合理的選択を行う人間像を前提に，多元主義モデルに依拠した利益政治の過程分析から，国家や制度概念の再審・回復，新制度論へと舵を切るかたちで進展した。とりわけ，比較政治学におけるコンストラクティヴィズムは，新制度論の諸潮流のなかで最も新しく登場したもので，萌芽的な，いまだ発展途上の理論潮流である。社会学・心理学における構築主義などに比べて周回遅れ気味——行動論的政治学成立のときと同様——の参入とも言えるだろう。

政治学におけるコンストラクティヴィズム——本章では，以下，ブルデュー（Pierre Boudieu）による，現象学・エスノメソドロジー批判を含む一連の議論に基づき，科学と科学の対象についての「構築主義的な見方（une vision constructiviste)」（Bourdieu 2001 : 172 = 2010 : 205）を構築するという課題設定に

ふさわしい用語として,「構築主義的政治理論」を用いることにする[3]——の,一般的な意義や可能性として,まず,以下の3点をあげることが出来るだろう。

第1は,「決定論からの離脱と政治の独自性の明確化」である(小野耕二 2009：2)。政治学における「アイディアへの転回(ideational turn)」(Blyth 1997)において中心的役割を果たしているブライス(Mark M.Blyth)は,コンストラクティヴィズムが,ハッキング(Ian Hacking)流に「事物・事態(things)が別様であり得る」ことを意味するととらえている。

第2は,実証研究の新展開と政治理論・政治哲学の復権とを交差させ,新たな地平を開く可能性を持っている。小野紀明は,ダールの『ポリアーキー』やローウィの『自由主義の終焉』をとりあげ,これらの研究には「依然として共通に合理的選択理論に依拠」するという特徴があり,したがって「実証性と規範性の幸福な結合が図られうる」とする(小野紀明 2005：9)。しかし,「言語論的転回(linguistic turn)」において,このような「幸福な結合」は成立するだろうか。言語論的転回,「アイディアへの転回」,言説論的転回が「実証」研究の領域に及ぶときに引き起こされる批判は,しばしば,このような「幸福な結合」のゆらぎ・動揺,「結合」への挑戦に対する防御的反応を含んでいる。そもそも,政治および政治学の起源は言語と不可分であることを想起すれば,こうした反応は皮肉である。今日の政治と政治学の問題性が見えてくる。本書第8章で,新原道信は「言語や文化よりも,物財のシステムならば比較可能」であるから,「体制」ないしは「構造」の比較がなされる。しかしこのような比較において,「『主体』は『構造』の変数」であり,「言語や文化,人々の生活,ましてや個々人の身体に刻み込まれた『事柄の理』はまったくの『周辺』的なトピックであるか,あるいはひとかたまりの『言語や文化,民衆』一般という『型』に当てはめられ,『対象化』されていく」と述べる(本書8章)。言説的制度論を主唱するシュミットは,実証研究と政治哲学の交差が開く領野について,「『政治学者(political scientist)』が長い間軽視してきた政治行為に関する知見をもたらす」と共に,「政治哲学者」が「長期にわたり検討し続けて

きた」「政治的行為を構成する上でのアイデアの役割，政治的議論における説得の力，民主的正統性にとって熟議の重要性，政治的利益や価値の構築および再構築，歴史および文化における変化のダイナミズム」といった重要な問いのいくらかを扱うことで出来ることにあると主張する（Schmidt 2009：78）。

　しかし，何を討議するのか，あるいは，討議すべきなのか。この引用からは必ずしも明らかではない。そこで，第3に，決定・選択の内容を考察することの意義をあらためて確認する必要がある。この内容の分析を自覚的に行なっている政策学の成果を活用するべきだろう。これまで，新制度論には，選択の内容より制度による選択の拘束に関心を払う傾向があった（Mehta 2011：26）。また，秋吉貴雄は，権力過程，権力構造を分析することに固執してきたことが政策内容の説明を困難にしてきたと政治学的アプローチの限界を指摘している。そして，政策内容と政策変容の過程の分的枠組みを提示することが政策科学アプローチの意義であると主張する（秋吉 2007）。秋吉はラスウェルが提示した「ofの知識（knowledge of process）」と「inの知識（knowledge in process）」の区別を継承・展開し，前者を「公共政策のプロセスに関する知識」，後者を「公共政策の決定に投入される知識」と定義する（秋吉 2010：20）。1節で提示した，不可逆な選択・決定がなされた経路を追究する「政治についての理論」と，未発のものをさぐりあてる政治の役割・意義を明らかにし，その理路を析出する「政治の理論」は，この区別に示唆を受けている。もちろん，ここで言う「理論」は，フォーマルな政策決定過程にかかわる「知識」よりも広い。また，実証研究の新展開と政治理論・政治哲学の復権との交差という観点からは，「inの知識」に照応する「政治の理論」には政治理論・政治哲学，すなわち「規範の学」としての政治理論という意味がふくまれるものとしたい。

　これら3つの理論的意義を持つ構築主義的政治理論は，不可逆な決定としての政治についての理論と，可能なもの，未発のものをさぐりあてる政治の理論とを統合する方法として位置付けたい。

(2) ヨーロッパ研究と構築主義的政治理論

　第二次世界大戦後，アメリカ政治学が政治研究の領域でヘゲモニーを掌握し，アメリカ政治が，実証研究の領域においても，規範的にも，二重の意味で「モデル」とされていた。これに対して，ヨーロッパを比較考察の対象に含め，「コーポラティズム」や「多極共存デモクラシー」などの概念に依拠し，もうひとつの，別様のモデルを提示したことが比較政治を豊穣化する一つの契機となったことは周知の通りである。構築主義的政治理論に基づきヨーロッパを対象に含めた研究には，このときと同様の意義がある。

　「コンストラクティヴィズム」として同じ理論潮流にくくられながらも，国際関係論におけるそれと，比較政治学におけるそれとでは，指向性にちがいがある。いずれも，新しいレジームや制度——上述の「モノ」の領域に照応する——の構築をあつかいながらも，国際関係論は認識共同体やエリート間におけるアイディアの共有による収斂のベクトルを持つのに対して，比較政治学では，グローバリゼーションといった構造的要因を同じくしながらも，各国の差異がうまれることを説明しようとする分岐のベクトルを持つ。

　ただし，ヨーロッパを研究対象とする場合，収斂／同一性と分岐／差異／多様性のベクトルという単純な二元論を採用するのではなく，より丁寧に向き合う必要がある。ヨーロッパ各国は多様な制度を持ち，このことが，各国間の差異をうむ制度的要因となることは言うまでもない。しかしながら，たとえばEUの各加盟国政府は，ハードな制度化を推し進め収斂のベクトルを追求したアクターでもある。近藤康史は，ヨーロッパ研究を通して，国際関係論と比較政治学が対話することの意義を次のように述べる。比較政治学と国際関係論のそれぞれのコンストラクティヴィズムとの「接点を探ることにより，比較政治学の側からいえば，単に国家間の収斂を否定して差異の解明にとどまるのではなく，収斂と差異とを統合したメカニズムを解明するきっかけになる」（近藤 2013：231-232）。

　この収斂と差異／分岐／多様性との連関のダイナミクスは，本書第8章で示

されたエンツェンスベルガーの問いと重ね合わせてとらえ返すことが出来る。エンツェンスベルガーは，アメリカ，極東アジア，ヨーロッパの三極間のグローバリゼーションをめぐる覇権争いにおけるヨーロッパの「敗北」を語る。しかしこの敗北は，勝ち取られた敗北であり，混沌こそを宝とし，個々の差異を糧にして積極的に生きることを選択したことの謂いである。欠陥の寄せ集めとしてのヨーロッパ，お互いが補完してバランスをとらなくてはならないとの"願望と企図"を内包するヨーロッパにおける収斂と分岐のダイナミクスを注意深く追っていくことが求められている。

ただ，比較政治学で第一義的に問題になっている差異／分岐／多様性はナショナルレベルのそれである。しかし，本書が注視しているのは，地球規模の規格化・画一化と表裏一体をなす都市や地域の多民族化・複合文化社会化としてのグローバリゼーションである。グローバリゼーションは，社会に混沌，動揺，統治不可能性をもたらし，異端・異物を排除・根絶する力は「9.11 以降」ますます強くなってきている（序章 2 節）。ヨーロッパについて言えば，A. ランゲルの「群島（l'arcipelago）」概念が喚起するのは，大陸としてのヨーロッパではなく，「いくつものヨーロッパによってつくられるもうひとつのヨーロッパ」，「群島としてのヨーロッパ」である（序章 2 節）。このイメージは，「一にして不可分の共和国」フランスに投影されたときにどのような像を結ぶのだろうか。本章では，フランスにおける社会政策と都市政策のリンケージのなかに，異物を棄ておこうとする共和国の理念の逆説を見ていくことになるだろう。

(3) 「外部から」の空間的介入による地域の創出

次節から概観するように，1970 年代以降のフランスにおける，「新しい貧困」や「社会的排除」をめぐる政治は，社会政策と都市政策のリンケージを生み出すことになった。このリンケージはやがて，「外部から」の空間的介入のテクノロジーを通した地域の創出を惹起することになる。

W・F・ホワイトは，「どんな種類のものであっても，外部から組織やコミュニティの内部に持ち込まれる，ある何ものか」である〈介入〉に対して，「外

部からのいかなる直接の影響にもよらずコミュニティもしくは組織に出現する可能性をもち，またしばしば現に出現する」ところの〈社会的発明〉を区別する。そして両者を厳密に区別するのは，〈社会的発明〉の「自律的創造を強調するのは，人間というものは，外部のものが介入し，コミュニティや組織が必要とするものを発明してくれるのを待たずとも，自分たち自身の社会的発明を考案することを」可能にする「創造力の途方もない資源を備えていることをいいたい」からであるとする（Whyte 1982＝1983：233-234）。さらに，社会的発明をリードする資質に恵まれた傑出した「偉人」のパーソナリティや性格に依拠して説明するのではなく，「組織構造のデザイン，組織間の関係，人間が自然的社会的環境と取り結ぶ相互行為活動および関係を形造る一組の手続き」に焦点を当てることの意義を強調する（Whyte 1982＝1983：236）。主観的な精神現象，態度・信念・価値は「人びとががんこな社会問題に取り組むなかで，彼らの活動や相互行為そして物理的社会的環境との関係を再構築する創造的な方法を工夫するにつれてはじめて変わるものだ。人びとがそのような変化をもたらすのを可能とする社会的発明を研究するなかでわれわれはもっと有用な応用社会学を築くことができる」と述べる（Whyte 1982＝1983：259）。

　「外部から」の介入と〈社会的発明〉とを機械的，アプリオリに区別することについて，また，主観的な精神現象，態度・信念・価値の変化を従属変数とすることについては慎重でありたい，あるいは留保を付したいが，「外部から」の介入と〈社会的発明〉とを区別した上で，両者の複雑な連関を明らかにしていくことには意義がある。

3．介入のテクノロジーをめぐる政治

⑴　賃労働社会の変容と「場所の赤字」

　1970年代，他の先進国と同様，フランスも経済の停滞と国際化・グローバリゼーションの進展にみまわれる。失業の長期化，労働の変容，雇用の柔軟

化,不安定化 (précarisation) といった「問題」は,「新しい貧困」という表象で指し示され,やがて「排除」というアイディアをめぐる言説政治のなかに位置付けられた。ただし,排除の問題にばかり目を奪われ,社会問題の根本的な部分を看過してしまわぬようにしなければならない。なぜなら,人間の条件ならぬ,「賃労働という社会の存立条件 (condition salarial)」 (Castel 1995 : 385) の崩落,労働が果たしてきた社会の統合機能に変化が起きているからである。

「労働なき労働者たち」が社会において占めているのは,文字通り,「余剰人員 (surnuméraire)」の場所,つまり「この世界で無用の者」の場所である (Castel 1995 : 412)。本来,場所とは「社会的有用性 (une utilité sociale)」を有し,「公的な承認 (une reconnaissance publique) と結びつけられた地位 (positions)」であるとするならば,ここで現出しているのは,「場所の赤字」である (Castel 1995 : 412)。

このような事実を確認した上で,さらに,私達は先に進まなければならない。1970年代から生じた変化の内容・規模,そして,変化と問題に対処するべく繰り出された様々な政策・施策を正確に評価するという作業が待ち受けている。わけても重要なのは,参入政策の検証である (Castel 1995 : 386)。なぜなら,参入政策は,就労を前提とした社会保険と,賃労働社会の要請にこたえることが出来ない者を対象にした社会扶助から成る,「社会的なもの」の二つの世界が挑戦を受け,賃労働社会の構造がゆらぎ,この二つの世界に「回収」出来ない,新しい特徴を持った「とかく問題の種となるような人々」,労働能力ある貧困者に対する,新しい介入の方策,「新しい介入のテクノロジー」として登場したからである (Castel 1995 : 421-422, 430 note 3)。

(2) 「新しい貧困」,「社会的排除」への対処

1980年代初めのフランスでは,若者の職業的参入政策,長期失業者の職業的参入政策,街区の社会的開発 (développement social des quartiers: DSQ),都市政策 (politique de la ville),そして参入最低所得 (Revenu minimum d'insertion: RMI) などの諸政策の検討に際して重要な報告書が公にされた。これら

の報告書にみられる「inの知識」に共通する点を以下の6つに整理することが出来る（Palier 2002：289）。第1に，問題の多層性・多次元性に鑑み，包括的・総合的アプローチ（approche globale）をとるべきである。第2に，同じ地域（territoire）で異なる介入者に細分化されているのをあらため，それぞれがパートナーを組むことを重視するべきである。第3に，「最も恵まれない人々（les plus démunis）」，「排除されている人々（les exclus）」がおかれているコンテクストという変数が問題の分析と解決のためには重要であるので，困難な「区域（zones）」の経済的・社会的・文化的環境に依拠した作業・取り組みを行うことが適切である。第4に，個人が置かれている状況も，地方の状況もそれぞれ異なっているので，社会活動を個人化する（individualiser）べきである。第5に，不平等がますます拡大しているため，最もニーズ（besoin）のある人々にターゲートを絞り，積極的差別（discrimination positive）に基づき活動すべきである。そして最後に，第6に，スティグマが刻印されるのを避けるため，契約アプローチを活用する必要がある（Palier 2002：289）。

(3) 「地域政策」と「地域化／領土化された政策」

この6つの特徴のうち，以下では，介入のローカル化，地域化という軸に沿って概観していく。新しい参入政策は，「最も恵まれない人々」，「排除されている人々」がおかれているコンテクストという変数を重視する。「区域」，「街区（quartiers）」といった「領域／土地／領土／地域（territoire）」がコンテクストを構成しており，社会政策はこの空間を基盤として構築されることが望ましく適切であるとのアイディアが，参入政策推進のアクターによって強調される。

18世紀フランスでは，「土地／地域」への帰属，コミュニティへの登録は給付やサービスの受給資格要件であり，目的ではなかった。これに対して，新しい参入政策では，単に当該空間に居住しているだけで十分であり，受給者のニーズだけが要件であると主張された（Palier 2002：291-294）。

さらに，地域にはこうした，やや形式的で控え目な位置付けばかりではなく，特別の意味がしばしばあたえられた。「領域／土地／領土／地域」は，社

会的・文化的・経済的・政治的関係を結び合う人間が占有する空間（espace occupé）であり，したがって社会政策もこうした関係性総体の上に構築されなければならないし，そこで発展させなければならない。公共政策は街区——都市における「領域／土地／領土／地域」の具体的形態——を社会的・経済的に存在させることを追求するべきである。したがって，「領域／土地／領土／地域」は政治的次元を獲得する（Palier 2002：291-292）。新しい地域社会政策（les nouvelles politiques socials territoriales）は「公共空間」という意味で別の空間を切り拓く。この空間は，参入のための「領域／土地／領土／地域」，政治的領域（terriroire），市民権のための場所（lieux），市民のパロールのための場所である（Autés 1999 cité par Palier 2002：296）。たとえば，1980年代のはじめ，街区の社会的開発（DSQ）の手続きにのっとり，政治的投資と技法の革新に基づいて取り組まれた，数少ない初期のプログラムの場合，地方が潜在的可能性を秘めていることや，自主管理活動の発展を通して社会的アイデンティティが再構成されることが強調され，その実験的性格が際立っていたとキャステルは肯定的に評価する（Castel 1995：425）。

　しかし，その後の展開は，このような評価を維持することを躊躇させるものであった。ローカルに生産される公共政策は，地域と社会的結束（cohésion sociale）をも創出し，デモクラシーによる統合と帰属をうみ出す。M・オーテ（Michel Autès）は，こうした政策を「地域政策（politiques territoriales）」と呼び，中央集権的に立案された政策を地方という平面に適用した，「地域化／領土化された政策（politiques territorialisées）」と区別する（Autés 2004：134）[4]。このオーテの分類にしたがえば，「地域政策」という装いをもった「地域化／領土化された政策」がしばしば形成され実施されるという様相を呈したとすることが出来る。ドンズロ（Jacques Donzelot）は，「地域化／領土化された政策」のなかに，「都市に押しつけられる政策を経由して公共政策を地域化／領土化しようとする意志」，「国家権力からこぼれ落ちた市街地に公共政策を適用して国家権力を復活したいという願望」を読み取ろうとする（Donzelot 2006：175＝2012：194）。

ドンズロによれば, 90年代, 都市政策の変遷・変質が進行した。その直接のきっかけを与えたのは1990年10月, リヨンの郊外ヴォ-アン-ヴラン (Vaux-en-Velin) でおきた大規模な暴動だった。この年の12月には「郊外89」が主催し,「大規模住宅団地と訣別するために」と題するシンポジウムが, リヨン郊外のブロン (Bron) で開催された。ミッテラン大統領は,「もっとも恵まれない郊外を改善し社会的排除と闘う」方針を掲げ, 都市担当相を置くと表明した。それをうけて都市担当大臣職が年末に創設され, 都市政策という名称が公式のものとなった。これ以降の変化の徴表として, ①街区の意味変容と, 街区から区域へという「地域」の呼称の変化, ②積極的差別の対象としての地域の構築, ③契約アプローチから「指数に基づく統治」へ, の三つにドンズロは注目している。

　第1の「地域」の意味変容と呼称の変化を見てみよう。街区（界隈）という言葉は近隣関係とそれを築く居住者 (les habitants) への関心を強調する用語であった (Donzelot 2006 : 24 = 2012 : 23)。社会的開発は, 街区の状況を変えるためには居住者が持つ潜在的な力を開発することが望ましいという考え方に基づいていた (Donzelot 2006 : = 2012 : 63)。しかし, 1990年の暴動が社会的開発は芳しい効果をあげていないのではないかという疑念をゆるぎないものにした。解決すべき問題のある空間, 公共サービスや雇用を提供し, 優先的に介入すべき対象としての地域／領土 (territoire) を呼ぶシンプルで純粋な呼称として「区域」がふさわしい。そして, この介入は「積極的差別 (discrimination positive)」という理念に基づき正統化されることになった (Donzelot 2003 : 120)。これが変化を示す二つめの徴表である。

　1991年から1997年にかけて大きく発展した, 積極的差別の対象として地域を構築するという戦略は, アメリカのアファーマティブ・アクションに相当する手法である。ただし, 人々にではなく地域に差別的手法を適用するという点にフランスの特徴がある (Donzelot 2006 : = 2012 : 74)。社会的開発の時代において街区は固有のリソースを持っており, それを開発すればよいと考えられていたが, 地域の積極的差別は, このような構想からの訣別を告げるものであった。

この戦略の前提になっているのは，問題の空間はサービスの質の悪さや雇用の供給不足といった点で「欠損／赤字(déficit)」に苦しんでいるという診断である。「かりに国土のうえで，ある街区が他の街区よりもうまくいっていないとすれば，その原因は，共和国が他の地域ではもっと公平に供給しているものが」その地域では不足しているからであり，それは補償されなければならないとされた(Donzelot 2006：71-72＝2012：72-73)。この理念に依拠し，どの区域に介入すべきなのか，その線引きのためには厳格な指標が必要となる。このことが，契約アプローチから「指数に基づく統治」へという第3の変化を生むことになる。

　もともと，都市政策における契約アプローチは，ミッテラン政権の目玉政策でもあった地方分権という新たなコンテクストのなかで，地方自治体を国家の行動に結びつける方法であった。しかし，積極的差別政策である1996年に始まった都市振興協定のもとで「恵まれない区域にたいして諸街区の平均値との偏差に厳密に比例して免除措置を認め，平均水準に引き上げる」という施策を執行するためには，「異論の余地のない解釈を提出しなくてはならない」。そこで総合的・絶対的な排除指数が作成されることになった。都市担当省庁間代表会議が国立統計経済研究所と共同で，25歳未満の若者数，長期失業者数，外国人比率といった指標を確定し，その指標をもとに恵まれない地域の境界を確定することが可能になった。そして，「この指数による統治という方式」が契約という方式をひそかに掘り崩し，『遠隔統治(gouvernement à distance)』の前触れ」となった。国と自治体との交渉が可能だというアイディアを「根底から覆してしまったからである」(Donzelot 2006：71-72＝2012：108-109；Estèbe：2004)。ここに，専門知識に依拠した官僚，中央政府による都市政策の技術化，脱政治化を認めることもできるだろう。

　もしこの変容・変質が事実であるとするならば，本節冒頭で参照したパリエは1980年代の報告書にみられる六つの特徴を横並びに列挙しているが，そのやり方を見直し，都市政策と社会政策，さらには経済政策の相互関係に注意をはらいながら，それらの展開を，もう少し丁寧にトレースしなければならないことになる。

4．フランスにおける地域構築の要因

(1)「科学界」の「誘惑」

　なぜこうした政策の変質が生じたのだろうか。「in の知識」を生み出す要因としてキャステルが注視するのは，ブルデューに倣えば「科学界」の問題である。街区がそれ自体で自足することが出来るような，一種の社会現象にまで盛り上げる誘惑にかられる，あるいはそうせざるを得なくなったとキャステルは述べる（Castel 1995：425-426）。このような政策の変質の過程のなかに潜んでいるのは，次のようなことである。すなわち，社会学が，社会全体を貫く問題を，「排除」や「排除されている人々」に拙速に結晶化させてしまうのと同じように，ある地域に囲いこまれていることを，排除の空間的な投影，あるいはメタファーとしての排除を以てとらえようという誘惑が存在している。それが，「諸問題の地域での管理（gestion territorial des problèmes）」——ホワイトによれば「外部からの介入」——と呼んだ方がよいようなことであるにもかかわらず，自分達が扱っているものが排除なのだと信じる誘惑が存在しているのである（Castel 1995：428）。

　この「誘惑」は，社会的に構築された事物を対象とする研究・科学にまつわるものであり，対象化する主体を対象化する作業，「社会学的構築とこの構築の主体との社会的諸条件」の科学的解明の閑却としてブルデューが指摘している点にかかわっていると筆者は考える。「科学的研究活動のルーチン的作業の諸含意と諸前提との分析が，これらの条件に無知な研究者がそれと知らずに自分の研究の内に持ち込む，そして，研究者が知らぬ間に，つまり研究者に代わって，科学の対象の構成（construction）のようなもっとも固有の意味での科学的な作業をやってしまう思考形態の社会的可能条件と限界」についての実践的反省性（réflexivité pratique）が常に求められる（Bourdieu 2001：173-179＝2010：207-213）。

(2) 福祉縮減のもとでの社会政策と都市政策のリンケージ

政策変容の要因として第2に指摘すべきは，福祉縮減へと多くの先進国が舵を切り，国家の正統性があらためて厳しく問われているなかで，ターゲットを絞り選別化するという方法は，「再帰的近代」「第二の近代」論などのマクロな社会理論の下支えも受け，社会的排除との闘い，参入・包摂の実現という政策目標の達成にとって望ましい政策として推奨される一方，福祉国家の縮減，社会支出の緊縮という財政的制約に適合的な政策でもあった，という点である。

キャステルは，ナショナルなレベルでの政策が手詰まりになる一方，「国家は公共サービスを通して，その地域に強い影響力を及ぼすことが出来たために」，社会問題・雇用問題を都市問題にシフトさせる誘因がはたらいていたと述べている（Castel 1995：440 note 2)。ここでは，社会政策と都市政策のリンケージが少なくとも企図された――シフトが起きたということについてはさらなる検討が必要だろう[5]――ということをまず確認しておこう。「新しい貧困」，「社会的排除」という問題の解決は一義的には社会政策によるものであると従来は考えられてきた。また，雇用，労働市場への参加を通した包摂・参入が成功するかどうかは，雇用政策や経済政策とのリンケージ如何に左右される。これらと都市政策を結びつけるという選択がなされたのである。

キャステルが根拠としてあげている，国家の地域への強い影響力が具体的に何をさすのか，たとえば，フランスの中央集権的政治体制という制度要因を想定することは出来るとしても，彼が何を念頭においているのかは判然としない。また，前節で整理したように，都市政策の変容・変質が生じているとするならば，都市政策とのリンケージの条件と，都市政策そのものの変容・変質，そして都市政策と結びつけられた社会政策の変容との関係とをより分けて検討しなければならないだろう。本来であれば，先進諸国との比較を通して，その条件を解明すべきであるが，筆者の能力の制約から，本章では，フランス共和制という制度的要因との相互作用に限定して，この変容・変質の経路を追ってみたい。

(3) フランス共和制という制度的要因

フランスは「不可分の非宗教的（laïque），民主的，かつ社会的な共和国である」と憲法にもある通り，「一にして不可分の共和国」との理念が，諸制度や政策を規定する大きな要因になってきた。しかし，この理念と制度にゆらぎが生じていることもまた事実である。

1981年に誕生したミッテラン政権の目玉政策の一つは地方分権の推進であった。翌1982年に制定された「コミューン・県・レジオンの権利と自由に関する1982年3月2日法律第82-213号」がその嚆矢となった。それに先立ち，街区社会的開発全国評議会が設置され，街区の社会的開発が創設されたのが81年の10月のことである。1982年12月に，ユベール・デュブドゥ（Hubert Dubedout）が首相に対して提出した報告書『みなでともに都市をつくり直す』では，都市をつくり直すのは街区の居住者（les gens）であり，住民に照準を合わせた政策実施をめざすとされた。地方分権のコンテクストのなかで地方議員は国の行政と協力し，契約という手法を通して都市の再生を実現するよう要請された（Donzelot 2006：61-62＝2012：62-63）。もともと原子力庁の機関である原子力研究センター（Centre d'études nucléaires）に勤務するためにグルノーブル（Grenoble）にやって来たデュブドゥは，1965年，グルノーブル市長に就任し，1983年までその職にあった。デュブドゥ市政のもとで，市長率いる「自治体活動グループ（Groupe d'Action Municipales（GAM））」をベースに1960年代後半から1970年代の自治体改革が進められた。街区組織など地域の自発的結社（アソシエーション：association）を市の政策決定に積極的に参加させるなど，「グルノーブル方式」として肯定的な評価を受け，フランスにおける新しい社会運動の具体例と見ることが出来る（中田　2005）。上述のようにキャステルも同様の評価をしていると思われる。80年代の都市政策は，70年代を通して形成されつつあった新たな経路のヴェクトルに沿ったものと考えられる[6]。

他方，前節でも言及した「居住者（les habitants, *les gens*）」という用語には，実は，もう一つの意味が含まれていることにも目を向けなければならない。

「居住者」とは，街区社会開発の時代には，「居住しているという以外の職業的ないし政治的な身分をほとんどもたない住民を表すための呼称」であり，エスニックな特徴を持っていることを名指すことをしないための呼称でもある（Donzelot 2006：24-25＝2012：23）。1981年7月，リヨン郊外のヴェニシュー（Vénissieux）の街区マンゲット（les Minguettes）で大規模な暴動があり，12月にマンゲットの住民が計画した「ブールの行進」をメディアがとりあげ，ミッテラン大統領が行進の中心人物をエリゼ宮で迎えた。マグレブ移民を親に持つフランス生まれの人々「ブール」のとりわけ若者達の場所をフランスのなかにきちんと位置付けること。そのための政策が，都市政策と言われたのはなぜなのか。それは，「当時，統合（intégration）について語ることは，共和国が，共和国の一部分を構成する住民とのあいだに，エスニックな出自や肌の色，宗教を理由とした，単なる誤解ではない，根本的問題を抱えるということを認めることになるからだった」（Donzelot 2006：10＝2012：7）。

　ただし，社会的混成に関して，デュブドゥ報告はもう少し微妙なニュアンスで記している。街区の社会的構成の均衡をテーマに掲げ，隔離のプロセスを止めることが肝要である。ただしその際，街区の民衆の現実を否定してはならない。「いくつかの街区が支配的なエスニシティを通して街区のアイデンティティを見いだすこと」を否定してはならない。エスニティの差異（diffrences）を尊重しながら「さまざまな社会集団の共存を支援する」ことが求められた（Dubedout 1983：52-53, 57, 60）。「社会的混成（mixité sociale）」という理念が，デュブドゥ報告と共に登場し，世紀がかわって制定された都市再生にかんする2つの法律（2003年の都市再生法，いわゆるボルロー法と2005年1月の社会凝集のためのプログラム作成基本法（ボルロープラン））に至るまで貫かれている。この一連のプロセスのなかで，「社会的混成」，「社会的凝集（cohésion sociale）」，「隔離（ségrégation）との闘い」という言説が一貫して観察出来る（Donzelot 2006：78＝2012：80-81）。

　90年代以降，都市政策の変容が生じていたことは既に述べた通りだが，「社会的混成」という言説はむしろこの変容・変質のなかで力を増していった

(Donzelot 2006：25-26＝24-25)。90年の暴動は街区事業体のような自発的結社（アソシエーション）が無力であることを印象付け（Donzelot 2006：71＝2012：72），国家の地域への影響力を回復する機会を用意した。1993年の移民法及び国籍法の改正における，不法移民の追放，国籍取得や家族呼び寄せの要件の厳格化は，マイノリティの可視化を引き起こした。この貧しい「可視的マイノリティ」が郊外団地のなかで目立つと受け止められるようになり，「このような団地（cités）のことを棄て置かれた場所（lieux de rel*égation*）として組織的に語り始める」（Donzelot 2006：49＝2012：49）。この組織的言説の端緒を開いたのが，1991年7月に提出されたジャン＝マリ・ドゥラリュ（Jean-Marie Delarue）報告である。棄て置かれた「恵まれない団地の居住者はこの場所にとどまり，強制された親密さ（un entre-soi contraint）のなかで生きることを余儀なくされる」（Donzelot 2006：50＝2012：49-50）。「産院で産声をあげてから墓場までこの場所で生きていく」（Donzelot 2013：186）ような，強制された親密圏が構築されている。隔絶された「島」をそこに見ることが出来る。

　こうした居住者達をとりまく問題はなぜ生まれるのか。それは「居住者たちが仲間うちにとどまって孤立し，棄て置かれ『貧困の文化』の犠牲者になっているからである。同じ不遇（défaveur）を託つ人びとのあいだに貧困の文化が蔓延する。この文化は居住者たちが生活条件改善のために闘う意気を阻喪させ，むしろその生活条件から最高の資源を引き出すように，すなわち生活出来ないがゆえに，依存（dépendance）を生きる方法にするように仕向けている」（Donzelot 2006：80＝2012：82-83）。「貧困の罠」や「依存」文化にたいする批判は，参入政策の展開のなかでも強まり，参入の権利の道徳化，参入の対象となる主体とそのふるまいの責任追及／有責化が進行した（中島 2012a, 2012b）。社会参入を住宅政策のなかで実現するべく参入支援住宅が増やされることになるが，そこでは「借家人としての振る舞いについて，居住者個々人の責任を追及する／有責化する」ことへの専心が見い出せる（Donzelot 2006：91＝2012：94）。この役割を担うことになったのが，居住支援を専門にする自発的結社（アソシエーション）であった。後で述べるように都市再生に責任を負うことになった

市町村長，さらには，地方政治家と，公的財源に依存するフランスの自発的結社（アソシエーション）が一体となって，居住者の従順さ／素直さを計測する。そこにアソシエーション・クライエンタリズム（clientélisme associatif）——社会的開発でも，「エンパワーメント」でもなく——が成立しているとすることも可能である（Donzelot 2013 : 191-192）。

　学業の成功，親の再就職，犯罪減少，いずれの問題であれ，それを都市政策レベルで解決する方策が社会的混成であると考えられた。1991年に制定された都市基本法において社会的混成を居住環境の混合という形態として法的目標にすえた。「社会的混成について語られざるあれこれのこと（les non-dits）」を一言でまとめるなら，「都市政策とはあえてそう名指さずに移民を統合する政策にあたえられた名称」だということである（Donzelot 2006 : 86-87＝2012 : 89）。多文化主義が，「一にして不可分の共和国」という制度化された規範に敵対する「共同体主義（communautalisme）」であると受け取られることが多く，「共和制信奉者の共同体主義嫌い（phobie républicaine du communautarisme）」（Donzelot 2013 : 186）が厳然と存在するフランスにあって，「社会的混成」にまさるアイディアはなかった（Donzelot 2006 : 26-27＝2012 : 25-26）。

　社会的混成の理念は2000年を過ぎると明白な事実（évidence）という正真正銘の地位を獲得するに至った（Donzelot 2006 : 25＝2012 : 24）。居住者から住居に関心は移り，都市工学に依拠した建物の取り壊し／再生が中心的アクターの選好となる。治安という争点をめぐって極右との支持基盤争いで不利になりたくない右派と，雇用という争点をめぐって極左から地盤を脅かされることを避けたい左派にとって建物を改築する大規模プロジェクトというアイディア——右派は「都市再生（rénovation urbaine）」，左派は「都市再建（renouvellement urban）」という「お題目」（Donzelot 2006 : 25＝2012 : 24）——が左右のフォーカルポイントとなる。ジョスパンが1回目投票で敗退し，シラクが決選投票で恥ずべき大勝利をおさめた2002年の大統領選挙の教訓だった。小選挙区2回投票制を採用し，左右の政治的スペクトラムが相対的に有効であるということが，各アクターの選択を規定する制度的要因であったと考えられる。

この時期，都市再生法に基づき2003年に創設された全国都市再生機構（ANRU）を窓口として政府目標のすべてが十分に取り入れられると判断出来る市町村申請の都市再生事業にのみ予算がつけられることになった。この制度は，分権化という新しい経路が形成されつつあるかにみえるコンテクストのなかで，ドンズロによれば，「市町村の完全な自律性を付与する方式」を装いながら，実際は，中央政府の目標に対して市町村長に明確な責任を担わせることを狙ったものであった（Donzelot 2006：26＝2012：25）[7]。2004年には，これと平仄を合わせるかのように，これみよがしの宗教的徴表を公立の小中高校で身につけることを禁止した非宗教性原則の適用にかんする法律が制定されていることを付け加えておこう[8]。

5．おわりに

今日，フランスにおける都市は，棄て置かれた場所，棄て置かれた場所を忌避した中間層がそこから逃避・脱出して形成された周縁都市（péri-urbanisation），グローバリゼーションが生んだ「シンボリック・アナリスト」階級が住みつき高級住宅化（gentrification）した旧都心の3つに分割されている（Donzelot 2006＝2012, Donzelot 2013：143-152）。このような境界線で区切られ，障壁で仕切られた地域が構築されたのは，介入のテクノロジーの所産であると断言することは出来ない。そのような単純な見方に立つのではなく，本章を通して確認出来たのは，地方分権，ローカルなデモクラシー，居住者の潜在的能力に依拠した社会的開発という〈社会的発明〉と，外部からの介入とを区別した上で，両者が連関しながら不可逆な決定としての政治が展開したことである。

それでは，このような地域構築とは異なる，他なる可能性を構想することが出来るだろうか。ドンズロは社会問題よりも都市問題を語ることを選ぶべきであり（Donzelot 2006：34＝2012：32），社会的市民権から都市的市民権（citoyenneté urbain）への移行を掲げている（Donzelot 2013）[9]。ここに，キャステルと

ドンズロの対立がある（Donzelot 2006：34 note 1＝2012：59）。都市的市民権で賭けられているのは「社会的移動性の向上／社会の動員（mobilisation de la société）」である。「社会的移動性の向上／社会の動員」には二つの意味が含まれている（Donzelot 2013：188-189）。第1は，移動性（mobilité）を高めるという意味である。リソースに恵まれない居住者を場所が足留めし，監禁する都市政策と訣別し，都市圏（agglomération）という広がりのなかで，住宅・就学・雇用の機会を保障して個人のエネルギーを発展させ，都市の能力を増進させるために，移動性を高めるべきだと主張する（Donzelot 2006：177＝2012：195）。「同時に開いていてかつ閉じている空間を作動させること」が都市を生み出すものを可能にするのであり，このように作動した空間は外ではなく内なるものへと転態し，外部への恐れを鎮め，惹きつけるよその場所（ailleurs）に変わるだろう（Donzelot 2006：177-178＝2012：196-197）。こうして，空間的資本を増大させることが出来る。「社会的移動性の向上／社会の動員（mobilisation de la société）」の第2の含意は，文字通り社会の諸力を動員し，最適な形で各自のことを配慮するという意味である。

　筆者は，1990年代以降のフランスにおける参入政策の考察を通して，「社会的なもの」の領域が，以前よりも劣るとはいえ保護される「インサイダー」（Palier & Martin 2008：16）たる中核労働者たちの第1の領域と，「正当な」理由により勤労所得を得ることが出来ない者に給付される扶助を受ける者達の第2の領域の間に，不安定で中間的な就労（パートタイム，有期契約）形態で，所得は低水準にとどめおかれ，可能な場合は多就労が常態となる，そのような第3の領域，不安定な不完全雇用（un sous-emploi précare），準第二労働市場（quasi-second marché du travail）が誕生しているのではないかという見解を示した。この「社会的なもの」の三つの領域は，棄て置かれた場所，周縁都市，旧都心という都市の三幅対（triptyque）（Donzelot 2006：48 note 11＝2012：60）ときれいに対応していない。都市のありようを描き出す三幅対の今日の祭壇画は，可能なもの，未発のものを掬い取り，描ききっているわけではない。都市問題に還元するアプローチには，エスニシティにのみフォーカスして，これを

対象化し，差異／分岐／多様性を語るという陥穽が潜んでおり，単一思考の共和制のネガ，反転した共和制と言えるのではないだろうか。むしろ，都市問題と社会問題との関係性，都市政策と社会政策のリンケージが政治的にどのように構築されるべきなのかが，可能なもの，未発のものをさぐりあてる政治の理論の課題でもあり，それをさぐりあてるためには，本章後半で素描したような不可逆の決定としての政治の帰結との丁寧な摺り合わせが必要なのではないだろうか。

本章では，核／原子力に依拠した一にして不可分の共和国であるという意味で，近現代の祖型を示すフランスを対象にすえることの意義と課題を示すことが出来なかった。他日を期したい。

注

1) 政治学の新制度論においても安定的に維持されてきた制度の変容を外生的要因による「均衡断絶」によって説明するアプローチがあるが，本論で述べるように，警戒を要するアプローチである。
2) 既に発表した拙稿（中島 2005, 2009, 2011, 2012, 2013）を，本書の枠組みのなかに位置付け，読み直すことが課題である。
3) 構築主義的政治理論という用語を採用する主旨については（中島康予，2011）を参照されたい。
4) ここで「地域化／領土化」という日本語を結びつけて用いているのは，ドンズロが注意を喚起しているように，「領域／土地／領土／地域（territoire）」という言葉がもともと「国家権力（l'authorité de l'État）に属する集団が定着する一定の土地の広がり」をさしていたことによる（2006：175＝2012：193-194）。また，フランスでは，中央・地方関係にかんして，「脱集権化（décentralisation）」と「脱集中化（déconcentration」を区別している。その特質を理解しやすい日本語としては前者を「地方分権化」，後者を「政府機能分散化」と呼ぶことが出来る（中田 2005b）。
5) ドンズロは，社会問題から都市問題へ，したがって，解決策レベルでは，社会政策から都市政策（la politique de la ville）へ，厳密には，「都市のための政策（la politique pour la ville）」―宇城輝人によれば「都市を擁護する」政策―への移行を規範論的に主張する。
6) 新たな経路形成の可能性と考えるならば，その要因を解明しなければならない。たとえば，中田晋自 2005 を参照されたい。
7) 2003 年から 2004 年にかけての地方分権の第二幕となった憲法改正がなされ「共

和国の組織が分権化される」ことが明記され,地方自治体の憲法上の地位が確定された。また権限委譲に伴う財源保証がなされた。しかし,これらの改革は「地域民主主義」の深化をもたらしたわけではないと岡村茂は述べる。むしろ,政治的正統性の弱体化に悩む第2期シラク政権が,「地方首長への住民への支持力の掘り起こしによって政権の強化を図ろうとする政治戦略」によるものだと分析している(岡村 2010:72, 265)。都市政策の変容の観点から,国と地方,各アクターの力関係等の検討については今後の課題としたい。
8) ここまで,フランス共和制という制度的要因に規定された社会政策と都市政策のリンケージについて見てきたが,EUでも,INTERREG, LEADER, URBAN, EQUAL といった都市問題への対応が展開している。ヨーロッパ・リージョンレベルとナショナルレベルとの関係も検討を要する。
9) 新しい要請によって社会的市民権を修正し,補って完全なものにするとも述べており(Donzelot 2013:188-189),このようなトーンと,シンプル,明快,断定的物言いとの関係をどう解釈するのが適切か,判断が難しい。

引用・参考文献

秋吉貴雄,2007『公共政策の変容と政策科学——日米航空輸送産業における2つの規制改革』有斐閣。
———,2010「公共政策学の系譜——公共政策学はどのように形成され,展開したのか?」秋吉貴雄・伊藤修一郎・北山俊哉,『公共政策学の基礎』有斐閣(第2章)。
Autès, Michel, 2004, *Les paradoxes du travail social* (la deuxième édition), DUNOD.
Béland, Daniel and Robert Henry Cox, 2011, "Introduction: Ideas and Politics", in Béland, Daniel and Robert Henry Cox (eds.), *Ideas and Politics in Social Science Research*, Oxford University Press.
Blyth, Mark M., 1997, "Any More Bright Ideas?" The Ideational Turn of Comparative Political Economy", *Comparative Politics*, vol. 29, no. 2.
Bourdieu, Pierre, 2001, *Science de la science et réflexivité: cours du Collège de France 2000-2001*, ed. Raison d'agir. (=2010, 加藤晴久訳『科学の科学 コレージュ ド フランス最終講義』藤原書店)
Castel, Robert, 1995, *Les métamorphoses de la question sociale: Une chronique du salariat*, Fayard.
Donzelot, Jacques (avec Catherine Mével et Anne Wyvekens), 2003, *Faire Société: La politique de la ville aux États-Unis et en France*, Seuil.
Donzelot, Jacques, 2006, *Quand la ville se défait: Quelle politique face à la crise des banlieues?* Seuil. (=2012, 宇城輝人訳『都市が壊れるとき——郊外の危機に対応できるのはどのような政治か』人文書院)
Donzelot, Jacques, 2013, *La France des cités : Le chantier de la citoyenneté urbaine*, Fayard.

Dubedout, Hubert, 1983, *Ensemble, refaire la ville,* rapport au Premier ministre, La Documentation française.

Estèbe, Philippe, 2004, *L'Usage des quartiers, Action publique et géographie dans la politique de la ville, 1982-1999*, L'Harmattan.

近藤康史, 2013「比較政治学との対話—国際的収斂と国家間差異との間で—」大矢根聡編『コンストラクティヴィズムの国際関係論』有斐閣.

Mehta, Jal 2011, "The Varied Roles of Ideas in Politis" in Béland,Daniel and Robert Henry Cox (eds.), *Ideas and Politics in Social Science Research*, Oxford University Press.

中島康予, 2005「フランスにおける福祉国家再編の『新しい政治』」古城利明編著『世界システムとヨーロッパ』中央大学出版部.

————, 2009「福祉国家再編をめぐる言説政治分析のための予備的考察—『可能なもの』の再構成と政治学—」『法学新報』第115巻第9・10号.

————, 2011「構築主義的政治理論における言説政治分析に関する試論—内在的因果関係論と「可能なもの」の政治的条件—」『法学新報』第118巻第5・6号.

————, 2012「ポスト受動的福祉国家のアイディアと連帯—フランス福祉レジームの変容と言説政治—」『法学新報』第119巻第5・6号.

————, 2013「労働能力ある貧困者の主体化と非申請—挟撃されるフランスの参入政策—」『法学新報』第119巻第7・8号.

中田晋自, 2005『フランス地域民主主義の政治論』御茶の水書房.

大矢根聡編, 2013『コンストラクティヴィズムの国際関係論』有斐閣.

岡村茂, 2010『フランス分権化改革の政治社会学』法律文化社.

小野耕二, 2009「『構成主義的政治理論』の意義」小野耕二編著『構成主義的政治理論と比較政治』ミネルヴァ書房.

小野紀明, 2005『政治理論の現在［思想史と理論のあいだ］』世界思想社.

篠原一, 2004『市民の政治学』岩波書店.

Schmidt, Vivien A., 2009「アイデアおよび言説を真摯に受け止める—第四の『新制度論』としての言説的制度論—」小野耕二編著『構成主義的政治理論と比較政治』ミネルヴァ書房.

Whyte, Willam Foote, 1982, "Social Inventions for Solving Human Problems: American Sociological Association, 1981 Presidential Address", *American Sociological Review*, Vol. 47, No. 1 (=1983, 今防人訳「人間の諸問題を解決するための社会的発明—アメリカ社会学会, 一九八一年会長就任演説—」「社会と社会学」編集委員会（栗原彬・今防人・杉山光信・山本哲士）編『世界社会学をめざして（叢書 社会と社会学1)』新評論）

第 5 章
国境の越え方
―― イタリア・スロヴェニア・クロアチア間国境地域
「北アドリア海」を事例に ――

鈴 木 鉄 忠

1．はじめに：変化する国境

(1) 変貌する国境の光景

　国境での小さな出来事から始めたい[1]。2008年秋の休日，イタリアとスロヴェニアの国境をパスポートなしで越えるハイキングが催された。こうした平和行進はこの一帯で既に1980年代初めから行われてきた。しかし「パスポートなしで」は2007年12月のシェンゲン条約の施行により両国の国境検問が撤廃されたからこそ可能だった。当日の早朝，山登りの格好をした約20名のトリエステ市民とともに，イタリアの東の最果てにある港町ムッジャを出発し，1時間ほどでスロヴェニアとの国境にある集落チェレイに辿り着いた。地図上で両国のボーダーが接する辺りには，無人の国境検問所，撤去作業中の鉄柵，「トリエステ問題」下に連合軍が使っていた洗濯場跡，両国を分離する地点に立つヨーロッパ連合（以下，EUと略す）のシンボルをあわせた国境標識が目に見えるかたちで存在する。目を転じて丘陵地帯の峠から碧いアドリア海を見下ろせば，近世にハプスブルク帝国の自由港として発展したものの二十世紀には各国の争いと支配に翻弄され，今尚港の再生に苦悩するトリエステの街が見える。視野を周辺に向ければ，そこには果樹園と葡萄畑からなる地中海世界

の景観が広がり、さらに後背地にはダルマツィア沿岸まで続くカルスト台地の白い岩肌が見える。この国境の光景(ボーダー・ランドスケープ)が、北アドリア海地域における二十世紀の政治的「事件史」、人間集団による「緩慢なリズムをもつ歴史」、長い時間をかけてつくられた「ほとんど動かない歴史」を伝えるミクロコスモスになっている（cf. Braudel 1966＝1999：21-23）。

写真1 「イタリア・スロヴェニア間国境の光景」

出所：2010年3月に筆者撮影。

さて、スロヴェニア側の集落を越え、両国の海側のボーダーが接するハイキングの最終目的地となる旧国境検問所に着いたときには陽はだいぶ落ちていた。再びムッジャの町へ引き返す市営バスが出発するにはまだ時間があった。お腹を空かせたある婦人と私はスロヴェニア側の店にパニーノを買いに走った。しかし夕方の混雑時で注文は遅れ、1日数本しかないバスを乗り過ごしてしまった。海岸沿いの道を徒歩で引き返していたところ、運よく参加者の一人が途方に暮れた私達を発見し車でムッジャまで戻してくれた。

今でこそ可能なこの類のエピソードもつい最近までは不可能だった。パスポートなしで国境検問所を通り抜けることも、数分のバスの待ち時間の間に「越境」して買い物することも、ましてやここが「鉄のカーテン」として二つの世界を分割していたとき、鉄条鋼の国境線がはりめぐらされた丘陵地帯に立ち入る者は国境警察隊(グラニチャリ)に狙撃される危険と隣り合わせだった[2]。

こうした国境の光景と出来事は多くの日本人にとって理解しがたいものであ

る。なぜなら国境は「島国」を取り囲む海のように「自然な」現象であり，それによって政治的統一性とその内部での社会・文化的同質性が保証され得る「固有の領土」の地理的限界としてイメージされるからである。それため国境が大地の上に引かれ，それが画定されたかと思ったら移動し，あるときは消滅する「人為的な」事実だと理解するのは難しい[3]。しかしながら国境の「領土問題」をめぐる近年の緊張は，日本においても従来の国境のイメージを急速に変えつつある[4]。

(2) 近年の国境の変化と国境研究

近年 20 年ほどの間，堅固な国境という近代的観念は根本的に変化した。こうした事態は冷戦構造の解体を契機として世界規模で急速に進行した。変化の第 1 の潮流は 1980 年代末と 90 年代以降の社会主義体制の崩壊によりもたらされた。これによって新たに誕生した国家とボーダーが次々と世界地図に描きこまれた。こうしたナショナル・レベルの動向に呼応して，リージョナル・レベルでは EU のような超国家機関が創設された。そして同時的に，ローカル・レベルでは新旧の形態のエスノナショナリズムが台頭した。変化の第 2 の潮流は「国境なき世界(ボーダーレス・ワールド)」を標榜する新自由主義による市場経済のグローバル化によりもたらされた。こうした動向は「9.11」同時多発テロを契機として，セキュリティと監視の技術的介入を推し進める方向へと向かった（Paasi 2011：63）。

こうした現実社会の動向と密接に関連しながら，国境への近代的な認識も変化していった。人文・社会科学では，主権国家の地理的限界を定める固定的なラインというボーダーの見方から，権力の作動とそれへの反応が多次元的に交錯する実践と言説によって絶えず変化する可能性を含んだ捉え方へと移っていった。1990 年代以後の国境研究は，経験的に観察でき静態的な事物をイメージする名詞形の「ボーダー」から，動態的な変化の過程を表す動詞形の造語「ボーダーリング（bordering）」へと関心を移している[5]。また，バウンダリー（boundaries）概念によって国家の行使する権力がローカルの言説や実践と折衝する過程に焦点を当てる研究が行なわれている（Sahlins 1989；Paasi 1996）。

こうした研究は，国境地域に住む人々に着目し，人々がボーダーの画定・移動・消滅から影響を受け，あるいはそれに抵抗し，あるときは利用していくプロセスを探究してきた。それによって国境地域で生きる人々の実践と言説がどのように絶対的で固定的とされた国境に影響を受け（あるいは与える）のかが明らかにされていった。

　国境研究をけん引してきたフィンランドの地理学者A. パーシ（Anssi Paasi）は，「国境なき世界(ボーダーレス・ワールド)」のなかでの「ボーダーはどこにでもある（borders are "everywhere"）」という現状に明確な二つの様態を指摘出来ると述べる。第1に「ソーシャル・パワーの言説的／情動的な光景（discursive / emotional landscapes of social power）」は，ナショナルなイデオロギー及びアイデンティティに関連した実践と言説を指す。そこに様々なナショナリズムの形態が含みこまれているという。ここでボーダーの現れる場は物理的な国境地域にとどまらない。「国民の祝典，国旗，独立記念日，軍隊行進，共同墓地，国際的なスポーツ・イベント，国民化され記憶化された光景，その他の国民的図像の要素」においても顕在化する。第2の「管理と監視の技術的な光景（technical landscapes of control and surveillance）」は，「9.11」以降に重要性を増した技術的装置と生体認証によるモニタリングである。国境管理の新しい技術は文字通りボーダーがあらゆるところに出現する素地を作った。これら二つの様態はいずれも「区切られた単位としての国家空間を強化する」方向へ収斂するとパーシは見る（Paasi 2011：63）。ボーダーは，人々の物理的な移動を規制するだけでなく，認知や情動といった個々人の心身／身心の次元にまで作用している。

　こうした問題系を本書のモチーフである"境界領域（cumfinis）"で読み解けば，ボーダーの存在とその変化は第一の位相である"テリトリーの境界領域"に深く関連する。これは近代においてボーダーが引き直され，現在もボーダーが接するようなローカルの場所で顕著に現れる。そしてボーダーはそこに暮らす人々に作用する。これまでの調査研究で明らかになってきたのは，こうしたボーダーの画定・移動・消失がローカルの人々にとって「過ぎ去らない過去」となり，心身／身心に刻み込まれた「内なるボーダー」として作用し続けるこ

とである。これが第2の位相"心身／身心現象の境界領域"に関連する。境界状態（リミナリティ liminality）にある人間は「例外なく，あいまい」であるとされる。「状態や地位を文化的空間に設定する分類の網の目から脱け出したり，あるいは，そこからはみ出して」おり，「どっちつかずのところにいる（betwixt and between）」存在である（Turner 1969＝1996：126-127）。こうした両義性は，国境地帯をその外部から見た場合に「誤解の空間」として特徴付けるものである（Zanini 1997：92-94）。こうした両義性と誤解（あるいは偏見やステレオタイプ）が国境地域の人々への外部からの見方を固定化させる。それがひるがえって当事者に作用することで当人のアイデンティティの不安定性や分裂を助長する。さらにボーダーの変更が実際に起こる場合，アイデンティティの危機が精神のみならず身体の出来事として根深く刻み込まれるのである。アイデンティティの危機，心身／身心に刻まれた「内なるボーダー」による相互不信，「過ぎ去らない過去」をどう乗り越えるのかが個々人にとっても集合的な意味でも重要な争点となっている。これを抑圧せずに意識化することで，「内なるボーダー」によって恣意的に分離を強いられていた社会関係に，変化がもたらされる。これが第3の位相"メタモルフォーゼの境界領域"とかかわる。ここはアイデンティティの不確定性が，有意味な他者（あるいは内なる他者性）との対話を通じて，互いが同一の人間ながらも変異（metamorphosis）していくような可能性を内包している。

(3) 本章の目的

本章は"テリトリーの境界領域"としてイタリア・スロヴェニア・クロアチア3国間国境地域の「北アドリア海[6]」（後掲図1）に着目する。その地理的範囲は，イタリアの最北東部，スロヴェニアの沿岸部，クロアチアのイストリア半島と島嶼部を含む。この一帯は南・中央・東ヨーロッパの交通の要所に位置するため，歴史的にラテン・ゲルマン・南スラヴ系の言語・民族の多層性を特徴としながら地域形成が進んだ。二十世紀の国民国家の絶頂期には，多民族・多言語の土地ゆえに幾度もの国際紛争に巻き込まれ，その度にボーダーの引き

直しが行われた。しかしながら1990年代以降，冷戦構造解体とEU統合・拡大により，国民国家を相対化するプロセスが進行している。2013年7月にクロアチアがEUに加盟したことにより，この地域一帯がEU域内に組み入れられた。さらにこうしたマクロ・トレンドに呼応して，ボーダーを挟む協力や制度の創設が活発である。そのなかで改めて「歴史的地域」の重要性が注目され，それがアイデンティティ，連帯，自治の参照軸を提供している。ところがローカルの動向に着目すると，前世紀の国境紛争の歴史認識をめぐるコンフリクトは終わっておらず，ときには隣接諸国内外で緊張を生み出している。

　本章の目的は，第1に国境の作用がローカルの場所でどのように現れるかを特定すること，第2にローカルの実践がどのように国境を越えていくかをフィールドワーク[7]から明らかにすることである。まず北アドリア海地域がヨーロッパの数ある国境地域のなかでどのような特徴をもった空間なのかを検討する（2節）。そしてイタリア・トリエステを拠点に国境を越えた文化活動を進める市民団体へのフィールドワークに基づき，北アドリア海地域の「西端」に位置するヴェネツィアとその「奥地」に位置するチッチェリア地方（クロアチア）の事例を考察する（3節，4節）。

　本論に入る前に，「国境」という用語について確認しておきたい。ここでは二つの意味を込めて用いている。すなわち，「国家の境界」と「国民の境界」という意味である。前者は，近代国家の主権が及ぶ地理的限界を明示するために，地表上及び地図上に垂直に引かれたラインを意味する。特にこの意味を強調するときは「ボーダー」の用語をあてている。これが経験的に観察可能な国境の次元だとしたら，後者の意味はより見えにくい次元にかかわる。それは，国民と非-国民を象徴的に識別する標識として，ボーダーの内側の人間集団に引かれる境界を意味する。よって国境は，ボーダーの「こちら側」と「あちら側」を領域的に区別し，その内側にいる「我々」と「他者」を識別するような物理的及び想像の境界である。

　地名の表記は，イタリア・スロヴェニア・クロアチア各国内の地名はその国の表記とする。ただしイストリア半島は多くの場所で二言語主義が採用されて

いるため，イタリア語ないしスロヴェニア語・クロアチア語の両方で記す。尚会話の引用では話者の用法にしたがう。

2．ヨーロッパ国境地域のなかの北アドリア海地域

(1)「諸地域のなかの諸地域」としての北アドリア海地域

　ユーラシア大陸の西端に位置し，多くの国家が陸上でボーダーを接するヨーロッパでは，何百年にもわたり戦争が絶えなかったが，二十世紀半ばから国境隣接地域での協力が進んでいる。では，ヨーロッパの数ある国境地域のなかで北アドリア海地域はどのような特徴を持っているだろうか。コーペル沿海大学（スロヴェニア）の地理学者M.ブフォン（Milan Bufon）はヨーロッパ国境地域を3つに類型化している（Bufon 1998：127-131；Bufon 2003：180-181）。第1類型は「諸地域からなる地域（region of regions）」であり，西ヨーロッパに典型的にみられる。第2類型は「諸地域のなかの諸地域（regions within regions）」であり，中央ヨーロッパに特徴的である。第3類型は「構築途上の諸地域（regions under construction）」であり，東ヨーロッパの多くにみられる。本章で取り上げる北アドリア海地域は第2類型に位置付けられているので，この点に限定して見ていく。

　「諸地域のなかの諸地域」とは何か。これは「多かれ少なかれ特定の領域に根差した複数の歴史的地域が持続的に存在し，それらの組み合わせ」からなる地域である（Bufon 1998：129）。よって「諸地域のなかの諸地域」の最初の「諸地域」は「複数の歴史的地域」を意味する。しかも長期にわたって存在してきたそれらが組み合わさって構成されていることになる。

　しかし，注意点がある。それらの「歴史的地域」は「一国家内部における実質的な行政区分に必ずしも一致していない」と。つまりイタリア半島の北中部やサルデーニャやシチリアの島嶼部のように，歴史的に形成された領域的単位としての地域が近代国家イタリアの部分集合として包摂されたのと事情が異な

る。なぜか。その理由は，とりわけ二十世紀の前半にボーダーの引き直しが頻繁に起こったことによる。「それに伴って既存の歴史的・文化的地域は政治的に分割される結果に終わることがしばしばであった」と (Bufon 1998：129)。後述するように，「歴史的地域」は度重なるボーダーの移動によって政治的に分割され，その時点で統治する各国家の行政区分に再編成された。そうして「複数の歴史的地域」のなかに「各国の行政区分」に分割された諸地域が収まるような様相がつくられたのである。

(2) 歴史的地域の重層性

では北アドリア海地域の「歴史的地域」は実質的にどこになるのか。少なくとも3つの類型を指摘することが出来る (Bufon and Minghi 2000：121)。すなわち，①イストリア沿岸部とモンファルコーネを含むヴェネツィア共和国統治の地域，②イストリア内陸部のハプスブルク帝国統治の地域，③イストリア半島西端に位置しヴェネツィアの支配地域に囲まれたオーストリア領の飛び地となる港町トリエステである[8] (図1参照)。

これらを歴史的地域とする根拠は何か。イストリア半島の沿岸部と内陸部を分ける境界は，16世紀初頭のヴェネツィア共和国とハプスブルク帝国との政治的境界にさかのぼる (Bufon and Minghi 2000：119-122)。これは一方で「アドリア海の女王」として13～15世紀以降に沿岸部や内陸部へ勢力を拡大していったヴェネツィア共和国と，他方で大陸の帝国としてスペインとヴェネツィア包囲網を敷きトリエステやピジーノ伯領を勢力下においてアドリア海への出口を求め続けたハプスブルク帝国の勢力が戦争を繰り返したことに由来する。そして二つの勢力争いがこう着状態となって定着した政治的境界であった。尚これは近代国家のボーダーのように堅固なものではなく，封建制の名残を残したもので，土地や森林の使用を巡って争いが絶えなかった (Valussi 2000：50)。境界は孔が空き，不確かだったのである。トリエステは，二つの大国の狭間に置かれた小さな港町であり，ヴェネツィアの支配を嫌って1382年にハプスブルク家の統治に入った。

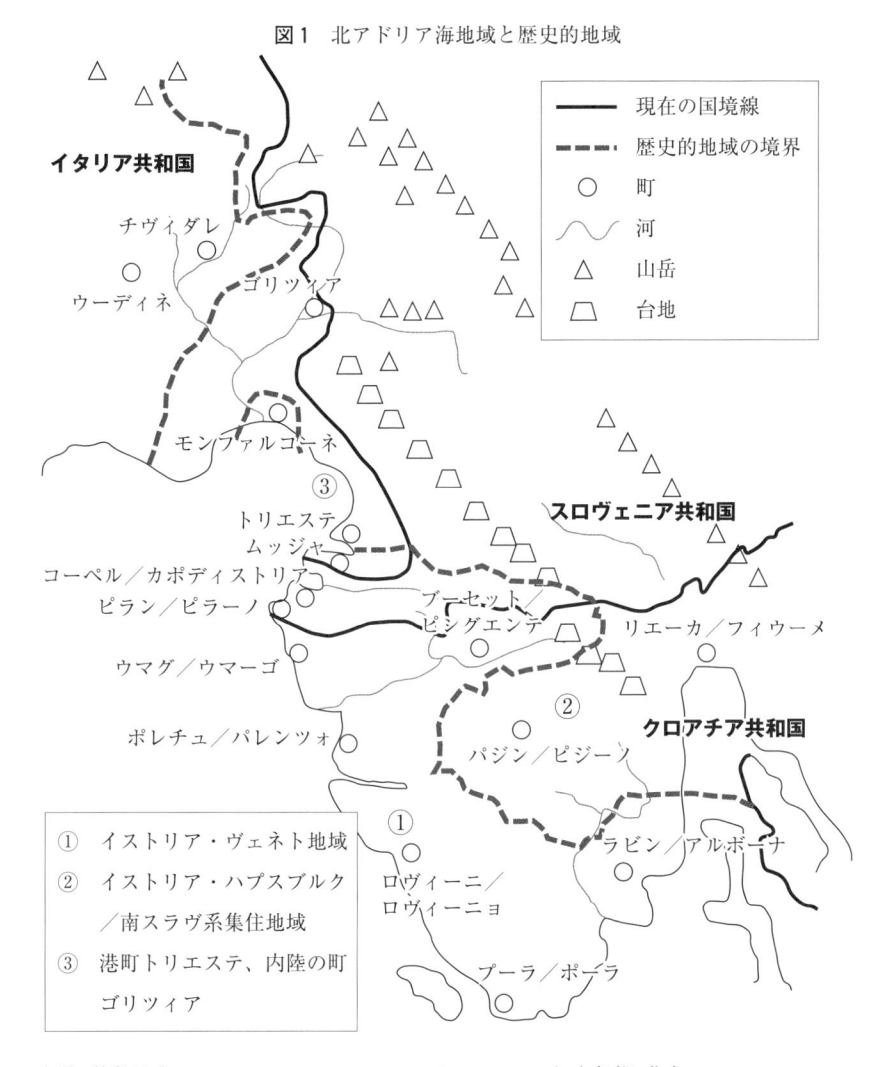

図1　北アドリア海地域と歴史的地域

凡例:
- 実線：現在の国境線
- 破線：歴史的地域の境界
- ○：町
- ～：河
- △：山岳
- ⏢：台地

① イストリア・ヴェネト地域
② イストリア・ハプスブルク／南スラヴ系集住地域
③ 港町トリエステ、内陸の町ゴリツィア

地名：
- イタリア共和国
- チヴィダレ
- ウーディネ
- ゴリツィア
- モンファルコーネ
- トリエステ
- ムッジャ
- コーペル／カポディストリア
- ピラン／ピラーノ
- ブーセット／ピングエンテ
- ウマグ／ウマーゴ
- ポレチュ／パレンツォ
- パジン／ピジーノ
- ロヴィーニ／ロヴィーニョ
- プーラ／ポーラ
- リエーカ／フィウーメ
- ラビン／アルボーナ
- スロヴェニア共和国
- クロアチア共和国

出所：筆者が（Bufon and Minghi 2000：121；Alberi 2000：83）を参考に作成。

　イストリア半島の①と②の歴史的地域の境界は，自然環境のまとまりにある程度合致している。すなわち西方はトリエステから僅か南のムッジャの渓谷を含み，半島内陸部のカルスト台地から逆Ｓ字を描くようにして東方のクアル

ネーロ湾沿岸に至る。さらにこの境界は，やがて民族集団の境界と重なることが重要である。ヴェネツィアが統治した沿岸部ではアドリア海の共通語(リンガ・フランカ)であったヴェネト語が用いられ，ロマンス諸語が長らく定着した。さらにかつてここを統治したローマ帝国の残滓を活性化させた。内陸部では，ローマ帝国崩壊の引き金となった東方異民族の度重なる侵入のなかで7世紀以降に南スラヴ系民族が定住した。その後の封建制の導入でゲルマン系の伯領がスラヴ人の定着を積極的に受け入れた。こうしてイストリア半島の沿岸部にイタリア系，内陸部にスラヴ系が多く定着するという様相になった[9]。さらに，ペストの流行，度重なる戦争，オスマン帝国の侵入によって人口が激減したため，バルカン半島からの異民族集団が流入し続けた。そのようにしてイストリア半島における多文化・多言語の混成が進んだ。注意すべきは，この時代に半島を逆S字型に引かれた政治的境界が言語の境界だとイストリア人が意識することはなかった点である（Bufon and Minghi 2000：122）。つまり政治的境界と言語・民族の境界は一致していなかった（鈴木 2012：140-147）。

　イストリア半島の歴史的地域の政治的境界は，15世紀前半からヴェネツィア崩壊の18世紀末まで機能していた（Sestan 1997［1947］：50）。つまり400年あまりもの間境界が存在していたことになる。その後，ナポレオンの短い占領期を経て，オーストリア帝国がイストリア半島全域を統治下に入れた。このとき史上初めて歴史的地域の境界が消失し，イストリアが一つの行政区分のなかに組みこまれた。それが1825年に設置された「イストリア郡」であり，郡都はパジン／ピジーノに置かれた。ただし地域の側に政治的な力はなく，絶対王政下のオーストリア帝国中央が握っていた（Ivetic 2006：437）。

　しかし1860年に転機が起こる。中央集権型から地方分権型への転換である。これに伴い1861年にイストリアは県議会（Dieta provinciale）の設立を宣言，本部をポレチュ／パレンツォに置く。これが何を意味するかといえば，イストリア県議会が地域の行政・立法権を握る主体になったということである（Ivetic 2006：461）。単に地理的なまとまりとしてのイストリア半島を越えて，特定の領域を持ったイストリア地域としての原型がつくられた[10]。

しかしこの時期にはさらに大きな変化が進行する。民族対立の激化である。1868年のオーストリア・ハンガリー帝国憲法ですべての民族の権利が承認されると，19世紀後半以降の民族意識の目覚めと帝国内での民族衝突は激しくなっていった。イタリア王国が成立した19世紀後半以降，イタリア統一運動は失地回復運動(イッレデンティズモ)へと変質していった（Apih 1988：56）。スラヴ系集団は1848年の「諸国民の春」を転機にこれまで排除されていた政治への参加を求め始め，1860年代初めの帝国憲法の制定以降に民族運動は強まった（Wohinz and Pirjevec 1998：15）。こうして各民族による帝国外での国民国家統一の政治運動と帝国内での民族間競争の二つの動きが一つに合成していった。こうした状況で第一次世界大戦を迎えたのである。

(3) 二十世紀のボーダーの移動とその帰結

第一次世界大戦後にオーストリア・ハンガリー帝国が崩壊し，北アドリア海地域は国民国家の時代を迎えた。二つの大戦中後を含む二十世紀前半期に，この地域を統治する主体は7度も変わった。そのたびにボーダーの引き直しが行われた。国民国家のプロジェクトが，歴史的地域の重層性を通じて形成されてきた民族構成比を根本から変えた。

大戦直前の1910年のオーストリア・ハンガリー帝国のセンサスによれば，北アドリア海沿岸都市部にイタリア系集団が，イストリア半島内陸部（パジン／ピジーノ）にスロヴェニア系及びクロアチア系集団が高い割合で存在していた（表1(A)）。イストリア半島沿岸と内陸の「歴史的地域」によって形成された民族集団の定着のあり方が維持されている。

しかしファシズム体制の統治下で民族構成比は大きく変化する。1936年のセンサスを見ると，いずれの都市においてもイタリア系集団が増加し，スロヴェニア系及びクロアチア系集団が減少している。これは，1920年代から1943年のイタリア・ファシズム体制下のスラヴ系マイノリティに対する過酷な同化政策が影響している[11]（表1(B)）。

1943年にファシズム体制が倒れる。その後占領したナチス・ドイツ帝国も

表1 北アドリア海地域の主要都市の民族構成比 (単位:%)

	北アドリア海地域				
	トリエステ	イストリア半島			ダルマツィア
		コーペル/カポディストリア	プーラ/ポーラ	パジン/ピジーノ	リエカ/フィウーメ
(A) オーストリア帝国 (オーストリア・ハンガリー二重帝国 1866-1918)					
1910 イタリア人	64.7	44.1	48.0	8.7	48.6
スロヴェニア人	24.8	35.6	3.4	──	4.7
クロアチア人	1.0	19.6	28.3	88.5	26.0
(B) イタリア王国/ファシズム体制 (1918/1922-1943)					
1936 イタリア人	79.2	49.0	66.2	26.0	78.2
スロヴェニア人	17.8	35.0	──	2.1	3.0
クロアチア人	──	15.0	32.0	71.5	16.2
(C) イタリア共和国およびユーゴスラヴィア連邦共和国 (1945-1991)					
1961 イタリア人	──	4.8	7.9	1.0	3.2
スロヴェニア人	──	83.4	4.2	1.8	4.5
クロアチア人	──	7.8	69.4	92.9	81.0
(D) イタリア共和国・スロヴェニア共和国・クロアチア共和国					
1991 イタリア人	84.0	2.4	5.6	1.2	1.9
スロヴェニア人	10.0	69.2	1.8	0.6	1.6
クロアチア人	3.0	8.0	54.3	76.5	69.8
地域への帰属	──	2.0	9.6	12.3	0.9

出所:1910年と1936年のデータは (Cecotti e Pupo 1998:151) に依拠した。1961年と1991年のデータは (Argenti et al. 2001:159, 257, 266, 298) に依拠した。1991年のトリエステのデータは (Bufon and Minghi 2000:124) を参照。

1945年に崩壊した後、この一帯は主権不在の無人地帯(ノーマンズ・ランド)となる。いわゆる「トリエステ問題」の発生である。1947年のパリ講和条約と1954年のロンドン覚書により、イタリアは第一次世界大戦で獲得した北アドリア海地域の9割以上の領土を喪失した。それによってイタリア人の「エクソダス[12](集団離散)」が起こった。これが10年以上に及ぶイタリア系住民の「長いエクソダス」(Pupo 2005) の帰結であった。ディアスポラとなったイタリア人は、イタリア国内もしくは国外へ移住した。その約3分の1に当たる人々が、トリエステを含む

表2 第2次大戦後のイストリア半島および周辺域からイタリアへの人口移動

	社会集団	推定人数	総移動者数割合
イタリア系集団	イタリア系集団（イストリア・ヴェネト方言話者およびイストリア・ロマンツォ方言話者）。	188,000 人	62%
	ゴリツィア，トリエステおよびフィウーメの後背地からの引き揚げ者（軍人，官吏およびかれらの家族）。	24,000 人	8%
	1920 年代におけるイストリア，フィウーメおよびザーラへの移民約 36,000 人，当地で生まれた移民家族の子供約 4000 人。	40,000 人	13%
スラヴ系集団	クロアチア系集団。ほとんどはイストリアに居住していた。	12,000 人	4%
	スロヴェニア系集団。そのうち約 13,000 人はイゾンツォ河国境からの集団移動。	34,000 人	11%
他	ルーマニア系，ハンガリー系，アルバニア系集団。	4,000 人	2%
	総　　数	302,000 人	100%

出所：R. Pupo, *Il confine scomparso,* Trieste：Irsml, 2008, p. 216.

イタリア北東部に移り住んだ（表2）。

では残った人々はどうなったか。1961 年のユーゴスラヴィア統治下のセンサスを見ると，集団離散によりイタリア系集団が一桁台まで減少している（表1(C)）。イタリア系集団はかつてのマジョリティからマイノリティへ，スラヴ系集団はマイノリティからマジョリティへという大きな変化が起こった。イストリア半島の人口減少は，ユーゴスラヴィアの経済後進地域（バルカン半島の国々）からの国内移住を促した。

(4) 1990 年以降の動向──イストリアの領域化／脱領域化，トリエステの再領域化

先述のように 1990 年前後から国際情勢は激変する。80 年代後半以降にユーゴスラヴィアが政治的・経済的危機に直面し，1991 年にスロヴェニアとクロアチアが独立する。1991 年のセンサスを見ると，各国のマイノリティ比率は減少し，その分マジョリティと移民が増加する（表1(D)）(Bufon and Minghi 2000：123)。大部分がクロアチアに含まれることになったイストリアでは，他

の地域と同様に，トゥジマンによる中央集権化とクロアチア・ナショナリズムが行なわれる。国民国家の時代を迎えたイストリアはクロアチアによる「領域化」が進む。

しかしながら注目すべきはイストリアに暮らす人々の帰属意識の表明である。1981年のセンサスから導入された「地域への帰属」は文字通り民族への帰属ではなく地域への帰属を表している。1991年には多くのイストリアの町で「イストリア人」を表明する人々の比率が増加した[13]。実際にこの数字は80年代後半に沸き上がったイストリア地域主義運動の興隆と符合している。運動は90年に地域政党の「イストリア民主会議（DDI-IDS）」として制度化された。この地域政党の政策綱領には，国家と領域ではクロアチア・スロヴェニア・イタリアに分けられたが，歴史的・文化的・地理的・エスニック・経済的・生態系には共通の特徴によって統一されているイストリア半島及び島嶼部で活動する地域政党であると定められ，イストリア人は何世紀にも及ぶ多文化・多言語の地域でスラヴ系住民とラテン系住民の帰属意識を持つとされた（石田 2013：282）。ここでイストリアは，半島沿岸部と内陸部の歴史的地域を合わせた地理的範囲を持ち，さらに多文化・多言語の共生が存在し続けた地域として表明されている。90年代以降には，学術研究のなかでも多文化・多言語の共生という観点からイストリアの歴史を研究する新しい潮流が現れた（Ashbrook 2008：58-62）。ナショナルのレベルでは「領域化」しているなかで，イストリア地域のレベルでは同時に「脱領域化」が進行したのである。

ただし，「何世紀にも及ぶ多文化・多言語の地域」イストリア，「スラヴ系住民とラテン系住民の帰属意識」を持つイストリア人という政党の表明には，いくぶん留保が必要である。なぜなら1914年以前にイストリアの三民族のいずれも「共生」の考えや戦略を実現しようとしたことはなかったからである（Ivetic 2007：43）。よってオーストリアの時代以前に既に多民族共生の意識があったと考えるのは吟味が必要だろう。さらに，ユーゴスラヴィアの危機に巻き込まれた80年代，イストリアにとっては西欧への門戸を開き続けることが地域経済の立て直しの死活問題だったこと，そのために民主主義や共生といっ

た西欧の価値を前面に押し出しながら「他者」のバルカンとは違うという差異化戦略をとったという見解が存在する（Ashbrook 2008：Ch 4；Ballinger 2004：42）。こうしてイストリア地域とイストリア・アイデンティティは経済や政治の目的を達成する手段として動員されたとみる向きもある。

しかしながら，イストリア地域主義を戦略的な側面からだけ見ると，この運動の根深さを見落としてしまうだろう。1960年代に既にイストリアの多文化・多民族の地域特性と共生の価値を訴える声が存在していた。ポーラからのディアスポラでありトリエステに暮らしたG. ミーリャ（Guido Miglia）はイストリアが異なる生の在り方が出会う場所であり，ヴェネツィア・スラヴ・ハプスブルク世界を3つの根として固有のイストリア性が形成されると明言している（Miglia 1968：196）。彼のアイデアは，彼自身が創設者のひとりであり次節以降で述べるトリエステのチルコロ・イストリア文化会に引き継がれる。したがって多文化・多言語の出会いと共生の場というイストリア地域の構築は，90年代以降の国際情勢の変化によって多分に戦略的な側面を持ちながらも，人々のアイデンティティにふれる根深さも入り込んでいたといえよう。

このように1990年代以降イストリアでは，新しく独立した国家による「領域化」とイストリア地域主義運動を通じた「脱領域化」が同時的に進行した。ではトリエステはどうか。ここではイタリア国内政治と国際政治の大きな変化に伴い，トリエステは「再領域化」の格好の歴史的資源として再発見された。さかのぼれば，イタリア東部国境は第二次世界大戦直後には「トリエステ問題」として外交上も世論でも最大の関心事だった。しかし1954年のトリエステのイタリア復帰によってナショナル・ヒストリーから忘れ去られた（Cattaruzza 2007：378）。なぜなら9割以上の東部国境領土の喪失と約20万人のディアスポラはイタリアの政治的・軍事的完敗と結びついた不愉快な出来事だったからである。さらに大戦末期にチトー軍が「人民の敵」と見なしたイタリア人に秘密裡に遂行した組織的暴力（フォイベ[14]）について，イタリア政府は国際政治で反ソ連にたつユーゴスラヴィアの立場を損なうことは西側諸国の不利益になるため沈黙し，イタリア共産党はユーゴ共産党との関係悪化を懸念して黙した

ままだった。

　しかし1990年以降に事態は急変する。戦後イタリアの政党システムの崩壊のなかで，新たに参入した右派の政治勢力が東部国境地域の「イタリア人の悲劇」を国民的アイデンティティ再編の手段として政治的に利用した。そして「東部国境のイタリア人が被った悲劇」のシンボルとして「フォイベとエクソダス」を「回想の記念日」として法制化することに成功した[15]。2004年以降，イタリアの国民的カレンダーには，1947年にパリ講和条約が結ばれた2月10日が国立記念日として書きこまれた。この法制化にはトリエステの中道右派及び極右政党と結びついた旧東部国境地域からのイタリア系ディアスポラ団体が大きく関与した。トリエステ郊外の集落バゾヴィッツァのフォイベ・国立モニュメントでの追悼式典，ローマでの犠牲者遺族へのメダル授与式，博物館の設立（2009年にトリエステで完成），イタリア全土の通りや広場といった公共の場の名称への利用，高校卒業試験（maturità）への初出題，マスメディアなどを通じて，「東部国境イタリア人＝無垢の犠牲者」という表象（と「野蛮なスラヴ人」というメタ・メッセージ）をつくりだした[16]。

　こうした動向は隣国を刺激した。スロヴェニア，クロアチア側からは，ファシズム体制におけスラヴ人への過酷な同化政策に「沈黙」することへの批判が集中した。国境の歴史認識をめぐる緊張が一気に高まったのが2007年度の「回想の記念日」だった。イタリア大統領が「フォイベ」事件をスラヴ人のイタリア人に対する「民族浄化」だと発言した。それに対してクロアチア大統領は「明らかに人種主義，歴史修正主義，政治的な失地回復論を予感せずにはおれない声明」だと激しく非難し，スロヴェニア大統領はイタリアがパリ講和条約の正当性を問題にするのかに関して釈明を求めた[17]。緊迫した事態は外交努力により収束したが，その後もこの「記念日」にはトリエステで国境の歴史認識をめぐるコンフリクトが顕在化することになった[18]。

⑸　「歴史的地域」と国境を挟む協力

　さて，こうしたマクロな動向から注目すべきは，地域レベルで「脱領域化」

するイストリアとローカルのレベルで「再領域化」するトリエステを含んだ北アドリア海地域がどこへ向かうかだろう。

　まず再三紹介しているブフォンの議論を見よう。彼は「脱領域化」の視点で分析している。二十世紀の度重なる政治的分割があったにもかかわらず，北アドリア海地域における「歴史的地域」の存在感を強調する。その根拠として「歴史的地域の人々の間に自然発生的な社会・文化的な結びつき」が存在することをあげる。それは「複数の歴史的地域に存在する人々の間の慣習的な関係に由来」し，それが西ヨーロッパに顕著な「制度化された」ボーダーを挟む協力とは異なった，中央ヨーロッパ流の「自然発生的な」国境を挟む協力の形態へと結晶化していくと主張する（Bufon 1998：127）。

　ブフォンの議論は，「歴史的地域の人々の間に存在する自発的な社会・文化的な結びつき」が大きな役割を果たしていることを指摘している点で重要である。しかしながら度重なるボーダーの移動にもかかわらず，どのように人々が「歴史的地域」の社会・文化的な結びつきを維持し，あるいは再構築するかについては十分に説明していない。また国境を越えた協力の見通しについては，「コンフリクトから調和へ」（Bufon and Minghi 2000）向かうと見ており，いささか楽観的であるともいえる[19]。

　ブフォンよりも留保を付けた分析は，世界システム分析の立場からこの地域にアプローチした古城利明が行った（古城 2011：6章）。古城は「変容」，いわば「脱領域化」と「再領域化」のグローバルなせめぎ合いがもたらす「システム・レヴェルでの変容」に力点をおきながら，「単位やシステムを成り立たせている区分の超越」も視野に入れる（古城 2011：1-2,本書終章）。ブフォンは国境をまたぐネットワークに着目した「超越」の立場であり，この点に両者の立場の異同がある。

　古城は世界システム分析の「フロンティア」概念を導入する。ここでフロンティアは，世界システムの中心部がシステム外の世界をそのシステムの周辺部に組み込んでいくときに生ずる空間を指す。と同時にそこは「既存の社会関係を防御する空間」でもあり，この「既存の社会関係はポテンシャリティの源泉

であり，豊かさをスピルオーバーする源泉」でもあるととらえる。その上で，19 世紀半ば以降から現在までを「長い 20 世紀」としてとらえ，それの第三局面である 1990 年以降から現在までを，EU の統合・拡大の展開のなかに位置付ける[20]。北アドリア海地域は EU という「新しい中世帝国」の先端部部分に組みこまれたと見る。そしてこの地域の共存・共生の動向と自治の可能性を考える上で，「二重の困難」を指摘している。第一の困難は「国境を『流動状態にあるソフトな国境ゾーン』に組み替え」ること，第二の困難は，協力的な相互関係がつくられたかに見えても『『国境域での混交・混成の根の深さ』という問題」である。しかしそれは「『多様な文化的アイデンティティの共存』に至る手前の状態」であるという。よってこれら「二重の困難」とどう向き合い，いかにしてポテンシャルを引き出していくのか，その方途を探るのが課題となってくると指摘する（古城 2011：161-190）。

　ブフォンの強調する「歴史的地域」は，古城が指摘する第 1 の困難，すなわち「国境を『流動状態にあるソフトな国境ゾーン』に組み替え」への答えを提示していると思う。つまり「歴史的地域」の人々の間の社会・文化的な結び付きが「『流動状態にあるソフトな国境ゾーン』」に組み替えていくのである。しかしながら，ブフォンにおいてはそれが「自然発生的に」生じるとしており，第 2 の困難は看過されている。よって「『国境域での混交・混成の根の深さ』という問題」とは具体的に何でありどのように現れるか，そしてどのように乗り越えていくかを明らかにする必要があるだろう。それが次節以降の課題となる。

3．北アドリア海地域「西端」へのフィールドワーク

(1) 「共生」にむけて――トリエステのチルコロ・イストリア文化会

　北アドリア海地域において過去のボーダーの移動により破壊された「歴史的地域」の社会・文化的な結び付きをつくりなおそうとしているアクターとし

て,「チルコロ・イストリア文化会（Il Circolo di cultura istro-veneta ISTRIA）」に着目したい。トリエステを拠点に活動するこの市民団体は,「鉄のカーテン」が存在していた1982年から国境を越えた多文化・多言語の「共生（convivenza; living together）」を掲げ,草の根レベルでの文化活動を展開してきた。第二次大戦後にイストリア半島から集団離散したイタリア系の「亡命知識人」たちが呼びかけ人だった。現在は獣医や船舶技師を生業としていた市井のディアスポラ体験者に引き継がれている。また離散経験のない多様な背景を持つ人々もメンバーに含まれ,合計で100名ほどが集まる。こうしたメンバーの多様性は,離散した出身地か移住した居住地をもとにした同郷会の組織形態をとることが多いディアスポラの集まりと比べると,この会の大きな特徴である[21]。また「共生」を明確に掲げることも,愛国主義的団体や極右政党と結びついたディアスポラ団体がトリエステで発言力を持つなかで特徴的である。

　この文化会は,まずイストリアに残ったイタリア人との分断された結び付きをつくりなおすこと,さらにスロヴェニア・クロアチア住民との間でも協力を進め,最終的にはヨーロッパの複数の文化を内包するような地域を再構築していくことを目的とする（Dorigo 2011：9）。実践の範域は同会のスローガン「ケルソからカルストへ（Da Cherso al Carso）」に要約されている。ケルソ島（クロアチア）からカルスト台地をつたってモンファルコーネ（イタリア）のティマーボ河口までをイストリアの「唯一不可分な（unicum）」地域としている。これはかつてのヴェネツィア共和国統治下の「歴史的地域」と重なるが,スラヴ系の「歴史的地域」,モンファルコーネといったトリエステ一帯までを含んでいる（既出の図1における①と②と③をおおよそ合わせた地理的範囲に相応する。ただし②の上限はティマーボ河付近になる）。さらに重要なのが島,台地,河といった地域固有の自然のまとまりが複数の「歴史的地域」の組み合わせを内包していることである。しかしながらその地理的範囲を画す境界は厳密なものではない。「…から…へ」という「動き」のある表現を用いていることがそれを表している。この融通さが閉じた領域へ向かうのを抑止している。

　文化会の活動の柱は二つある。第1は,イストリアの歴史・社会・文化に関

する本作りである。そのために大学，研究所，研究者，郷土史家，市民団体，素人(アマチュア)と国境を越えて協業する。成果は不定期刊行雑誌や本にまとめる。これらは会のホームページや YouTube でも発信している。出版物の多くは長年協働している地方自治体からの助成金でなりたっている。現在までに刊行した不定期刊行雑誌と書籍は 20 冊ほどに及ぶ。第 2 は，イストリアへの旅である。年に 4〜5 回企画されるこの旅は，一般からも参加者を募って大型バスを貸切り，土地に通じたメンバーの解説付きでイストリアを訪れる。これまで訪れた土地はイストリア半島と近くの島嶼のほぼ全域に及んでいる。

(2)　「イストリアを知る」困難——過去の国境紛争をめぐる葛藤・無関心・誤解・政治利用

　チルコロ・イストリア文化会に集う多様なメンバーを結び付ける支柱は，「イストリアを知る」ことにある。「イストリアを知る」とは一見単純に思えるが，実際はそうではない。ここに「国境域での混交・混成の根深さ」の問題がある。第 1 に，ディアスポラ体験者にとって「イストリアを知る」とは，かつての故郷がもはや存在しないことを知ることでもある。土地を訪ねれば，生まれ育った場所がかつてのままではないことを目の当たりにする。旅に参加したある婦人は，「クロアチア」のイストリアに入る国境検問所でこう言葉を洩らす。「イストリアに来るとき，いつも緊張を感じるのよ。バールでカフェを頼むとき，人々はクロアチア語を話している。そういうちょっとしたことで『ここはもうかつての私たちの土地ではないのだ』と思い知らされるの」。実際に「イストリアを知る」ことは，「自分の家でよそ者だと感じる」（Miglia 1968：17 ; Ballinger 2003：209）辛さと直面しなければならない（この心理的苦痛ゆえに，多くのディアスポラが「理想化された故郷」を創造し続ける）。

　第 2 に，イストリアに残ったイタリア人との確執がある。第二次大戦後にイストリアを去ったイタリア人は，「社会主義のパラダイス」ユーゴスラヴィアから逃げ出した「ファシスト」だとイタリア本国で蔑視された。そしてイストリアに残ったイタリア人からは，右翼のプロパガンダに屈して故郷イストリア

を捨てた「政治的妥協者」だと囁かれた。一方，そのイタリア系残留者は，去った人々から，祖国イタリアを捨て「スラヴ人の同志」となり下がった「チトー共産主義者」だとレッテルを貼られた。ファシズムとコミュニズムという二つの否定的なレッテルが，去った人（andati）と残った人（rimasti）との確執と不信を強めていった（Ballinger 2003：208）。実際にイストリアを知ろうとする場合，去った者は残った者との接触を覚悟しなければならないのである。

第3に，こうした現実を多くのイタリア人が知らない。そのことが状況を複雑にしている。ブーイエ（Buje / Buie，クロアチア）のイタリア系マイノリティ学校の教員であるレンツォは，休暇で訪れるイタリア人の多くがあまりにもイストリアを知らないことに憤る。「イタリアから来た観光客に"ポラッコ"までの道を尋ねられた。どうやら"ポレチュ（Poreć）"をイタリア語読みしてポラッコと言っているのだとわかった。なんと彼らはポレチュがイタリア語名で"パレンツォ（Parenzo）"だということを知らない。ロンドンのことはイタリア語読みのロンドラというのに。いかにイタリア人の頭にこの地域の知識が欠落しているかが現れている」と[22]。

最後に，イタリア世論の「無関心」「無知」と相補うかたちで，歴史の政治利用が存在する。この点は2節(4)で述べたので繰り返さない。チルコロ・イストリア文化会のスクロペッタ副代表は，「彼らはファシズム下でイタリア人がスロヴェニア人やクロアチア人にした事実について一切ふれず，『フォイベ』としか言わない！　多くのイタリア人はこの地域の歴史をほとんど知らない，だから『フォイベ』だけがこの地域の歴史のすべてだと誤解されてしまう」と強い危機感を持っている。

こうしたイストリアを知ることに伴う困難に対して，チルコロ・イストリア文化会は，イストリアの現実を深く知り，去った者と残った者との関係をつくりなおし，新しい現実と関係を外に伝えていくために，活動を展開している。以下では北アドリア海地域の「西端」ヴェネツィアでの活動から「イストリアを知る」試みをみていこう。このなかで，文化会との協力者との間でも「知る」ことがいかに難しいかが明らかになる。

(3) 北アドリア海地域の"マルコ・ポーロ"を本にするプロジェクト[23]

2010年の4月，ヴェネツィアである国際会合が開かれた。テーマは「《サヌートの旅路》は経済システムになり得るか」。この「サヌート」は15世紀末に実在したヴェネツィア人である。17歳のときにヴェネツィア共和国領内の陸地を旅した。そしてマルコ・ポーロのように来訪した土地の見聞を詳細な日誌とイラストに書き残した。踏破した1800キロは，現在のヴェネツィアの後背地，イタリア半島北東部，そしてカポディストリア（Kapodistria / Koper）からアルボーナ（Albona / Labin）までを含むイストリア半島沿岸及び内陸部に及んだ。とくにイストリア半島の記述は古代ローマの歴史家リヴィウス以来となる包括的な記録であった。しかしながらこの日誌は500年以上も忘れ去られ散逸したままだった。そのオリジナルの手稿を発見して修復し，当時のヴェネト方言の文章を読めるものにし，各土地の挿絵をデジタル技術で復元したのが，パドヴァに本部を置くある文化団体だった。『マリン・サヌート──1483年ヴェネツィア共和国 陸地（テッラフェルマ）への旅』という大著を通じて，中世当時の旅衣装や馬の移動を再現しながら，現在3国に分かれた北アドリア海地域の自治体と協働して国境をまたいだツーリズムへ繋げていく事業が進行中だった。今回の会合はパドヴァの文化団体とチルコロ・イストリア文化会が協業で企画運営し，前者の団体が主催となった。このプロジェクトにはヴェネト州が主要スポンサーとなり，他にもイタリア，スロヴェニアの5つの自治体，複数の文化団体が後援していた。そして本日の国際会合では，イタリアのみならず，スロヴェニア，クロアチアの研究機関からも報告者が招聘されていた。

実はこうした会合を開くのはこれが初めてではなかった。以前にはチルコロ・イストリア文化会が主催となり，今回とほぼ同じメンバーを招いてトリエステで会合を開いた。そのとき会場は比較的小規模であり，インフォーマルなやりとりも交えながらの会合であった。招かれる報告者はいずれもイストリアで生まれ育った30〜40歳代のイタリア系マイノリティの人々である。今回のヴェネツィア国際会合でもイストリアの若い世代が報告者に招かれた。ヴェネ

ツィアはいうまでもなくかつての「中心」であった。メンバーたちはヴェネツィア「本島」の人々に「向こう岸」イストリア半島の複雑な現実を知ってもらうよい機会だと期待していた。

(4) 俺たちは"付け合わせ"？――国際会合での不満

　私は数日前にチルコロ・イストリア文化会のスクロペッタ副代表からこの会合の情報をもらった。そして当日の早朝にスクロペッタ夫妻と3人で鉄道に乗りヴェネツィアへ向かった。移動時間はいつもインフォーマルな会話の場である。今回の会合について尋ねた。するとスクロペッタ氏はやや不満な表情を浮かべながら「主催団体の代表ロベルトは今日のことを直前になって知らせてきたんだ。だからみんなに知らせるのも遅れたんだよ」という。そして1枚のポスターを取り出す。上質紙に両面カラー印刷のポスターには本日の式次第が3ヶ国語――イタリア語・スロヴェニア語・クロアチア語――で書かれている。朝9時半から午後4時半までに18名が報告する過密な段取りである。会場はヴェネツィア中心地区のフェニーチェ劇場と同じ広場にある研究機関の大講堂だった。昼食には地元料理が無料でふるまわれ，会合の終りには中世の旅姿で聖マルコ広場まで行進するパフォーマンスまで披露される。「彼らがすべてセッティングしたんだ」とスクロペッタ氏はいう。一見豪華にみえる本日の国際会合に満足していないことは明らかだった。彼の不満は，この会合に参加した他のメンバーにも通底するものだということが後に分かってきた。不満はすべてのプログラムを終えてトリエステへ引き返す列車のなかで噴出した。

　列車のボックスシートに，チルコロ・イストリア文化会のドリーゴ代表，スクロペッタ副代表夫妻，イストリアから参加した3名と私が席を囲む。車中での会話は冗談や他の話題をはさみつつも本日の会合に向けられていた。ドリーゴ代表は本日のふりかえりとして，苦い表情をしながら口火を切る。「主催団体の代表で司会を務めたロベルトは，最後二つの大学教授の報告の最初に『これは本日の報告の中で一番大切なものです』といった。これはどういうことか。つまり午前中から私たちが話したことは何も意味がなかったということに

なってしまう。あのようなことを決して言ってはいけないと会議の後でロベルトにきつく伝えた」と。

リーノ〔ロヴィーニョ（Rovigno / Rovinj）の歴史研究所に属する歴史家で40歳代の男性〕はドリーゴ氏の話を受けて言う。「主催団体は最後の2報告をメインにする思惑があった。でもいきなりそれは出来ないから，その前段として俺たちが持ってこられた。つまり俺たちの報告は"付け合わせ"だね。それで最後に"メインディッシュ"をおいたってわけさ」。するとクリスティヤン〔ピラーノ（Pirano / Piran）の歴史地理研究所に属する30歳代の歴史家の男性〕は「リーノも僕もうすうすわかっていたよ」と応える。「だいたい最初に送られてきた招待状を見ておかしいと思った。僕に与えられたお題は『ヴェネツィアとスロヴェニア』。でもこれはあり得ない問題設定だ。だってヴェネツィア共和国の時代にスロヴェニアという国家もなければ民族意識もない。だから学術的には設定しようのない題目だ。じゃあなぜこのようなお題をつけたと思う？」とクリスティヤンが言うと，すかさずリーノは「お金がつくからでしょう」と答える。「つまりクリスティヤンにはスロヴェニアを話してもらって，デニスにはクロアチア，そして僕とガエターノにはケース・スタディを，ということだろう」と。

クリスティヤンは話を続ける。「だいたいこのポスター！ イタリア語とスロヴェニア語とクロアチア語で書かれている。こんなの初めてだよ」と笑いながら言う。「たとえば会場名の『アテネオ・ヴェネタ（Ateneo Veneta）』がスロヴェニア語に訳されている。これは普通スロヴェニアでもそのまま発音するよ。それが強引にスロヴェニア語に訳されているからかえって不自然で笑ってしまう。つまり主催団体はすべてを機械的にスロヴェニア語とクロアチア語に訳した。まさに"国際"会合という雰囲気が前面に出るからね。だけどそれによってこの地域の歴史に無知だということが暴露されている。そこで僕たちはどういう位置付けになるか。つまりヴェネツィア"本島"の方々が"向こう岸"のイストリア半島から来たわれら"スキャボーニ（schiavoni）〔ヴェネツィア共和国領内のスラヴ人の意〕"にも一席用意してくれたというわけだ」。

ドリーゴ氏はこうした会話を辛い表情をしながら聞いていた。「私達は，このプロジェクトを通じて，イストリアを去った人と残った人との繋がりを作り直すきっかけにしたいと考えていた。だから君達にも協力してもらい，わざわざヴェネツィアまで来てもらったんだ。私はこれまで主催団体とパートナーシップというつもりでやってきた。しかしロベルトたちは全部自分たちでセッティングして，私達に"お客さん"として席を与えるだけだ。これは私達の望むことではないよ」という。リーノとクリスティヤンは「僕達は招待状を見た時点で嫌な雰囲気を感じ取っていた。だからそれほど驚くことはないよ」とドリーゴ氏をかばうように言う。その後も本日の会合内容，運営や巨額の費用にまで話は及んだ。列車が終着駅のトリエステに近づくとき，ドリーゴ氏は今後は主催団体とどのように関係を続けていくか各人ふりかえってから文化会の総意として決めたいとみんなに伝える。

　クリスティヤンやリーノの話ぶりは，今回のようなこと——マイノリティが"付け合わせ"として利用され，外側が提示する枠組みに回収されていく事態——はこれまでもあったことを暗示していた。今回の国際会合を主催したパドヴァの文化団体は以前にチルコロ・イストリア文化会が主催する会合で彼らの報告を聞いているはずであった。にもかかわらずポスターの3ヶ国語併記やネイションありきのテーマ設定に見られたように，3つのネイションを別々に分解したものを単に平面上に並べた一様な多文化・多言語へと回収してしまったのである。これは2節(5)で指摘した点，すなわち「『国境域での混交・混成の根深さ』という問題」が顕在化した瞬間である。たとえボーダーに孔が空いたとしても，「国境域での混交・混成の根深さ」が自覚されないならば，心のなかで国民の境界が表象され続ける。それによって国民の境界で区切られた単位としての国家空間が強化される結果となる。"付け合わせ"という発話は，こうした心のなかで描かれる国民の境界を問題にしている。さらにこうした傾向は多文化主義を掲げ潤沢な資金支援を用意するEUの枠組みのなかで今後も起こり得ることを暗示している。

　ではどうしたら知らないうちに複合的な現実を国境で区切られた単位のなか

に回収していくメカニズムを止められるか。そのためには視点を「中心」から「辺境」へずらし，見落としていたものへゆっくりと目を向ける必要がある。そうした視点の転換の契機になるものとして，チルコロ・イストリア文化会がイストリア半島「奥地」へ向かった旅を見ていこう。

4．北アドリア海地域「奥地」へのフィールドワーク[24]

(1)「見知らぬ我が土地」を知る

　イストリア半島内陸部は，多くの人にとって「辺境」である。観光地化された半島沿岸部の町々に比べて，内陸部はあまり知られていない。内陸部のなかでもさらに「奥地」にあるチッチェリア高原一帯は，イストリアに暮らす人にとっても「見知らぬ我が土地」であった。

　2009年10月，チルコロ・イストリア文化会は「奥地」チッチェリア地方への旅を初めて企画した。企画メンバーにとってこの旅は「賭け」だった。ここには世界遺跡はおろか一つの博物館もなかった。それゆえ沿岸部の「ヴェネツィア的な」町々を期待する旅の参加者たちが不満をいうのではないかとの心配を捨てきれずにいた。

　しかしこうした不安を抱えてでも旅の企画に踏み切ったのは理由があった。これまで同文化会はチッチェリア地方の調査研究を進めてきた。その成果を『チッチ人たちの高原――牧羊を通じた辺境地の再生のために』という冊子にまとめた（Circolo di Cultura Istro-Veneta "ISTRIA" 2007)。「チッチ人」とはかつてこの一帯で移牧と炭焼きを生業としていたルーマニア系の人々をいう。15～16世紀のオスマン帝国の侵出で難民となり，バルカン半島から逃げてきた。チッチ人はイストリア・ルーマニア系言語を話す。ラテン文化圏やスラヴ文化圏とは異質な言語・文化の飛び地を半島内陸部の高原と村に点々と形成していた。だが現在この言語は消滅の危機にあるといわれる。移牧の伝統ははるか昔に途絶えていた。同文化会は，この「見捨てられた」とされる土地の歴史文化

を掘り起し，さらに途絶えた牧羊を再生させるための計画を進めてきた。こうした研究と計画の成果の上に，今回の旅を企画したのである。

(2) イストリア半島「奥地」へ向かう旅

　企画したメンバーの不安とはよそに，旅には大型バスが満員になるほどの参加者が集まった。車内で回覧された出席簿には50名ほどの名前が記入されている。イタリア・スロヴェニア国境検問所を越えてイストリアへ入ったところで，スクロペッタ副代表はマイク片手に挨拶をし，本日訪れる場所を読み上げる。「聞いたことのない地名ばかりだ」といった声が周りからもれる。次にマイクをもったドリーゴ代表は旅の動機をこう説明する。「まず何より，チッチェリアの現実を知ることにあります。かつてチッチ人と呼ばれるイストリア・ルーマニア系の人々が移牧と炭焼きで生計を立てていました。それは小さくともイストリアにとって欠くことの出来ない構成要素でした。今回訪れるチッチェリア高原は既に放棄された土地です。1810年頃に200頭いたといわれる羊も今はいません。これはイストリアでなされた近代化と開発の問題を考える機会となるでしょう」。

　二人の挨拶と話が終わると，「ぜひこの新聞記事を読みたいのよ」といって老婦人がマイクを持つ。トリエステを代表する作家C.マグリス(Claudio Magris)が以前にチッチェリアについて書いた文章だった。「『チッチ人は航海に不向きだ』。そうトリエステの年寄りはよく口にした。言うまでもなく，羊飼いと炭焼き職人としてルーマニアからイストリア内陸部にやってきたチッチ人が，海に慣れる必要などなかった。それはたとえイストリア沿岸部の町々で暮らしていたヴェネツィア人が，彼らを海におびえる内陸の人間のもつ不信感の原型（テッラフェルマ）とみなし続けたとしても，である。その代わりにチッチ人は，彼らが住み処とした渓谷や高原で，信頼のおけない大海原ではいともたやすく度を越し自らを見失ってしまうだろう自分たちの言語，イストリア・ルーマニア，アイデンティティを頑なに守り続けたのである…チッチ人は"ヨーロッパ一小さなマイノリティ"と呼ばれていた。それでも彼らはイストリアの複合的なモザイクの

小さな一部分だった。ファシズム，チトー，トゥジマンが民族的に『浄化』しようとし，今もそれが行われている…彼らの歴史は居酒屋(オステリア)以外で知ることができない。なぜなら歴史を書き残さなかったからだ。第二次大戦後はアメリカに渡ったものもいた。歌や踊りは『異教徒の(パガーノ)』ものであった…」[25]。

写真2「チッチェリアの高原」

出所：2009年10月に筆者撮影。

⑶ 「フロンティアのアイデンティティ」

トリエステからバスで3時間半ほどイストリア半島内陸部へ進むとボリューン（Boljun / Bogliuno）という小さな町に到着した。やや急な坂を上りきった小高い丘の上に城壁が残るたたずまいは，イストリア内陸部の町とよく似た雰囲気を醸し出している。黄色い町名の標識はクロアチア語表記のみであり，こうした点がイタリア語との二言語標記の沿岸部の町との違いを示している。

私達は石造りの城壁のなかへ入っていく。いつのまにか現地の人らしい壮年の男性がツアー一行に交じっていた。胸板が厚くがっちりした体格の温和な表情をした男性は町長であり，硬質のイタリア語で町について説明する。「住民数ですか？　いまは40名ほどですよ。かつては300名ほどいました。イタリアが統治していた頃です。すぐそこは学校でした。すべての家が人でいっぱいでした。この中心通りでは職人たちが仕事をしていました。すべてがそろっていたのです。しかし第二次大戦後に多くの人が出て行ってしまったから，いま

はこの通りですよ」。窓が壊れ壁の傷んだ空き家，現在の住民数に不釣り合いなほど広い教会といった光景は，沿岸部の大きな町を除けば，イストリアの内陸部の町や集落で目にするものである。ボーダーの移動による集団離散の帰結を目に見える形で物語っている。

　私達50名ほどが日曜日の午前に町のいたるところを歩いていると，いつもと違う様子に気づいた住民が家々から出てくる。2階のバルコニーから，こざっぱりしたワンピースにロザリオを持った80歳代の婦人が外へ出てきた。旅の参加者の一人が話しかける。老婦人は，ここで生まれ育ち，ニューヨークで30年間働いた後，ここへ還ってきたのだと答える。「こちらでのお暮しはどうですか」という問いかけに，老婦人はイタリア語で「暮らしはいいわよ。あとはここで死を待つだけだわ」と穏やかな表情とちょっとしたブラックユーモアを交えて声で答える。「そんなこといわないで」「どうかお元気で」と声があがる。横にいたスクロペッタ氏は「あの老婦人がいったことを聞いたかい？　ニューヨークで何をしていたかだって？　わからないよ。そんなことより，その後に生まれた場所に還ってきた。そして『ここで死を待っている』と答えた。素晴らしいことじゃないか」とほほ笑む。

　町の頂上にある小さな城砦まで行くと，高齢の男性が私達の一団に交じっている。体格のよい老紳士は90歳になるという。イタリアで40年間兵士を務め上げ，ピサ，ナポリ，サルデーニャに赴任したと流暢なイタリア語で話す。「あなた達はどこから来たのか？　トリエステ？　なんだ近いじゃないか！」。

　この町で現在暮らす人々の機転の利いた話しぶりに接するなかで，私達はマグリスのいう「フロンティアのアイデンティティ（identità di frontiera）」の姿を想い起していた[26]。「彼らは食卓を囲みながら，イタリア語，イストリア・ルーマニア語，クロアチア語で話す。こうした形式張らない自由闊達な人々にとって，イストリア・ルーマニア系のアイデンティティは取りついた強迫観念でもなければ，いかなる接触からも避けられるべき純粋なるものでもない。…そこではイタリアとの結びつきとクロアチア国家への所属とが穏やかに共存しているのである」（Magris 2005：132）。そして「中心」から見れば「奥地」で

あった場所が，現に暮らしている人の移動から見ればイタリアの各地や海を越えた場所と繋がりをもっていることに気付かされる。

　町の教会に辿り着く。すぐ横には墓地があった。そこには17世紀半ばに教会を建立したことを示すラテン語の石碑が残っていた。さらにその横にはグラゴル文字[27]も刻まれている。ラテン文字とグラゴル文字の"二言語標記"には旅のガイド役を務める博学のガエターノも驚く。「クロアチア人最初の文字文化」の残存地帯といわれる内陸部では，町名の標識や土産品にグラゴル文字が「再発見」されて用いられている。だが「奥地」の教会墓地の石碑は，クロアチア人という民族意識よりもはるか以前にラテン文字とグラゴル文字が"共存"していたことを物語っている。

(4)　「小さな文化」からの「伝統の再創造[28]」

　いくつかの目的地を辿った後，ジェロヴィッツェ（Gelovizze / Jelovice）という集落で昼食をとることになる。大型バスでは通行出来ない未舗装の小道を通らなければこの集落に着けないため，私達は徒歩で向かう。見渡すばかりの丘陵地帯を茶色の土が覆い，ところどころに低木がたつ。何度も旅に参加しているメンバーも「こんなところがイストリアにもあったのね。見たことなかったわ」と感心しながら歩く。

　家族経営の食堂には野外テーブルが並べられている。ある婦人は「つい数週間前に下見に来たときは，まだ野外テーブルは建設中で奥のこぢんまりとしたバールだけだった。今回私達が来るのにあわせて作ってくれたのよ」とみなに説明する。またクロアチアのEU加盟によって観光客が増加することを見込んでの増改築のようだった。食堂の主人と婦人は厨房と食堂の間を忙しく行き来し，それを手伝う小学生の子供達は50名分の料理を運びながらイタリア語で給仕をする。

　食事が運ばれてきた。前菜には羊のチーズ，野生のイノシシとシカのサラミ，トウモロコシをすりつぶした郷土料理「フォルメントン」のミネストローネ，主菜には野禽獣の肉ソースをかけたニョッキ，トリエステ地方の郷土料理

でもあるペースト状にしたイモの「テッチャ」にイストリア産の子羊のロース
トが並ぶ。食べながらドリーゴ代表は言う。「かつてイストリアでは謝肉祭の
ときにこの土地で育った子羊を食べていた。チッチ人が育てた子羊だ。しかし
近代化と開発で移牧が途絶えてしまった今，謝肉祭はニュージーランドから大量
輸入した冷凍の子羊で祝うのが私達の"伝統"になってしまった。しかし，今
でもこの土地本来の伝統技術と土着の動物を再生させて，生計をたてられるほ
どの仕事にすることが出来る。それを本で書いたんだ」と。『チッチ人の高原』
と今回の旅には，過去を知るにとどまらず，イストリア地域の持続的な発展を
見据えた「伝統の再創造」の意味も込められている。

　食堂のすぐ近くには炭焼きの盛り土がある。2メートルほどの高さに盛られ
た大きな土の山から煙が出ている。隣にいた婦人は「この中に木を入れるの。
そうして数日たつと炭になるのよ。チッチ人は炭を作る技術があった。トリエ
ステにも売りに来たのよ。現在のゴルドーニ広場はかつて木の広場と呼ばれて
いたの。そこでチッチ人たちが炭を売る市場が開かれていたからよ」と思い出
したように話す。その後も「見知らぬイストリア」の「奥地」だったチッチェ
リアが，多くの人々の想起のなかでよみがえっていった。それによって「奥地」
だと思っていたものが，現に存在する「小さな文化のイストリアを知る」こと
を通じて，トリエステやその他の場所へと国境を越えて繋がっていった。

写真3「チッチェリアの集落にある炭焼き」

出所：2009年10月に筆者撮影。

5．おわりに：〈いくつものもうひとつの〉ヨーロッパへ

(1) 国境の越え方

　冒頭の問いに戻ってまとめたい。本章の目的は，国境の作用がローカルの場所でどのように現れるかを特定し，ローカルの実践が国境をどのように越えていくかをフィールドワークから明らかにすることだった。そのためにまずは対象地である北アドリア海地域の特徴を検討した。そこでは長い時間をかけて形成されてきた複数の「歴史的地域」の重層的な組み合わせが，二十世紀のボーダーの移動と政治的分割を反映した現在の各国の行政区分に組み入れられていることを概観した（2節）。1990年代以降の国境をめぐる両極的な変化の下で，「歴史的地域」の社会・文化的な結び付きが堅固な国境に孔を空けて行き来しやすくする重要な要因であることを確認した。しかしながらこうした「歴史的地域」の社会・文化的な結び付きは「自然発生的に」生じるものではない。ボーダーの移動が人々の心身／身心に刻みこんだ「国境域での混交・混成の根の深さ」の問題ゆえである。国境を越えようとするローカルの実践のなかに，複数の「歴史的地域」の組み合わせを国民の境界で区切られた単位で並置しマイノリティを"付け合わせ"に回収してしまう事態をヴェネツィアの事例から明らかにした（3節）。「歴史的地域」を構築するそのプロセスで国民の境界が作用したのである。「歴史的地域」によってボーダーを越えたかに見えても，心身／身心に刻み込まれた国民の境界を越えることにはならないのである。こうした心身／身心の次元で作用する国民の境界に対して，「国民」「国家」の「辺境」「奥地」の視点から，現に地域に存在している「小さな文化」を知るローカルの実践を見た（4節）。些細ではあるが個別具体的な地域の事実を出発点にする視点と実践が，心身／身心の次元で国民の境界が作用するのを抑え，ボーダーを横断する「歴史的地域」の社会・文化的な結び付きを再構築

し，さらに実際的なプロジェクトとして実現していくことに繋がることを明らかにした。したがって国境の越え方は，国境で区切られた単位を横断するような複数の「歴史的地域」を組み合わせること，そこでの社会・文化的な結び付きを地域に現に存在する「小さな文化」に着目した「辺境」「奥地」の視点から構築すること，それによって心身／身心で作用する国民の境界を抑止すること，最後に「歴史的地域」の人々の間の社会・文化的な結び付きを実際的なプロジェクトのなかで実現していくこと，である。

(2) 「小さな文化」からつみあげる「北アドリア海地域」に向けての現状把握

以上，二十世紀のボーダーの移動が刻み込まれた北アドリア海地域において，ローカルの実践がどのように国境を越えていくかを見てきた。こうした実践が現在直面している問題には以下があげられる。

第1に，自治体との国境を越えた協働である。イタリア国外では，確かに北アドリア海地域がEU域内に包摂され，ボーダーの機能が薄れつつある。しかし国境検問がなくなったとしても，各国の行政区分は依然として残ったままである。またこの地域では，西ヨーロッパの越境地域協力で制度化されているような独立機関が存在せず，かといって既存の組織の仲介は十分に機能しているとは言い難い。それゆえ国内外の自治体と協働する際に，一国の行政の縦割りだけでなく隣接諸国の「非対称な」行政の仕組みからくる困難[29]をどう調整して合意を形成するかが課題となっている。

こうした困難をさらに難しくさせるのが第2に，国境の作用を通じたナショナリズムである。現在それは物理的にではなく象徴的なかたちで進行している。たとえばイストリアと同様にイタリア的な文化要素を残すが二言語標識ではないダルマツィア沿岸や島嶼部で，歴史的人物の銅像の名前に至るまでクロアチア化されている。「それをみれば，歴史を知らない人達は『この人物はクロアチア人だ』と思ってしまう。こうして知らないうちにクロアチア化が進行する」とメンバーの一人は話す。こうした国境の作用はイタリアにもスロヴェ

ニアにも存在する。トリエステでは自治体と協働する極右のディアスポラ団体と愛国主義的団体が「フォイベとエクソダス」を通じて動員を行なっている（鈴木 2011）。これまで国境を越えて実践を積み上げてきた同文化会のメンバーたちは、いずれの国においても国境の作用を通じたナショナリズムは今後もなくならないと考えている。

　第3に、チルコロ・イストリア文化会内部の課題がある。現在はディアスポラの第1, 2世代が中心である。中心メンバーの高齢化と慢性的な人手不足がある。それゆえイストリアの若い世代との交流を進め世代継承へ繋げることに力を入れている。その一つの試みとして、同文化会の支部をイストリア半島のトッレに開設することを計画している。また冒頭の挿話でふれたイタリアとスロヴェニアの国境跡地に「公園」を作り、欧州越境協力に関与しながらボーダーの移動により放棄された土着の農資源の再生と土地の歴史の世代継承を目的とした事業を進めている。

(3)　「マイノリティの鎖」が織り成す〈いくつものもうひとつの〉ヨーロッパへ

　最後に、課題と展望を述べて本章を閉じたい。第1に、「ボーダーはどこにでもある」といわれるなかで、では国境がどのような条件で象徴的に現れて、認知や情動といった個々人の心身／身心に作用するのかを精査する必要がある。本章3節ではコンフリクトの比較的少ない状況で国民の境界が作用した一場面を考察したが、よりコンフリクトが高まるような国民の境界をめぐる「言説／情動の光景」の分析が課題である。第2に、リージョナル・レベルでの課題としてEU危機のローカルへの影響である。本章で取り上げたエピソードはEU危機が顕在化する以前のものだった。EUの枠組みはこの地域の国境を越えるローカルな実践にとって重要な参照軸になっている。もしEUが大きな危機を迎える場合、こうしたローカルの実践はどうなるのか。すぐ後の展望で述べるようなより持続的な意義を示すのか否か。第3に、「歴史的地域」と自然環境との関連である。4節ではチッチェリア高原での牧羊の伝統の再創造

について触れたが，この他にもチルコロ・イストリア文化会は「食」「農」「生物多様性」にかかわるプロジェクトを進めている。こうした地域の生態系までも含めたローカルの実践は本書のモチーフである「惑星社会論」と関連する論点であると思う。しかしこの点を深められなかったので今後の課題である。

　展望として，国境を越える地域をマイノリティの現実から「小さな文化」によって積み上げていく実践がヨーロッパ統合のなかで持つ意義を述べたい。こうしたローカルの実践は形を変えながらひとつの願望としてこの地域に潜在してきた。そこでは，ネイションあるいはエスニシティの分類でも，自らの多重的な自己を一言では言い表せず，それらの分類の系列からこぼれてしまうようないくつもの固有の差異をひとまとまりとしつつ，むしろその固有の差異にこそ共に在ることの意味を承認しあうような社会関係の構築が願望されてきた。イストリア・ディアスポラの作家F.トミッツァ（Fulvio Tomizza）はこれを「マイノリティの鎖（la catena delle minoranze）」と呼んだ。この「マイノリティ」は民族的な少数派という意味に留まらない。これは「知識人たちによって宿願され，その後には良識をもったごく普通の人々によって息を吹き込まれた考え方である。…そこでは，イタリア系トリエステ人とスロヴェニア系トリエステ人，ディアスポラのイストリア人とイストリアに残ったイストリア人，その残ったイストリア人はイタリア系だけでなくスロヴェニア系イストリア人とクロアチア系イストリア人も含まれている」（Tomizza 2009：234）。ここでは「イストリア人」「トリエステ人」といった長い時間をかけてつくられてきた「歴史的地域」への結び付きを通じて，国境を越えていこうとする願望が表現されている。

　社会の支配的な分類から外れた「不全な存在」であり，国家の境界線引きの確かなる証人としての"マイノリティ"（Merler 2004：278）。〈私たちはイタリア人であるが，それと同時にスロヴェニア人でありクロアチア人である。それがイストリア人であり，トリエステ人である〉という考え方を出発点にし，そこから「他者」とゆるやかに繋がる。A.メルッチ（Alberto Melucci）の言葉を借りれば，こうした人々にとって自己は「安定したアイデンティティのなかに

しっかりと固定されているもの」ではなく,「ゆるく固定されたピボット・ピンの動き」のように「遊び」をもったものとして感じられる (Melucci 1996 = 2008：4)。この動きのなかで自己は「揺らぎ,震えおののき,我を失うかもしれない」。まさに二十世紀以降から現在までトリエステやイストリアの知識人たちが代弁した苦悩が,一民族への帰属を求められる「お前は誰だ?」「私は十分にイタリア人か?」といった問いだった (Sestan 1997 [1947]：103；Ara e Magris 1982：15)。しかしながら二十一世紀のヨーロッパでは,自己の多重／多層／多面性を受け入れようという試みが進められている。それは近年の債務・金融危機を契機に EU が直面している「ひとつのヨーロッパ」の難局とは別の"深層／深淵"の次元で,より長い持続のなかで託されてきた〈いくつものもうひとつの〉ヨーロッパの"企図と願望"(新原 2004：307,本書第8章2節)である。複数の固有の構成要素のひとまとまりを通じて,ボーダーの移動によって「引き裂かれた私」ではなく「複合し重合する私」(Merler 2006：72)として相互承認されるような社会関係を構築していこうとする願望が現に存在している。それは「『差異性を生命として』独自の位置を保ってゆこうとする,ヨーロッパ半島のイメージ」(Enzensberger 1986 = 1989：607)につらなるものである。

　アドリア海のユリシーズ。移牧と炭焼きを生業とした「陸の航海士たち」。歴史を残さなかったかつてのディアスポラの痕跡をいまのディアスポラが辿る。「小さな文化」の"島々"を寄港地としながら,「キリスト教が成立するはるか以前からある民衆の習慣,その中からヨーロッパがどうやってできてきたか…それぞれの地域で,砂の一粒一粒のようにして形成されつつあるヨーロッパ」(Enzensberger 1986 = 1989：641-642) を通じて,国境を越えていくのである。トリエステの詩人 U. サーバ (Umberto Saba) が託した「ユリシーズ」のように[30]。

　　若いころ,わたしはダルマツィアの／岸辺をわたりあるいた。餌をねらう
　　鳥がたまさか止まるだけの岩礁は,ぬめる／海草におおわれ,波間に見え

かくれ太陽にかがやいた。エメラルドのように／うつくしく。潮が満ち，夜が岩を隠すと風下の帆船たちは，沖あいに出た。夜の／仕掛けた罠にかからぬように。今日わたしの王国はあのノー・マンズ・ランド／港はだれか他人のために灯りをともしわたしはひとり沖に出る。まだ逸る精神と／人生へのいたましい愛に，流され

付　　記

本章で論じた調査研究には，トリエステのチルコロ・イストリア文化会から多く協力を得た。記して感謝申し上げたい。また本研究は以下の調査成果の一部である。鈴木鉄忠（研究代表者）『イタリア・スロベニア・クロアチア間国境地域の『国際協力と共生』可能性の質的調査』（科学研究費補助金・特別研究員奨励費，平成 23-25 年度）。

注

1) この挿話は 2008 年 11 月 15-16 日にムッジャ（イタリア）で行なわれた「SCIENZaMUGGIA 5 anni di studi e ricerche」の一環で企画されたイタリア・スロヴェニア間の日帰り越境散策のフィールドワークの記録に基づく。尚以下も参照（Suzuki 2009）。
2) トリエステのジャーナリストで作家の P. スピリト（Pietro Spirito）は山間のイタリア・スロヴェニア国境ボッタッツォ（Bottazzo）にて国境をめぐる現実の変化を自身の体験から描いている（Spirito 2011：66-71）。
3) 日本社会における国境の構築については（Morris-Suzuki 1998；モーリス・鈴木 2000）に詳しい。
4) 2012 年 7 月の「尖閣諸島」の国有化をめぐる日中対立の深刻化，8 月の韓国大統領の「竹島／独島」公式訪問，そして 7 月のロシア大統領の「国後島」公式訪問を契機として，日本でも国境をめぐる緊張が急速に高まった。これらの事態は，「諸国家の代表者たちが互いの主権を承認する条約に署名してそれを遵守し，様々な政党が共通の境界線の位置・画定・区分に同意する」ことによって初めて「国境の安定性」がもたらされることを示している（Paasi 1996：3）。
5) 1990 年代以前，地理学では「国境の光景（border landscape）」，政治学では「国境地域（border regions）」，歴史研究では「国境地帯（borderland）」，文化人類学では日常生活における国境の浸透性と持続性，社会学ではマイノリティを通じて研究が行なわれていた（Wilson and Donnan 2012：4-12）。しかし 90 年代以

後は，ボーダーの変化を表す造語（bordering / debordering / rebordering），国境をまたぐこと／人（cross-border / border-crossers），越境（transborder）などの接頭辞を伴って用いられる。

6)「北アドリア海（l'Alto Adriatico; The Upper Adriatic）」という名称は1990年代以降に当該地域を対象にした歴史学，地理学，社会学研究のなかで頻繁に用いられるようになった（Cecotti 1998; Algostino et al. 2008; Bufon and Minghi 2000; Gasparini 2000）。現在のイタリア・スロヴェニア間の2007-2013年度・欧州越境協力（European Territorial Cooperation）の範域とも大分部が重なる（http://www.ita-slo.eu/ita/ 2013年9月3日アクセス確認）。また広義にはアドリア海に接する国や地方とオーストリア国境までを含む場合もある。本章では狭義の地理的範囲の意味で「北アドリア海」を用いる。しかしその境界は，厳密に限定されたものではなくある程度伸縮する。（鈴木 2007：133）。

尚「地域」の定義に関して，ここでは特定の地理的範囲を持つ実体概念として用いる。

7) 本章の記述は，2005年から2008年の二つの共同調査（新原道信（研究代表者）『21世紀"共成"システム構築を目的とした社会文化的な"島々"の研究』（科学研究費補助金・基盤研究(B)(1)，平成16-18年度）；新原道信（研究代表者）『イタリアの国境地域と島嶼地域の"境界領域のメタモルフォーゼ"に関する比較地域調査研究』（科学研究費補助金・基盤研究(B)，平成19-21年度）），そして2006年から現在までに断続的にトリエステに滞在して行った個人調査研究に基づく（鈴木 2007, 2009, 2010, 2011, 2012；Suzuki 2009, 2011）。個人調査研究は，後述するトリエステのチルコロ・イストリア文化会の協力の下に実施している。調査の方針とフィールドの人々のかかわりは，「リフレクシヴ・リサーチ」（Melucci 1998；新原2007：23-61；新原2011）から多くを学んでいる。調査工程は，(1) 中長期間（10年単位）にわたってフィールドとラポールをつくっていく，(2) フィールドでの出来事を調査者自身の驚きや偏りを含めて調査日誌に記録する，(3) 共同調査グループで調査日誌を共有し，実行中の調査のリフレクションを個人と集団レベルで再帰的に行なう，(4) 調査の知見をフィールドへその都度フィードバックする，(5) 調査者とフィールドの関係をたえず問題にすることで，フィールドに与える調査者の影響を自ら制御する可能性がうまれる（鈴木 2009：159-161）。

8) さらに細かく見ていけば，内陸の町ゴリツィア，イタリア北東部のフリウーリ地方，イストリア半島東端の港町リエカ／フィウーメ，ダルマツィア沿岸を歴史的地域と考えることが出来る。しかし紙幅の制約上これらについてはふれない。

9) 南スラヴ系のなかでもスロヴェニア系がドラゴーニャ（Dragonja）河沿いの北方とブゼット（Buzet / Pinguente）とルパ（Rupa）の北方に多く定着し，以南にはクロアチア系が定着した。

10) 後の(4)で述べるが，1990年代以降にイストリアを「歴史的地域」と見なす地域主義運動が起こった。そして地域政党が制度化される。ナショナリズムが強

かったクロアチアのなかで例外的に自治を獲得するのである。
11) ファシズム体制はイタリア語を唯一の公用語と定めた教育改革とスラヴ系学校の廃止，スロヴェニア・クロアチア語新聞の禁止，地名のイタリア語化，スラヴ系の姓のイタリア語化，墓地のスラヴ名のイタリア語化といった一連の同化政策を実行した。
12) ここでいうエクソダス（Esodo; Exodus）とは，1944年から1955年の間にイタリア領だったイストリア半島・クアルネーロ諸島・ダルマツィア沿岸部における20-30万人と推定されるイタリア系住民の集団離散をいう。イタリアでは esodo（大量流出 mass departure），esule（亡命 exile），profugo（難民 refugee），diaspora（ディアスポラ），espulse（追放）などの言葉が用いられる。この一帯のイタリア系住民は，イタリア敗戦後における当地域のユーゴスラヴィア領への編入という政治的決定により，国籍帰属の選択権能を与えられながらも，頻発する非合法的な暴力の波に半ば退去の自発的選択を強制されるかたちで，集団規模で永続的に離れた。
13) コーペルでは1981年の0.4％から91年の2.0％へ，プーラでは1.2％から9.6％へ，ピジーノでは2.0％から12.3％へと増加している。
14) 第二次大戦末の混乱期にユーゴスラヴィア軍が反体制派と見なしたイタリア人をカルスト台地の窪地（フォイベ）で虐殺した事件をいう。
15) 詳しくは（鈴木2009：注12）参照。
16) 1990年代以降の「フォイベとエクソダス」をめぐる動向は以下に詳しい（Ballinger 2003, 2004）。
17) トリエステ地方紙『イル・ピッコロ（IL PICCOLO）』2007年2月11日，同月18日。
18) 2000年代後半の動向の一部は（鈴木2010, 2011）で分析した。
19) ゴリツィア（イタリア）とノヴァ・ゴリツィア（スロヴェニア）の国境を挟む協力の現状について井上直子は，同じくブフォンの調査を検討した上で，①国境を挟む協力に対する双方の町の住民の非対称性，②冷戦によって「分断された町」という（多分にEU地域政策の補助金獲得という事情に引きずられた）「歴史の『捏造』」とイタリア・スロヴェニアの歴史認識の非対称性を指摘し，「和解」のストーリーに留保を付けている（井上2005：198-200）
20) ローマ帝国崩壊以後の北アドリア海地域に関して，古城利明はロッカンの中心―周辺構造にふれながら，境界域（interface）として位置付ける。4つの留意点があり，この地域は①中央交易地帯におけるドイツ・ブロックとイタリア・ブロックに挟まれつつも，はみでていた，②経済の中心部となった北西ヨーロッパからは取り残され，中央集権国家の形成やそれへの組み込みも遅れた，③西ヨーロッパ（ラテン世界，それよりは弱いがゲルマン世界）と東ヨーロッパ（スラヴ世界）が社会・文化的に接する境界域だった，④東西南北の諸勢力の境界域に置かれ，19世紀半ばまでどの勢力も積極的に支配地に組み込もうとしなかった。こうした「歴史的地層」のなかに古城は「フロンティア性の発露」を見出す。

21) イストリアのディアスポラ団体間の布置連関については（鈴木 2010, 2011）参照。
22) イタリア人のイストリアに対する無知と無関心は，現地の知識人によって繰り返し指摘されてきた（Miglia 1994：33-35；Magris 2005：153）。
23) この記述は，2010年4月15日にヴェネツィアで開催された国際会合のフィールドワークに基づく。
24) この記述は，2009年10月4日にチルコロ・イストリア文化会が企画したチッチェリアへの旅のフィールドワークに基づく。
25) チッチェリアのマグリスの文章は以下に収録されている（Magris 2005：126-133）。
26) マグリスのいう「フロンティアのアイデンティティ」は，いうまでもなく本章2節(5)で古城利明が提示した「フロンティア」概念とは同じではない。マグリスは著書の題目に「フロンティアのアイデンティティ」（Ara e Magris 1982）を用いているが，そこでこれに明確な定義を与えているわけではない。しかしここで引用したチッチェリアのエッセーでは管見の限り初めてマグリスが「フロンティアのアイデンティティ」の意味を明確に表現している。
27) グラゴル文字は9世紀後半にビザンツ皇帝の側近キュリロスがスラヴ人の典礼用文語のために考案したといわれる。その後10世紀半ばにはキリル文字にとって変えられ，スラヴ圏では消滅した。しかし唯一例外的に残ったのがイストリア半島中部やアドリア海北部の沿岸部と島嶼部であった。13世紀中期にグラゴル文字とスラヴ語典礼はローマ教皇から一定の認可を受け，これらの一帯でクロアチア固有の言語文化として発展した（三谷 2013）。こうした歴史的背景から，現在，内陸部の自治体はグラゴル文字を公共の場や観光の商品として用いている。こうした「伝統のインヴェンション」について，ピジン（Pazin/Pisino）の博物館館長で歴史家は，歴史学的にグラゴル文字の痕跡はアクイレイアや南イタリアでも発見されており，イストリア半島ではフム（Hum/Colmo）一帯に及ぶと言う。スロヴェニア・クロアチア国境の町ブゼット（Buzet/Pinguente）で見られるグラゴル文字は「歴史学的には無関係」であるが，クロアチア人固有の文字文化として構築することで「政治的には意味を持つ」と指摘する（2009年5月17日ピジンでのフィールドワークより）。
28) 「伝統の再創造」の用語は鶴見和子の内発的発展論から借りた。鶴見は「伝統」を「世代から世代へ受け継がれてきたところの『型』」とし，それを「現代の状況に合うように作り変える」のが「〔再〕創造」だとしている（鶴見 1999：33）。さらなる概念の検討は今後の課題としたいが，本書のモチーフである「惑星社会論」との関連で重要になるため，この用語を借りて表現した。
29) イタリア・スロヴェニア・クロアチア間の行政間の「非対称性」の問題については，弘前大学の柑本英雄先生より示唆を頂いた（cf. 柑本 2007：46）。
30) ウンベルト・サーバ「ユリシーズ」（須賀 1990：144-145）

参考文献

Alberi, Dario, 2001, *Istria*, Trieste: Lint.
Algostino, A., G. C. Bertuzzi, F. Cecotti, E. Collotti, V. D'Alessio, E.Miletto, R. Pupo, F. Todero, N. Troha, M. Verginella, A. M. Vinci (contribute di), 2009, *Dall'Impero Austro-ungarico alle Foibe: Conflitti nell'Area Alto-Adriatica*, Torino: Bollatti Boringhieri.
Apih, Elio, 1988, *Trieste*, Roma: Laterza.
Ara, Angelo e Magris, Claudio, 1982, *Trieste: Un'Identità di Frontiera*, Torino: Einaudi.
Argenti A. Tremul, E. Giuricin, L. Giuricin, E. Ivetic, O. Moscarda, A. Radossi, G. Radossi, N. Sponza, F. Šuran, 2001, *La Comunità Nazionale Italiana nei Censimenti Jugoslavi 1945-1991*, «Centro di Ricerche Storiche Rovigno Etnia VIII», Trieste-Rovigno: Unione Italiana-Fiume Università Popolare di Trieste.
Ashbrook, John, 2008, *Buying and Selling the Istrian Goat: Istrian Regionalism, Croatian Nationalism, and EU Enlargement*, Brussels: P. I. E. Peter Lang.
Ballinger, Pamela, 2003, *History in Exile : Memory and Identity at the Borders of the Balkans*, Princeton : Princeton University Press.
――, 2004, "'Authentic Hybrids' in the Balkan Borderlands", *Current Anthropology*, 45(1)：31-60.
Braudel, Fernald, 1966, *La méditerranée : et le monde mediterranéen à l'époque de Philippe II*, Armand Colin. (=1999, 浜名優美訳『地中海①』藤原書店)
Bufon, Milan, 1998, "Le Regioni Transfrontaliere nel Processo di Unificazione Europea", In P. Bonavero & E. Dansero (eds.), *L'Europa delle Regioni e delle Reti*. Utet: Torino, pp. 126-142.
――, 2003, "Cross-border Cooperation in the Upper Adriatic" in Anderson, James., O'Dowd, Liam. Wilson, Thomas M. (ed.), *New Borders for a Changing Europa: Cross-Border Cooperation and Governance*. New York: Routledge, pp. 177-196.
Bufon, Milan, and Minghi, Julian, 2000, "The Upper Adriatic Borderland: From Conflict to Harmony" *GeoJournal*, 52：119-127.
Cattaruzza, Marina, 2007, *L'Italia e il Confine Orientale*. Bologna: il Mulino.
Cecotti, Franco e Raoul Pupo (a cura di). *Il confine orientale: Una storia rimossa*, Trieste: IRSML.
Cecotti, Franco, 1998, "I confini dell'Alto Adriatico", Franco Cecotti e Raoul Pupo (a cura di). *Il confine orientale: Una storia rimossa*, Trieste : IRSML 95 -99.
Circolo di Cultura Istro-Veneta "ISTRIA", 2007 *L'Altopiano dei Cici: Per un Recupero delle Terre Marginali attraverso la Pastorizia*, Trieste: Circolo di Cul-

tura Istro-Veneta "ISTRIA".
Dorigo, Livio, 2011, "Presentazione: Compendio dell'attività degli ultimi 15 anni del Circolo Istria", in Carmen Palazzolo Debianchi (a cura di) *Profumi dell'Istria*, Il Circolo della Cultura Istro-veneta ISTRIA:
Enzensberger, H. M., 1987, *Ach Europa!: Wahrnemungen aus Sieben Landern: mi einem Epilog aus dem Jahre* 2006, Frankfurt : Suhrkamp. (＝野村修訳, 1989『ヨーロッパ半島』晶文社)
古城利明, 2011『「帝国」と自治――リージョンの政治とローカルの政治』中央大学出版部。
Gasparini, Alberto (a cura di), 2000, *Problemi e prospettive dello sviluppo di Euroregioni sul confine nord-orientale italiano : il caso del Friuli-Venezia Giulia*, Gorizia : I. S. I. G.
井上直子, 2005「国境を挟む協力――イタリア・スロヴェニア国境の町ゴリツィアの事例」木畑洋一編著『ヨーロッパ統合と国際関係』日本評論社：173-204 ページ。
石田信一, 2013「イストリア地域主義」柴宜弘・石田信一編著『クロアチアを知るための 60 章』明石書店：280-284 ページ。
Ivetic, Egidio (a cura di), 2006, *Istria nel Tempo: Manuale di Storia Regionale dell'Istria con Riferimenti alla città di Fiume*, Rovigno: Unione Italiana-Fiume / Università Popolare di Trieste.
――――, 2007, "Dalle comunità alle nazioni nell'Adriatico nord-orientale (1850-1940)", Pierluigi Pallante (a cura di), *Foibe, memoria e futuro*, Roma: Editori Riuniti：37-53.
柑本英雄, 2007「国際社会単位組み替えの方法論としての"機能"の利用――フリウリ・ヴェネツィア・ジュリア州 (Friuli-Venezia Giulia) の EGTC 戦略理解の前提として」新原道信研究代表者『21 世紀"共成"システム構築を目的とした社会文化的な"島々"の研究』, 平成 16-18 年度科学研究費補助金 (基盤研究(B)(1)) 成果報告書：36-47 ページ。
Magris, Claudio, 2005, *L'Infinito Viaggare*, Milano: Oscar Mondadori.
Melucci, Alberto, 1996, *The Playing Self: Person and Meaning in the Planetary Society*, New York: Cambridge University Press. (＝2008, 新原道信・長谷川啓介・鈴木鉄忠訳『プレイング・セルフ――惑星社会における人間と意味』ハーベスト社)
――――, 1998, *Verso una sociologia riflessiva: Ricerca qualitativa e cultura*, Bologna: Il Mulino.
Merler, Alberto, 2006, 新原道信訳「"マイノリティ"のヨーロッパ――"社会文化的な島々"は，"混交，混成し，重合する"」永岑三千輝・廣田功編編著『ヨーロッパ統合の社会史――背景・論理・展望』日本経済評論社：273-302 ページ。
――――, 2006, 新原道信訳「世界の移動と定住の諸過程」新原道信・広田康生編著『グローバリゼーション／ポスト・モダンと地域社会』東信堂：63-80 ページ。

Miglia, Guido, 1968, *Bozzetti Istriani*, Trieste: Tipografia Moderna.

―――, 1994, *L'Istria una quercia*, Trieste: Edizioni Circolo di Cultura ISTRIA.

三谷惠子, 2013「文字と言語文化―三文字文化の歴史と伝統」柴宜弘・石田信一編著『クロアチアを知るための60章』明石書店：217-221ページ。

Morris-Suzuki, Tessa, 1998, *Re-inventing Japan: Time, Space, Nation*, New York: M. E. Sharpe.

モーリス・鈴木, テッサ, 2000『辺境から眺める―アイヌが経験する近代』みすず書房。

新原道信, 2004「深層のヨーロッパ・願望のヨーロッパ」永岑三千輝・廣田功編著『ヨーロッパ統合の社会史』日本経済評論社。

―――, 2007『境界領域への旅―岬からの社会学的探究』大月書店。

―――, 2011「"境界領域"のフィールドワーク(2)―カーボベルデ諸島へのフィールドワークより」『社会科学研究所年報』中央大学社会科学研究所, 第16号：67-98ページ。

Paasi, Anssi, 1996, *Territories, Boundaries and Consciousness: The Changing Geographies of the Finnish-Russian Boundary*. J. Willy & Sons.

―――, 2011, "Borders, Theory and the Challenge of Relational Thinking", *Political Geography* 30：62-63.

Pupo, Raoul, 2005, *Il Lungo Esodo: Istria, le Persecuzioni, le Foibe, l'Esilio*, Milano: Rizzoli.

Sahlins, Peter, 1989, *Boundaries: The Making of France and Spain in the Pyrenees*. California : University of California Press.

Sestan, Ernesto, 1997 [1947], *Venezia Giulia: Lineamenti di Una Storia Etnica e Culturale e il Contesto Storico-Politico in cui si Colloca l'Opera*, Udine: Del Bianco Editore.

Spirito, Pietro, 2011, *Trieste è un'altra*, Firenze: Mauro Pagliai Editore.

須賀敦子, 1990『ミラノ霧の風景』白水社。

鈴木鉄忠, 2007「ヴェネツィア・ジューリアおよびイストリアにおける"社会文化的な島々"の形成に関する考察―イストリア文化団体『チルコロ・イストリア』の事例」, 新原道信研究代表者『21世紀"共成"システム構築を目的とした社会文化的な"島々"の研究』, 平成16-18年度科学研究費補助金（基盤研究(B)(1)）成果報告書：113-133ページ。

―――, 2009「国境を踏み固める小道―『短い20世紀』以後のイタリア東部国境地域社会変容に伴うローカルの『再審』試論」『社会科学研究所年報』, 中央大学社会科学研究所, 第14号：155-172ページ。

―――, 2010「国境を踏み固める小道(2)―トリエステのイストリア故国喪失体験者団体の回想の記念日」『社会科学研究所年報』中央大学社会科学研究所, 第15号：127-145ページ。

―――, 2011「国境を踏み固める小道(3)―追悼におけるイストリア故国喪失者の

"わたしたち"」『社会科学研究所年報』中央大学社会科学研究所, 第 16 号: 123-143 ページ。
―――, 2012「境界領域のヨーロッパ試論―イストリア半島を事例に」『社会科学研究所年報』中央大学社会科学研究所, 第 17 号: 133-151 ページ。
Suzuki, Tetsutada, 2009, "Incroci di Trieste", *Gruppo-Skupina* 85, Bollettino-Bilten 25：18-23.
―――, 2011, "Trieste, città aperta? Impressioni della città viste da lontano", in Carmen Palazzolo Debianchi (a cura di), *Profumi dell'Istria*, Il Circolo della Cultura Istro-veneta ISTRIA：382-384.
Tomizza, Fulvio, 2009, *Alle Spalle di Trieste*, Bologna: Bompiani.
鶴見和子, 1999『鶴見和子曼荼羅Ⅸ 環の巻 内発的発展論によるパラダイム転換』藤原書店。
Turner, Victor, W, 1969, *The Ritual Process : Structure and Anti-structure*, Chicago : Aldine Publishing Company (=1996, 冨倉光雄訳『儀礼の過程 第 2 版』新思索社)
Valussi, Giorgio, 2000, *Il Confine Nord-orientale d'Italia*, Gorizia: I. S. I. G.
Wilson, Thomas M., Hastings Donnan (edit), 2012, *A Companion to Border Studies*, West Sussex : Wiley-Blackwell.
Wohinz, Milica Kucin and Jože Pirjevec, 1998, *Storia degli Sloveni in Italia 1866-1998*, Venezia: Marsilio.
Zanini, Paolo, 1997, *Significati del confine*, Milano: Bruno Mondadori.

第 6 章
もうひとつのエリジウム，あるいは異者を造りあげる感性と技術について
――コロンビア大学のキャンパス拡大とハーレムの境界の引きなおし――

中 村　　寛

　言葉に抵抗すること，言いたいことしか言わないこととは，社会的な意味を満載した（…中略…），借り物の用語によって語られる代わりに，語ることであり，自らも語られているスポークスマンによって語られる代わりに，語るということです。中立化され，婉曲化され，月並みにされた言葉に抵抗することとは，つまりはエリート官僚的な新しいレトリックの仰々しい陳腐さが作りだすことのすべてに対して，さらにまた，やれ動議だ，決議だ，政策綱領だ，計画だといって磨きをかけられ，ついには沈黙に行き着くまで削りに削られた言葉に対して，反抗するということです。内的・外的ともどもの検閲と妥協した産物である言語はすべて，押しつけという効果，思考する気力を奪いとる思考不在の強制という効果を行使するものです。…（中略）…私が書くのは，まず第一に言葉をもっている人びと，スポークスマンといった人びとが，社会的世界に関する外見だけは音楽もどきの騒音を，二度と作り出せないようにするためです。
　　　　――ピエール・ブルデュー（安田尚・小松田儀貞・加藤真義・佐藤康行・
　　　　　水島和則・田原音和訳）「言葉に抵抗する技術」『社会学の社会学』

　しかし，彼がじっさいにみずからの力で考え欲し行動する時がやってくれば，――そういう日がやって来ないと誰も考えることはできないはずだ，――彼は一夜づけの役割を演じるわけではなく，この人種の幼年時代に教えこまれたたどたどしい言葉や思想の数々を，表現するのだ。今日，黒人のなかにめざめてきている自我実

現の沸きたつようなたたかいは，車輪のなかの車輪のように白人世界の闘いと複雑に照応している。ヴェールの向う側の世界にも，白人世界より規模の小さい似たような諸理想に関する問題がある。指導者と被指導者の，農奴制の，貧困の，秩序と服従との問題が，そしてそのすべてに人種のヴェールが垂れさがっている。この問題に気がついているものは，ほとんどない。また，気がついているものでも，ほとんどそれに注意を払わない。／だが，たしかにこれらの問題は存在していて，研究者や芸術家や預言者を心待ちしているのだ，――誰かがいつかは解き明かさなければならない分野として。

――W. E. B. デュボイス（木島始・鮫島重俊・黄寅秀訳）
「アタランタの翼」『黒人のたましい』

1．はじめに[1]：コロンビア大学のキャンパスにて

　ハミッド（仮名）がニューヨーク市ハーレムに隣接するコロンビア大学のキャンパスを訪れるのは，初めてのことではなかった。ハーレムに生まれ育ったアフリカ系アメリカ人である彼は，今よりも年若かった頃から最近にいたるまで，この平穏で手入れの行き届いたキャンパスに何度も足を運んだという。けれどもこの日，ハミッドは奇妙な経験をすることになる。

　調べもののためにコロンビア大学の図書館を使いたい，については一緒に図書館に行き，利用許可証の取得を手伝ってくれないか――ハミッドは，電話越しにそんなことを言った。2002年秋にフィールドワークを開始して以来，ずっと彼に世話になってきた僕は，少しでも恩返しをしたい気持ちから，その日の午後，ハミッドと待ち合わせ，一緒に大学のキャンパスへと向かったのだ。

　当時，僕はコロンビア大学の日本語科でティーチング・アシスタントの仕事をしていたため，「オフィサー」の肩書で発行された大学の身分証明書を持っていた。それを見せると，図書館を利用できるだけでなく，一定期間有効な図書館利用証を知人のために発行してもらったり，友人を引き連れて図書館内で調べものをしたりすることができた。

ハミッドはその日，法律関係の書籍を置いている図書館に行き，過去の裁判記録を調べたいとのことだった。その頃，116丁目のモスクのリーダーシップをめぐって論争が起きていた。あるイマームがモスクの所有する土地を売却し，それをポケットマネーにしたかどうかが争点のひとつになっていた。ハミッドはその一件をめぐって，土地の所有に関してこれまでにどのような訴訟が起きてきたかを調べようとしていた。

23棟ある図書館のうち，メインの図書館であるバトラー・ライブラリー（*Butler Library*）の事務所に行き，ハミッドが図書館を利用できるように1週間のパスを発行してもらった後に，一緒に歩いて法律専門の図書館に移動した。コロンビア大学のキャンパス内には，学生や教職員，事務スタッフだけでなく，ゴミを集めてまわる清掃員，芝や木々の手入れをするスタッフ，建物等の管理・整備をする者，一般の通行人などがいる。一目見て学生とわかる人の数が圧倒的に多いにせよ，人種・民族構成や年齢層，服装などにおいて多種多様な人びとが混在している。

ジェローム・L・グリーン・ホール（*Jerome L. Green Hall*）と呼ばれる建物内にあるアーサー・W・ダイアモンド法律図書館（*Arthur W. Diamond Law Library*）に到着すると――バトラー・ライブラリーから法律図書館までは徒歩で5分から10分程度かかる――，入り口近くのカウンターにいた図書館員に二人で話しかけ，裁判記録の調べ方について質問した。図書館員は丁寧に応対してくれたが，あまり期待していた答えは得られないまま，それでも僕らは図書館のなかに入り，そこで調べ物に着手した。

1時間から2時間ほどの時間を過ごしたろうか。いくつかの文献に目を通し終えたハミッドは，明日にでもまた戻ってくるので今日はもうおしまいにしようと言った。そこまで，とりたてて問題はなかった。

図書館の出入り口に向けて歩いていると，ハミッドが静かに，ゆっくりとした口調で言った。「あそこにいた女，おまえのこと思いっきり見つめてたぞ！」

それは彼がよくやることだった。二人で歩いていると彼は頻繁に，遊び心をもって，そしてあまり特別な意味もこめずに，道行く人，特に女性に声をか

け，賛辞を送り，冗談を言い，笑い合い，言葉を交わした。それは時に，長い会話へと発展することすらあった。

けれども，このときの僕は関心のないふりをしてそっけなく応じた。「たぶん，どっかで僕の顔を見たことがある人なんじゃないかな」。図書館内にいたから，なるべく静かにしたいと考えていたのだと思う。

「いや，俺は本気で言ってんだよ。あれはおまえのことが気に入ってるんだと思うな」，彼は真剣な表情でそう言った。なぜせっかくの会話の機会を逃すんだい，ハミッドはそう言いたげだった。

その後，僕たちは図書館を出て，廊下を歩いていた。ハミッドがトイレに行きたいと言い，トイレを探してゆっくりと移動していたのだ。建物のなかには，図書館だけでなく教室もあり，複数の学生が立ち話をしたり，話しながら集団で歩いたり，ひとりで黙々と歩いたりしていた。

歩きながらハミッドは，すぐそばを通ったコロンビア大の学生たちがはしゃいで話しているのを観察し，少し呆れたような表情を見せた。そして彼らの真似をして，からかうように言った。「コロンビアの学生ってな感じだな。わかるかい。彼らは『そうだよね，それはとってもステキだよね』ってな話し方をするんだ」。ハミッドにとって，学生がはしゃぐ様子，そのときの声のトーンや用いられる単語，アクセントの置き方は，ハーレムで彼が慣れ親しんでいる「ふざけあい」とは異なっていた。

そうやって話しながらトイレの場所を探して歩いていると，突然中年の警備員が僕たちの方に近づいてきた。体格の良い男性だった。彼は僕たちの前に瞬時にやってきて，続けざまに訊ねた。「なにかお困りですか？」

僕らはトイレを探して歩いてはいたけれど，決してきょろきょろと捜し歩いていたわけではなかったし，迷子になっていたわけでもない。それでも，鋭い目つきの警備員から迷いのようなもの——声をかけることに対する迷い，あるいは僕たちがこの場所に所属しないものであるという判断に対する迷い——を読みとることはできなかった。

警備員の姿を見たハミッドは，瞬時に表情と話し方を変え，落ち着いた様子

第6章　もうひとつのエリジウム，あるいは異者を造りあげる感性と技術について　237

で対応した。「ええ，トイレに行きたいのですが，どこにあるか教えてもらえますか」。

　警備員の男性は，僕たちの様子を見つめたまま，声のトーンや態度を変えずに，トイレはすぐそこにありますと言って，その場所を細かく教えてくれた。ハミッドと僕は，丁寧に礼を言い，二人でその場を離れてトイレに向かった。

　その後，ハミッドと僕はその建物をあとにし，大学のキャンパス内を一緒に歩いた。「かつてよくここに来て，リラックスしたもんだよ」とハミッドは語った。「ハーレムの喧騒を逃れたいときによく来たんだ。ここに来ると，とてもリラックスできる。夜になるとよく来て，ここに座ってね。この場所でエネルギーを取り戻すことができるんだ」。

　そして，少し後に彼は，以前に彼のした人種主義的な発言について，振り返り始めた。「人をあるカテゴリーで判断しているわけじゃないんだ。ラスール［ハーレムの友人（仮名）］とかと話してると，いつも忘れちゃうんだけど。つい忘れて，ユダヤ人がどうのとか，白人がどうのとか話しちまうんだけど。それでも，なるべくひとりの人間を，あるグループ全体に入れて判断することがないようにしてるよ」。

　ハミッドがこの警備員との一件を直接話題にすることはなかった。

2．問題の所在——境界という現象とその民族誌的探求

　上に描写した出来事は，表面上は単純明快な事実の積み重ねによって成立しているように見える。ハーレムに生まれ育ったアフリカ系アメリカ人ムスリムの中年男性であるハミッドが，合州国のアイヴィー・リーグのひとつであるコロンビア大学のキャンパス内で，警備員によって呼びとめられる。大きな事件に発展したわけではないし，ドラマチックな展開はそこにはない。よくある些細な出来事として，日常の連鎖のなかでは顧みられることは少ない。

　それでもこの一連の出来事は，境界（boundaries）という現象について多くのことを教えてくれるように思う。ハミッドは，警備員によって一種の「異物」

ないし「異者」として発見されたのであり，この種の異者の発見にかかわる価値判断は，一瞬のうちになされる総合的なものだと言える。そしてこの価値判断の内実は，コロンビア大学のキャンパスという空間内に「ふさわしい要素」と「ふさわしくない要素」を，瞬時に腑分けできる能力によって成立する。「ふさわしい／ふさわしくない」の諸要素は，ある特定の時空間における文化コードにかかわるものであり，多くの場合，明文化されず，したがってその逸脱の発見とともに明るみにでる。

　それでは，こうした境界現象を探る〈境界の人類学 (anthropology of boundaries)〉とは，どのようなものになるだろうか。境界およびその他の類似概念やそうした概念の諸実践——概念の設定から正当化にいたるまで——に関する系譜学的探求になるだろうか。あるいは，境界の設定，維持，変更にかかわる人びとの具体的な営みに関する民族誌的探求になるだろうか。その両者だと言うことは簡単かもしれないが，実践はそれほどやさしいことではないように思える。この小文では後者の道筋をとり，境界の発生する瞬間，顕在化する瞬間に着目したい。それはまた，ある種の境界をあたかも自然なものとして規定する(暴)力 (Gewalt) を明るみにだす試みにもなるだろう[2]。

　具体的な場所としてとりあげるのは，ハーレム，そしてそれに隣接するコロンビア大学である。その意味でこの小文は，ハーレムとその「外部」との関係を考察し，ハーレムを構成する複数の境界の様態を明らかにしようとする民族誌的報告である[3]。「ハーレム」と「ハーレムでない場所」とを隔てている様々な境界が立ち現れる瞬間・契機 (moments) をとらえ，複数の境界のあり方を描写するというのが第一の課題となる。文化やコミュニティと呼ばれるものに輪郭を与えているのがこの境界であり，その意味では，この境界の引かれ方を検討する試みは，文化やコミュニティの構築のされ方にかかわるものである。

　「ハーレムでない場所」すなわち「非ハーレム」として，ハーレムに隣接するコロンビア大学をとりあげると先に書いた。後に詳しく述べるが，さしあたりコミュニティ・ディストリクト (Community District，地図上はCDと表記) 9, 10, 11と呼ばれる地区をハーレムと考えるのであれば，コロンビア大学は

第6章　もうひとつのエリジウム，あるいは異者を造りあげる感性と技術について　239

ハーレムの中に存在することになる（図1参照）。しかし，コロンビア大学とその周辺地区をハーレムの一部と考える人は少ない。コロンビア大学もキャンパスの場所がハーレムにあるとは言わずに，モーニングサイド・ハイツ（Morningside Heights）と呼ばれる別地区にあると位置づけてきた。また，歴史的に見ても，コロンビア大学とハーレム住民との間には，不均衡な相関関係が存在してきたことが，たとえば1968年のコロンビア大学によるモーニングサイド・パーク内へのジム設立をめぐって起きた対立などに顕れている（Rauch, Feldman, & Leaderman 1968）。

　ハーレムとは，単純に考えるなら，ある特定の場所に与えられ，その「外」

図1　マンハッタン北部を拡大した地図。ハーレムと呼ばれるエリアは，およそコミュニティ・ディストリクト9, 10, 11によって構成される。

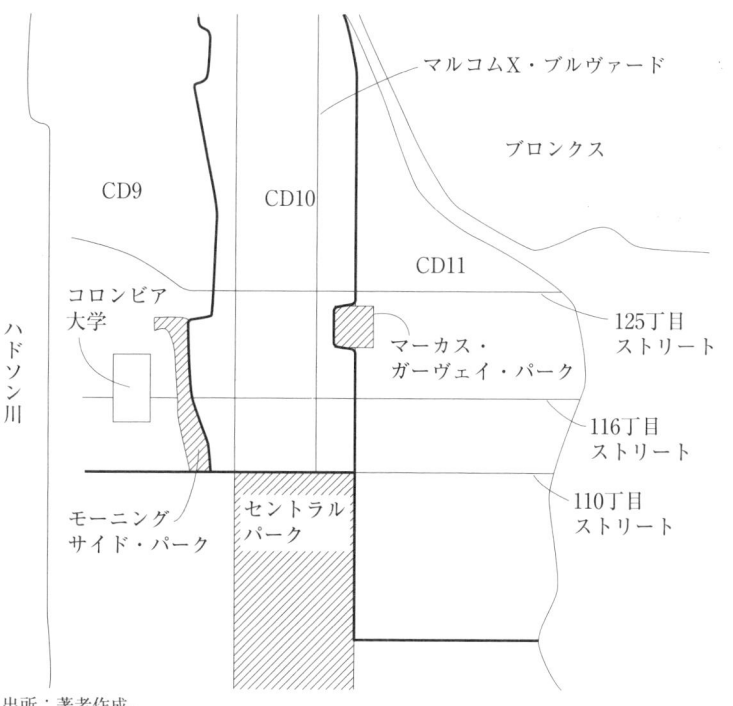

出所：著者作成。

の場所には与えられなかった名前である。だが、このように書くことは、正しくもあり同時に誤り——というよりは不正確——でもある。現実に多くの人によって「ハーレム」という語がある特定の場所を（それ以外の場所と区別して）指し示しているかのようにして用いられているという意味で、その言明は正しい。だが他方で、そのように名指された「ハーレム」と「ハーレムでない場所」との境界が、つねに一定のやり方で固定的に想像／創造されるわけではない。その意味で、この「ある特定の場所」という言い方がまさに問題になるのだが、「ハーレム」とは結局のところ文化的構築物でしかないという結論に落ち着くことからは、この問題に対する新たな視座は得られない。民族誌およびその方法とされるフィールドワークが、長らくこの「ある特定の場所」を前提とし、その場所に固有の文化、言語、儀礼、宗教、日常生活を対象としてきたことはすでに指摘されている[4]。ここではそのことを理論的に検証するのではなく、そうした指摘を念頭に具体的な行為を記述し分析することで、「ある特定の場所」を成立させ、変化させる諸力をとらえたい。

　具体的な場所を取り巻く様々な境界の存在を見ていくことで、境界線（border）、差異（difference）、差別（discrimination）、卓越（distinction）、紛争（conflict）といった一連の言葉で語られる現象のなかにあって、複数のレベルで作動する諸力のメカニズムを明らかにしたい。これが、本章の第二の、より理論的な課題となる。ここまで「複数の境界」「様々な境界」と書いてきたのは、単に複数のカテゴリーによる差異が存在し、それらの複数のカテゴリー間に複数の境界が存在すると言いたいからではない。そうではなくて、境界の両端で触れ合い、ぶつかり合っているカテゴリー自体のレベルが複数存在するということである[5]。人種的カテゴリーによって把握される境界が、時として地理的なカテゴリーに置き換わり、また別のあるときには言語的な差異によって認識される。さらにまたあるときには、そうした境界は、より見えにくく曖昧なものとして扱われやすい、身体の動き、仕草、振る舞い、所作、物腰、雰囲気といったレベルで顕在化する[6]。このことを念頭に置くと、境界は、物理的な場所と場所との間に存在するものから、空間、言語、所作などのより抽象的で、

明瞭な把握の難しいレベルで存在あるいは潜在する現象だと考えることができる。

　境界が顕在化する瞬間をとらえるために，以下では特に，コロンビア大学によるハーレムへのキャンパス拡大計画に焦点を当ててみたい[7]。1990年代以降，ハーレムの再開発が進むなかで，とりわけコロンビア大学によるキャンパス拡大に焦点を当てるのは，この継続的な出来事が「ハーレム」と「非ハーレム」との間の境界の変化とその境界線のあり方の特徴を明らかにするように思うからである。ハーレム西側への大学キャンパス拡大により，ハーレムの景観は今後約25年間で間違いなく大きく変化するだろう。そしてそれに伴い，人びとが持つハーレムのメンタル・マップも大きく変化することは想像に難くないし，それは同時にハーレムを成立させている境界が引きなおされ，境界そのものが質的に変更されていくことをも意味している。だが，その際の境界とは，いったいなにを具体的に意味し，どのような要素と結びつけられて認知され語られるのだろうか。景観などの地理的境界だろうか。経済指標や人口統計などによって明らかにされる地政学的境界だろうか。人種・民族構成などによって視覚的に認識され，イメージなど諸々の表象と結びつく類の社会学的境界だろうか。用いる言語の違いなどによって生じる言語的な境界か。あるいは，振る舞いやジェスチャーなどのより見えにくい習慣（habits）もしくは傾向性（dispositions）の領域での文化的境界か。キャンパス拡大計画に焦点を当てることで境界そのものの複雑性や複数性を見ていきたい。そして，さらに重要なことだが，様々な専門家によって周到に計画された空間上のデザインの変更は，具体的に人の生活にどのような変化をもたらし得るのだろうか。だが，大学による計画の中身を検討する前に，ハーレムに関するごく基礎的なスケッチを行ない，地理的コンテクストを明らかにしておきたい。

3．ハーレムの風景と地理的コンテクスト

　ハーレムとは，先にも述べたように，第一に場所に付けられた名称である。

だが，実際には確たる行政区画としてハーレムと呼ばれる場所が存在しているわけではない。人により，「ハーレム」が漠然とであれどこにあるのか，どこからどこまでなのかの認識は異なっており，ハーレムのメンタル・マップのあり方は多様である。それでも通常は，セントラルパークの北端110丁目から155丁目あたりにかけての地域が，ハーレムと呼ばれる地域と重なる。行政区分上は，コミュニティ・ディストリクト 9, 10, 11 にあたり，このうちセントラル・ハーレムと呼ばれるコミュニティ・ディストリクト 10 がハーレムの中心地区となっている（図1参照）。

ハーレムと非ハーレムとを区別する境界は，南端と北端とにだけあるのではない。それは，東端と西端とにも存在している。東にある境界はよりメンタルなもので，南北に走る5番街の通りを目安に，スパニッシュ・ハーレムとハーレムとを隔てている[8]。西にある境界はモーニングサイド・パークで，この丘のような公園の上にコロンビア大学とそれを取り囲むモーニングサイド・ハイツ地区がひろがっている。ここでは，ハーレムの西にある境界を議論してみたい。

コロンビア大学のメイン・キャンパスは，114丁目から120丁目にかけてブロードウェイからアムステルダム・アヴェニューにかけての広大な敷地にある。116丁目の通りがそのメイン・キャンパスの中央を突き抜けており，ブロードウェイとアムステルダム・アヴェニューの入り口には守衛がいる。大学の敷地内には，美しく管理され手入れされた芝生がひろがっており，手入れの行き届いた木々やきれいに掃除された道を目にすると，ここが大都市の中にあること，さらにハーレムという場所から数ブロックしか離れていない場所にあることを忘れる。よく晴れた暖かい日には，大勢の学生たちが芝生の上に寝転がり，本を読んだり日光浴を楽しんだりしているのを見ることができる。東側のゲートから外に出て，国際公共政策大学院（*School of International and Public Affairs*）の建物を左手に見ながらさらに先に進むと，モーニングサイド・パークにぶつかり，そこからハーレムが一望できるようになっている。眼下には，ハーレムのストリートがひろがり，黄土色で背の高いステイト・オフィス・ビ

第6章　もうひとつのエリジウム，あるいは異者を造りあげる感性と技術について　243

ルが聳え立っているのが見える。

　116丁目の通りは，公園の中へと続き，急な階段を経て，そのままハーレムの116丁目の通りへとつながる。日中のモーニングサイド・パークは，通常は静かで，ひと気が多いとは言えず，時折この階段を通過する人がいる程度である。通行者のなかには，リサイクルしてお金を得るための大量の空き缶をゴミ袋につめて運んでいるホームレスらしき人，コロンビア大学の学生，ハーレムの住民が含まれる。この公園は，とりわけ非ハーレム住民からは，「危険な」場所，「治安の悪い」場所とされている。ハーレムでのフィールドワークを始めたばかりの頃，この公園で日中にもかかわらず襲われた人の話を耳にし，またここの公園の近くには不用意に近づかないようにという警告を複数の人から耳にした。また，フィールドワーク中ずっと様々な場所への案内役となってくれたハミッドも，夜はこの場所では気をつけるようにと私に言い，また私が夜にその公園を通ってコロンビア大学側に抜けなければならないときには，私が公園の上まで無事に上がって到着するまで下から見守ってくれていることもしばしばであった。

　フィールドワーク中，ハーレムのアフリカ系アメリカ人の間で通用したというジョークを聞いたことがある。それは次のようなものだ。人びとがこの公園をどのようにとらえているのかをよく物語っている。

　　ダウンタウンからコロンビア大学を目指して地下鉄に乗ってきた白人が，乗り間違いでハーレムに向かってしまう。マンハッタンのダウンタウンからコロンビア大学のあるアッパー・ウェスト・サイド方面に行く地下鉄は，1・2・3・9と番号の付けられた4種類の路線があり，途中まで同じ線路を走るのでレッドラインと総称される。1と9は各駅停車で，2と3は急行だ。いずれも途中までブロードウェイの下を走る[9)]。ところが，96丁目の駅を境にこのレッドラインは二手に分かれることになる。1・9ラインはそのまま北上しコロンビア大学の正門前を通るが，2・3ラインは96丁目から東側に折れてハーレムの只中を通るレノックス・アヴェ

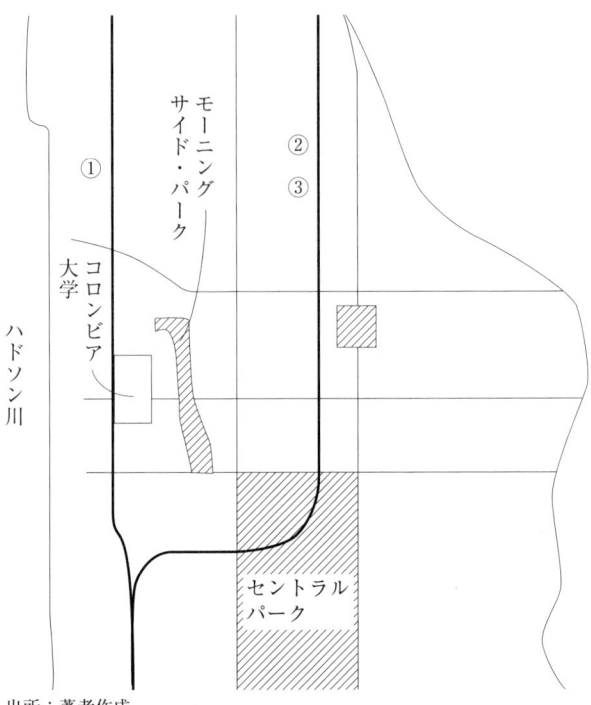

図 2　地下鉄 1, 2, 3 ラインは途中で枝分かれする。

出所：著者作成。

ニューの下を走る。両路線とも 116 丁目の駅があるが、1・9 ラインの駅は大学正門のあるブロードウェイとの交差点に、2・3 ラインの駅はレノックス・アヴェニューとの交差点に位置する（図 2 参照）。

　その白人は、駅を降りて自分の犯した「致命的」な間違いに気がついた。辺りは見渡す限り全員が、（自分とは異なる）黒い肌の人たちだった。彼は、おびえた様子で、道行く黒人のなかからもっとも温厚でひとの良さそうな人物に声をかける。そして、たじろぎつつ、コロンビア大学への行き方を尋ねる。

　「ここからコロンビア大学にはどうやったら辿りつけるのですか？」

　声をかけられた黒人男性は、モーニングサイド・パークの方面を指さして即座にこう答える。

「コロンビア大学に行きたいのかい？　そんなの簡単だよ。この通りをまっすぐ行って，あの公園の中を歩いて突っ切って行けばいいんだよ」

　この話が事実かどうかは問題ではない。この話が，冗談として，笑いを伴って受け止められるためには，話者と聞き手の間にある前提が共有されていなければならない。笑いと呼ばれる身体に生じる啌嗟の生理的反応は，多くの場合，規範や慣習などの文化コードの逸脱とともに現象する[10]。逸脱の認識は，逸脱以前の「通常の」文化コードや知識の内面化を前提とする。そしてこの話の場合それは，モーニングサイド・パークが，ハーレムと非ハーレム（コロンビア大学）の境界線上にあり，二つの異なる空間——この場合は「白人」の空間と「黒人」のそれ——を隔てているという知覚と認識。またその公園が，少なくとも「白人」にとっては「危険な」場所であり，決してその公園をなにもないまま素通りはできないであろうという認識と想像。この二点である。この白人は，（自分の肌の色に敵意を持つであろう，この恐ろしい）ハーレムから，（自分にとっては友好的で，安全を保障してくれ，くつろぐことのできる）コロンビア大学へはどうやって辿りつけるのか，と質問したわけである。そして，明確に言葉にされてはいないが，その白人が，公園を通っている最中に襲われて身包み剥がされるだろうということ，またさらに言えば最終的にはコロンビア大学には辿りつけないだろうということが，話に内包されており，そのことと白人の必死の形相との間にあるギャップが，シニカルな笑いを誘うのだ。そしてまた，こうした冗談がある種のユーモアとして受けとめられるためには，ハーレムやその住民である黒人たちが日常的には，白人中心の「主流社会」によって政治・経済・社会的な差別や抑圧の対象になってきたことへの自覚がある。

　こうしたボーダーランド（borderland）としてぼんやりとではあれ意識されているモーニングサイド・パークを通り，ハーレムの116丁目ストリートに出ると，ストリート上の景観は一変する。ニューヨークのストリートは概して道の状態がよくないが，それでもハーレムとコロンビア大学近辺との差は目に見えて明らかである。ハーレム側の116丁目には，多くの廃墟ビルがあり，現在

リノベーションが進行中の建物もある。116丁目にいくつかあるモスクや，新たにやってきたアフリカ系の移民たちが始めた小さなお店からは，時折アザーンが流れてくる。ストリートの角にあるデリの店外は汚れており，たくさんのシールが貼られている。中に入ると扱っている商品の種類が大学近辺やダウンタウンのそれとは異なるのに気づく。タバコやキャンディー，風邪薬などの錠剤が，レジの横でばら売りされ，店によっては防弾ガラスの向こうにレジがある。置いてあるスウィーツやスナック菓子も，コロンビア大近辺やダウンタウンのデリとは異なっている。色のどぎつい，油っぽいお菓子が，狭くて，綺麗とは言い難い店内に並んでいる。消費される食品の種類がハーレムとそれ以外の地区で異なっていることは，ハーレム内のスーパーマーケットに行ってもわかる。他の地区では決して売っていない類の肉が，安い値段で大量に売られている。

　このように，コロンビア大学のキャンパスを通ってハーレムのストリートへと歩く経験は，ハーレムと非ハーレムとの間にある視覚情報としての境界の存在を明かす。行政区分として確固たる境界を持たずとも，人種・民族構成，人びとの服装，建物の景観，ゴミの量，販売される商品の種類などの情報から，ハーレムとそうでない場所を行き来する経験を持った者は，境界を意識することになる。そして，視覚的情報に加え，さらにインセンス（お香）の匂い，モスクからのアザーンの音などの嗅覚および聴覚的情報，そして取り交わされる冗談を構成する言語と想像力が，ハーレムという場所の特殊性を際立たせている。

　だが，このように比較的明瞭な情報として意識される境界ですら，つねに一定に設定され保たれているわけではない。境界には，変化を促す諸力と，一定に保とうとする諸力とが作用しており，そうした諸力の不均衡によって境界の位置は変更されていく。以下では「ハーレム」と「非ハーレム」との間にある境界が引きなおされ，そうすることでかえってその境界の存在が浮き彫りになる事例としてコロンビア大学のキャンパス拡大に焦点を当ててみたい。ここでの目的は，計画を推進するコロンビア大学と周辺に暮らすハーレム住民との関

係——交渉,対立,齟齬——の全体像を詳細に描くことでも,将来ほぼ確実に起こるだろう周辺地区のジェントリフィケーションに対して政治的・倫理的立場からなんらかの警告を発することでもない[11]。そうではなく,コロンビア大学がどのような仕方でこの計画を説明するのかを分析することで,大学の説明に見え隠れする「非意識的」な表象を明らかにするのが目的である[12]。この長期にわたる出来事を通じて,ハーレムの境界が大幅に変更を迫られつつあるのだが,その際にコロンビア大学は,どのような仕方でキャンパス拡大を語り,ハーレムとの距離を取り,自らの計画を推し進めようとするのかを見ていきたい。

4．境界の引きなおし——コロンビア大学のキャンパス拡大とハーレムへの進出

2003年,コロンビア大学は大規模なキャンパス拡大の計画を公表した[13]。2002年にL. ボリンジャー（Lee Bollinger）が大学総長に就任して以来,彼は継続して,より広いスペースの確保を優先的に取り組むべき課題としてきた[14]。スペースの確保は都市部における大学ではどこでも問題になるが,コロンビア大学ではこの問題は特に大きな意味を持っていた。他の合州国内の大学と比べても,コロンビア大は学生1人当たりの面積が極端に小さかったのだ。

約63億ドルをかけたそのキャンパス拡大計画によれば,コロンビア大学はコミュニティ・ディストリクト9に属するハーレムの西側にあるマンハッタンヴィル（*Manhattanville*）地区の建物を買い取り,その土地を再開発し,リゾーニング（rezoning）し,建物を一新させることを計画していた。その計画は,2030年までかけて徐々に進む予定とされ,主にブロードウェイと第12アヴェニューの間の129丁目から133丁目の4ブロック,そして125丁目の所有地,ブロードウェイの東側131丁目から134丁目の間にある所有地が含まれる（図3参照）[15]。対象となる地区の約半分が,すでにコロンビア大学の所有物となっており,残りの建物を買い取る交渉をコロンビア大学は進めていった[16]。

図3 コロンビア大学のキャンパス拡大により再開発される地区。斜線をほどこしたエリアが影響を受ける。

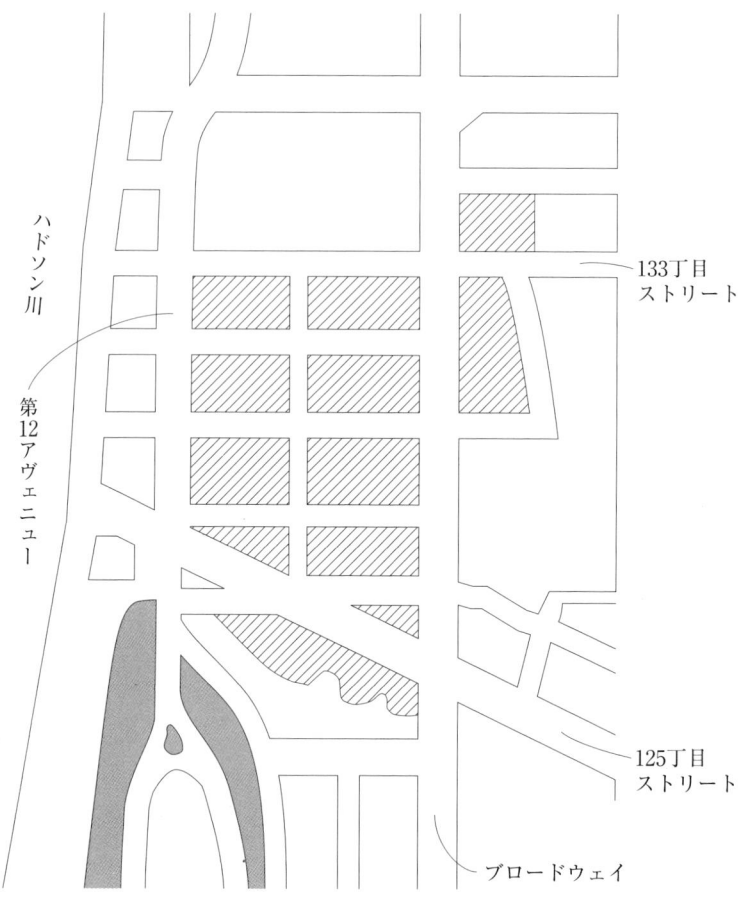

出所：この地図については，大学のウェブサイトに公開されている地図を参考に，著者が再構成・編集した。http://neighbors.columbia.edu/pages/manplanning/proposed_plan/PhasedDevelopment.html （最終アクセス2013年8月26日）。

　コロンビア大学が新たに物件を買い取ること自体が特に目新しいのではない。このキャンパス拡大が注目に値するのはその規模の大きさもさることながら，長らくハーレムの一部とされてきた場所の景観を大幅につくりかえていく点，そのことによって「ハーレム」と「非ハーレム」との境界線の引きなおし

第 6 章 もうひとつのエリジウム, あるいは異者を造りあげる感性と技術について　249

が起こり得る点, そしてキャンパス拡大, つまりハーレムへのコロンビア大学（非ハーレム的要素）の進出にともなって境界が顕在化する瞬間が明らかになる点である。

(1) 写真と絵図

　手始めに, コロンビア大学がキャンパス拡大計画をどのように公表し説明するのかを見てみよう。大学は, ウェブサイトとパンフレットを通じて計画の概要を説明しているが, その際に写真と絵図を用いている。このウェブサイトおよびパンフレットには, 写真と絵図がそれぞれ 5 枚ずつ提示されているが, ここでは紙幅の関係からそのうちの各 3 枚に限ってとりあげてみたい。写真 A-1, A-2, A-3 で示されているのが, 大学によって提示されたハーレムの 1 区画の現状で, 絵図 B-1, B-2, B-3 が大学の示す将来構想である。アルファベットの A が大学の示す現状を示し, B が大学による構想図を示している。数字はそれぞれ, 同じ番号が同じ区画を指している。たとえば, A-1 と B-1 とは, 同じ場所についての現状と将来図とをそれぞれに指していることになる。この時点ですでに明らかなように, A の写真と B の絵図との間には, 時間のズレ, そして媒体の差異がある。この問題については後にまた戻ってくるとして, まず一つひとつの写真と絵図に目を凝らしてみたい。

　初めに, 西 130 丁目の現在と将来を表した A-1 と B-1 とを比較してみよう。両者とも同じ場所を表している。A-1 には, 人間は登場しない。数台の車が写真に写り, またそのうちの何台かはテイルランプが点灯しているために運転手がいることはわかるが, 実際に顔のわかるような人間は写っていない。通りの左側に写しだされた建物のシャッターは下ろされており, 道そのものの荒れ具合とともに, 結果として活気のない, いかにも荒廃した地区の様子が表されている。真正面に見える最も高いビルが, マンハッタンヴィル・ハウス（*Manhattanville Houses*）と呼ばれる公営団地（*the housing project*）で, その手前に,「ディスパッチ運送・倉庫（*Despatch Moving & Storage*）」と書かれた大きな看板が見える。看板は汚れて黒ずんでおり, 全体的に古さを感じさせる。

250　第 2 部　"境界領域"のフィールドワークの現場

写真 A-1

http://neighbors.columbia.edu/pages/manplanning/proposed_plan/DesignElements.html
（最終アクセス 2013 年 8 月 26 日）

絵図 B-1

http://neighbors.columbia.edu/pages/manplanning/proposed_plan/DesignElements.html
（最終アクセス 2013 年 8 月 26 日）

太陽光の具合から，写真が日中に撮られていることはわかるが，それにもかかわらず全体として暗い印象を見る者に与える。

　それと比較して B-1 の絵図はどうだろうか。同じ通りをスケッチしたはずのこの将来構想図には，大勢の人間が登場する。一番手前には，赤いシャツに赤いネクタイをし，黒っぽいスーツに身を包んだ黒人男性が，左手に新聞を，そして右手に携帯電話を持って話をしている。手にしている新聞は，タブロイド型ではなく，ニューヨーク・タイムズやウォール・ストリート・ジャーナルのような，中産階級以上の知識層の手にする新聞を彷彿とさせる。中央と右手の手前には，学生らしき格好をした若者数人が歩いている。絵の奥にも何人もの人が見えるが，いずれの人物も小奇麗で礼儀にかなった（decent）服装をしているのがわかる。道路は綺麗に整備され，歩道の部分が大幅に拡大されている。その横には何本もの木が植えられ，その木の枝には青々とした葉が健康的に生い茂っている。また，中央には芝生の植えられたスペースがあり，その手前に設置された人工池の前で二人の若い女性が座ってくつろいでいる。こうした要素に加えて，ガラス張りの透明色の新しい建物が，このスペースにさらなる広がりを与えている。日中であることを強く意識して描かれた（撮られた）点では写真も絵図も同様なのだが，それでもこの絵図は，A-1 と比べると全体的により明るく健康的で，くつろぎと活気のある空間という印象を見る者に与える。

　A-2 と B-2 は，129 丁目のブロードウェイ付近から西側を眺める視点で切りとられている。A-2 の写真には，初めて人影らしきものが登場する。その影は横断歩道を横切っているのだが，シャッター速度が追いつかなかったためか，あるいは肖像権の関係ではっきりと見せられなかったのか，その影が確かに人間であると断定できない。人種や性別はおろか，風貌すらはっきりしないのだ。多くの車が駐車してあるのはわかるが，それ以外に人間の存在を想わせる要素は見当たらない。画面左から右にのびるブロードウェイの上には線路があり，その奥にはいくつかの小さく古びた建物と駐車スペースが見える。手前の駐車場らしき場所に初めて木が数本登場するが，奇妙なことに，その木には葉

252　第 2 部　"境界領域"のフィールドワークの現場

写真 A-2

http://neighbors.columbia.edu/pages/manplanning/proposed_plan/DesignElements.html
（最終アクセス 2013 年 8 月 26 日）

絵図 B-2

http://neighbors.columbia.edu/pages/manplanning/proposed_plan/DesignElements.html
（最終アクセス 2013 年 8 月 26 日）

第 6 章　もうひとつのエリジウム，あるいは異者を造りあげる感性と技術について　253

がついていない。画面左側の奥に大きなビルの端の部分がかろうじて見えるが，それはコロンビア大学の教職員用の建物である[17]。この写真が全体として，ここはなにもない場所であるという印象を見る者に与えることは否定しにくい。

　B-2 の絵は，A-2 とは対照的に，明るい印象を与える。手前の横断歩道を，シャツを着てネクタイを締めた非白人系の男性——黒人であるのかどうかまではわからない——が歩いている。車は停車した状態ではなく実際に動いており，この場所で人びとが生きて活動している様子がわかる。ブロードウェイの上を通過する地下鉄の線路はそのまま残されているが，周囲の明るさが増したおかげでこの線路までもが新しく見える。線路の背後には，新しい透明のビルが建ち，この絵に付けられた短いキャプションから，その建物がジェローム・L・グリーン・サイエンス・センター（*Jerome L. Greene Science Center*）という名称の科学研究施設であることがわかる。そしてその施設での研究は，「パーキンソン病やアルツハイマーなどの病気との闘いを手助けするのに重要な役割を担う」と書かれている[18]。建物の周辺には大勢の人間が歩いており，周辺地域に活気を与えている。A-2 の写真にも写っていた画面手前の木には緑色をした葉が生い茂り，その近くには子どもを自転車で遊ばせている黒人の夫婦がいる。また奥に続く道の両脇にも新しい木が複数植えられ，その枝には葉が生い茂っている。どうやら季節が変わったらしいことがうかがえる。

　A-3 と B-3 は，ともに 131 丁目とブロードウェイとの交差点をとらえた構図になっている。写真 A-3 には，またしても人間が一人も登場しない。路上には雪が残っており，この写真が撮られたのが，どうやら冬であるらしいことがわかる。右側手前にある建物の 1 階には，「自動車部品（*AUTO PARTS*）」という文字があり，その上には「自動車修理（*AUTO REPAIR*）」という文字が刻まれた看板が見てとれるが，シャッターが下ろされており，人の気配はない。そしてそのシャッターにはスプレーでの落書きが見られる。建物の上階に目を移すと，右側半分は窓が板張りでふさがれており，人が住んでいないことがわかる。写真の左側に写された線路の下には何台もの車が駐車してある。

254 第2部 "境界領域"のフィールドワークの現場

写真 A-3

http://neighbors.columbia.edu/pages/manplanning/proposed_plan/DesignElements.html
（最終アクセス 2013 年 8 月 26 日）

絵図 B-3

http://neighbors.columbia.edu/pages/manplanning/proposed_plan/DesignElements.html
（最終アクセス 2013 年 8 月 26 日）

　B-3 に目を移すと，A-3 と比べて人の数の多さにまず圧倒される。一番手前では，サングラスをかけ，スーツもしくはジャケットを身につけた黒人女性が，こちら側に振り向いている。その他にも学生やビジネスマンらしき人びと

が道を歩いている。車はB-2のときと同様，停車した状態ではなく実際に動いている。奥にあった建物は，新しい透明の建物に入れ替わっており，手前の壁には「サイバー・カフェ［インターネット・カフェ］（CYBER CAFÉ）」という文字が読みとれる。建物の前には，再び緑の葉を生い茂らせた木々が立ち並ぶ。ここでも季節は，通りを歩く人の格好から，A-3より暖かい季節であることがわかる。おそらくは春から夏にかけてだろう。このデザイン図に付けられたキャプションには，「新たな建物は，地元消費者の要望にこたえ，地域に必要な利便性をもたらす小売業のスペースを提供する」[19]とある。

以上がコロンビア大学の提示するキャンパス拡大に伴うハーレムの再開発計画の概要の主要な一部である。これら三組の写真と絵図との組み合わせから，コロンビア大学の計画内容だけでなく，そのプレゼンテーションの仕方の特徴が明らかになる。

第一に，繰り返して見てきたように，写真には人間がまったくと言ってよいほど登場しないのに対し，絵図には複数の人物が詳細に描かれていることに気づく。このBの絵群は，地域の建造物および土地そのものの再開発後の予定図である。建造物のデザインを示すことが主な目的であるはずだ。大学が再開発し直接に変更を加えるのは，その地域の物理的側面であって，そこに暮らす人びとではない。にもかかわらず，多くの人物が，しかも実に多種多様な人物が図面に登場する。登場人物の人種や性別が明らかにされ，また容姿や身なりから職業やバックグラウンドさえ想像できる。ビジネスマンらしき人物が携帯電話を手に通話し，子どもが親とともに遊び，学生らしき若者が歩いている。多種多様な人びとの注意深い配置は，計画図に活気を与えるだけでなく，多様性を認めあう寛容の空間の誕生を祝福し，それをある種のメッセージとして絵図の内に織り込み配信する。

だが他方で，これだけ多種多様な人物が複数描かれているにもかかわらず，描かれていない存在があることにも気づかされる。たとえば子どもや若者，中年層は描かれるが，高齢者やホームレス，障害者の姿は描かれない[20]。経済

的生産性に直結する者の姿は多様に描かれるが、そうでない者はここにはほとんど登場しない。社会的マイノリティがひとまとめにして排除されるのではない。アフリカン・アメリカンやヒスパニックの姿は、ある意味では過剰なほどに、見いだすことができる。それはあたかも、コロンビア大学によるハーレムの乗っ取り、あるいはそれが象徴する力関係（とりわけ人種関係）を懸念する者たちへの、反論の余地のないほどきめ細かな配慮であるかのようだ。

登場するのは、しかし、彼らの内の特定の一団だけである点に注意したい。描かれるのは、スーツに身を包み、特定の所作を身につけた者だけである。したがってこの予定図の内に、ハーレムで生まれ育ち、ストリート的所作を身につけ、ハーレムの文化をつくり、担ってきた者の姿を見いだすことは難しい。ストリートに椅子を出してくつろぐ者、ストリート・コーナーにたむろする者、路上のヴェンダーの姿はそこにはない。アフリカ系アメリカ人たちは、予定図の内に、ある特定の姿でのみ取り込まれることで、同時に、別の姿で存在し得る可能性を失うのだ。

大学の提示する絵図は、したがって、次のことを表わしている。コロンビア大がハーレムに進出（侵出）し、場所を再編成したうえで、人びとをそこに丁寧に迎え入れる。迎えられた人は、しかし、ある種の契約を結ぶことを、ひそやかに、静かに、求められる。そして契約を結ばなかった者、結び得なかった者の姿は、登場しない。あたかも、初めから存在しなかったかのように、静かに葬られる。ここに見られるのは、無条件の迎え入れ、寛容、ホスピタリティではなく、あらかじめ決められた、抗いにくい条件のもとでの歓待である[21]。

プレゼンテーションの第二の特徴として、Aの写真には木や枝葉、芝生など、「自然」に結びつく要素がまったくないのに気がつく。Aの写真に写しだされているのは、倉庫のような建物、いくつかの高層住宅、自動車修理店である。自動車修理店のシャッターは下ろされているが、2009年に私が訪れた際にはこの店は開いていたから、おそらく朝早くに撮影されたのだろう。歩道は殺風景でなにもない。この点で、Bの絵図との対比がより際立っている。Bの絵に登場する歩道にはいくつもの木が植えられ、その枝には緑の葉が生い茂って

第6章　もうひとつのエリジウム，あるいは異者を造りあげる感性と技術について　257

いる。そしてその点に思い至ると，奇妙なことに気づく。どうやら写真と絵図とは，比較されて提示されているにもかかわらず，時間帯と季節とが異なっているようなのだ。Aの写真は朝早くに撮られ，Bの絵図は人の数から日中であることが想像できる。また，Aの写真は雪の残る冬を写し，Bの絵はおだやかな陽気の春あるいは夏を表わす。Bの絵図は，明るくまぶしい世界がそこに広がっていることを見る者に訴えている。

　時間帯と季節をねじまげて対比されるこうした「自然」とその不在の描写は，なにを意味するのだろうか。観察から明らかになるのは，Bの絵に描かれた「自然物」が，いずれも野放しの自然ではないことである。野生の森林がそこにひろがっているのではない。そこにあるのは，人間の手によって巧妙に制御され，丁寧に管理され続ける必要のある「自然」である。しかも，それを制御し管理する人間の姿は，この絵には登場しない。登場するのは，制御・管理の結果である「自然」を（おそらくはそれとは気づかずに）享受する人間である。そのことを端的に象徴しているのが，B-1の絵に描かれた人工池である。人工とはいえ，「水」という「自然」と結びつくことで，この池は都市の緑化的要素を表わす。だが，この池は誰によってどのように管理され維持されるのだろうか。そしてその維持にたずさわる人びとは，はたしてこの描かれた近未来の場所に暮らすのだろうか。暮らし得るのだろうか。

　第三に，Aの写真の建物はいずれも，古くさびれた様子の工場や倉庫を写しだし，掲げられた看板も汚れていることがわかる。Bの絵は，建物のデザインが一新され，透明で美しい建造物を描きだす。Bの絵の中には，奇妙なほど，汚れを認めることができない。Bの建造物の透明さは，確定的なことをなにも告げておらず，そのことでかえってこれからの未来の可能性を無限大，無制限に見せている。建物の透明性は，建造物を奇麗で美しい状態に見せるだけでなく，現実になにがそこにあるのか，それに伴ってどのような制限があるのかを覆い隠すのだ。

　そうとは言え，Bの絵図のなかで，建造物の中身を確定させている要素がひとつある。それが「サイバー・カフェ」の文字である。この文字とAの写真

中の「自動車部品・自動車修理」の文字との対比に注意を払いたい。それはまず，産業の種類の移行を，したがってそれに伴う身体とその振る舞いの変質を物語る。自動車は，20世紀初頭以降のアメリカ社会の経済的繁栄の象徴だが，同時にその存在は，近代の産業社会で編成された時空間内での日々の慣習行動や身体的所作に深くかかわっている。フォード社によるT型車を筆頭に，大量生産・消費・（廃棄という名の）投棄を繰り返すことになる自動車は，わかりやすい一望監視システムのもと，スピードを管理されたベルトコンベアの傍らで，効率性を至上命題として単純作業を繰り返す身体を前提に成立した。C.チャップリン（Charles Chaplin）が映画『モダン・タイムズ』（1936年）のなかで見事に表現してみせた労働者の身体だが，Bの絵にはこうした身体の居場所がない[22]。Bの絵におけるサイバー・カフェの登場は，工業から（高度情報化をともなった）サービス業および情報産業への移行を表わしている。そしてそれは，新たな身体の規律＝訓練を必要とする。迅速に更新されるデジタル技術を駆使し，数多くの電子メールやそれに類するデジタル文字を読み書きし，ネット上の膨大な情報を検索して処理する身体の存在が前提となる[23]。AとBとでは，表現されたその場所に登場する要素に関係し得る身体の種類が異なるのだ。

　最後に，写真と絵という媒体の違いにも言及しておきたい。写真は，その特性からして歴史的事実を写しだす。写しとられたものは，そのそばから過去のものとなり，動かし難い事実となる。写真とは対照的に絵図は，事実というよりは真実を表わすことを得意とする。そこに表現されるのは，期待され願望された未来であり，今まさに生起しつつある，しかしまだ成就しない現実である。その意味では，見る者の欲求の投影を受けやすい表現手法だと言える。写真は過去を「過去そのもの」として完結させ，絵図は将来を現在のなかで物語る。写真は徹底的にノンフィクションであるという物語とともに現実をつくり，絵図はフィクショナルでありながら実現可能な近未来に説得力を与え，真実味を帯びさせる。事実に即しているはずの写真からは，地域に暮らす住民の姿が省かれ，将来を構想した絵図からは，描かれた自然や建造物を管理する人

びとが省かれている。

　こうして媒体を巧妙に使い分け，先に見たように，季節と時間帯にねじれを生じさせたうえで過去と未来とを提示することで，このプレゼンテーションは過去—現在—未来という時間の流れをつくりだし，そのそばからそれを管理下に置く。制御された「自然」の美しさが透明な建物群とともに並置されたとき，その〈汚れのなさ（immaculacy）〉は一層際立つが，それがゆえにまた，この場所での時間が止められていること，消滅させられていることに気づかざるを得ない。そこでは，「自然」も建造物も，ともに不老不死なのだ。大学は，時間を支配したうえで場所を提示する[24]。

⑵　言葉の使用

　上記の写真と絵図を掲げ，コロンビア大学は自らのキャンパス拡大をどのような言葉で語るのだろうか。写真や絵図とともに書かれている計画の説明文を見てみよう。具体的な計画とデザインを記したコロンビア大学によるウェブサイトを見ると，四つの謳い文句が掲載されている。以下，それぞれ全文を引用したい。コロンビア大学による言葉の使用法，その操作の仕方が特筆に値するからである。

　１つ目は「開かれた友好的な環境」と題され，次のような文章が続く。

　　　計画されている17エーカーの再開発は，12番アヴェニュー，ブロードウェイ，125丁目に沿って，教育，学術研究，アートのための多目的センターとなり，新しいお店や文化施設，コミュニティ施設もそこには含まれます。現在，西125丁目から133丁目にかけてのストリートは，空き車庫や空き地，下ろされた金属シャッター，チェーンのかかったフェンスが目立ち，全体的に孤立していて，活用されていません。しかし，この計画によって再活性化され，教育・商業・コミュニティ活動のためのまとまりある中心地へと変化します[25]。

今回の開発が教育や学問の場所だけでなく，「多目的センター（*a multiuse center*）」であることが強調されている。そのうえで，この計画によって「再活性化される（*reanimated*）」場所の特徴が特定される。「孤立している（*isolated*）」「活用されていない（*underutilized*）」「空っぽの（*empty*）」といった形容詞とともに現在の状況が語られ，それがこの計画によって「まとまりのある（*cohesive*）」「再活性化した（*reanimated*）」場所に「変化する（*transform*）」とされる。そして，この生まれ変わった場所には，「文化施設，コミュニティ施設（*cultural and community facilities*）」がつくられ，「教育・商業・コミュニティ活動（*educational, commercial and community life*）」が行なわれる。短い文章中に，「コミュニティ」という言葉が，なんら特定のコンテクストを与えられることなく二度にわたって登場することに留意しておきたい。

2つ目に登場する謳い文句は，「地元消費者と地元ビジネスのためのストリートライフと店舗の再活性化」と題され，次のような文が続く。

> 西125丁目，ブロードウェイ，12番アヴェニュー沿いの建物の一階には，店舗やレストラン，その他のコミュニティ娯楽施設が入ります。これらのスペースを貸し出すことで大学は，地元消費者のニーズに応える地元の企業家を支持するという長期にわたる方針を維持していきます[26]。

マンハッタンの要の通りであるブロードウェイやハーレムの目抜き通りである125丁目，そして12番アヴェニューの建物の一階には「店舗，レストラン，その他のコミュニティ設備（*community amenities*）」が入ることになっているが，これらの場所を貸し出す際には「地元の消費者のニーズに応える地元の企業家（*local entrepreneurs serving local consumer needs*）」に有利になるように計らうとある。再開発やそれに伴う大企業の進出によって地域に根差した小さなビジネスが破壊される危惧に対する配慮のように見えるが，ここでの「地元」がどこからどこまでを指すのか，具体的に誰を指すのか，そしてスペースの貸し出しを行なう際の配分の具体的な割合は示されていない。また「コミュニ

ティ娯楽施設」という言葉も，具体的になにを指すのか明言されない。

3つ目は，「すべての通りは公共に開かれたままに維持され，歩行者や車両が通行可能」という題の後，次のように続く。

> 12番アヴェニューの交差点では，新しい建物が余裕をもって配置され，歩道が拡大されることで，ハドソン川沿いの新しい公園へのアクセスが改善されます。新しく設置される木々や照明，ストリートの飾りつけ，パブリック・アート，一般に開かれたオープン・スペースがこの地区に人びとを誘います[27]。

ここでもまた，「新しい (new)」「改善 (improving)」「アクセス (access)」「オープン・スペース (open space)」「パブリック (public)」という語が繰り返し用いられる。歩道が広くなること，新たに木々が植えられること，照明，パブリック・アート（それがどんなものであれ）といった要素が人びとを歓迎するとあり，読む者に平穏な空間を想像させる。それはあたかも，境界や隔たりが一切ないかのような空間である。

最後の文章は，「過去に敬意を払う人間味ある都市デザイン」と題され，次のように続く。

> 新しい建物は，実際に一般市民に開かれているだけでなく，一階が透明なガラス張りになるため，開放感を与えてくれます。その建物は，リバーサイド通りとブロードウェイ上の歴史的に有名な高架橋の，建造物としての際立った特徴に配慮したうえで設計されます。大学は，新たな建物の建築やエネルギー効率において，責任ある環境管理を引き続き推進していきます[28]。

「一般市民に開かれている (open to the public)」ことが，ここでもまた強調される。だが，それだけではない。ここでは，新たに革新されるこの場所が，

その介入にもかかわらず,「環境」や「歴史」に対してつつましくあることが説明されている。改革につきまとう人びとの不安のひとつは,伝統や歴史,記憶の破壊であり,周囲の環境や状況の破壊であるから,それに対する配慮を示すというのが大学側のここでの戦略になっているように見える。

　ここでの私の焦点は,コロンビア大学の提示する計画が傲慢であるとか,偽善的であるということではない。そうではなくて,コロンビア大学の言葉の用い方が,人びとに向けて——だが,いったいどれだけのハーレムの住民が実際に大学のウェブサイトをクリックして,あるいはパンフレットを入手して,この言葉を読むのだろうか?——この計画がどれほどすばらしいものかを説得的に語るその仕方が注目に値するのであり,その単語の選び方,レトリックの用い方がいかなる効果を発揮するかに関心があるのだ。

　大学によるこうした用意周到な言葉の駆使の仕方は,たとえばコロンビア大学総長ボリンジャーによる「大学総長からの手紙」と題された文面にもよく表われている。ここでも文章のトーンが重要であるため,長くなるが全文を引用したい。原文のニュアンスを残し,その特殊性を明らかにするため,読みやすさを優先した意訳よりも逐語訳を心がけた。

　　西ハーレム,マンハッタンヴィル地区にコロンビア大学のプレゼンスを拡大する計画をかたちづくるため,私たちは近隣住民やコミュニティ・リーダーとともに様々な取り組みに努めてきました。今後数十年にわたって私たちを導いてくれる,共有された未来に向け,広くコンセンサスをつくりあげるためです。
　　コミュニティ・メンバーや市民リーダー,教職員,学生たちとの100回を超える会合から誕生したのは,この場所を教育や学術研究だけではなく,経済的な機会の拡張,文化的施設の充実,市民生活の向上のための活気に満ちたセンターにするという計画です。この新しいアカデミック・センターは,アッパー・マンハッタンにおいて私たちと近隣住民との絆を強めてくれることでしょう。マンハッタンヴィルにおいて世界レベルの学術

研究や授業が行なわれることで，知的資本が増大し，ニューヨーク市がビジネス，金融，発案や革新の国際的な中心地になるのを手助けすることでしょう。

　計画はこれからも発展していきます。コミュニティからの提言に応え，現在の計画では，周辺地区との調和がとれるように建物の高さに変更が加えられています。また，一般市民がよりアクセスしやすくなるように，オープン・スペースをさらに西側に再配置しました。さらに私たちは，近隣地区にさらに貢献するような新たなコミュニティの提携のかたちやプログラムを見いだそうと，地元の開発組織とともに取り組みに努めてきました。現在，私たちは公的協議のため，ニューヨーク市の厳格な統一土地利用審査手続き（*Uniform Land Use Review Procedure*）に臨んでいます。

　私たちは，大学や私たちのコミュニティ，私たちの街の，それぞれの未来にとって重要なプロジェクトへの積極的な市民参加を促す機会を歓迎します。マンハッタン北部が引き続き，ローカル，ナショナル，インターナショナルのレベルで，これから先の何世代もの人びとにとって，教育やさまざまな機会の中心であり続けられることを私たちが保証するのを手助けするべく，現在進行中のこの対話にみなさんが加わってくれることを私は希望します[29]。

　「私たち」とそれ以外の人びと――「近隣住民（*our neighbors*）」「コミュニティ・リーダー（*community leaders*）」「コミュニティ」――との対比がまず目につく。最後の段落では奇妙にも，「私たちのコミュニティ（*our community*）」「私たちの市（*our city*）」という語が用いられ，「私たち」と「コミュニティ」や「市」が組み合わされているが，それ以外の箇所では「私たち」とは別の集団として「近隣住民」「コミュニティ」が描かれる。「コミュニティ」という語は，具体的になにを指すのか明確にならないまま，この短い文章の中で5回も登場する。

　第二の特徴として，「私たち」と「近隣住民」とは対立するものとしてでは

なく，協力し合い，協調し，共同で歩みをともにする存在として描かれている。「私たちは近隣住民やコミュニティ・リーダーとともに様々な取り組みに努めてきました。今後数十年にわたって私たちを導いてくれる，共有された未来に向け，広くコンセンサスをつくりあげるためです（*we have sought to work with our neighbors and community leaders to build a broad consensus on a shared future that will guide us in the decades ahead.*）」。「私たちは，近隣地区にさらに貢献するような，新たなコミュニティの提携のかたちやプログラムを見いだそうと，地元の開発組織とともに取り組みに努めてきました（*We are working with a local development corporation to identify new community partnerships and programs that could further benefit the neighborhood.*）」。合意形成を経て共有された未来に向かうコミュニティの存在を，読む者に想像させる。

　第三に，「近隣住民」の意見を取り入れていくコロンビア大学の姿が描き出される。「コミュニティからの提言に応えて（*In response to community suggestions*）」。「私たちは…（中略）…積極的な市民参加を促す機会を歓迎します（*welcome these opportunities for active citizen engagement*）」。「…進行中のこの対話にみなさんが加わってくれることを私は希望します（*I hope you will join us in this ongoing conversation*）」。住民は拒絶されるのでも排除されるのでもなく，迎え入れられる。提案，異議申し立て，抗議を含む住民の声は，表面的には受け入れられることになっている。

　上記の特徴があいまって，ここに書かれた言葉は，全体を通じ，非常に美しく，流暢で，寛容に響く。そこには，対立や敵対の様子は見てとれない。ジェントリフィケーション，住民の追い立て，抑圧といった言葉で語られる現象からは程遠い姿がこの手紙には描かれている。そして，これらの文書は，NAACP（全国有色人種地位向上協会）のローカルブランチのリーダーであるH.デュークス（Hazel N. Dukes）や，アフリカ系アメリカ人として初のニューヨーク市長を務めたD.ディンキンズ（David Dinkins）による支援の声明とともに，明確に反対を表明する住民をというよりは，態度を決めかねている人びと，より大きな影響力を持つであろう「良識ある第三者（*conscientious third party*）」とで

も呼び得る人びとを説得するために，公にされる[30]。

　計画に反対する住民にとって，この言語表現が抑圧の痕跡を隠す婉曲法に見えることは容易に想像できる。しかし，コロンビア大学にとっては，こうした住民の反対運動がどれほど敵意に満ちたものであっても，それがアメリカ社会の市民の大多数に対して説得力を持たない限り，直接の脅威にならない。大学にとっては，大多数の市民の反対，そして裁判所に判断による計画の合法的中止が最も避けるべき脅威なのだ。そのことを考えると，大学による言葉がハーレムの住民に宛てられているわけではないことが見えてくる。コロンビア大学は，「コンセンサス」「コミュニティ」「市民参加」といった合州国の市民運動にしばしば登場し，またアメリカの民主主義の理念と共鳴する言語を用いて，より多くの，一般的なアメリカ市民に向けて語ることで自らの計画を正当化しようとする[31]。そうすることで，その言語表現はハーレムで用いられる日常言語表現からかけ離れるだけでなく，語られる内容もまたハーレムの日常生活からかけ離れていくことになる。

　また，大学による言語の公表が「良識ある第三者」に向けて発せられていることを考えると，それは境界の再設定と承認を行なうための一種の儀礼として見ることもできる。境界の再設定には，社会的な承認が必要だから，共同体の儀礼行為が伴われる。語る側（儀礼を執行するコロンビア大学）と語られる側（読むことによってそれに参加する者）は，この儀礼において，初めて共同作業を行なうことになるのだ。

5．境界と文化コード──コロンビア大学への「闖入」

　ここまで描写してきたハーレムとコロンビア大学との間に引かれる境界は，すべて写真やイラスト，言葉の使用の内に顕在化したものだった。だが当然，境界はそうした表現のレベルにおいてのみ顕在化するわけではない。表現されたものの内に読みとることの可能だった境界が，さらに見えにくい境界とどのように関係するのか，そのことを考えるため，いまいちど冒頭のエピソードに

戻ってみたい。ここまではコロンビア大学がいかにしてハーレム的空間に「進出（侵入）」していくかを示す出来事だったが，冒頭で記述した出来事はハーレム的要素がコロンビア大学的空間に「闖入（intrude）」したときになにが起こるかを示している[32]。

　警備員とのやり取りは，時間にしてほんの60秒ほどの出来事で，些細なやり取りに見えるかもしれない。あるいは，私立大学の敷地内に身元不明の「よそ者」が歩いていれば，警備員がその人物を呼び止めるのは，ごくあたりまえのことだと考える者もいるかもしれない（だが，どのようにしてこの警備員は私たちが「よそ者」であると判断したのだろうか？）。しかし，このような一瞬の出来事が，歴史的に繰り返され，現在でも多くのアフリカ系アメリカ人にとっては日常的であること，またこうした出来事が通常は差別として――多くの場合人種差別として――彼らに経験されていることは，注目に値する。アフリカ系アメリカ人にとって問題であるのは，まさにこのような一瞬の出来事，些細なやり取り，あたりまえの行為なのである――しかし，誰にとって一瞬で些細であたりまえなのだろうか。

　この種の経験は，アフリカ系アメリカ人の語りのなかにより広く一般的に見いだされる。たとえば，M. テイラー（Monique M. Taylor）によって近年書かれたハーレムの民族誌には，アフリカ系アメリカ人男性による次のような語りが見られる。中産階級に属し，現在ではハーレムに移り住んできた彼は，コロンビア大学のそばにあるアッパー・ウェスト・サイドに暮らしていた頃の経験を振り返って，次のように述べる。

　　俺は高級アパートメントに住んでたんだ。エレベータに乗ると，お高くとまった白人の若造がやってきて言うんだ。「あなたこの建物でなにをしてるの？　誰に会いに来たの？」ってね。俺は奴らよりも長いことそこに住んでるのに，そういったことを毎日経験しなきゃならないんだ。「なぜあなたがこの建物にいるの？」とか訊いてくる奴らは，コロンビア大の大学院生だったりするんだ。

第 6 章　もうひとつのエリジウム，あるいは異者を造りあげる感性と技術について　267

　それで俺はそういうお決まりの繰り返しに疲れちゃったんだ。白人中流階級の奴らとのそういった馬鹿げたやり取りにね。奴らは近くにいる人間に怯えてるんだ。特に黒人にね。エレベータに乗って毎日奴らと顔を合わせてるのに，奴らは怯える。それが夜中の 12 時だったりすると，もう奴らの手に負えない。わかるだろ。そういうことに疲れたんだよ。そういうのを経験することにね。それは俺の問題じゃないだろ。奴らの問題だ。奴らが変わろうとしないってのが問題なんだ（Taylor 2002：70）。

　ハーレムでアフリカ系アメリカ人の聞き取りを続けていると，こうした語りに遭遇することは珍しくない。この語り手の男性はアッパー・ウェスト・サイドにあるアパートに長年暮らしていたにもかかわらず，その建物に所属していないであろう者，その場にふさわしくない者，よそ者と判断され，「ここでなにをしているの」と問われる。彼にとっては屈辱的なその質問を投げかけるのはコロンビア大学に籍を置く白人の大学院生だ。ここでの対比は単純明確だ。一方には，白人，中流階級，コロンビア大学，大学院生が，他方には，黒人，ハーレムが対置される。

　瞬間的によそ者として発見されるという意味で，テイラーの民族誌に記述された男性とハミッドとの間には共通点がある。だが，その間には差異もある。第一に，上の男性の語りでは，視覚的に把握され得る人種的要素がより強調され，それが境界の顕在化の瞬間の主要な要素として取り出されている。だが，ハミッドはコロンビア大学の建物内で唯一のアフリカ系アメリカ人ではなかった。ハミッドは，肌の色の薄いアフリカ系アメリカ人だが，そのようなカテゴリーに合致する人間は周囲にもたくさんいた。ハミッドは，アフリカ系アメリカ人だから，あるいは黒人だからという理由で，よそ者として発見されたのではないということである。彼が白人だったら呼び止められなかっただろうと考えることはできるが，他の黒人もいるなかで，なぜ彼だけが呼び止められたのかという問いは残る。

　それでも，たしかにハミッドは，いくつかのレベルで周囲にいた人間とは異

なっていたかもしれない。たとえば，服装や年齢，見かけの違いから彼が異者扱いを受けたと考えることもできる。ハミッドが身につけていた服は，服装の身体に対するサイズ感や色使い，かたちなどの点で，若い学生たちが好んで身につける服とはやはり微妙に違っていた。だが，微妙な違いはあっても，彼が極端に異なる格好をしていたわけではない。周囲の学生と同様，ハミッドもまたごく普通のジーンズとスニーカーを履き，シャツを着ていた。年齢という観点から見てみると，周りにいる若い学生と比べて，40代であるハミッドは異なって見えただろう。しかし，40代の学生も数は少ないが大学にはいたであろうし，教員や大学に勤めるスタッフのなかにはさらに年配の者もいる。つまり，年齢層自体はキャンパスにおいては多様であり，その建物のなかでもそれは同様だった。

　第二に，テイラーの民族誌の男性が，自分がよそ者として見られていることに自覚的で，そうしたまなざしを不当な差別だと感じているのに対して，ハミッドは警備員に声をかけられたことを差別であり，不当だと口に出して言わない点である。これにはもちろん，二人の置かれている状況の違いが大きく関係している。上述の男性は，もともとその建物に住んでいるのであり，本来いるべき場所での不適切な質問に対して怒りを表明している。それに対し，ハミッドの場合はコロンビア大学に所属を置いているわけではない。それがゆえに，ハミッドが警備員の態度に反論することはない。一見するとあたりまえのこの単純な事実が，コロンビア大学の警備員の対応に疑問を投げかけにくくしている。《ハミッドは，もともと大学に籍を持っていない訪問者であり，本来はそこにいるはずもない存在である，大学に籍を置く者と置かない者との間の境界は自明で自然のものであり，よそ者がよそ者として見られるのは当然のことである，キャンパス内にまぎれたよそ者を見つけ出すのは警備員の仕事でもあり，その行ないに非はなく正しい》，という具合に。もし仮に，ハミッドがコロンビア大学付近のアパートに住んでおり，そこで警備員や住人によって同様な仕方で声をかけられたのであれば，テイラーの民族誌に登場する男性と同様にハミッドもまた抗議の声を上げたであろうし，そうすることでなぜハミッ

ドだけが声をかけられたのかという問いも生まれやすくなったであろう[33]。

　警備員は，人種や階層，年齢でもない，他の要素によって，ハミッドのことを，微妙ではあるが明確に異なる存在として発見した。それは，ハミッドの歩き方や身のこなし方だったかもしれないし，服の着こなし（服装そのものではなく）だったかもしれない。彼の目つきだったかもしれないし，彼の話し方だったかもしれない。あるいはそのすべてだったかもしれない。いずれにしても，その際の警備員による線引きは，既存の集合的範疇に基づいてではなく，より不明確ななにか——通常は「雰囲気（aura）」や「匂い（mood）」といった言葉で表現されるなにか——によって，なされたのだ。ハミッドは明らかにそれとわかるよそ者としてというより，（根拠はよくわからないが違和感を与える）「異物」ないし「異者」として発見された。

　このように書くからと言って，ここでの問題が人種や階層の問題ではないと言いたいのではない。強調したいのは，この際の警備員によるハミッドの発見は，人種，階層，年齢，性別といった，人の種類を分類する際の範疇として明確に確立されているものとは別のなにか，明確に言語化されたり，実体を持っていたりするわけではないなにかによってなされるという点である。このようにして引かれた境界線の両極のバランスが人種的に見て不均衡であること，つまり，異者として発見される存在が，結果的に多くの場合アフリカ系アメリカ人であったり，下層階級であったり，女性であったり——あるいはコンテクストによってその逆であったり——することは，ほぼ間違いがないが，ここでの線引きの第一の段階は曖昧な領域でなされている。

　警備員は，ハミッドを「非コロンビア大学的（non-Columbian type）」として，瞬時に見分けた。それゆえに警備員は，ハミッドに声をかけたのだ。見るからにコロンビア大学に所属する人間がその場所を徘徊していたとしても，警備員は声をかけなかったであろう。そのときに「非コロンビア大的」として考えられた要素とは，黒人，あるいはアフリカ系アメリカ人という人種・民族的要素にだけ還元できるものではない。

　後にインタビューをしてその警備員がこのときに，ハミッドをどのような規

準で選びだしたのか——すなわちそのときの瞬時の判断，ほぼ無意識の判断を，当人がどのように後に振り返り語るのか——を，尋ねることができたら興味深かったかもしれない。だが，仮に彼が「本心」のようなものを語ってくれたとしても，おそらくそこにあからさまな暴力のメカニズムを読みとることは難しいだろう。彼は，自分の仕事を，任務を遂行しているに過ぎない。そしてその任務の遂行は，直接的にあからさまな暴力に結びついているようには見えないのだから。私たちのほうに向かってやってくるときの警備員の表情が私の頭から離れなかった。彼は言葉では，「なにかお困りですか？」という丁寧な言葉をかけてきた。しかし，それは物腰の柔らかい言い方をされたわけではなかった。入ってはいけない場所に迷い込んだ不審者を見るような目で，強い態度で，その言葉は発せられていた。だが，当人が後にどのようにそのことを振り返るのかという問題とは別に，境界線が一瞬にして引かれたという意味で，この出来事は，警備員自身の「非意識的」な態度を反映している。

　同時に，この出来事は，ハミッドの「非意識的」な態度の切り替えをも明らかにしている[34]。ハミッドは，ハーレムの友人たちと話す際に用いる，言語，発話の態度，ジェスチャーとはうって変わって，物腰の柔らかく丁寧な，ちょうど彼がビジネス上のやり取りをしている際に用いるような言葉と態度で，その警備員に応答した[35]。そして彼は，その後特にこの出来事を問題にすることはなかった。また，ハミッドがこのようなかたちで異者として見つけ出されたからと言って，ハミッドがコロンビア大学に対して一方的に反感を口にするわけではない。ハミッドは，コロンビア大学が実に多くのリソースを所有していることを知っている。いくつもの図書館，いくつもの本と資料，いく人もの著名な教授たちが，その場所に集められていることを知っている。その気になれば，それらにアクセス可能であることも知っているが，実際にはアクセスしにくいことにも気づいている。そして，そのコロンビア大学という場所が，ハミッドにとって，ひとつの「平和で安心できる場所（place of peace）」として機能しており，ハミッドはその場所を利用し，くつろぎ，よい刺激をもらうのだと語る[36]。

6．おわりに：見えにくい暴力の探求に向けて

　最後にあらためてコロンビア大学のキャンパス拡大について触れたいと思う。ハミッドの異者としての発見は，振る舞い，態度，物腰，所作，身のこなし，ジェスチャー，全身からの雰囲気といったものに左右され，ハミッドが警備員に対応する際には態度の切り替え――文化コードの切り替え――が必要とされた。そのことを考えるとき，キャンパス拡大によって変更を迫られるのは，建物などの物理的な外観や経済的状況だけでなく，その空間内での振る舞いや態度，ジェスチャー，所作，雰囲気のあり方であり，その人物の身体のあり方，生のあり方そのものだということがわかってくる。

　キャンパス拡大によって直接立ち退きを迫られるのは約300人（135世帯）の住民である。そして彼らは，しかるべき補償を受けるだろう。またその次の段階で，経済的な意味でのジェントリフィケーションが広がる。新しく建てられたり改装されたりしたアパートの家賃が上がり，新たに暮らし始める人びとの階層や収入に呼応するかたちで，近隣地区の店舗の扱う商品やその価格設定が変わる。だがより根本的な変更は，別の次元でやってくる。寛容な言語によって万人を受け入れ，多様性を認めることを公言し自認しつつも，他方で招き入れた人に，ある特定の振る舞い方を密やかに，やわらかく求め，促し，導いていくこと，これがコロンビア大学のキャンパス拡大によって「結果的に」推し進められていく。

　コロンビア大学がキャンパス拡大を目論む際に用いる言語は，「良識ある第三者」に宛てられ，法廷においても正当化の材料となり得るほどにすぐれて操作された制度的言語の典型例だった。それは，アメリカの民主主義の理念や市民運動の発想ときわめて親和性のある言語表現である。そして大学は，美しい絵図を確固たる「証拠」として用いることで，約束された未来にリアリティを持たせ，論理を説得的に見せている。提示された世界は，寛容で，すべての人に開かれ，民衆のアクセスが容易で，人種的に混じりあった空間を想像させ

る。キャンパス拡大に反対する住民によるブーイングやデモンストレーション，罵声，不平不満や懸念の表明は，声のプレゼンスを示すことはできても，当面はコロンビア大学の制度的言語と同様の力を持つことはない。潜在的危機を鋭く察知する力を備え，何世代にもわたって培われ引き継がれた洞察力や知恵とそれを支える認識論とを持ち合わせる住民や活動家が，キャンパス拡大のもたらす結果についてすぐれた予見を提示し，正当な警告を発することはある。だがそうした非-制度的言語は，コロンビア大学の言語以上に力強い効果を発揮することは起こりそうにない。

　言語や振る舞いの複数の異なるコードは，もちろん，ひとつの集団や個人の内に結びつきながら偏在している。コロンビア大学に所属を置く人間——たとえばボリンジャー——がつねに制度的な言語を駆使するのではない。あるいはハーレムの住人が制度的言語を駆使しないわけではない。たとえばハミッドは警備員に呼びとめられたとき，瞬時に言語コードを変え，礼儀正しいマナーで応じた。公的な場面における特殊な話し方や振る舞い方を見極める能力，自らの発言や所作が公の場に引き出され検証される可能性に気づく能力，ひとつのコードから他のコードへと移行しながら言語を操る能力。こうした能力とそれによって（再）構成される感性，そしてそれに対応する技術が境界をつくりだし，またつくりなおす[37]。そしてそうした能力は，ジェントリフィケーションが加速すればするほどに求められていく。ちょうどそれは，たとえば新自由主義が台頭し，自由かつ平等な競争が求められるほどに，すでにきわめて不均衡な世界システムのなかで基礎づけられた諸々の価値やそのもとでのみ成立する基準のなか，主体的に競争に加わることを自己責任において求められ（余儀なくされ），決められた能力のみを要求される社会システムのデザインと類似している。

　エスノグラフィの記述において将来の見通しを展開することは難しい。未来を学問的に見通すことが難しいからではない。人類学の言説内における言語が，エスノグラファーが出会う予見的言語を対象として把握することはできても，それを言説内に取り込み，同調し同意すること，それとともに思考を展開

し,思考そのものを解きほぐすことに慣れていないからだ。近代西洋の認識論のもとで誕生しながら長らく非西洋世界を主たる対象としてきた人類学は,もちろん,他のどの人文社会科学の言説にも先立って認識論的反省を自らに課してきたし,その意味では隣接するどの学問分野よりも,ノイズとして処理されがちな叫び声や吃音に向き合い,いわゆる落ち穂拾いを続けてきた。だがそれでも,予見や予言,予想を口にする者についての民族誌的報告は数多くあるけれど,具体的記述や分析を通じて予見され得る未来を示し,未来そのものに働きかける民族誌はそれほど多くない。コロンビア大学はマンハッタンヴィルへのキャンパス拡大をほぼ確実に成し遂げ,境界を引きなおし,近隣地区を書き換えていくだろう。どれほどの反対運動があったとしても。そして同時にジェントリフィケーションやそれに続く立ち退き——直接的なものから,周囲の環境の変化や物価の上昇を理由とする間接的な立ち退きまで——が起こるだろう。それを想像するのは難しいことではない。だがエスノグラフィは,実際にそれが起こるまで,その「証拠」を提示することができない。エスノグラフィにできるのは,きめ細かで丹念な記述と,人称変化をも含む対象との距離や関係への繊細さを伴った探求と,そうした探求のダイナミズムを支える認識論とによって,見えにくい暴力とそれをかたちづくる構造の諸力を明るみに出すことである。美しいスローガンとともに見事なデザインを施され,また時には常識に則った文法に基づいてもっともな理論で武装し合意を求めてくる,静かでなめらかで避けがたい(そしてそれがゆえに致命的かもしれない)暴力の位置(location of violence)とそのメカニズムとを明るみにだすことである[38]。

補 遺

注でも述べているように,この小文の民族誌的記述は,2002年から2004年にかけてのフィールドワークを中心としており,また理論的考察についてもその中心的な部分を2008年の時点で書き終えていた。しかしその後,英語で書いたオリジナルの原稿を日本語に書きなおすなかで,時代状況にも大きな変化

があった。大学のキャンパス拡大計画が単なる計画であることを止め，実際に動き始めた。同時に，大学の拡大によって直接影響を被らないエリアの街並みも大きく変化してきた。ダウンタウンにあるような，小奇麗な店構えのフランス料理店やイタリア料理店，カフェが立ち並ぶようになり，すでに増加傾向にあった大型のチェーン店（たとえばスターバックスやギャップなど）がさらに増えた。

　2011年3月11日の東日本大震災の3日前の3月8日，この小文に登場したハミッドがクイーンズの自宅を出た後，路上で倒れ，ハーレム病院に運び込まれたが，息を引き取った。まだ58歳だった。その年の8月にニューヨークを訪れたときに，そのことを知らされた。そして，今でも僕は，彼が「亡くなった」という事実を，うまく呑み込めていない。彼は，ハーレムに友人と共同で床屋を持ち，そこをビジネスの拠点としていたが，すでに何年も前からハーレムに住むことができなくなっていた。家賃が払いきれなかったことや，健康上の問題を抱え入退院を繰り返していたことが直接の理由に見えるが，「家賃が払えない」ことや「健康上の問題」は，決して個人的な性格や気質，体質，能力の問題ではなく，諸々の社会的な力が大きく深く関係している。出身地に暮らすという単純な願いをかなわなくさせる力，肉体と精神を含む身体の健康上の問題を若い頃から抱えざるを得なくさせる力，そうした（暴）力を明るみにだして，法廷でその罪と責任とを問うことは，多くの場合，難しい。だが，法的には裁ききれない問題に踏み込むことを人類学や社会学がやめたら，いったい誰がやるのだろうか。すでに認められた文法以外で問題を描くことを人文・社会科学者がやめ，政治家や法曹やビジネスマンと同様に振る舞い始めたら，いったいなんのための学問だろうか。

　この小文をまとめる段階になって，時代状況はさらに音を立てて進んだように思えた。

　2013年の夏。これまでの自分たちの生活への違和感から森の中で持続可能な生き方を模索する人や，やはり森林内に暮らしながら乱開発とたたかうアーティスト，そしてリゾート開発に最後まで抵抗をみせる小さな島でその暮らし

を守りながら，一度は崩壊に追い込まれたタロイモ畑をつくりなおし生活している人のもとを訪ね歩いた。旅のなかで出会った人びとはいずれも，大量規模の〈生産―消費―流通―（廃棄という名の）投棄〉のサイクルに深い疑問を覚え，それぞれのやり方でそのサイクルからゆるやかに抜け出る方法を模索していた。彼らの生のあり方は，3月11日以降の長期的な「危機」のなかで，これからの社会制度や文化をつくり直し担っていく際に必要な参照軸を提供しているように思えた。

　その旅の直後のことだった。支持率の高い内閣を率いている首相が，オリンピック招致を決める最終プレゼンテーションの中で，「（原発事故に関する）状況はコントロールされている」「東京への（放射線による）悪影響は，これまでもなかったし，これからもない」と世界に向けて語った。「グローバル・スタンダード」に見合うプレゼンテーションを準備するために，専門のコンサルタントを雇い，口調や身ぶり，笑顔の浮かべ方まで訓練された人びとが，次々に見事な演説をやり遂げ，その後に事前評価を覆すかたちで東京招致が決定した。そのときのすぐれて外交的なプレゼンテーションは，各種メディアによって繰り返して報道され，多くの人が祝福の言葉を送り，招致がもたらすであろう経済効果についてのコメントがそれに続いた。文脈がまったく異なるとは言え，コロンビア大学のプレゼンテーションの特徴を，何度も想い起こさざるを得なかった。

　この小文のタイトルの前半部分「もうひとつのエリジウム」は，ニール・ブロムカンプ監督の2013年公開の映画から取った。ある種の「理想郷」を意味するこの言葉は，映画の中では宇宙に浮かぶ人工的に創造されたスペース・コロニーを指している。そこへのアクセスを認められた「市民」は，水も緑も豊かできれいに整備されたその場所で，高度の医療技術を享受することができ，すべての病を治癒され，長く快適に生活する。スラム化した地球には飢えと貧困と病が蔓延し，見上げれば空には美しいエリジウムが浮かぶ。映画を観ながら，コロンビア大学の将来構想図が再び頭に浮かんだ。大学がキャンパス拡大をねらうエリアが，主にマンハッタンのコミュニティ・ディストリクト9（第9

地区）であり，ブロムカンプ監督の前作『第9地区』と重なることも，おそらく単なる偶然とは言え，このタイトルを決心させた理由である。多くのすぐれたSF作品がそうであるように，『第9地区』も『エリジウム』もともに，「宇宙人」や「宇宙空間」を描くことで「地球」という有限な惑星を相対化してみせ，それと同時に「人間」と呼ばれる生命種の現実を鋭くえぐって物語っている。

謝　　辞

　ここに収めた小文は，2002年から2004年にかけての長期フィールドワークに基づくものだが，その後の2008, 2009, 2011, 2012, 2013年の追加調査は，MEXT / JSPS 科研費20820037, 23720430の助成を受けたものである。また，ハーレムで出会った人びとのホスピタリティに謝意を表したい。とりわけ，フィールドワーク中，文字通り私の案内役およびメンター役をつとめ，様々なかたちでのサポートを惜しむことなく提供してくれたハミッド氏に心から感謝する。いつの日かまた，「再会」することを願って。もちろん本論において誤りがあるとすれば，すべて私に責任がある。

注

1) ここに描くエピソードや記述，解釈は，2002年から2004年にかけてのニューヨーク・ハーレム地区でのフィールドワークでのフィールドノーツやメモに基づいている。したがってこの小文は，特に注釈のない限り，原則的にはこの2年間を民族誌的現在として設定し，展開する。フィールドワークの成果は，以下の博士論文にまとめられている（Nakamura 2008）。ここに収めたのは，博士論文中の第4章の一部に加筆・修正を施したものである。なお，本文中の記述においては，現地語をイタリックで，引用を「　」で，概念として強調すべきものを〈　〉あるいは（　）内でのアルファベット表記で，情報や語りの要約を《　》で表現した。自明視すべきでない用語，たとえば「白人文化」，「黒人」，「異者」，「発見」などの「　」は，便宜上，極力取り去った。また，文献については，欧文を参照した場合のみ原典の書誌情報を掲載し，翻訳のみを参照した場合には訳文のみを掲載した。初版年に関しては，［　］の中に記した。
2) こうした見えにくい暴力の問題については，アイデンティティやアーカイヴの問題と関連させながら別の論考でも扱っている（中村　2013c）。

第 6 章　もうひとつのエリジウム，あるいは異者を造りあげる感性と技術について　277

3) ハーレム内における多様性については，以下の論考にまとめた（中村 2013b）。
4) M. オジェ（Mark Augé）がこうした人類学的場所の問題を論じている（Augé 1995）。「場所」という観念と，その境界との関係，また人類学的な「フィールド」や文化との関係について再考するにあたっては，とりわけ以下の著作に影響を受けた（Bhabha 1994 ; セルトー 1987 ; Chan and McIntyre eds. 2002 ; Gupta and Ferguson eds. 1997 ; Lamont 1999 ; Michaelsen and Johnson eds. 1997 ; Pellow ed. 1996）。
5) R. ローレンス（Roderick Lawrence）による「境界の多次元的性質」への着目が，ここでの私の境界の発想に近い（Lawrence 1996）。また，P. ブルデュー（Pierre Bourdieu）による，言語や趣味，仕草といった様々なレベルの判断における「差異化＝卓越化（distinction）」への着目にも影響を受けている（ブルデュー 1990）。だが，ブルデューが焦点を当てた社会階級や経済および文化資本の問題は，ここでは取り扱わない。
6) たとえば酒井直樹が，「人種」「エスニシティ」「ネイション」といった様々なカテゴリーの，横滑りし，重なり合う性質に言及し，分析をほどこしている（酒井 1996）。
7) 以下の別の論考で，同じくコロンビア大学を舞台に，大学内で許容される発言とされない発言との線引きの瞬間をとらえ，境界の問題を論じた（中村 2010）。
8) 社会学者の T. ウィリアムズ（Terry Willams）と W. コーンブルム（William Kornblum）が，イースト・ハーレムとセントラル・ハーレムの間に存在する心理的境界について言及している。彼らの観察は，ハーレムの若者たちの間での長年にわたる社会的プロジェクトとフィールドワークに基づいており，若者たちの生きる様々な境界についてきわめて示唆に富む（Willams and Kornblum 1994）。なお，彼らの社会的プロジェクトであるハーレム・ライターズ・クルーについては，次の文献で論じた（中村 2013a）。
9) 9 ラインは，2005 年をもって廃止されている。
10) 文化現象としての笑いのとらえ方については，山口昌男から多くの示唆を得た（山口 1990）。笑いが，慣れ親しんだ文化規範のもとでの恐怖や違和感と結びついていることを指摘しながら山口は書く。「ですから，ユーモアの起こりということをたずねられたら，全然ちがったものを瞬間的に，予想もしないでつき合わせるときに出てくるといえます。人間はそういうときに，どうしていいかわからなくなる。一瞬ためらいができる。そのためらいを次の瞬間に克服する最初の行為というのは笑いとして現われてくる。／そうすると，自分がふだん持っていた何かモヤモヤとしたものをふっ切った瞬間を持てるというふうなことが，笑いの行為の中にはあるということが言えると思うのです。ですから，違ったものをつき合わせるということと同時に，こんどは違ってもいないのに，違ったものをつくりだすと，その瞬間に笑いというものを人間は呼び起こすことがあると思うのです。／これは，ちょっと深刻な問題になりますけれど，笑いは，ある意味で違いというものから起こるから，違和感を解消するとともに，こんどはまた，解消

するためにわざわざ違和感を作り出すということがあると思うんです」（山口 1990：16-17）。
11) コロンビア大学のキャンパス拡大計画に対しては、当然諸々の立場からの多様な反応が出ているが、主には「コミュニティを守る会（Coalition to Preserve Community）」が反対運動を行なっている。http://www.stopcolumbia.org/（最終アクセス 2008 年）なお、2013 年現在は、以下のサイトに移行している。http://stopcolumbia.wordpress.com/（最終アクセス 2013 年 9 月 10 日）
12)「非意識的」というタームは、ピエール・ブルデューから援用した。フランス構造主義、ポスト構造主義の潮流の影響を受けつつ、それらをさらに理論的に先にすすめようとしていたブルデューは、「非意識（non-conscious）」という言葉を用いることで、意識的活動に重きを置く主体主義と、「無意識」あるいは意識されない構造の決定という決定論とを乗り越えようと試みた。たとえば、以下の文献を参照（ブルデュー 1994；Bourdieu 1990）。
13) 2013 年 9 月現在においても、このキャンパス拡大計画は進行中の出来事である。長期にわたって継続されるこの出来事を取り巻く状況は、もちろん変化し得る。私がフィールドワークを行なっていた 2002 年から 2004 年にかけて、この計画はいかなる組織からの認可もない状態にあり、まだ初期段階にあった。2007 年には市議会がコロンビア大学の 197-c plan に認可を与えたが、コミュニティ・ボード 9 によって否決された。コミュニティ・ボード 9 およびキャンパス拡大反対派の人は、197-a plan を支持していた。その後も議論と戦いが続いたが、2010 年 6 月、ニューヨーク州最高裁が、下級裁判所の判決を覆し、収用権（eminent domain）の発動を認可し、コロンビア大学の拡大計画を事実上合法とした。それ以降の変化については、別の機会に論じたい。
14) キャンパス拡大を説明したコロンビア大学のウェブサイト内にある FAQ のセクションでも、この問題が語られている。なぜコロンビア大学がさらなる敷地を必要としているのかという問いに対する回答では、コロンビア大学がいかに重要であるかを、これまでの業績を列挙しながら強調しつつ、次のような言葉で締めくくられている。「今日、コロンビアは、他の一流大学と比べ、学生一人当たりのスペースが著しく少ないという事態に陥っています。敷地面積は、ハーヴァード大学の半分であり、プリンストンやイェール大学の三分の一です。コロンビアが緩やかかつしっかりと計画されたキャンパス拡大に向けて新たな一歩を踏み出さない限り、大学がこの先も、世界レベルの知的優秀さ、最先端の学問的研究や医療看護の中心地であり続けるのは難しいでしょう」http://neighbors.columbia.edu/pages/manplanning/faqs/index.html#N 1000 F（最終アクセス 2008 年）。
15) 2008 年の時点では、キャプションには「計画最終段階——2030 年までに計画されている成長」とあった。2013 年 8 月現在, 2030 年までに計画が完了するという記述は、少なくとも大学のウェブサイト上からは消えている。http://neighbors.columbia.edu/pages/manplanning/proposed_plan/PhasedDevelopment.html（最終アクセス 2013 年 8 月 26 日）。

第6章　もうひとつのエリジウム，あるいは異者を造りあげる感性と技術について　279

16) 2007年8月，それまで所有物件の売却を拒否していたディスパッチ運送・倉庫会社のオーナー，ジョセフ・"ニック"・ザハスキー（Nick Zuhusky）とピーター・ザハスキー（Peter Zuhusky）が，コロンビア大学への物件売却に同意した。2007年9月，コロンビア大学のキャンパス拡大予定地内で最大の物件所有者だったニック・スプライレゲン（Nick Sprayregen）が，大学との交渉を申し出た（Phillips 2007 a, 2007 b）。

17) 実際にこの場所に足を運ぶと，大学教職員用の建物の入り口が129丁目側にはないこと，つまりハーレムの方角にはないことをうかがい知ることができる。ハーレムを通らずに建物に出入りできるように建築されたのだという噂をフィールドワーク中に聞いたが，未検証である。

18) http://neighbors.columbia.edu/pages/manplanning/proposed_plan/DesignElements.html（最終アクセス2013年8月26日）。

それにしても，なぜ数ある病気のなかで，パーキンソン病とアルツハイマーだけが病気の例として用いられたのだろうか。より詳細なコロンビア大学の計画によれば，この施設はバイオセーフティ・レベル3を扱う研究所だが，なぜか感染症，伝染性の病への言及は，キャプションでは避けられている。バイオセーフティ・レベル（Biolosafety Levels, 以下BSL）は現在，四段階にレベル分けされており，BSL 4が最も危険度が高く，BSL 1が最も低い。BSL 3の研究室において認められている物質には，炭疽菌，SARS，天然痘ウィルスなどが含まれる。http://www.cdc.gov/od/ohs/biosfty/bmbl 4/bmbl 4 toc.htm（最終アクセス2013年8月26日）を参照。

19) http://neighbors.columbia.edu/pages/manplanning/proposed_plan/DesignElements.html（最終アクセス2013年8月26日）。

20) ここにとりあげた3枚の絵図には登場しないが，ウェブサイト上の残り2枚の絵の内のひとつには，車椅子に乗った人物がひとりだけ描かれている。

21) ホスピタリティ（歓待）が持つ二重性について考えるようになったのは，フィールドワークにおける経験が大きい。一方には大学キャンパスや公園などの「誰もにとって」自由に開かれた寛容な空間があり，他方に「よそ者」に対して比較的閉じられ，飛び地（enclave）的で，社会・文化的島とでも言えそうなハーレムで出会った人びとによるホスピタリティがあった。だがこの点についての，理論的考察としては，たとえばJ.デリダ（Jacques Derrida）によるセミナーの記録『歓待について』がある。このなかでデリダは，E.バンヴェニスト（Emile Benveniste）の研究を引き，「異邦人（xenos）」と「絶対的な他者」を明確に区別しながら，異邦人の歓待は，すでに法の中に書きこまれており，「われわれを異邦人にたいして束縛し，相互的に異邦人をも束縛する」，そのような「盟約」を含んでいるという（デリダ 1999＝1997：61，強調は原文による）。続けて彼は述べる。「歓待の権利というものは，事の初めから（d'entrée de jeu），家屋，一族，家族を拘束し，家族的ないし民族的集団を迎え入れる家族的ないしは民族的集団を拘束する，ということなのです。まさに法，習俗，エートス［習俗・住居］，

人倫共同体（Sittlichkeit）などの中に書き入れられているからこそ，前回お話しした客観的道徳性は，契約者たちの社会的・家族的地位を前提とするのです。これは，彼らが名前で呼ばれる可能性，名前を持ち，法の主体となる可能性，つまり尋問され，刑を受ける義務を持ち，責めを受け，責任があり，名付けうるアイデンティティを持ち，固有名を与えられた主体となる可能性にほかなりません。固有名はけっして純粋に個人的なものではないのです」（デリダ 1999：62-63）。

22)『モダン・タイムズ』はもちろん，機械文明を皮肉った映画として観ることが可能だが，それ以上に「近代の時間」の浸透した同時代の詳細なスケッチであり，その意味で 1930 年代において 2013 年現在をも見事に予見した作品になっている（Chaplin 1936）。「スピードをあげろ」の掛け声のもと，速度を上げていくベルトコンベアの傍らでチャーリーの身体は，ナット締めの動きを慣習化し，食事休憩時間もそれを止めることができない。また工場の出入り口ではタイムカードを切ることを忘れない身体でもある。トイレのなかでの束の間の一服も社長室のモニターによって監視され，休息の時間を奪われていく。そこで監視している社長の身体もまた，病んでいるらしい（秘書の運んできた水で，錠剤らしき薬だか栄養剤だかを服用しているシーンが冒頭に置かれている）。「競争」で他社に打ち勝つために必要だというキャッチコピーとともに自動食事装置が試験的に導入されるが，装置は暴走し，利便性と効率性を求めるがゆえにかえって不便・非効率になることが明らかになる（「安い」という理由から膨大なエネルギーを使って国境線を越えて運ばれてくる食材に，よくわからない物質（調味料など）を加え，使い捨てのプラスチックに包装したあげく，コンビニエンス・ストア（便利な店）に陳列された弁当を，電子レンジに放り込み調理する現在の食のあり方とそれに伴う身体の様子を痛烈に言い当てている）。そしてついにはチャーリーの身体が暴走し，「神経衰弱（nervous breakdown）」と診断されてしまう。

以前にこの映画を多摩美術大学の講義で扱った際，学生のひとりが，これはチャーリーが複数の施設を渡り歩く映画だという主旨の発言をした。この学生の言うように，確かに『モダン・タイムズ』では，工場を追われたチャーリーが，まず病院に送られ，次に間違って刑務所に入れられるが，その点でいくつもの施設（institution）と人間の関係を描いていると言える。学生の発言・指摘に感謝する。それと同時に，この映画は病院や刑務所に送られたチャーリーが，繰り返し生産の現場である場所へと差し戻される様子をも描いている。

なお，施設のもとでのこのような身体の監視システムについては，たとえば M. フーコー（Michel Foucault）の以下の記述とも重なる。「十八世紀末期に出現する工場では，個人への分化を旨とする基盤割りの原則が複雑になる。個々人を，彼らをひとりひとりにして評定可能な空間のなかに配分することが重要であると同時に，さらにこの配分を，固有な要請を有する生産装置に連結することも重要である。個々の身体の配置，生産装置の空間的整備，『持場』の配分に伴う各種の活動形式，これらを結びつけなければならない。ジュイにあるオーベルカンプ〔インド更紗〕製造工場は，こうした原則にしたがっている。その工場は，それ

ぞれの作業の明確な型にもとづいて，つまり印刷工・縫合工・着色工・下絵工・版刻工・染色工のそれぞれのために特別に設けた一連の仕事場から成っている。…（中略）…この仕事場の中央通路を端から端まで歩けば，全般的にも個別的にも充分な監視をおこないうるわけである。すなわち職工の出欠と勤勉さ，仕事の質を確認すること，職工を相互に比較して熟練と迅速に応じて分類すること，製造過程の連続的な段階をたどること。こうした系列化の全体が，不変のいわば格子状の図表を形づくって，そこでは混乱は除去されるのである。つまり，生産は区分され，労働過程は一方ではその局面や段階や要素的な作業に応じて，他方ではそれをおこなう個々人，従事する個々の身体に応じて有機的に配置される。したがって，その力──頑健さ・迅速さ・熟練・粘り強さ──の個々の変数は，観察可能となり，したがって，特色づけられ，評価され，記帳され，その力の特定の支配者たる人（監督・工場長など）に報告されうるものとなる。このように個々の身体の系列すべてにわたって完全に読解可能な仕方で把握されると，労働の力は個人単位での分析が可能になるのである。機械中心の産業のはじめには，われわれは生産過程の区分の背後に，それと同時に，生産力の個人分化的な分析を見出すのであって，この区分ならびに分析をしばしば明確にもたらしたのが，規律・訓練本位の空間の配分だったのである」（フーコー 1977：149-150）。

また，日本社会でのきわめて現在に近い時代における類似状況については，鎌田慧のすぐれたルポルタージュがある。機械が人間の幸福を支え担っていくと大多数が信じていた時代状況のなかでその危うさを描いたチャップリンと同様，日本の経済発展を支え，その高い技術力と奮闘とプライドとを世界に誇っていくと思われていた自動車が，実際には絶望的なまでに過酷な労働と身体の酷使によってしか支えられ得ないことを，鎌田は自ら季節工となり働くなかで描いていく。たとえば以下の記述を参照。「九月一八日（月）　朝五時起床！　きょうから仕事だ。ドアを開け，外に出るとまっくら。…（中略）…コンベアはゆっくり回っているように見えたが，とんでもない錯覚だった。実際，自分でやってみなければわかるものではない。たちまちのうちに汗まみれ。手順はどうにか覚えたのだが，とても間に合わない。軍手をしているので，小さなボルトを，それも使う数だけ摑み取るだけでも何秒もかかる。うまくいって三台に一台やるのが精一杯。違った種類のミッションが来ると，それは難しくてお手上げ。カバーをはめるのにコツがいるので新米ではできないのだ。喉はカラカラ。煙草どころか，水も飲めない。トイレなどとてもじゃない。だれがこんな作業システムを考えたのか。息つく暇のないようにギリギリに考えられているのだ。…（中略）…朝六時にベルトが動き出すと，一一時までの五時間，一度も止まることなく，正確に一分二〇秒ずつ組み立てるべきミッションが流れてくる。正確に，というより，冷酷に，というべきだ。…（中略）…ようやくテーブルの空いている席に坐ることができ，さて，食べ始めようとすると，なんと！　テーブルの上に並んでいる食器を入れたお盆が，お盆ごとゆっくり流れて見えるのだ」（鎌田 1983［1973］：33-34）。

23）もちろん，現在も継続するペースで技術の発展が進めば，この完成予想絵図の

示す2030年には，おそらくこの地区にいるほとんどすべての人間が常時なんらかのかたちで端末を持つか身につけるか身体の一部として取り込み，すべての場所でネットワークに接続できる環境にあるだろうから，その頃にはサイバー・カフェは必要なくなっているかもしれない。技術の更新が身体とその内に生じる着想にもたらす影響については，フーコーやF.キットラー（Friedrich Kittler）の議論に多くの示唆を得た（フーコー 1977；Kittler 1992＝1985）。

24) M.ド・セルトー（Michel de Certeau）らによる研究成果が手掛かりになる。セルトーは，権力の浸透によって編成される時空間における「ごく普通の人びと」の実践に着目しながら，「戦略」と「戦術」という概念を区別する。彼にとって「戦術」とは，なんら「自分のもの［固有のもの］をもたないことを特徴と」し，それがゆえに，思い通りにならないことが自覚された場所で「なんとかやっていく」そのやり方である（セルトー 1987：101-102）。それは「被支配者」である人間の決して受け身ではないものごとのやり方である。それに対して，「戦略」は，自らに固有のものを境界の確定によって，それ以外のものと切り離す実践を特徴とする。「自律性」を前提とした特定の場所が確定することで，特定の場所（「自分のもの」）から特定の場所（「周囲」）への操作が可能になる。つまり「戦略」は，セルトーにとって，操作するための対象をつくりあげる行為である。

　こうした彼の見地に立つならば，ここでのコロンビア大学による将来構想のプレゼンテーションを，境界の（再）設定を前提としてそれを推し進める際の「戦略」として読むことも可能になる。たとえばセルトーは，権力主体の実践に見られるこの種の「戦略」がもたらす帰結について言及するが，固有の場所をつくりだすことによって時間を制御すること，そしてまた境界設定された場所を一望監視のもとに収め場所を制御することをあげている点はとりわけ注目に値する。「(1)『固有のもの』とは，時間にたいする場所の勝利である。それによって獲得した利益を蓄積し，将来にむけての拡張を準備し，こうして情況の変化にたいして独立性を保つことができる。それは，ある自律的な場を創立することによって時間を制御することである。／(2) それはまた，視ることによって場所を制御することでもある。空間の分割は，ある一定の場所からの一望監視（エトランジェ）という実践を可能にし，そこから投げかける視線は，自分と異質な諸力を観察し，測定し，コントロールし，したがって自分の視界のなかに『おさめ』うる対象に変えることができる。（遠くを）見るとは，同時に予測することであり，空間を読みとることによって先を見越すことであろう」（セルトー 1987：100-101 強調は原文による。なお原文中の注は取り去った）。

25) http://neighbors.columbia.edu/pages/manplanning/proposed_plan/DesignElements.html（最終アクセス2008年）。このウェブサイトは2013年9月現在もアクセス可能だが，大学側の計画がニューヨーク州最高裁判所の決定を受けて実行に移される段階に入ったことで，仮定法未来wouldから単純未来willに変わるなど，言語表現が微妙に変更されている。ここでは，2008年の段階での表現を採用し分析することにする。以下も同様。

26) http://neighbors.columbia.edu/pages/manplanning/proposed_plan/DesignElements.html（最終アクセス 2008 年）。
27) http://neighbors.columbia.edu/pages/manplanning/proposed_plan/DesignElements.html（最終アクセス 2008 年）。
28) http://neighbors.columbia.edu/pages/manplanning/proposed_plan/DesignElements.html（最終アクセス 2008 年）。
29) http://www.neighbors.columbia.edu/pages/manplanning/index.html（最終アクセス 2008 年）。2013 年 9 月現在，この手紙は以下のサイトで見ることができる。http://neighbors.columbia.edu/mville_tour/（最終アクセス 2013 年 9 月 3 日）。
30) デュークの声明はコロンビア大学のウェブサイト上に見られる。http://neighbors.columbia.edu/pages/manplanning/learn_more/HazelDukesNAACPLetter.html（最終アクセス 2013 年 9 月 3 日）。ディンキンズは，ニューヨーク・タイムズ紙に短い記事を寄稿している（Dinkins 2007）。
31) S. リー（Spike Lee）によるすぐれた映画『*Bamboozled*』（2000 年）が思い起こされる。二十一世紀にミンストラル・ショーを復活させたらどうなるかという問いを中心に据えたこの映画は，黒人が黒塗りの顔で登場するコメディー番組をテレビ局がプロデュースするという設定のもとに展開する。あきらかに人種差別的なこのテレビ番組にクレームがついた際の対応として，あらかじめ話し合いが持たれ，諸々の対策が用意される場面が象徴的である。黒人のアクター，カメラクルー，音響担当などの黒人のスタッフを多く起用すること，アフリカの民族衣装ケンテを身にまとうこと，番組について語るに際しては「コミュニティ」という語を多用すること，NAACP（全国有色人種地位向上協会）に寄付金を出すことなどが提案される。

　なお，ここでの分析は，社会空間を構想し構築する際に社会の成員が用いる言語表現に注目した R. ベラー（Robert Bellah）たちの共同研究にもつながる。彼らは，個人の経験と社会とを結びあわせて理解する際に用いられる語彙に着目し，アメリカ社会の抱える発想（とりわけ個人主義）の限界をつくりなおしていこうとした（Bellah et al. 1996［1985］）。
32) 「進出」と「闖入」との使い分けは意図的なものである。「進出（advance）」は，コロンビア大学側からの目線であり，一部住民にはそれは「進入・侵入（invasion）」と映るだろう。また，「闖入（intrusion）」も大学側からの目線であり，ハミッドには「訪問（visit）」でしかあり得ない。G. オソフスキー（Gilbert Osofsky）が指摘したように，19 世紀後半から 20 世紀初頭にかけてハーレムのアフリカ系アメリカ人の数が増加していった際，当時大多数だったハーレムの白人住民は，「ニグロの侵入（invasion）」と彼らが呼ぶ現象に対して闘いを挑むことを繰り返し宣言した。オソフスキーは次のように書く。「黒人たちのハーレムへの移動を描写する言語――黒人たちを非難するのに，たとえば『侵入（invasion）』『占領（captured）』『黒人の大群（black hordes）』『侵略者（invaders）』『敵（enemy）』という言葉が使用された――は，戦争の言語だった」（Osofsky 1996［1966］：

105)。
　　境界が交渉される際のやり方とコンテクストのねじれを指摘しておきたい。19世紀末から20世紀初頭の白人のハーレム住民が黒人を撃退するために死に物狂いに侮蔑的言語を駆使したのに対し，今日のコロンビア大学はハーレムを手に入れるにあたって寛容で気前の良い言語を駆使している。

33) 実際に，コロンビア大学付近のアパートに私が住んでいた際に，家に遊びにきたハミッドと彼の友人が入り口で警備員に止められるという出来事があった。ハミッドもその友人も，ともにアフリカ系アメリカ人ムスリムである。彼らは，私がハミッドのために用意したビジネス・レターを受け取りにやって来たが，ドアマンに呼び止められ，建物のなかに入れてもらえなかった。ハミッドからの電話で事態を知り階下におりて行った私に，彼らはドアマンとどれだけ揉めたかを苛立ちとともに語った。この場合，彼らは当然怒るだけの十分な理由がある。

34) たとえば，E. アンダーソン（Elijah Anderson）がアメリカにおける黒人の重役たちの「コードの切り替え（code switching）」について記述と分析を試みている（Anderson 1999a, 1999b）。

35) 警備員とは異なるが，警察官に職務質問をされた際に，どのような仕方で応答できるのかどうかが，その場の問題解決，ひいてはその人物の生死を左右することが，数々の民族誌によって明らかにされている。たとえば，ハーレムの若者たちの生の軌跡を記録したすぐれたエスノグラフィを参照（ウィリアムズ＆コーンブルム 2010＝1994）。また，シカゴの公営住宅において撮影されたドキュメンタリーにおいても，同種の問題――警察官に対して適切に礼儀正しく話のできる能力が，彼らの生を決定づけるほどに重要であるという問題――が描かれている（Wiseman el al. 1997）。

36)「プレイス・オブ・ピース（平和で安心できる場所）」という表現は，ウィリアムズとコーンブルムの民族誌に登場する。「プレイス・オブ・ピース」は，ハーレムの若者が暴力について恐れたり心配したりすることなく，自らの人生について考えを巡らせ，くつろぐことのできる場所を指している（Williams and Kornblum 1994：102-106）。

37) ここで「能力」と呼んでいるものは，ミシェル・ド・セルトーが「技」「技芸」と呼んでいるものに近い（セルトー 1987）。

38) こうした取り組みはもちろん，すでに幾人かの先行者たちによって成し遂げられてきている。たとえば梅棹忠夫は，加藤秀俊や川添登，小松左京，林雄二郎らとともに，未来を志向する未来学の提唱を行なっていた。都市デザインを含めた人間工学や社会工学の分野の発展とそこで培われた感性や技術の浸透のなかで，「期待」や「願望」とは異なるかたちでの未来への想像力が，遺伝子工学や情報工学の急速な発達に先駆けた1960年代に，少なくとも一部の人間によって切実に求められていたことを示している。たとえば，林他（2012［1967］）を参照。

参考文献・映像

Anderson, Elijah, 1999, "The Social Situation of the Black Executive: Black and White Identities in the Corporate World," in *The Cultural Territories of Race: Black and White Boundaries*, Edited by Michèle Lamont, Chicago and New York: The University of Chicago Press and the Russell Sage Foundation, pp. 3-29.

――――, 1999, *Code of the Street: Decency, Violence, and the Moral Life of the Inner City*, 1st edition, New York, N. Y.: W. W Norton.（＝田中研之輔・木村裕子訳，2012『ストリートのコード――インナーシティの作法／暴力／まっとうな生き方』ハーベスト社）

Augé, Marc, 1995, *Non-places: Introduction to an Anthropology of Supermodernity*, trans. by John Howe, London; New York: Verso.

Bellah, Robert N., Richard Madsen, William M. Sullivan, Ann Swidler, and Steven M. Tipton, 1996 [1985], *Habits of the Heart: Individualism and Commitment in American Life*, Berkeley and Los Angeles, California: University of California Press.（＝島薗進・中村圭志訳，1991『心の習慣――アメリカ個人主義のゆくえ』みすず書房）

Bhabha, Homi K, 1994, *The Location of Culture*, London; New York: Routledge.（＝本橋哲哉・正木恒夫・外岡尚美・阪元留美訳，2012 [2005]『文化の場所――ポストコロニアリズムの位相』法政大学出版局）

Bourdieu, Pierre, 1990, *The Logic of Practice*, trans. by Richard Nice, Stanford, California: Stanford University Press.

ブルデュー，ピエール，1990『ディスタンクシオン――社会的判断力批判』石井洋二郎訳，藤原書店．

――――，1991「言葉に抵抗する技術」『社会学の社会学』安田尚・小松田儀貞・加藤真義・佐藤康行・水島和則・田原音和訳，藤原書店．

――――，1994『社会学のメチエ――認識論上の前提条件』田原音和・水島和則訳，藤原書店．

セルトー，ミシェル・ド，1987『日常的実践のポイエティーク』山田登世子訳，国文社．

Chan, Joseph Man, and Bryce Telfer McIntyre eds., 2002, *In Search of Boundaries: Communication, Nation-states and Cultural Identities*, Westport, Conn.: Ablex Pub.

Chaplin, Charles, 1936, *Modern Times*, Distributed by United Artists.

デリダ，ジャック＆アンヌ・デュフールマンテル，1999『歓待について――パリのゼミナールの記録』廣瀬浩司訳，産業図書．

Dinkins, David N., 2007, "Don't Fear Columbia" in New York Times, vol. May 27.

Du Bois, W. E. B, 2004 [1903], *The Souls of Black Folk*, Boulder; London: Paradigm Publishers.（＝木島始・鮫島重俊・黄寅秀訳，1992『黒人のたましい』岩波文庫）

フーコー，ミシェル，1977『監獄の誕生―監視と処罰』田村俶訳，新潮社。

Gupta, Akhil, and James Ferguson eds., 1997, *Anthropological Locations: Boundaries and Grounds of a Field Science*, Berkeley: University of California Press.

林雄二郎・小松左京・加藤秀俊・梅棹忠夫，2012［1967］「どうなる・どうする―未来学誕生」『梅棹忠夫の「人類の未来」―暗黒のかなたの光明』（梅棹忠夫著・小長谷有紀編）勉誠出版，87-109ページ。

鎌田慧，1983［1973］『自動車絶望工場』講談社文庫。

Kittler, Friedlich A., 1992, *Discourse Network, 1800/1900*, trans. by Michael Metteer, with Chris Cullens, Stanford, California: Stanford University Press.

Lamont, Michèle, 1999, *The Cultural Territories of Race: Black and White Boundaries*, Chicago and New York: The University of Chicago Press and the Russell Sage Foundation.

Lawrence, Roderick J., 1996, "The Multidimensional Nature of Boundaries: An Integrative Historical Perspective," in *Setting Boundaries: The Anthropology of Spatial and Social Organization*, Edited by Deborah Pellow, Westport, Conn.: Bergin & Garvey.

Lee, Spike, 2000, *Bamboozled*, Brooklyn, New York：40 Acres and a Mule Filmworks, Distributed by New Line Cinema.

Michaelsen, Scott, and David E. Johnson eds., 1997, *Border Theory: The Limits of Cultural Politics*, Minneapolis: University of Minnesota Press.

Nakamura, Yutaka, 2008, *Community in Crisis: Language and Action among African-American Muslims in Harlem*（Ph. D Dissertation; Graduate School of Social Sciences, Hitotsubashi University）.

中村寛，2010「現代アメリカ社会における暴力と言語を考える」『インパクション』174（インパクト出版会）：135-142ページ。

―――，2013a「文化運動としてのハーレム・ライターズ・クルー―人類学とアートの結節点の探求のために」『多摩美術大学研究紀要』第27号：141-155ページ。

―――，2013b「『他者』の差異化におけるダイナミズム―ニューヨーク・ハーレムのムスリムたちの民族誌的素描から」『中央大学社会学研究所年報』第17号：52-78ページ。

―――，2013c「アーカイヴへの不満―アフリカ系アメリカ人におけるアイデンティティをめぐる闘争」『文化人類学』78(2)：225-244ページ。

Osofsky, Gilbert, 1996［1966］, *Harlem: The Making of a Ghetto*（*Negro New York, 1890–1930*）, 2nd edition, Chicago: Ivan R. Dee.

Pellow, Deborah ed., 1996, *Setting Boundaries: The Anthropology of Spatial and*

Social Organization, Westport, Conn.: Bergin & Garvey.
Phillips, Anna, 2007a, "Columbia to Buy Despatch Moving," in *Columbia Daily Spectator*, vol. August 7.
———, 2007b, "Property Owner Offers Deal to CU," in *Columbia Daily Spectator*, vol. September 9.
Rauch, Marc, Bob Feldman, Art Leaderman, 1968, *Columbia and the Community: Past Policy and New Directions*, A Report of the Columbia College Citizenship Council Committee for Research, New York: Printed by Student Printers Co-op.
酒井直樹,1996『死産される日本語・日本人―「日本」の歴史-地政的配置』新曜社。
Taylor, Monique M., 2002, *Harlem between Heaven and Hell*, Minneapolis: University of Minnesota Press.
Williams, Terry M. and William Kornblum, 1994, *The Uptown Kids: Struggle and Hope in the Projects*, New York, NY: Putnam.(=中村寛訳,2010『アップタウン・キッズ―ニューヨーク・ハーレムの公営団地とストリート文化』大月書店)
Wiseman, Frederick, Housing Film Inc., and Zipporah Films Inc., 1997, *Public Housing*, Cambridge, MA, Zipporah Films Inc., Distributed by Zipporah Films.
山口昌男,1990『笑いと逸脱』ちくま文庫。

第 7 章
移動の歴史的地層
―― 新宿大久保地域の空間の定義をめぐる差異とコンフリクト ――

阪 口　　毅

1. はじめに

　本章で描かれるのは，ある個別具体的な場所に蓄積した人の移動の歴史が，地域社会とそこで生きる人々に何をもたらしたのかについての，一遍のモノグラフである[1]。

　2007年10月より私は，東京のインナーエリアである新宿大久保地域をフィールドとして，都市的空間に生きる人々の間で「共同性（communality）」が「創発（emergence）」する条件を探求してきた[2]。産業構造の転換と都市への人口集中は，地域社会の急速な都市化をもたらし，都市化の過程における人々の差異の増大や流動化が「共同体（community）」に与える影響に関して，「衰退（lost）論」「存続（saved）論」「解放（liberated）論」など，複数の理論的立場から実証的研究が蓄積されてきた（Wellman and Leighton 1979 = 2012）。都市において再発見された「共同性」は，エスニック・コミュニティやネットワークといったかたちで存続し，それらの集群として地域社会を再形成する一方で，「ライフスタイルの飛び地（lifestyle enclave）」（Bellah 1985 = 1991）として閉鎖的で孤立した関係性へと陥るかもしれない[3]。あるいはまた，それらを包摂する「整合的な実体」としての「共同体」への願望も，内部への同化圧力と外部への異質性の排除を生み，かえって社会の分断を招く結果となるかもしれない（Bauman 2001 = 2008）。

2011年3月11日に発生した東北地方太平洋沖地震と津波，福島第一原発の事故は，100年単位での人の移動と生業によって存続・形成されてきた歴史的地域としての地域社会を根こそぎにした。生存の危機の瞬間に生起した人々の結び付き（tie）も，惑星規模にまで拡大した社会システムにおける構造的位置の偏差によって再び分断されていく。地域社会においては，階層構造や成員資格の有無は，津波や放射能被害の有無や多寡，移住の選択可能性を含めた生活再建の速度，「住民意志」の決定における発言力の偏差等として具体的に現象する。しかしある特定の瞬間においては，「今いる場所」[4]が，それぞれの人にとっての「生存の場」[5]であり，人々の差異の増大や流動化とその（再）認識のなかで，相互に排除・根絶しないかたちで生きるための方法（sustainable ways of being）を生成で出来るかどうかが，私たちの「生存」をかけた焦眉の問題となっている。

　これらの現状認識と問題意識を抱きつつも，本章では，「共同性」の「創発」以前の差異の増大と流動化に着目し，〈ある個別具体的な場所に蓄積した人の移動の歴史が，地域社会とそこで生きる人々に何をもたらしたのか〉という問いに絞って考察を進めていきたい。人の流動性が高まった近代以降，地域は所与の実体ではなく，主体によって定義され構成される社会的実在となった[6]。今日の地域は，物的装置に基づく物理的空間，行政区分よって規定される社会－制度的空間，そこで生きる（生きた）人々の生活構造と相互行為のつくり出す（間）主観的空間，そしてこれらを時間軸で貫く歴史的地域の複合体である。主体はこの複合体としての地域を，境界付け分節化し，名称を与え，どのような地域であるかという心象を抱く[7]。そしてこうして定義された空間に対し，何らかの価値判断を下す。本章が着目したいのは，これらの「空間の定義」をめぐる，主体の間及び主体の内面における差異とコンフリクトである[8]。

　しかし空間を定義する主体の力関係には偏差があり，マスメディアや研究者による「画一的な語り」や「強い語り」は，（たとえそれが部分的真理を含んでいたとしても）他の複数の声を圧殺する「騒音」となる。本章のフィールドとなる新宿大久保地域は，1980年代後半以降の外国人住民の増加とエスニック・ビ

ジネスの集積により，都市エスニシティ研究の中心地のひとつとなってきた。「日本人と外国人の共生」を問題設定とする「多文化共生」論の蓄積は，「多文化共生の街」という表象を生んだ。今日では韓国系店舗が地域の一部に集中し，「コリアンタウン」の表象の拡散と共に「観光地」化が進んでいる。本章で試みたいのは，これらの「画一的な語り」「大きな語り」からこぼれ落ち，時に埋もれてしまう複数の声を掬い上げ，その深意を理解しようとすることである。

　このように語る私もまた，「都市コミュニティ」研究から出発し，大久保地域に対し「多文化共生の街」という願望を投影するところから探求を始めた者の一人である。それゆえ本章は，私自身のフィールドワークを再現するかたちで構成したい。まずは大久保地域への外部からの視点から始め（第2節），地域の歴史的文脈を理解するための探求へと移り（第3節），大久保地域で生きる人々の複数の声へと接近していき（第4節），人々の語りからその内面へと探求を深めていきたい（第5節）。その意味で本章は，本書を貫く"境界領域"の"深層／深淵"へと向かう旅の，「エピステモロジー／メソドロジー」のひとつとして読むことも可能であろう[9]。

2．象徴的空間としての中心地区

(1) 大久保地域と中心地区

　大久保地域は，行政区分としては新宿区役所の大久保特別出張所の管内である「大久保地区」として識別出来る。それは新宿5〜7丁目，歌舞伎町1，2丁目，大久保1〜3丁目，戸山3丁目，百人町1〜3丁目，西新宿7丁目，余丁町を含む範囲を指す[10]。『新宿区基本構想・新宿区総合計画』（新宿区2007）によれば，地域内の総人口は4万3,289人，世帯数は1万9,807世帯，外国人登録者数は1万84人となっている。しかし実際には，日常的にこの範囲を「大久保地域」として認識している人はほとんどいない[11]。

292　第2部　"境界領域"のフィールドワークの現場

図1　新宿と大久保地域

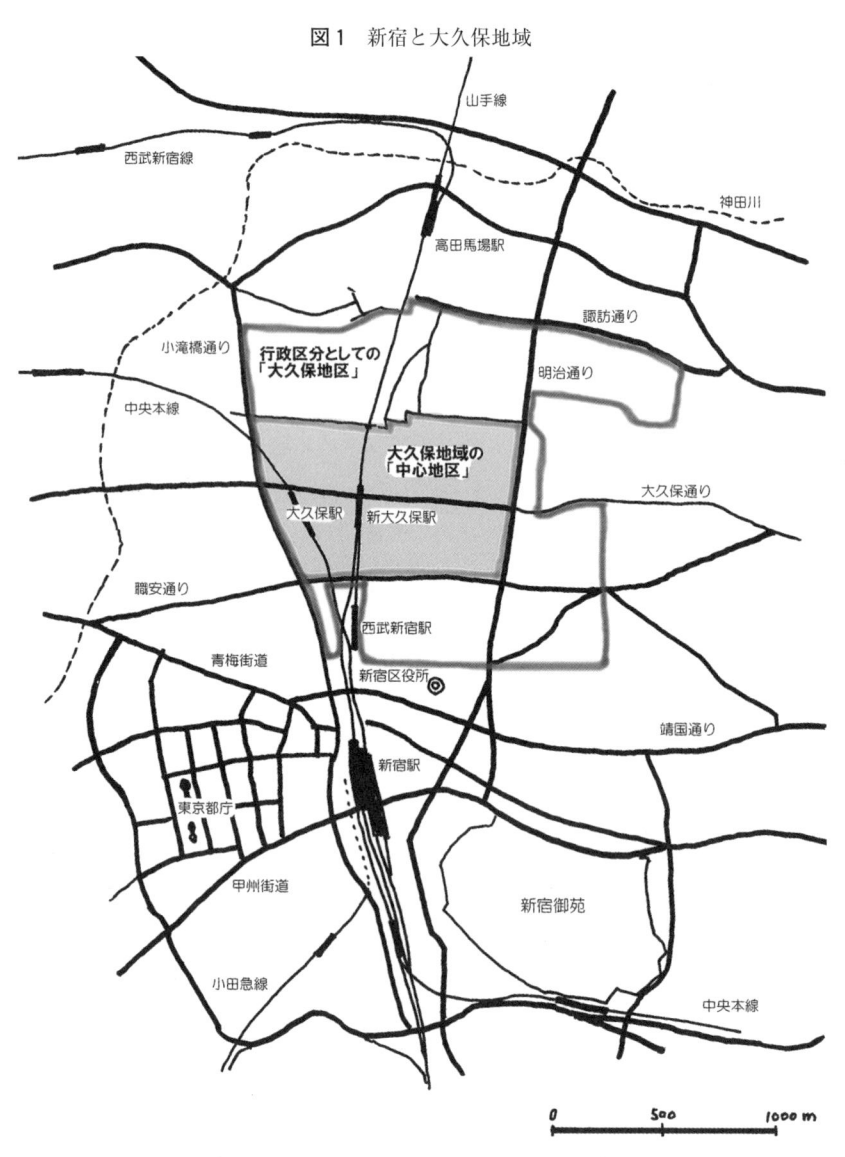

出所：筆者作成。

図2 大久保地域の「中心地区」

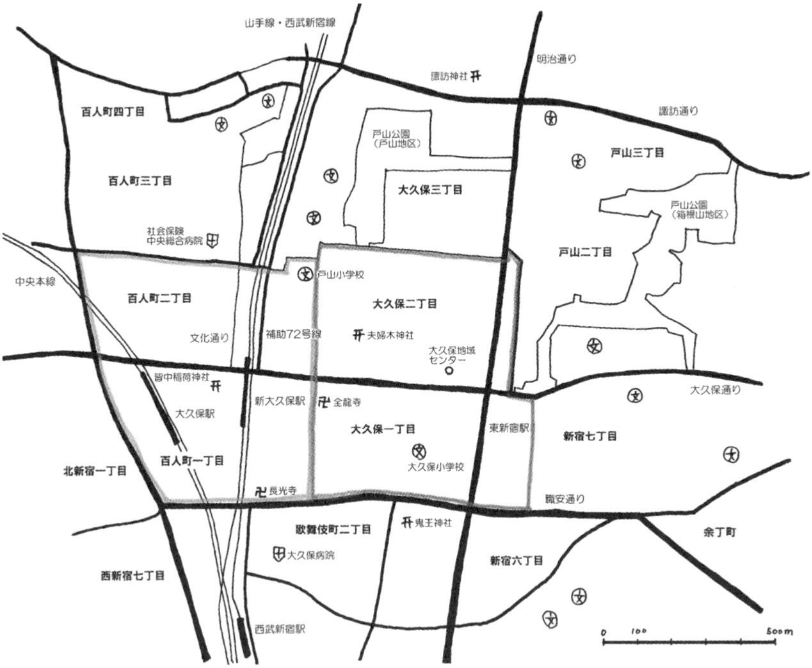

出所：筆者作成。

　1980年代後半から2000年にかけて大久保地域を調査した奥田道大の研究グループは、「大久保地域」という呼称そのものを使用してはいないが、北新宿1～3丁目、百人町1, 2丁目、大久保1, 2丁目を対象としている（奥田・田嶋 1993）。また、奥田グループと同時期に「まち居住研究会」のメンバーとして外国人居住の実態調査を行なった稲葉佳子は、同様の区域を「大久保地区」と呼ぶ一方で（稲葉 2006）、「エスニック系施設」[12]調査においては「大久保」と呼称して百人町1, 2丁目、大久保1, 2丁目を対象としている（稲葉 2008c）。

　このように、研究者によって複数の範囲設定をされる大久保地域ではあるが、それでもある程度の合意はみられる。第1に、職安通り及び明治通りが隣接地域との境界となっている点である。第2に、百人町1, 2丁目及び大久保1, 2丁目が大久保地域の象徴的空間となっている点である。以下では、この範

囲を大久保地域の「中心地区」と呼称し，まずは中心地区を象徴的に構成する諸要素を，建造物等の物的装置，歴史的地域の境界，行政区分の変遷に着目し明らかにする。続いて，なぜ中心地区が大久保地域の象徴的空間となったのかについて，大久保地域に関する先行研究のレビューを通じて考察する。

⑵　中心地区の象徴

　中心地区は，社会保険中央総合病院と戸山公園（北），職安通り（南），明治通り（東），小滝橋通り（西），に囲まれた空間である。中心地区北側の区域には戦前，陸軍戸山学校をはじめ軍関連施設が置かれており，広大な演習場がひろがっていた。陸軍の研究施設の跡地には，現在，社会保険中央総合病院が建っている。演習場であった敷地には，明治通りを挟んで2つのエリアに分かれた戸山公園や，1948年に建設された都営の戸山団地が並んでいる。中心地区が古くから住宅地であったのに対し，その北側は戦後新しく開発された区域であり，そのことが中心地区との境界を際立たせている。

　中心地区の南側を走る職安通りは，戦後に拡幅された新しい道路である。職安通り南側の区域（現在の歌舞伎町2丁目，及び1丁目の北西部）は，江戸期以降，西大久保村と東大久保村の区域に含まれていたが，1978年の住居表示変更に伴い，職安通り南側の西大久保1丁目が歌舞伎町2丁目となった。現在の歌舞伎町2丁目に，大久保病院や大久保公園といった施設が存在しているのはこのためである[13]。職安通りが中心地区南側の境界となったのは，歴史的には相対的に新しく，1947～1958年の歌舞伎町建設と，戦後の道路拡幅，そして1978年の住居変更という三つの契機によるものである。

　中心地区の東側を走る明治通りは，1927年の都市計画に基づいて整備され，戦後に拡幅された道路である。江戸期以前には，この東西の区域は大久保村という一村をなしていた。1591年（天正19年）に西大久保村と東大久保村に分かれたが，1889年の町村制施行により，再び大久保村として合併され，1911年には大久保町となった。さらに1932年，東京市の市域拡張によって戸塚町，落合町，淀橋町と合併して淀橋区となる。しかしこの間も，西大久

保と東大久保の名は大字名として継続することとなる。その後，1978 年の住居表示変更によって，明治通り東側の区域は新宿 5〜7 丁目となり，旧西大久保であった一部の区域を除いて，大久保の名称は姿を消すこととなった。しかし現在でも，行政区分としての大久保は歴史的地域としての西大久保同様，明治通りを跨るかたちで存在している。しかしその一方で，大久保地域を外部から訪れる者にとっては，明治通りは中心地区の境界の象徴ともなっている。明治通りが中心地区の境界の象徴となったのは，1927 年の道路整備と，戦後の道路拡幅，そして 1978 年の住居表示変更によるものであるが，江戸期よりこの東西は明治通りからやや東にずれたかたちで，別の小地域として存在していた。

　中心地区西側の境界の起源もまた，歴史的に古いものである。江戸期以前より，中心地区が西大久保村に含まれていたのに対して，その西側の区域（現在の北新宿）は柏木角筈村に含まれていた。その後いくどかの行政区分の変更にあっても，この 2 つの小地域は一度も重なることはなく，現在に至っている。

　中心地区の入り口となるのが，JR 総武線の大久保駅（1895 年開業）と，JR 山手線の新大久保駅（1914 年開業）という二つの駅である。大久保地域は，「新大久保」と駅名で呼ばれることがあるが，この名称は地名としては存在しない。大久保地域で生活する人たちが，自らの地域を「新大久保」と呼ぶことはほとんどない。これは大久保地域に外部からやって来る人達が用いる呼称である。現在，大久保地域を訪れる場合には，この二つの駅のどちらかを使うか，副都心線の東新宿駅から明治通りを渡って徒歩でやって来ることになる。また，既に述べたように，中心地区は職安通り一本隔てれば歌舞伎町であり，西武新宿駅からも徒歩 10 分ほどの距離である。

　この二つの駅を結び，中心地区を東西に貫くのが大久保通りである。大久保通りは大久保地域のメインストリートであり，戦前から商店が立ち並んでいた。現在は山手線の高架付近で西側と東側で二つの商店街に分かれている[14]。西側が百人町明るい会商店街，東側が新大久保商店街である。この二つの商店街は西の小滝橋通りから東の明治通りまで続いており，これが中心地区の境界の象徴のひとつとなっている。現在の大久保通りでは，個人商店が減少してテ

ナント・スペースとなり，コンビニエンスストア，チェーンの居酒屋やカフェ，ファストフードなどへと入れ代わりが進んでいる。また，中心地区東側の大久保を中心に，韓国系ビジネスが集中的に展開し，大久保通りと職安通りとに挟まれた大久保1丁目は「コリアンタウン」と称され，「観光地」化が進んでいる。休日ともなれば，新大久保駅から明治通りへむかう半ばほどまで，大久保通りの歩道は観光客で溢れかえる。

地域の玄関となる鉄道の駅と，地域のメインストリートである大久保通りの存在もまた，大久保地域の中心地区の象徴となっている。第4節で述べるように，大久保地域で生活する者にとって，変化する大久保通りの記憶と心象，そして現在の風景への価値判断は，大久保地域という空間の定義をめぐる賭け金となっている。

(3) 象徴としての中心地区

東西南北の物理的・歴史的境界や，駅やメインストリート，商店街の配置から，中心地区が大久保地域の象徴的空間となっていることには，一定の根拠がある。しかし，先行研究において，中心地区が大久保地域の象徴的空間となっている最大の理由は，その人口構成にある。2013年現在，中心地区内の総人口は2万1,838人，そのうち外国人登録者数は7,887人であり，これは地域内の住民の3分の1以上が外国人住民であることを意味している。1992年の時点で大久保の中心地区の外国人登録者数は2,688人（地域内総人口の15.0%）[15]であったから，この20年間で3倍近くの増加率となっている。また，人口だけでなくエスニック・ビジネスの展開もこの地域に集中的にみられる。街路を歩いて判断出来る外観的なものに限っても，1990年代以降のエスニック・ビジネスの増加・集中化は甚だしい。稲葉佳子によれば，中心地区における「エスニック系施設」は，91年には32軒であったが2006年時点では469軒にまで増加している（稲葉2008c：83）。

この結果，1990年代初頭から，東京では同じくインナーシティの池袋とならんで，新宿大久保地域は都市エスニシティ研究の中心地となっていった。新宿

大久保地域における社会学的研究としては，奥田道大・田嶋淳子編『新宿のアジア系外国人』(奥田・田嶋 1993) が最初のものである。奥田は池袋調査 (奥田・田嶋 1991) に続き，1992 年に立教大学ゼミ生の個別訪問による調査を行なった。質問票を持った学生たちが一軒一軒ドアを叩き，聞き取り調査を行なった。その後も中央大学ゼミ生らの手によって定期的な調査を続け，2001 年には『エスノポリス・新宿／池袋』(奥田・鈴木 2001) が出版された。そしてこの奥田グループの調査の過程で，またその調査を発端として，ゼミ生たちは「アジア系外国人」についてのモノグラフを次々に生み出していった。その研究においては，当時の地域社会の状況，日本人住民と新来外国人達の葛藤と試行錯誤が，事細かに描かれていった[16]。

大久保地域においては，建築学・都市工学的研究にも膨大な蓄積がある。1990 年に結成された「まち居住研究会」は，奥田グループと時を同じくして外国人居住の実態調査を行ない，それに匹敵する研究蓄積を築いてきた。この調査は，1994 年に出版された『外国人居住と変貌する街』(まち居住研究会 1994) にまとめられている。新来外国人の居住形態や，生活状況，入居差別，生活習慣の違いからの近隣とのトラブルなどの様子が，事細かに描写されている。「まち居住研究会」の中心メンバーである稲葉佳子は，その後も定期的に街並みの変貌の悉皆調査を行なってきた[17]。路地の隅々にまでわたる「踏査」によって，大久保地域の街並みの変貌のみならず，そこで生活する人々の姿をとらえている。

稲葉によれば，大久保地域に外国人住民が集中することになった背景には二つの要素があるという。一つは，歌舞伎町で働く外国人ホステスたちのベッド・タウンとして機能したこと。そしてもう一つは留学生の存在である。小滝橋通りを挟んだ北新宿 3 丁目には，国際学友会という施設がある。この施設は 1935 年に創設されて以来，中国をはじめとする東アジア各国からの留学生を受け入れ，日本語教育と宿舎等を提供してきた。この学生寮に入りきれない学生たちは，周辺の木造アパートに部屋を借りて住むことになった。このため，北新宿から大久保の地域には 1960 年代ごろから留学生の姿が珍しくなかった

という（稲葉2008c：48）。

　この流れが速度を増したのは，中曽根内閣の指示に基づき設置された「21世紀への留学生政策懇談会」が，1983年8月に「留学生受け入れ10万人計画」を打ち出したことによる。この計画が発表されて以降，大久保地域には日本語学校が乱立し，留学生たちは付近に住居を探すこととなった。大久保地域には老朽化が進んだ安い木造アパートが数多く残っており，またアルバイト先となる繁華街にも隣接していたため，彼らの生活にとって好都合の居住地となっていたのである（ibid.：55）。

　これまでにない早さで外国人住民が増加するなか，1980年代末ごろから，マスコミによって「外国人売買春」や「外国人犯罪」の報道がなされるなかで，住民主体の防犯活動が活発化した[18]。この結果として，この時期の大久保地域は「外国人売買春の街」「危険な街」という表象で語られることとなった。またこの頃には外国人への入居差別も酷く，安価な木造アパートの減少も相まって，外国人の住居問題は深刻であった（ibid.：59）。賃貸契約の慣習の違い，生活様式の違いが，日常の場で葛藤を生み出した。

　しかしこの事態は次第に沈静化していった。住居問題に限っても，不動産業者や家主，さらには新来外国人たちの努力によって改善されていき，現在では「外国人歓迎」の不動産会社がほとんどとなっているという（ibid.：69）[19]。この背景には，地域社会の空洞化によって，もはや「外国人お断り」では経営が成り立たなくなっているという事情もあった。

　外国人住民の増加と共に，彼らを顧客としたエスニック・ビジネスの展開も進んでいった。当初は同国人相手のビジネスであったが，1990年代後半になると日本人の顧客をも取りこんでいった。今日「コリアンタウン」と呼ばれることもある大久保地域であるが，90年代初頭に目立っていたのは，韓国系ではなく，むしろ中国系や東南アジア系のビジネスであった。韓国系ビジネスが集中的に展開するようになるのは，90年代後半以降，とりわけ2002年の日韓ワールドカップを契機とする「韓流ブーム」によってである。

　大久保地域における奥田グループの研究蓄積からも，この時期のエスニッ

ク・ビジネスの展開と外国人住民の定着化の様相を裏付けることが出来る。1990年代初頭，奥田ゼミ生の白岩砂紀は，隆盛する中国系ビジネスの展開過程に着目した（白岩1995；1997）。白岩は大久保地域のエスニック食材店「富翁」でのインテンシヴな参与観察調査を行ない，「富翁」を結節点とする中国人ネットワークの全景把握を試み，「Multi-ethnic Community」としての大久保地域を描き出した。そこで描かれる日本人住民と外国人住民の経済的相互依存関係は，現在の大久保地域の姿を先取りするものであった。

　1990年代後半，同じく奥田ゼミ生であった泉孝亮が着目したのは，中国系ビジネスを圧倒し始めた韓国人住民の生活世界であった（泉1998）。泉は，韓国系食材店及び新宿区内の保育園のアルバイト，韓国人夫妻との同居生活などの本格的な参与観察調査に基づき，大久保地域の「新来韓国人の生活世界」の全景把握を試みた。ビジネス，宗教施設，教育施設など，韓国人ネットワークの主要な結節点をおさえている。泉の調査からは，2000年以降の韓国系ビジネスの隆盛の徴候だけでなく，外国人住民が地域社会に定着しつつあった状況を読み解くことが出来る。

　2000年代に入ると，「韓流ブーム」の後押しもあって，韓国系住民のさらなる定着化とエスニック・ネットワークの組織化が進んだ。奥田ゼミ生の中西奈緒は，W. F. ホワイトが提唱した「参与的行為調査（Participant Action Research）」に基づき，2001年5月に結成された新来韓国人の組織「韓人会」の実態を把握した（中西2001）。「韓人会」の活動に参加するものとしての内部からの視点と，それを見る他の組織からの視点を重ね合わせることで，より多元的な考察を行なっている。

　こうして奥田グループの研究蓄積を検討していくと，同じ大久保地域をフィールドとしていても，時代の流れと共に調査対象や調査内容が変化していくことが読み取れる。外国人住民の急速な流入という当時の大久保地域の状況において，奥田グループが，急増する「アジア系外国人」たちと旧住民たちとの葛藤，「アジア系外国人」の生活の実態調査に焦点を置いたことには，時代的必然性があった。しかし結果として，大久保地域においては都市エスニシ

ティ研究のみが蓄積され,町内会や商店会などの既成組織,市民活動団体など,従来の地域社会研究において重視されてきたものが,むしろ背景に押しこまれていった。

また,大久保地域における都市エスニシティ研究の蓄積は,地域問題の問い方をも規定していった。「日本人」と「外国人」との「共生」の問題が,大久保地域におけるテーマ設定の基本線となり,「多文化共生」論が蓄積されていった[20]。これもまた,当時の「危険な街」「外国人売買春の街」という表象からこぼれ落ちる,「住民」としての新来外国人たちの姿に着目するという意味では,時代的必然性があった。1980年代末ごろからの混乱期を地域住民と新来外国人たちの努力によって乗りこえ,「多文化共生の街」となったというのが,その中心的な物語である。

こうして,2000年代以降の韓国系ビジネスの集中による「観光地」化とも相まって,大久保地域は中心地区をその象徴として,「多文化共生の街」や「コリアンタウン」といった表象で語られ続けることとなった[21]。しかし大久保地域へと分け入っていくと,「日本人」も「外国人」も決して一枚岩のように存在しているわけではないことがわかる。大久保地域という空間の定義――大久保地域をどのように境界付け,分節化し,名付けるのか,大久保地域に対してどのような心象を持ち,どのような価値を付与するのか――について,大久保地域で生活する人々の間には,差異とコンフリクトが存在している。次節以降では,この問題に焦点を置くこととしよう。

3．移動の歴史的地層

(1) 江戸期――都市の後背地

人の移動の歴史は,新宿大久保地域とそこで生きる人々に何をもたらしたのだろうか。本節では,この問いに取り組む前段階として,まずは都市東京の成長によってもたらされた新宿大久保地域の生態学的位置の変遷と,人の移動の

「波」とを時系列順に見ていく。続いて，それらの人の移動の「波」が，現在の大久保地域にどのような物理的空間をもたらしたかを見ていく。大久保地域と人の移動の歴史への理解は，次節以降で人々の語りを解釈するためのコンテクストを用意することになる。

「新宿」という名前は，1698年（元禄11年）に甲州街道沿いのこの地域に開設された宿駅「内藤新宿」に由来する。宿駅の周囲には旅人を泊めるための宿場が建てられ，住民は旅人相手の商売で生計をたてていた。江戸の外堀の周縁部にあたる新宿の区域には武家屋敷は少なく，中小の旗本・御家人に与えられた居座敷や，御家人・与力・同心らに対して与えられた職務ごとの組屋敷が主に建てられた。

江戸期の大久保地域は村落であったが，1602年（慶長7年）に，西大久保村の西側（現在の百人町）に，内藤清成が預かる鉄砲隊百人組の組屋敷が建てられた。与力25騎，同心100人が住まわったこの屋敷は，大久保百人町大縄屋敷と呼ばれた（新宿区 1998：144）。現在の「百人町」の名称はここから来ている。この地域の屋敷割は，一般的な100〜300坪に対し763〜4,202坪と極端に広く，間口に対して奥行きが非常に長い形態であったが，これは宅地だけでなく耕作地も含まれたためである（ibid.：280）。今でも大久保地域を歩けば，南北に長い土地で区分けされた屋敷の痕跡を目にすることが出来る。

鉄砲百人組の下級武士たちは，その地位においては四民の最上位であったが，幕府や主君から受け取る封禄は少なく，その生活は必ずしも豊かではなかった。その上，江戸時代には貨幣経済が中心となりつつあり，これは封建的土地経済を基盤とする武士の生活苦となって現れた。百人組の下級武士たちはこの生活苦を乗り切るため，副業としてつつじの栽培をはじめた。「大久保のつつじ」は明治期になるまで有名であったが，元々はこうして副業として始められたものが，江戸中で多く売り出されたためである（新宿区 1955：269）。

(2) 明治期～昭和初期——郊外住宅地

　明治期になると，1875 年に尾張家の下屋敷跡に陸軍戸山学校が建てられ，大久保地域の北側は広大な陸軍用地となった。さらに 1879 年にはコレラ流行により避病院が建てられた。これが現在の大久保病院である。また大久保地域の南側，現在の西新宿エリアには 1898 年，淀橋浄水場が完成する。いずれも，都心部には置くことの出来ない諸施設であり，この時期の大久保地域が都市東京の周辺部であったことがわかる。

　その後，都市東京の建設と共に「山の手の膨張」と呼ばれる宅地化が進行していった。大久保地域では，もともと鉄砲隊の屋敷だった土地や，農地であった土地が分割転売され宅地転用されていった。さらに鉄道網の発達によって，大久保地域は東京の「郊外生活」の地となった。1921 年刊の「第 18 回東京市統計年表」によれば，大久保町の人口は 1906 年には 4,479 人であったのに対し，1921 年には 2 万 7,436 人にまで増加しており，わずか 15 年間で 6 倍になっていることがわかる（新宿区 1955：490）。

　1923 年の関東大震災によって，東京市内における死者・行方不明者は 9 万 9,502 人に達し，全世帯数の 73％ に及ぶ 35 万 4,000 世帯が被災した（新宿区 1998：377）。しかしこのうち現在の新宿区に相当する四谷区と牛込区の焼失面はわずか 1～2％ であった（ibid.：377）。震災後，郊外住宅地に対する人口流入が起こったが，被害が軽微であった大久保地域では人口増加のピークは震災前にあった。

　これらの人口増加は，自然増によるものではなく，他地域からの流入によるものである。1930 年には，淀橋・大久保地区の現住人口の 61％ が自町外の出生者であり，このうちの 69％ は東京府外の出生者であったという（奥 1984：421）。大久保地域では，日本の近代化と歩みを合わせるように，地方出身者の流入する宅地として，早くから都市化が進行していたことがわかる。これを受けて稲葉佳子は，大久保地域の「移民のまち」としての歴史が既に明治・大正期から始まっていたと指摘している（稲葉 2008c：153）。

(3) 戦後〜高度成長期
　　——「インナーシティの周辺」からインナーシティへ

　新宿大久保地域において，1945年3月の大空襲における被害は甚大であった。4月と5月の空襲において四谷・牛込・淀橋の大半が焼失した（新宿区 1955：547-548）。新宿区全体で見ても，戦前の戸数6万3,295戸が終戦時には6,835戸となり，約9割が失われた（新宿区 1998：465）。新宿区の人口も，1940年の39万4,480人から1945年には8万3,106人にまで減少した（ibid.：465）。
　戦後の大久保地域では，人口の入れ代わりが急激に進んだ。稲葉佳子によれば，戦前の大久保地域は貸家のまちであり，戦後大久保に戻ってきたのは「もともと土地を持っていた地主と一部の商人くらいで，戦前に住んでいた人々の2,3割程度だった」（稲葉 2008c：156）という。稲葉は地元の「町内会」や「商店街」，古くからの住民から聞き取った話を総合して，次のように述べている。

　　戦後すぐに戻ってきたのは地主たちだった。ところが土地の税金が高くて持ちこたえられない地主が出てきて，土地は分割されて売られるようになり，そこに後から来た移住者たちが家を建てた。また大久保通りは，戦前に商売をやっていた人たちも戻ってはきたが，戦後になって地方から一旗あげようと新たに移りすんできた人や，知人や親類を頼ってきた人たちのほうが多く，商人の半分以上は入れ替わったのではないかという。実際，大久保通り商店街の自営業者に聞いてみると，戦前から商売していたという店は，それほど多くはない。（ibid.：156）

　このように，戦前からの住民が少ないことが，その後の大久保地域の加速度的な都市化に繋がっていった。1947〜1958年には大久保地域の南に歌舞伎町が建設され，高度経済成長期への突入と共に地方から上京した若者がこの一大興行街に流れこんでくる。これにより歌舞伎町に隣接する大久保地域に住宅需

要が高まり，木造アパートが続々と建てられていった（ibid.：158）。また，歌舞伎町では台湾人や朝鮮人の事業家も多く，そこで働く従業員たちも大久保地域に住居を求めた。戦後まもなく，朝鮮人のバラック郡が大久保駅から新宿駅の線路沿いに存在していたこともあって，大久保地域における外国人住民の流入を1980年代以降の傾向ととらえるのは正しくない。ただしこれらのバラック郡は，東京オリンピックを画期とする「クリアランス」の流れのなかで一掃されていった。

　その後もさらに新たな移住者たちがやってきた。職安通りに公共職業安定所が出来た頃から，大久保地域には地方から大量の労働者が集結するようになる。1960年代に入ると，東京オリンピックに向けた建築ラッシュの影響でこの傾向はさらに強まった。この出稼ぎ労働者たちを顧客として，簡易宿泊所が次々と建てられ，山手線の東側の線路わき一帯にはドヤ街が形成された。しかしこれもやがて，仕事の減少や道路計画によってそのほとんどは消失した（ibid.：161-162）。

　時期を同じくして，1960年代頃から「連れ込み宿」といわれる類の旅館・ホテルが建設されていく。この背景には1957年の売春防止法があるが，これによって隣接する歌舞伎町は歓楽街として発展し，それに併せてホテル街が形成されていった。そしてこのホテル業の流れが大久保地域にも広がってきたのであった。このピークは70年代にあり，80年代には廃業するものも増えたという（ibid.：163）。

　1960年代には，大久保地域にもうひとつの大きな変化が起こった。1960年の「首都圏整備審議会」の答申に端を発する，「副都心開発」である。その頃の大久保地域の状況について，1950年代から百人町で専門学校を営むある日本人女性は，次のように語っている。「新宿副都心開発の前は全くの住宅街だったんですよ。だから開発されると同時に，住宅のみで住んでいた方は皆逃げていったんです。嫌だって。自分たちは住宅っていうことで住んできたのにっていう思いが強かったんです。皆さん，（土地を）売ったりなんかして逃げられて。やはり新宿の開発で副都心になって，水道局が無くなって，そこから

まるっきり変わっちゃいましたね」。

　1965年に淀橋浄水場が廃止され，その跡地を中心として西新宿が再開発されたことにより，これまでインナーシティ新宿の周辺に位置し，住宅地として機能していた大久保地域は，むしろ新宿という新たな「都心」のインナーシティとしての位置に置かれることになった。こうして「全くの住宅街」から，新都心新宿の成長に飲み込まれるかたちで，次第に現在の住商混合地域へと，その姿を変えていったのである[22]。

(4) 歴史的地層の刻まれた路地空間

　大都市東京と新都心新宿の成長と共に，その周辺部に位置する大久保地域の様相は変化し続けてきた。大久保地域は，江戸期には下級武士の屋敷と農村であり，明治・大正・昭和初期には郊外住宅地であり，戦後は「盛り場」歌舞伎町及び新都心新宿の後背地であった。1980年代以降，新来外国人たちが移住してきても，この盛り場と新都心の後背地という基本的性格はすぐには大きく変わらなかった。とりわけ中心地区南側の路地にはホテルが立ち並び，「盛り場」空間によって蚕食されつつあったが，基本的には居住空間としての性格を保ち続けていた。

　この状況が大きく変わってきたのは，2009～2010年頃からの「観光地」化の急速な進展であった。この時期，大久保通り，とりわけ新大久保駅から明治通り方面にかけて，韓国系店舗が急速に進出していった。既に2002年の日韓ワールドカップ以降，「韓流ブーム」によって韓国系ビジネスが集中し，「コリアンタウン」という表象はマスメディアを通じて拡散しつつあった。しかしそれでも，韓国系ビジネスが展開したのは中心地区南側の境界である職安通りであり，メインストリートである大久保通りや，路地空間への進出は限定的であった。

　中心地区には南北に細い路地が何本も並行に走っている。数本の例外的な路地を除いて，そのほとんどが住宅地である。既に述べたように，大久保地域は戦災によって焼け野原になったが，戦後になると木造アパートの密集地帯と

なった。現在では，老朽化が進んだ木造アパートが取り壊され，ワンルーム・マンションや戸建へと建て替わりつつある。

　中心地区南側には，戦後，住宅の隙間を縫うように，専門学校やホテルが建てられた。しかし1980年代後半から90年代前半にかけて「外国人売買春」と暴力団組織の「問題」が起こり，警察力と地元住民組織の「防犯活動」によって経営が困難になったホテルは減少傾向にある。現在はホテルの建物をそのままに，内装と外観だけ改築して韓国系店舗がテナントに入っているケースも目立つ。「コリアンタウン」として「観光地」の一部となった数本の路地は，休日ともなれば観光客であふれかえる。近隣の住宅の前には，観光客たちが行なう不法投棄への注意書きが目につくようになった。

　韓国系ビジネスの展開が加速する2000年代以前には，エスニック料理店はメインストリートである大久保通りや職安通りではなく，路地を中心に店を展開してきた。現在，大久保通りを歩いているとあまり目立たないが，路地を1本入れば，台湾や中国，タイ，インド，チュニジアなどのエスニック料理店が点在している。

　南北に細い路地が走る中心地区にあって，新大久保駅前から北に伸びる文化通りは例外的に道が広く，車通りも多い。個人商店やコンビニエンスストア，ドラッグストア，専門学校などが立ち並んでいる。この3，4年の目立った変化としては，ネパールやバングラディシュを中心とした，イスラム系ビジネスの集中的な展開がある。イスラムの戒律に従ってムスリム／ムスリマが口にすることの出来る，ハラール・フードなどの食材店や，料理店が中心となっている。ビルの1室にはイスラムの礼拝所であるモスクもある。

　中心地区の路地は，戸建，アパート，多様なエスニック・ビジネス，専門学校，ホテル等がモザイク状をなしており，それらが絶えず流動的に入れ代わりながら，せめぎ合う空間となっている。大久保地域の路地のモザイク空間には，江戸期以降の人の移動の歴史の地層が，居住空間としての大久保地域と「盛り場」空間としての大久保地域とのせめぎ合いとして刻み込まれている。単一の言葉による語りは，この歴史的地層の豊かさを読み落としてしまう。し

かし，その読み落とされてしまうような歴史の断片が，大久保地域で生活するある人にとっては，大久保地域という空間の定義をめぐって重要な意味を持つかもしれない。あるいはある人は，これまで記述してきたような歴史的地層のうち，大久保地域の転換点として異なる層を強調するかもしれない。人の移動の歴史的地層は，街の風景だけでなく，そこで生活する人々の間にも刻み込まれている。次節では，それら複数の人々の声の間に横たわる差異とコンフリクトに着目していく。

4．複数の声――空間の定義をめぐる差異とコンフリクト

(1) 百人町と大久保の境界

　メインストリートである大久保通りは，1年に一度その姿を一変させる。毎年，10月の体育の日には，百人町明るい会商店街と新大久保商店街の二つの商店街はそれぞれ「百人町まつり」「大久保まつり」というイベントを開催する。普段は車が行きかう大久保通りも，この時だけは車両通行規制がかかり，交通少年団や創価学会のブラスバンド，児童館の子ども達などが行なうパレードの合間は，メインストリートを人々が闊歩する様子が見られる。祝日のため「コリアンタウン」へ観光にきた人達も，1年に一度のこの時だけは「祭」の空間に巻きこまれ，パレードを見物し，屋台で飲み食いをする。韓国系の飲食店も店先で通行客に食べ物を売り，2009年頃から増えてきたテイクアウト型の店は屋台のようになっている。「祭」本部では，普段は姿を見せない商店街の長老たちがたむろし談笑している。閉店してしまった店舗が「祭」の時にだけシャッターを開けて，かつての商店街が蘇えるようだ。観光客も住民も商店主もごちゃ混ぜにになって，歩行者に占拠された大久保通りを歩いていく。
　しかし，二つの「祭」は同日に行われるにもかかわらず，両者が共同で一つの「祭」を開催しようという動きは見られない。大久保通りは中心地区の東西を繋ぐ一本道であるが，百人町と大久保の間には不可視の境界が存在する。

2011年11月，新大久保駅東側を南北に貫く補助72号線が開通し，中心地区東西の境界を象徴的に際立たせている。

　先行研究において，中心地区は「大久保地域」として一括して扱われるが，そこで生活する人達は，空間の境界に対して異なる定義づけを持っている。とりわけ大久保地域西側の百人町と，東側の大久保という二つの小地域の境界は，歴史的にも根深いものがある。この二つの小地域は，江戸期以前には大久保村として一体的な地域を構成してきた。しかし既に述べたように1602年（慶長7年），鉄砲隊同心百人の居住地として西大久保村西側の地に大久保村百人大縄屋敷が建設されることとなった。江戸時代末期の「西大久保村絵図」（新宿区教育委員会1984：58-59）を見ると，西大久保村西側（現在の百人町）には鉄砲隊の屋敷が並んでいるのに対して，東側（現在の大久保）のほとんどは畑地であり，この頃には，百人町と大久保との間には土地利用，居住者の階層や生活様式等の差異が存在していたと考えられる。1868年（明治元年）には百人町同心大縄地は大久保百人町とされ，西大久保村とは異なる行政区分となった。

　1889年（明治22年）の町村制施行以降は，この二つの小地域と東大久保村が合併して大久保村，1911年（大正元年）からは大久保町として，行政区分の上では一体的な地域を構成してきた。また同時期の宅地化の進行により，2つの小地域の土地利用や居住者等の差異は縮小していったと考えられる。しかし百人町と西大久保の名は大字名として残り，二つの小地域の象徴的な境界は，今日に至るまで維持されてきた。その境界は，とりわけそれぞれの氏神である2つの神社で行なわれる，例大祭や盆踊りなどの「集合的な出来事」の過程／道程で可視化する[23]。

〈皆中稲荷神社例大祭と鉄砲組百人隊出陣〉

　百人町の「祭」で利用されるのが，新大久保駅と大久保駅の間に位置する皆中稲荷神社である。前節で述べたように，「百人町」の名前は江戸時代の鉄砲組百人隊に由来する。皆中稲荷神社は，その鉄砲の弾が「皆中る（みなあたる）」ことを祈願して奉られたものである。

9月の終わりの日曜,皆中稲荷に本部がある鉄砲組百人隊保存会のメンバーと,この日のために練習会を重ねてきた人々が,鉄砲隊に扮して街を練り歩き,いくつかの会場で模擬発射を行なう。これは1961年に,当時の宮司の尽力によって復活されたものであり,1967年には鉄砲組百人隊保存会が設立された。15名の副会長は,皆中稲荷の氏子圏内にある,百人町東,百人町中央,百人町南,百人町西,百人町3丁目の五つの町会から選出される。この範囲は江戸期には百人町大縄屋敷の,明治期には大久保百人町の範囲であり,行列はこれらの町会の区域をめぐって行進していく。

　私はこの日,会場のひとつである戸山小学校へ向かった。大久保通りの百人町側には「例大祭」の旗が並んでいて,寄付金を出した店の名前が記されていた。戸山小学校の校庭には,200人近くの人出があった。祭り太鼓が鳴り響き,会場整備に動員されたボーイスカウトの姿もあった。やがて太鼓が盛り上がりをみせ,場内アナウンスとともに鉄砲隊の行列が入って来た。10人ほどの組が全部で3隊やって来て,2回ずつ試射する。ものすごい爆音と迫力で小さい子どもが泣き出す。小学生くらいの子ども達は夢中で見ていた。小学校が会場ということもあり,家族連れの姿が多く見られた。これだけ大久保地域の人が集まる空間はそれほど多くはない。外からやってきた者には普段はその繋がりが見えないのだが,このような「祭」の時にだけ,旧い「共同体」の残滓が姿を覗かせる。

〈皆中稲荷盆踊り〉

　8月のお盆明けの週末に,皆中稲荷の境内で町内会主催の盆踊りが行なわれる。大久保通りの歩道には,1.5メートルほどの横断幕がかけられていて,それが「祭」を知らせていた。盆踊りの音楽と太鼓の音が鳴り響く。幅4メートルほどの小さな参道には,カキ氷やわたあめ,ビールなどの出店が出ていて,浴衣姿の若い女性や,若い男性,中年の男性と女性,子ども達で賑わっていた。1杯100円のかき氷をはじめとする出店は,地元の人達の手によるもの。大久保駅前の中華料理店の店主も屋台を出店していた。大久保通りを通りすぎる観

光客達も、立ち止まって中を覗きこみ、「ちょっと寄っていこうか」などの声も聞かれる。子ども達のはしゃぐ声が聞こえる。

参道の奥の広場では、盆踊りの輪が出来ていた。灰色の浴衣姿の中年の女性が中心だったが、小学生くらいの子ども達、とくに女の子達の姿も見られた。広場に隣接する建物の2階が舞台になっていて、和太鼓が据えられており、法被に鉢巻姿の中年男性が、勢いよく太鼓を敲いていた。広場の周りには盆踊りを見物するギャラリーの輪があった。目鼻立ちや会話のイントネーションから、東南アジア系と思しき女性達数人の姿もあった。ビールを片手に楽しそうに話していた。彼女達の子ども達の姿もあった。

大久保通りからは個人商店の姿が失われつつあるが、この日の「祭」の場はエネルギーに満ちていた。「祭」の瞬間だけは、「かつての百人町」の姿に戻る。しかしそこには、新しくやってきて子どもを生み育てる外国人達の姿や、通りすがりの観光客の姿もまた、同時にあった。

〈諏訪神社例大祭〉

百人町で皆中稲荷の盆踊りが行なわれている頃、大久保では諏訪神社例大祭の神輿と山車が出る。諏訪神社は大久保地域の北側、戸塚地区に位置しており、高田馬場を中心とする地域の氏神である。これは旧戸塚村、諏訪村、西大久保村の区域にほぼ等しい。

大久保から出る神輿の上部には「西大久保若睦」と書かれていて、この祭が西大久保村の頃から続いていることがわかるだけでなく、東大久保や百人町との境界を決して越え出ないであろうことも読みとれる。神輿の担ぎ手には、新大久保商店街の商店主達の姿が多くみられる。他の地域と同様、神輿の担ぎ手は不足していて、大久保の住民だけでなく、他の地域の住民も担ぎ手となることが出来る。応援にかけつけたとび達や、神輿サークルの者達は、異なる色の法被を身に付けている。神輿は大久保通りを出発して、大久保1丁目、2丁目の範囲をめぐっていく。明治通りの東側も大久保1丁目、2丁目に含まれるので、神輿は中心地区の境界を越え出ていく。明治通りから戻って来た神輿は大

久保通りを西へ進み，途中，大久保通り沿いにある全龍寺の境内で休憩をとりさらに西へ進むが，新大久保駅の手前，百人町に差し掛かったところでUターンする。神輿は氏子圏と旧西大久保村の境界を越え出ていくことはないのだ。

　中心地区を象徴とする大久保地域は，歴史的地域としては少なくとも西側の百人町と東側の大久保という二つの小地域に分れる。これらの歴史的地域は，行政区分としての「大久保地域」や象徴的空間としての中心地区の内部を分節化すると同時に，外部へと越え出ている。それは地域組織や氏子圏の境界として現存しており，これらの活動や「祭」などの「集合的な出来事」の過程／道程において，メンバーシップや相互行為として可視化する。そしてその中心的な担い手となる人々にとって，これらの歴知的地域は，空間の定義における不可欠な要素となっているのである。

(2) 大久保通りの心象

　中心地区の中央を貫く大久保通りは，大久保地域における象徴的な空間である。大久保通りの心象——大久保通りをどのような空間として認識しているか，あるいはどのような空間として記憶しているか——は，大久保地域の心象でもある。そしてこの大久保通りの心象をめぐっても，複数の定義と価値判断が存在している。

　今や「コリアンタウン」「観光地」としての大久保地域は，マスメディアで語られる表象としてだけでなく，現実のものとなっている[24]。最近ではやや減少傾向にあるものの，平日でもお昼時には新大久保駅周辺は観光客とチラシ配りの人達で溢れかえっている。その中心地となっているのは，メインストリートの大久保通りである。とりわけ新大久保商店街側の混雑は，歩道を進むことも難しいほどで，新宿警察署は「歩道で立ち止まらないでください」という看板を出している。歩道が混雑しているため，急いでいる人は歩道をはみ出し，車道の脇を歩くしかなくなっている。

　しかし大久保通りが「観光地」となったのは，2009〜2010年頃のことであ

る。大久保地域で長く生活する人達は，大久保通りに対して異なる定義付けを持っている。この地域に50年以上住み，「まちの顔は商店街」だと語るある日本人女性は，かつての大久保通りの様子と，現在のまちの変化について，次のように語った。「(昔は) 買いまわりは大久保通りでしていました。カフェ，肉屋が2軒，チェーン店じゃないメガネ屋，宝石屋などもあって，こっちの肉屋は豚肉がおいしい，牛肉はあっちだとか言えたんです。カフェも客を覚えていて，その人に最適なものをだすような場所でした。今や高齢化が進み，大久保通りの個人の店，買いまわりできる店はどんどん減っています。私達の街は，今後どうなるのでしょうか」。

戦後から高度成長期までの時期に移住してきた人達にとって，中心地区のメインストリートである大久保通りの心象は，「買いまわりのできる商店街」である[25]。かつて大久保地域で生活する人達は，大久保通りの商店街で食材や日用品を買い揃え，家路へとついていた。「買いまわりのできる商店街」としての大久保通りは，明治期以降，住宅地として発展した，居住空間としての大久保地域を象徴する風景であった。だからこそ彼女は，「観光地」としてのマスメディアの言説には批判的である。「はすっ葉なマスコミが『コリアンタウン』だって言う。でも私達だって住んでいますよね」と彼女は言う。

大久保通りで戦後すぐから商店を営むある男性もまた，同様の想いを持っている。彼は大久保通りの状況について，次のように語る。「買い物に来るお客さんの様子を見ていて，最近，みなさんの顔つきが次第に険しくなってきている，そんな感じがするのです。それはもちろん，今の日本が抱えている事柄のためということもあると思いますが，大久保のまちが大きく変わったことへの違和感があるように感じます。メディアの取材がたくさん来ますが，『コリアンタウン』という言い方をします。ここに住んでいる人の本当の気持ちを，住んでいない人に伝えるのが本当に難しい。言葉で伝えてもなかなかわかってもらえません。『観光地』化といわれ，韓流を求めて，やって来る人達は，キャピキャピしているというか，とても楽しそうです。ですが，まちに住んでいる人の顔は明るくないのです」。

ただし，彼がこのように語るのは，単に韓国系店舗が増えたからではない。その背景には，古くからある個人商店が転出したり，廃業したりしているという状況がある。「でもこれは日本中の商店街でいえること」と彼は言った。戦後すぐに店を始めた人達は，既に代替わりの時期を迎えている。しかし，店で扱っている商品がよほど希少でないかぎり，昔ながらの商売が難しくなっているという事情がある。しかし大久保通りは，彼らの世代が尽力し，維持してきたという自負がある。「今では自転車が道路を逆送したり，路上にものが置かれたりしています。これは戦後にまた人が集まってきて，商売を始めたころによく似ています。20年前までは，狭い歩道にワゴンを並べて人を呼んだりしていました。しかし防災のこともあり，商品を外に出さないようにしようということになりました。いまの歩道は，そうやってできたんです。長くやってきた人は，また昔に戻っちゃうんじゃないかと言っています」。

戦後から高度成長期に移住してきた人々の心象である，「買いまわりのできる商店街」としての大久保通りは，個人商店の廃業とテナント業への移行によって，その姿をほぼ消している。その空洞に入ってきたのが，エスニック・ビジネスであり，とりわけ2000年代以降は韓国系ビジネスであった。外国人住民の流入が単に「インナーシティ問題」としてとらえられるのではなく，彼らの存在が都市の空洞化を埋め，地域社会の活性化に繋がるとの見方が現れたのは（奥田・田嶋 1995：15），このような事情からである。

しかしそれは，新都心新宿の発展と歩みを合わせるように，大久保地域の「盛り場」化を伴っていた。個人商店の後に入ってきたのは，住民のための食料品や日用品を供給する店舗ではなく，大久保地域の外から人を呼び込むような，飲食や物販を専門とする店舗であった。マスメディアによって拡散した「コリアンタウン」の表象は，さらに観光客を呼び寄せ，大久保通りの「盛り場」化を推し進めた。これは「買いまわりのできる商店街」の心象を持つ人達にとっては喪失の道程であった。しかしその想いは，「コリアンタウン」の表象によって捨象されるか，「多文化共生」論の枠組みにおいて，「日本人と外国人との葛藤」へと早急に回収されてしまう。より深く地域に分け入っていくな

らば，少なくとも，商店街の空洞化，居住空間の「盛り場」化といった問題を無視することは出来ない。そしてこれらの問題は，それを問う者が持つ，大久保通りの心象と深くかかわっている。

　大久保通りの心象として，もうひとつ触れておきたい視点がある。それは「百人町と大久保を繋ぐもの」としての大久保通りである。百人町で鍼灸治療院を経営している，ある日本人男性は，現在の百人町明るい会商店街の状況について，次のように語る。「大正から続いているスーパーが潰れたが，すぐにテナントが入った。1階と2階にカフェが2軒ある。もっと全体的な視野で店子を入れてほしい。オーナーは回転がよければいいと考え，なかなか全体的な発想がない。ひとつの商店街，ひとつの通りという発想がない」。

　彼が危惧しているのは，商店の経営者ではなくテナント経営者となっていった商店主達が，商店街全体のことを考えようとしなくなってしまうではないか，ということである。そのことは，たとえばテナントの「1階と2階に」同業種の店舗を入れるという行為に象徴されている。しかしここで着目したいのは，彼が言う「ひとつの通り」という言葉である。この「ひとつの通り」とは，百人町明るい会商店街から新大久保商店街まで，中心地区を貫く大久保通りである。彼が大久保通りにこだわるのには理由がある。

　2004年10月，大久保地域で活動する市民団体を中心として，第1回「OKUBOアジアの祭」というイベントが開催された。このイベントの中心人物は，1992年に発足した市民団体「共住懇（きょうじゅうこん）」[26]に1997年ごろに加入した女性，通称「おばちゃん」であった。「おばちゃん」は大久保地域で印刷業を営んでおり，1995年の阪神淡路大震災の際に，印刷機を持って現地入りし，生活情報を集めて日刊新聞を発行した経験を持つ。「OKUBOアジアの祭」は，そんな「おばちゃん」が「防災と交流」を目指して発案したイベントであった[27]。2004年の「アジアの祭」では，新大久保商店街主催の「大久保まつり」のパレードに参加し，大久保通りを河内音頭の演奏と共に踊り歩き，そのまま明治通りを渡って「祭」会場である戸山公園箱根山地区「すずかけの広場」へと雪崩れ込んだ。

先ほどの男性は，この日，大久保通りを河内音頭の演奏とともに踊り歩く人々の光景を目にして衝撃を受け，やがて「共住懇」と「アジアの祭」とかかわることとなる。しかし 2006 年を最後に，「大久保まつり」のパレードへの参加は行なわれていない。「もう 1 回『大久保まつり』でやるのが，私達の夢だからね」と，「おばちゃん」は話す。今でも「おばちゃん」達には，大久保通りのパレードで河内音頭を踊り歩くことへのこだわりがある。
　既に述べてきたように，大久保地域は，山手線の高架付近で百人町と大久保の二つの小地域に分かれている。そしてそれぞれ百人町明るい会商店街と新大久保商店街という別々の商店街を持つ。毎年，「大久保まつり」が開催される体育の日には，百人町では「百人町まつり」が開催されているが，二つの「祭」はポスターやチラシすらも別々に作られ，決して交わることはない。しかしその「祭」の日のわずかな時間，午後 12 時から 15 時の 3 時間に行なわれるパレードだけは，その境界を越え，小滝橋通りから明治通りまで，中心地区のメインストリートを東西に横断する。「おばちゃん」は 2011 年の「アジアの祭」会場をめぐる話し合いのなかで，「『アジアの祭』を，大久保だけでなく百人町でもやりたいというのはこだわりなんだよね。大久保通りは一本なんだということを伝えたい」と話している。「おばちゃん」達にとって，大久保通りには，大久保地域の二つの小地域を結ぶ象徴としての意味が込められているのだ。
　大久保地域のメインストリートであり，大久保地域の象徴である大久保通りには，複数の定義付けがなされている。戦後から高度経済成長期までに移住してきた人達にとって，大久保地域は居住空間であり，かつての大久保通りは「買いまわりのできる商店街」であった。彼らよりも相対的に新しくやってきた人達，中心地区を象徴として大久保地域をとらえる人達，何らかの地域的な結びつきを志向して活動する人達にとって，大久保通りは，百人町と大久保という二つの小地域を繋ぐ「ひとつの通り」である。そして，2000 年代以降にやってきた韓国系ビジネスにとって，またそれらを求めて大久保地域を訪れる観光客にとっては，大久保地域は消費行為のために訪れる商業空間であり，大久保通りは「観光地」あるいは「盛り場」である。

⑶ 「旧住民」と「新住民」

　これまで見てきたように，現在の大久保地域をどのような空間として定義し，どのような価値判断を下すかということの背後には，そのことを語る人物の生活史と移動の歴史が存在している。人の移動の歴史の蓄積のなかで，大久保地域は，エスニシティの変数を含み込んだ「新住民」と「旧住民」，そしてそれぞれのライフコースの一時期を過ごす「流動層」が，重層的・多面的に編みこまれた地域を形成してきた。そしてこの「新／旧」のカテゴリーにも，移動の歴史の波が刻みこまれており，それ自体が重層的・多面的である。

　大久保地域は少なくとも，⑴江戸期，⑵明治期〜昭和初期，⑶戦後直後〜高度成長期，⑷1980年代後半，⑸2000年代以降の，五つの人口移動の波を経験してきた。都市エスニシティ論や「多文化共生」論において焦点が置かれるのは，⑷以降の変化であり，それは当初「旧住民＝日本人」「新住民＝外国人」という素朴な等式によって把握されるものであった。1970年代の「都市コミュニティ」論において展開された，郊外地域における「旧住民と新住民との葛藤」というモティーフが，1990年代以降のインナーシティにおける「日本人と外国人との葛藤」として再生産されたのである[28]。この図式は，とりわけ1990年代初頭の混乱期においては，ある程度妥当なものであったといえる。しかしエスニシティ変数による新／旧住民の類型の固定化は，大久保地域において存在する住民間の異なる差異を見落とす危険性がある。大久保地域で生活する人達は，移動の時期によって，これとは異なる新／旧住民の線引きを行なっている。

　大久保で生まれ70年以上になる，ある日本人女性は，「百人町の辺りでは，戦後，屋敷を売るときに，地域内で転売するのではなく『よその人』に売っていった」と話す。彼女は「戦前は道は狭かったけど，『よその人』は滅多に入ってこなかったね。戦後は旅館になった。それでガラが悪くなった。東南アジア留学生の学友会があって，そのコネで外国人がたくさん入ってきた」と語った。一緒に街を歩き，大久保地域の中央を縦に走る文化通りに差し掛かったとき，私は「この道は前からあるんですか？」と訊ねた。彼女はそうだと答え，

続けて「こんなじゃなかったけどね…」と言った。そして「環境が悪くなった。昔は住み良い落ち着いた街だった」と言った。私が「戦前はそうだったんですか？」と訊ねると，「戦前は申し分なかったね…戦後もしばらくは良かった」と答えた。

　ここで彼女の「よその人」という言葉を，「日本人／外国人」の枠組のみでとらえてしまうと，その深意を見誤ることになる。前節で述べて来たように，歴史的な文脈のなかで読み解いていくと，彼女の「よその人」という言葉は，静かな居住空間であった大久保地域が「盛り場」化していったことに対するものであることがわかる。その変化の始まりは，戦後に旅館業が増えたことであった。彼女にとっては，戦後新たに移住してきた人々は皆「よその人」なのである。しかしそのように語る彼女の親の世代もまた，限られた場合を除いて，明治大正期に「よそ」から移住してきた人々である。

　1996年に来日し，語学学校を経営するある韓国人男性は，現在の街の状況について次のように語る。「日本の店がなくなったところに韓国の店が入ることが多い。それは望ましいものなのか。どうやったら止められるのか。日本の方もがんばらないといけない。この街は日本人だけでなく，外国人がたくさんいる。観光の街になっている。いろいろアイディアも出せるけれど，日本人と共生する街になるためには，もっと日本人もがんばっていかないといけない。親の姿をみて，これはダメだなと子どもが逃げていくのなら，この街は韓国人，外国人だけのまちになってしまう」。

　彼のように，2000年代以前に来日し，大久保地域で起業して成功し定着しつつある外国人達は，現在の商店街における個人商店の減少と，韓国系ビジネスの過密な集中に対して，少なからず危機感を抱いている[29]。ビジネスを成功させ，子どもを産み育て，商店街や市民団体など，地域の様々な活動に参加するようになった層は，既に新来外国人達のなかでは「旧住民」となっている。彼らと，2000年代以降にやって来た「新住民」達を，「新来外国人」として一括りにすることは出来ない。

　地域社会に重ねられた人の移動の歴史は，そのつど，そこで「生まれ育った

人」と「よその人」、「旧住民」と「新住民」との間に、象徴的な差異をつくり出していく。江戸期から住み続けてきた「鉄砲隊の末裔」たち、明治期から昭和初期の「山の手の膨張」のなかで移住してきた人達、戦後復興期に移住してきた人達、高度経済成長期に移住してきた人達、オールドカマーの在日韓国・朝鮮人達、1980年代以降にやってきた新来外国人達、2000年代以降にやってきた新来外国人達、相互が相互にとって「よその人」である。そしてもちろん、1980年代以降にやってきたのは新来外国人だけというわけではない。エスニシティのみを変数とした「新住民／旧住民」の類型は、住民同士の間に横たわる差異への認識の複数性を見落としてしまう。

(4) 故郷の喪失

大久保地域で長く生活してきた者にとって、人の移動の歴史の蓄積による街並みの変化と、人々の間につくり出された象徴的な差異、そしてそれらの組み合わせによって構成される空間の定義をめぐる差異とコンフリクトは、どのように体験されてきたのだろうか。「ここに住んでいる人の本当の気持ちを、住んでいない人に伝えるのが本当に難しい」と語った商店主は、その「気持ち」を伝えるために、次のような心象を語った。「ある壁に、気にいった大きな絵がかけられていて、それを眺めて、普通に暮らしていました。ところが小さな違う絵がだんだん増えてくる。その一つ一つは好きだったり、嫌いだったりするけれど、大きな絵のまわりにあって、それはそれでいいかなと思っていた。けれども、大きな絵に誰かが新しい線を描き始めたわけです。そうして、もとの大きな絵はなくなってしまいました。そこに誰かが来て、いい絵だねという。それを聞いた人達がやってきて、なかなかいい絵だという。けれど、その絵の前の絵を知っている人達は、新しく来た人達の絵の具のかすや、捨てていったゴミを拾って、ため息をついている」。

空間の定義付けをめぐる差異はコンフリクトを生じさせたが、その力関係は一様ではなかった。個人商店の減少による商店街の空洞化、新都心新宿の発展による「盛り場」化、エスニック・ビジネスの集積という実質的な変化と、マ

スメディアの拡散する「コリアンタウン」「観光地」の表象，そして観光客達の消費行動によって，大久保通りの「買いまわりのできる商店街」という心象に象徴される居住空間としての大久保地域は，「観光地」という心象に象徴される「盛り場」空間としての大久保地域に蚕食されていった。「新しく来た人達」には，そのようにして塗り固められた「絵」の背後にある歴史的地層が見えないため，彼らが持つ，「観光地」とは異なる大久保地域の心象は伝達困難なものとなる。そしてこのように胸の内を語ればすぐに，「日本人と外国人の葛藤」として都市エスニシティ論や「多文化共生」論の枠組みに回収されてしまう。だから彼は「ここに住んでいる人の本当の気持ちを，住んでいない人に伝えるのが本当に難しい」と語るのである。

　こうした大久保地域の変化は，明治期〜昭和初期に移住してきた人達にとっては，より強く深い体験となっている。大正期より百人町で生活してきた経済学者の大内力は，「百人町界隈」という随筆のなかで，「山の手の膨張」による「小さな借家が並ぶ新興住宅地」であった当時の大久保地域を懐古しつつ，文章の最後を次のように締めくくっている。

　　百人町は私の故郷である。しかし故郷などというものは，遠く離れたところにあって，何年も経って帰っても余り変わっていない，という処であろう。「故郷は遠きにありて思うもの」である。今，表面はケバケバしく都市化したにせよ，まことに雑然とした異邦人の町と化した百人町に住む私は，実は亡郷の民なのである。（大内 1984：469）

大久保に70年以上住み，私に「こんなじゃなかったけどね…」「昔は住み良い落ち着いた街だった」と語った女性もまた，同じように「故郷の喪失」を体験してきたはずだ。私は彼女に「変わってしまったこの街を離れようとは思われませんか？」と問いかけた。すると彼女は，すっと顔を上げて，私の眼をまっすぐに見つめ，「思わないねぇ」ときっぱり言い切った。「孫にはパチンコ屋がいっぱいある住環境の悪い街だって，離れたらどうかって言われるけど，ここ

で生まれ育ったからね…」。

　明治期から長い間，大久保地域は居住空間であり，大久保通りは住民達が「買いまわり」するための商店街だった。今でも八百屋や肉屋などがないわけではない。けれども，現在圧倒的なのはコンビニ，パチンコ屋，チェーンの居酒屋，エスニック・レストランである。彼女は，こうした現在の大久保地域に対する不満や，かつての大久保地域に対する郷愁の想いを持ちつつ，それでも尚「生まれ育った」大久保地域を離れようとは思わない。むしろ彼女は，「女学校で仕込まれた」技術を生かして「救急ボランティア」として積極的に活動していた。いつでも救急セットを持ち歩き，電話が入れば休みも無く駆けつけるのだという。

　先ほどの商店主の男性もまた，伝達困難な「故郷の喪失」の想いを抱えつつ，商店会活動や氏神である神社の例大祭に積極的にかかわり続けている。もちろん彼は，素朴に「故郷の回復」を願って活動しているわけではない。大久保地域のスポークスマンの一人である彼の元には，マスメディアや研究者らの取材や，他の地域からのシンポジウム出演の依頼が引っ切り無しにやってくる。「本当の気持ちを伝えるのは難しい」と心の底では思いつつも，彼は繰り返し，同様の体験をしてきた人達の「気持ち」を代弁し続けている。彼らの言葉のなかには，人の移動の歴史によって上書きされていく大久保地域への相矛盾する感情が，ぶつかり合い，整合的ではないかたちで重なり合って存在している。それゆえ聴き手が自らの望む語りの側面のみを抽出し，自らの望む物語を構成することは容易い。だからこそ，語りの複雑さを複雑なまま受けとめ，その言葉の背後にある歴史的地層を注意深く解きほぐしていかなければ，彼らの深意へと接近することは出来ない。

5．おわりに：内なる地層と複数の声

　地域社会に堆積した人の移動の歴史は，少なくとも二つの次元において歴史的な地層として刻みこまれている。第1に，物理的空間において，モザイク状

の土地利用が歴史的に形成されてきた．路地空間に象徴されるように，戸建，アパート，多様なエスニック・ビジネス，専門学校，ホテル等が入り組み，新都心新宿の発展を背景とした居住空間と「盛り場」空間とのせめぎ合いの様相をなしている．第2に，社会的空間において，人々の間に象徴的な差異を構成している．いつ，どのように移動してきたかによって，大久保地域の内にある百人町と大久保という二つの小地域への認識，大久保通りの心象，「新／旧住民」のカテゴリー，大久保地域の変化への価値判断などに差異が生じる．

　本稿の最後に着目したいのは，人の移動の歴史的地層が個々人の内面にも刻みこまれているという次元である．既に，自らの移動によってではなく，地域の変化によって「故郷の喪失」の体験をしてきた人々について見てきた．彼らのなかには，「盛り場」空間によって蚕食されつつある，居住空間としての大久保地域への郷愁の想いを持ちつつも，現在の大久保地域を見据えて地域活動に取り組む人達がいる．

　前節で登場した，大久保地域に50年以上住み，「まちの顔は商店街」だと語っていた日本人女性は，1993年に市民グループ「共住懇」の立ち上げにかかわり，その後も数回にわたって大久保地域の歴史を学ぶ市民講座を主催してきた．そこで彼女は，かつての「買いまわりの出来る商店街」の記憶を語りつつ，次のように述べている．「今では外国の方達がとても多い．グローバル化．たとえば韓国の方達が一生懸命働いている．お国の家族のために．それはいいんです．私達だってそうだったんですよ，大陸に渡って．今までたくさんの文化が入ってきた．これからは『共生』を受けいれていく．街っていうのは私達がつくるんだっていうこと．そこに住んでいる人，働いている人がつくる．自分達が歴史をつくる，地域文化をつくるんだっていう認識が必要です．このまちは色んな人が住んでいる．だからコミュニケーションが必要です」．

　彼女は，かつての大久保地域の風景，失われていく風景に対する郷愁の想いを持ちながら，過去に留まってはない．かつての自分達がそうであったように，いま新しくやって来る人達を何とか受け入れようとしていた．そして，その人達の手によって変わっていく大久保地域に積極的な価値を見出そうとして

いた。彼女の内面には，人の移動によって変化してきた地域の歴史的地層が刻みこまれている。それは時に，現在の大久保地域に対する相矛盾する感情となって表出する。混雑する大久保通りを歩きながら，「どうしてこんなに人が多いのかしら。昔は，人はいたけれど，乳母車を押しながら買いまわりができるくらいのゆとりはあった」と不満を漏らすこともある。しかしそれでもなお，彼女は，それらの大久保地域に対する複数の心象を組みあわせ，空間の再定義を試みようとしていた。

　内なる歴史的地層は，人の移動の歴史のみならず，新しく移動してきた人達とのかかわりによっても刻み込まれる。「故郷の喪失」を「大きな絵」の比喩で語っていた商店主の男性は，1990年代後半には，エスニック・ビジネスの展開に対して「この人達は，儲からなければ直ぐにまちから撤収してしまうこともある。自分達商店街の人間は，まちの人や地域のことを考えながら商売をしています」と述べていた。彼は当初，新来外国人達に対して，商店街活動の担い手としての期待を持っていなかった。しかし2009年に市民グループが主催したシンポジウムにおいて彼は，会場に来ていた韓国人経営者達に対して，次のように語りかけた。「ここは保守的なまちだから，まずは懐に入ってくること。入って来たから解決するわけじゃないけれど。お互いに嫌な思いもすると思います。彼は入って来てくれました。商店会の活動も，一生懸命やってくれています。だから，ぶつかり合っていいんじゃないか。そう思って入ってきてほしい。それが大変だから，自分達だけってなっちゃったら，地域の人達も，あいつら別じゃないかって思ってしまうから」。

　ビジネスを成功させ大久保地域に定着した新来外国人達とのかかわりは，彼の「新住民」への認識を少しずつ組み替えていった。町内会や商店会に加盟し，地域活動に参加している外国人の存在も知っている。そして彼らが個々人として既存の組織に参加することの困難も知っている。だから彼は，「それが非常に大変なのはわかっています。そういう文化がないから，どうして入らなきゃいけないのだと思うでしょう。入りたくて大久保に来たわけじゃないし」と，同時に話していた。彼の語りのなかには，かつての大久保地域への記憶と

郷愁だけでなく，自らもかかわる町内会や商店街の「保守性」，新来外国人達の苦労や事情への理解と目配りが，ぶつかり合いながら，重なり合って存在していた。

　後日のシンポジウムにおいて，この商店主の語りかけに応答するかたちで，ある韓国人男性は次のように語った。「日本の社会は，人の受け入れの面からみて閉鎖的だと感じる。先進国はどこでも優秀な人材を入れている。閉鎖的なところは衰退していく。より多くの外国人の人材をとり入れていくことが必要だ。『郷に入っては郷に従え』という言葉がある。私も今までそうだなと考えてきたけれど，『多文化共生』ということを考えるとき，本当にその土地のルールをただ守らなければならないのだろうか。外国人にとって合っていないものでも，日本のルールを強制していていいのだろうか。もっと『世界のルール』をつくることができたらいいのではないだろうか」。

　来場者のほとんどが日本人であったこのシンポジウムにおいて，「既存の組織への加入」に対して相互変容を訴える彼の発言は，新来外国人達の置かれた状況を代弁するものであった。しかしその一方で，彼は新来韓国人達の親睦団体である韓人会主催のシンポジウムにおいて，次のように発言している。「韓人会は，全国組織をめざしているが，まだ新宿大久保から出てはいない。まずは東京での組織を揺るぎないものにすることが必要。そのためにはまず，地域や地域住民とどのようにかかわるかを考えていかなければならない。商店街と話すと，まずは町内会や商店街に加入して，日本人と外国人の信頼を築くことだと言われる。しかしその一方で，韓人会はそれらの団体に匹敵する存在になるのだという人もいる。また，韓国政府からは『コリアンタウン』への期待が大きいが，この地域は多国籍の街でもあり，そこを生かすのだという考えもある。これらの課題をどう調整していくか，話し合いが必要だ」。

　先のシンポジウムとは異なり，来場者のほとんどが新来韓国人達であったこの場において，彼は商店街をはじめとする「旧住民」の声を代弁したのである。彼は，「全国組織」化や，「コリアンタウン」への期待を膨らませる韓人会代表や韓国政府の声と，「地域」への貢献と「多文化の街」を期待する組織外

部からの声との間で引き裂かれながら発言していた。彼は，聴衆の異なる二つの場において，そこにはいない人達の声を代弁しようとしていた。彼の内面には，複数の定義がひしめく，もうひとつの「大久保地域」が刻み込まれていた。

今日の地域は，近代以降の人の移動によって，その境界，名称，心象を含めて，絶えず再定義され得る闘技場となっており，その定義と価値判断をめぐってコンフリクトが存在する。空間の定義には複数の可能性があるが，定義する主体の力関係は一様ではない。物理的空間の実質上の変化だけでなく，空間の定義をも奪われた人達にとって，地域社会の変化は「故郷の喪失」として体験される。しかしその体験は，空間の定義の内なる複数性や，人の移動の歴史的地層への理解を持たない者に対しては伝達困難なものである。本稿で描いてきた幾人かの人物は，彼らの語りが部分的に抽出され「分かりやすい物語」へと回収される可能性を知りつつも，辛抱強く語り続けている。しかし彼らの背後には，膨大な人々の沈黙があるのだ。

人の移動の歴史は，物理的空間や社会的空間のみならず，そこで生活する人々の内面にも歴史的地層を刻み込んでいく。空間の定義をめぐっては，人々の間における差異とコンフリクトのみならず，個々人の内面にもまた，複数の定義とコンフリクトを生じさせる。それゆえ，ある人が特定の瞬間に語る空間の定義は，別のある特定の瞬間との関係において，多義性や矛盾を含みこんだものにならざるを得ない。彼らは空間の定義において，自らの内面の歴史的地層によって断片化された境界や名称や心象，それに付随する価値判断といった諸要素を，そのつど選択し，編みあわせ直し，語るからである[30]。

もしかしたら，語っている当人もそれに気づいていないかもしれない。自らの内面の複数性を語るのが困難ゆえに，ふとした瞬間に，自分の語りすらも画一的で強い言葉に飲みこまれてしまう。どこかでうっすらと自身の内面とのズレを感じるけれども，それを言い表すための概念が見つからない。その内なるコンフリクトや苛立ち，痛みが，他者への暴力として噴出する時，私達は不幸な出会い方をすることになる。他者の内にある複数性を抹消しようとすることが実は，自分自身の内にある複数性を擦り減らすことになる。

しかし同時に，その内面の複数性とコンフリクトこそが，異なる移動の歴史を持つ他者と結び合う契機となりうるのではないか。自分とは断絶があると考えていた「異質な他者」のなかに，自分と共通する要素を見つける。あるいは他者のなかに，自分の欠落を埋めてくれる要素を見つける[31]。この"個別の二者関係"の生起する場にあるのは，「確固たる自己」をもつ近代的主体でも無ければ，「整合的な実体」としての所与の共同体でもない。自らと他者の内なる地層の複数性に根差した空間の再定義は，「借り物の用語によって語られる代わりに，語ることであり，自らも語られているスポークスマンによって語られる代わりに，語る」（Bourdieu 1980＝1991：22）道へと続いているはずだ。地域社会研究に求められているのは，その小さな動きや「徴候」[32]をとらえるための概念を，個別具体的な現実に即して練成していくことである。そのためにはまず，地域社会と個々人の内奥で蠢く複数の声と沈黙に，静かに耳を澄ませねばならない。

付　記

本章は，2013年5月に大久保地域で開催された「多文化学校」における報告を土台としている。その後も，「共住懇」代表の山本重幸氏，「おばちゃん」，そして大久保地域研究の先達である稲葉佳子氏との議論のなかで，さらに考察を深めていくことが出来た。重ねて感謝を申し上げる。

注

1) 本章では，「地域（region）」を，主体によって定義された物理的空間を指す記述概念として用いる。「地域社会（regional society, local society）」は，「コミュニティ（community）」の訳語としてではなく，「地域」によって分節化された部分社会を指す記述概念として用いる。
2) 本章は，2007年10月から2013年9月現在まで，新宿大久保地域をフィールドとして継続してきたフィールドワークに基づく。筆者は，大久保地域で1993年より活動を継続している市民団体「共住懇（きょうじゅうこん）」の成員として，参与観察／参加型行為調査を行なってきた。また，中央大学新原道信ゼミナールを中心とする「立川プロジェクト」では，東日本大震災の被災者を受け入れた立川市の都営団地へのフィールドワークを行なっているほか，中央大学社会科学研

究所のプロジェクトチームから派遣されるかたちで，宮城県岩沼市のフィールドワークを行なっている。明示的には語られないが，本章の背後には立川や岩沼におけるフィールドワークの知見，その過程／道程における共同研究者達との対話が存在している。

3) この視点は，地域社会の"社会文化的な島々 (isole socio-culturali)"の「閉じられた空間 (l'enclave)」としての見方に相当する（本書序章第5節）。調査研究の実践のレベルにおいては，相反する「開かれた空間 (la circolarità)」としての見方を合わせた2つの類型を組み合わせ，個人，集団，地域社会の持つ「開く／閉じる」のリズムとその条件を析出する必要がある（阪口 2013b：205-207）。なお，この「リズム」という着想は，A.メルッチのアイデンティティ論（Melucci 1996＝2008），彼の視座を「構造そのものが流動化し再構造化するという"変化の道行き (passage)"に着目する視点」ととらえた新原道信の議論（新原 2009；古城 2011），儀礼の過程において生起する社会関係を「コムニタス」として類型化し「共同体」を構造／反構造の社会過程としてとらえようとしたV. W.ターナーの議論（Turner 1969＝1996），地域社会を「ハレ・ケ・ケガレ」の循環構造によって捉えようとした桜井徳太郎の議論（桜井 1974）に示唆を得たものである。

4) 地震発生直後，首都圏では「帰宅困難者」が大きな問題となった。すぐに帰宅せず事業所に留まるよう対策を進めたとしても，都市空間は生活の場，生産の場であると同時に消費の場（磯村英一のいう「第三空間 (the third space)」）であり，「住民」「町内会構成員」「従業員」といった成員資格には包摂されない人々が，日常的に大量に存在することになる。

5) 新原道信は「惑星社会のもとでの"生存の場としての地域社会 (regions and communities for sustainable ways of being)"の問題」を三つの位相に分けてとらえている（新原 2013a：64）。(1)「従来の制度・理論枠組みでは解けないような矛盾・対立の客観的な現象形態」，(2)「それを解くことなしには私達の"生存"が脅かされるような，いわば"生体的関係的"な，そしてまさにそれゆえに，わが身にとって『焦眉の問題 (urgent problem)』」，(3)「問題の〈当事者〉が，何かをきっかけとして問題を意識するに至った時に，『運動 (movimenti)』が起こり，その最終的帰結としてオルタナティブの提示にまで至らざるを得ないような問題」である（ibid.）。

6) 蓮見音彦は，資本制社会の成立以降において，「地域社会」の領域を「一定の範域に居住する人々の社会的活動が空間的に作り上げられる軌跡を重ね合わせて」描き出すことは困難であり，そもそも大都市において「一定の範域の人々をとりだすこと自体が操作的なものに過ぎない」と述べている（蓮見 1991：9）。それゆえ主体による空間の定義という象徴的次元が重要な意味を持つのである。

7) 本章の焦点である「空間の定義」は，W.ファイアレイがボストンの土地利用に関する生態学的分析において「空間言及感情」と呼んだものとほぼ等しいが（Firey 1945＝2012），前者は「定義」や「感情」そのものではなく，その構成の

過程／道程にアクセントを置くものである．ファイアレイが主に，植民地時代から象徴的に残存している歴史的地域に対する集合的感情に着目しているのに対し，本章はむしろその複数性，差異，コンフリクトに着目している．
8) 松本康は，人々の集住と社会的活動の軌跡に基づく「生態学的都市」（自然都市）と，操作的に定義され分節化された社会システムとしての「空間準拠系」（行政都市）とを峻別し，後者を対象とした都市構造分析を根拠付けた（松本 1995；1999）．「空間準拠系とは，一定の空間を境界づけ，それに名称とイメージを与える空間言及感情と，その空間言及感情を支える社会組織からなる社会システムである」（松本 1999：111）．本章が着目したいのは，「空間言及感情」を含み込んだ「生態学的」地域の空間の定義をめぐる差異とコンフリクトであり，その定義の背後にある歴史的地域（これもまた生態学的都市と空間準拠系の2側面を併せ持つ）と個々人の移動の歴史である．それは時に，ある空間準拠系を基礎づける「（集合的）感情」や「社会組織」ともコンフリクトを生じさせるだろう．
9) 本書序章及び第3章を参照されたい．
10) ただし新宿5丁目，歌舞伎町1丁目，戸山3丁目，百人町3丁目，西新宿7丁目，余丁町については，町内の一部のみが含まれている．
11) 本章第4節を参照されたい．
12) 稲葉は「エスニック系施設」を以下のように規定している（稲葉 2008c：81）．(a) そのエスニック集団独特の商店やサービスを扱う施設．(b) 日本語力が未熟な外国人を対象に商店やサービスを提供しようとする施設．かつ (c) 看板や表札等により，その存在が市街地空間において可視化された施設．
13) この時の住居表示変更に際しては，歓楽街となった歌舞伎町の区域に編入されることに対し，西大久保住民からの抗議の声が上がったという．
14) 行政区分としての百人町（西側）と大久保（東側）の境界は，山手線高架よりも東側にずれており，百人町の子ども達が通う戸山小学校も高架の東側に位置している．その一方で，商店街加盟店舗はやや高架西側にずれていたり，双方の商店街に加盟していたりするという複雑さがある．
15) 「新宿区外国人登録者の町丁別人口」平成4年1月1日．（奥田・田嶋 1993：21）より．
16) ただしゼミ生達の研究成果のほとんどは刊行されることなく，卒業論文及び修士論文の形で大学研究室に保管されている．これらのなかには，当時の地域状況を知る上で，優れたモノグラフ研究が存在する．
17) 稲葉は自身の定義した「エスニック系施設」に着目し，その増減やエスニシティ，店構えの変化を詳細に記録した．その成果は（稲葉 2006）（稲葉 2008c）としてとりまとめられている．
18) この間の事情は，（川村 1998）（麦倉 1995a；1995b；1995c；1995d）に詳しい．
19) 本稿では詳しく触れられないが，この背景には地域住民や商店主達の苦悩と努力があったことを忘れてはならないだろう（奥田・田嶋 1993）．同様に，生活習慣の異なる土地に夢を持ってやって来た新来外国人達の労苦も忘れてはならな

い。
20）たとえば（川村 1998；2008）など。
21）こうした表象に対して，とりわけ 2012 年以降，「反韓国」を標榜する「ヘイトデモ」が展開されることとなる。
22）山鹿誠次は，新宿の発展段階を (1) 宿場町期（江戸時代），(2) 場末期（明治初年～関東大震災），(3) ターミナル期（関東大震災～第 2 次大戦），(4) 副都心期（第 2 次大戦～1968 年），(5) 新都心期（1968 年以降）に分けて整理している（山鹿 1984）。大久保地域の生態学的位置が，インナーシティ新宿の周辺から，都心新宿のインナーシティへと移行した時期は，山鹿の言う (4) 副都心期から (5) 新都心期への移行期に相当する。
23）「集合的な出来事」への着目は「活動アプローチ（Activity-Approach）」に基づくものである。その概要と方法論的意味については，（阪口 2013a；2013b）を参照されたい。
24）大久保地域が「観光地」となっていくことは，両義的な現象である。新たに起業しようという新来韓国人にとっては，この現象は歓迎すべきものであり，絶好のビジネスチャンスである。「コリアンタウン」を求めてやって来る，観光客達の存在もある。テナント需要の増加は地価を上昇させ，テナント主や不動産投資家達にとっては歓迎すべきものとなる。しかしその一方で，この状況に対して応答せざるを得ない商店街の人達にとっては，大きな負担でもある。駅前のコンビニエンスストアでは，観光客の利用増加によって従業員が使用出来なくなり，今では「トイレ使用不可」になっているという。新大久保商店街のホームページには，観光バスに対して駐車可能なスペースがアナウンスされているが，当初は観光会社から問い合わせが来ることもあったという。またテナント賃料の上昇は，当の韓国系ビジネスも含めて，家族経営的な小規模の店舗にとっては経済的圧迫となる。こうした状況が個人商店の減少とテナント経営化の推力となっている側面がある。
25）「買いまわり」とは本来，耐久消費財（買いまわり品）を購入する行為を指し，食材等の普通生活雑貨は「最寄り品」と呼ばれる。本章では，この両方の消費空間として「買いまわりのできる商店街」という呼称を用いている。
26）「共住懇」は，1991 年 11～12 月に行なわれた新宿区主催の講習会「外国人とともにつくるまち—新宿区の国際化をどう受けとめるか」を契機として，その参加者のうち有志が結集し，1992 年に「外国人とともに住む新宿区まちづくり懇談会」として発足した。成員は 40 人ほどで，その 4 分の 3 は新宿区外の住民である。実際の活動の担い手は 4～5 人ほどであり，流動的である。その活動内容は，ゲストスピーカーを招いての「勉強会」，エスニック・レストラン調査，地域情報誌の発行，シンポジウムの開催など。
27）「OKUBO アジアの祭」は，2003 年に「共住懇」を中心として開催された「新宿盆ダンス」を前身とし，2004 年から 2011 年までに計 7 回開催された。
28）奥田道大は主著『都市コミュニティの理論』（1983）において，スプロール化

現象が進む都市郊外における「コミュニティ形成」の課題を次のように総括している。

> 混住地域におけるコミュニティ形成の課題は，農家と非農家（あるいは農民と市民）をとりむすぶ，ある種の共有的基盤を含意している，と思われる。ここでの共有的基盤は，少なくとも理論的には，農家と非農家，より抽象化していえば都市と農村との固有基盤に根ざす相互のコンフリクト（緊張関係）を通じて了解される，一筋の脈絡と可能態を，特定の地域で探索する課題である。
> （ibid.：105）

当時の地域状況において，「新住民＝非農家」「旧住民＝農家」という類型を置き，その両者の「共有的基盤」の形成に焦点を置いたことには，一定の妥当性があったと考えられる。その後奥田は，自身の都市コミュニティ論をさらに展開させ，「コミュニティとエスニシティ」をテーマ化するに至った。しかしその基本的な問題意識は『都市コミュニティの理論』の延長線上にあった。大都市インナーエリアでの知見をもとに編まれた『都市コミュニティの磁場』（2004）では，自身の「都市コミュニティ」の概念を再定義している。その定義「さまざまな意味での異質・多様性を内包した都市的な場にあって，人びとが共在感覚に根ざす相互のゆるやかな絆を仲立ちとして結び合う生成の居住世界」（ibid.：76）は，農家／非農家の混住地域におけるコミュニティ形成をより一般化したものであると捉えることができる。その後に続く一文，「このような都市コミュニティをモデルとする大都市インナーエリアの地域現場では，『日本的基盤』というよりも『アジア的基盤』の拡がりを読みとれる」（ibid.：76）のなかに，かつての「共有的基盤」のアイディアが刻まれている。

29) ただし，この韓国人男性の場合，大久保地域が「観光の街」となっていることに対し，必ずしも否定的な価値判断を下しているわけではない。むしろそれを日本人経営者も「生かす」ことはできないかと提案している。移動の時期や大久保地域の心象によって，異なる価値判断が生まれる。

30) 本章で「個々人の内なる複数性」について言及するとき，A. メルレルの"composito"概念と，A. メルッチの"multiplicity"概念を想起している。

メルレルが"複合し重合する私（io composito）"としてイメージしているのは，「いくつもの『複数文化』を横断することによって媒介され」，「いくつもの体験が単にバラバラに『多元的』に投げ出されているのでなく，有機化しまとまりをもっているような「一つとなった複数性（una pluralita）」によって構成されているところの，"複合し重合する私（io composito）"である」（Melrer 2006：72）。これは「静態的にとらえるなら，〈複数性をもっているのになんらかの有機的なつながりがあるような複合体として存在している様子〉であり，動態としてとらえるなら〈複数の文脈・水脈（con-testi）が，"衝突・混交・混成・重合"していく"道行き・道程（passaggio）そのもの〉」（本書序章）となる。

メルッチの「多重／多層／多面的な自己（the multiple self）」（Melucci 1996 ＝2008）もまた，この静態的な契機と動態的な契機の双方を併せ持っている。メ

ルッチは，時間や空間の体験や社会的属性の「多重／多層／多面化」という状況において，ある特定の瞬間において自己を構成する諸要素を結びつける能力を「アイデンティティ」として再定義した。

　両者の視点には重なる部分が多いが，動態的な視点において，メルレルの焦点が，相対的に長くゆっくりとした時間の流れのなかで，移動の歴史によって個々人の内面に「複数性」が刻み込まれていく"道行き・道程"にあるのに対して，メルッチの焦点は特定の時間と空間における個別の二者の関係において生起するものに置かれている。本章は，「ある特定の瞬間」の個別の二者関係において発せられた語りから，より長くゆっくりとした時間の流れのなかで刻まれた「内なる歴史的地層」の「複数性」への探求の試みであった。

31) A. メルッチの「聴くことの社会学」が，ここから先の考察の道しるべとなる。
　　聴くことには二者が必要だという言葉はどんなことを含意しているのでしょう。それは何かが欠けている，喪失していることを識るということです。（……）ですから，聴くことのためには，まさに自らの欠けたるを識る，自らの弱さを識るということが必要なのです。これと同時に，自分とは異なる他者を識ることが必要です。「他者を識る」とは，自分と違うということだけを判断するのでなく，自分とは異なる他者の中身，違いの中身を識るということです。自分とは異なる，欠如，弱さ，脆さをもった他者はまた，私には欠けているなにものかをもっている。この欠如によってのみ，聴くことは可能となります。二人いること，自分になにが欠けているかを識ること，他者を識ることが必要です。(Melucci 2000：6)

他者の内なる差異と結び合うためには，A. メルッチが提示したように，自己の「多重／多層／多面性」と絶えざる「アイデンティゼーション（identization）」を抱えた，新たな主体像が必要となる（Melucci 1997＝2008：45）。これを新原道信は"根の流動性／重合性"の概念でとらえ，"個別の二者関係"が三者関係へと展開していく過程／道程を，"毛細管現象"，"胎動"，"無償性の交換"，"個々人の内なる社会変動"の概念でとらえようとした（新原 2013 a）。

32) A. メルッチの「水面下の社会運動」論（Melucci 1989＝1997；1996＝2008），及び新原道信の「未発の社会運動」論（新原 2003；2006a；2013a 本書序章 9 節）に示唆を得た。

引用・参照文献

Bauman, Zygmunt, 2001, *Community: seeking safety in an insecure world*, Cambridge, Polity Press. （＝2008，奥井智之訳『コミュニティ──安全と自由の戦場』筑摩書房）

Bellah, Robert N. et al., 1985, *Habits of the Heart: Individualism and Commitment in American Life*, The University of California. （＝1991，島薗進・中村圭志訳『心の習慣──アメリカ個人主義のゆくえ』みすず書房）

Bourdieu, Pierre, 1980, *Questions de Sociologie*, Minuit. （＝1991，田原音和監訳

『社会学の社会学』藤原書店）

Firey, Walter, 1945, "Sentiment and Symbolism as Echological Variables," *American Sociological Review,* 10, pp. 140-148.（＝2012，松本康訳「生態学的変数としての感情とシンボリズム」森岡清志編『都市空間とコミュニティ　都市社会学セレクションⅡ』日本評論社）

古城利明，2011「地域社会学の構成と展開」地域社会学会編『キーワード地域社会学』ハーベスト社．

芳賀善次郎，1970『新宿の今昔』紀伊國屋書店．

蓮見音彦，1991「現代地域社会論」青井和夫監修『地域社会学　ライブラリ社会学3』サイエンス社．

稲葉佳子，2006「新宿大久保における都市空間の変容と生成に関する研究」法政大学博士学位論文．

─────，2008a「共に生きる街・新宿大久保地区の歴史的変遷」川村千鶴子編著『「移民国家日本」と多文化共生論─多文化都市・新宿の深層』明石書店．

─────，2008b「受け継がれていく新住民の街の遺伝子」川村千鶴子編著『「移民国家日本」と多文化共生論─多文化都市・新宿の深層』明石書店．

─────，2008c『オオクボ都市の力─多文化空間のダイナミズム』学芸出版社．

泉孝亮，1998「新来韓国人の生き方と生活世界─新宿を事例として」中央大学修士論文．

川村千鶴子編著，1998『多民族共生の街・新宿の底力』明石書店．

─────，2008『「移民国家日本」と多文化共生論─多文化都市・新宿の深層』明石書店．

まち居住研究会，1994『外国人居住と変貌する街─まちづくりの新たな課題』学芸出版社．

松本康，1995「現代都市の変容とコミュニティ，ネットワーク」松本康編『増殖するネットワーク　21世紀の都市社会学1』勁草書房．

─────，1999「都市社会の構造変容─都市社会─空間構造と社会的ネットワーク」奥田道大編『都市　講座社会学4』東京大学出版会．

─────，2006「都市化とコミュニティの変容─時間と空間のなかのネットワーク」似田貝香門監修『地域社会学の視座と方法　地域社会学講座1』東信堂．

Melucci, Alberto, 1989, *Nomads of the Present: Social Movements and Individual Needs in Contemporary Society*, Philadelphia, Temple University Press.（＝1997，山之内靖・貴堂嘉之・宮崎かすみ訳『現在に生きる遊牧民─新しい公共空間の創出に向けて』岩波書店）

─────，1996, *The Playing Self: Person and meaning in the planetary society*, New York: Cambridge University Press.（＝2008,新原道信・長谷川啓介・鈴木鉄忠訳『プレイング・セルフ─惑星社会における人間と意味』ハーベスト社）

─────，2001, "Sociology of Listening, Listening to Sociology."（＝2001,新原道信訳「聴くことの社会学」地域社会学会編『市民と地域─自己決定・協働，その主

体　地域社会学会年報 13』ハーベスト社）
Merler, Alberto, 2006, "Mobilidade humana e formação do novo povo / L'azione comunitaria dell'io composito nelle realtà europee: Possibili conclusioni eterodosse". (＝2006, 新原道信訳「世界の移動と定住の諸過程―移動の複合性・重合性からみたヨーロッパの社会的空間の再構成」古城利明監修『グローバリゼーション／ポスト・モダンと地域社会　地域社会学講座 2』東信堂）
麦倉哲，1995a「外国人女性売春者の生活過程と犯行過程 1」『マスコミ出版』．
―――，1995b「外国人女性売春者の生活過程と犯行過程 2」『マスコミ出版』．
―――，1995c「外国人女性売春者の生活過程と犯行過程 3」『マスコミ出版』．
―――，1995d「売春街・大久保百人町の考察」『マスコミ市民』．
中西奈緒，2002「新しい韓国人ネットワークと地域との関わり―新宿・大久保の事例的研究を中心として」中央大学卒業論文．
新原道信，2003「自らを見直す市民の運動」矢澤修次郎編『社会運動　講座社会学 15』東京大学出版会．
―――，2006a「現在を生きる知識人と未発の社会運動―県営団地の『総代』『世間師』そして"移動民"をめぐって」新原道信・奥山眞知・伊藤守編『地球情報社会と社会運動　同時代のリフレクシブ・ソシオロジー』ハーベスト社．
―――，2006b「いくつものもうひとつの地域社会へ」古城利明監修『グローバリゼーション／ポスト・モダンと地域社会　地域社会学講座 2』東信堂．
―――，2007『境界領域への旅―岬からの社会学的探究』大月書店．
―――，2009「変化に対する責任と応答を自ら引き受ける自由をめぐって―古城利明と A. メルッチの問題提起に即して」中央大学法学会『法学新報』Vol. 115, No. 9-10．
―――，2013a「"惑星社会の諸問題"に応答するための"探究／探求型社会調査"―『3.11 以降』の持続可能な社会の構築に向けて」『紀要』社会学・社会情報学第 23 号，中央大学文学部．
―――，2013b「"境界領域"のフィールドワーク（3）―生存の場としての地域社会にむけて」『中央大学社会科学研究所年報』第 17 号，中央大学社会科学研究所．
奥田道大，1983『都市コミュニティの理論』東京大学出版会．
―――，2004『都市コミュニティの磁場』東京大学出版会．
奥田道大・鈴木久美子編，2001『エスノポリス・新宿／池袋―来日 10 年目のアジア系外国人調査記録』ハーベスト社．
奥田道大・田嶋淳子編著，1991『池袋のアジア系外国人―社会学的実態報告』めこん．
―――，1993『新宿のアジア系外国人―社会学的実態報告』めこん．
大内力，1984「百人町界隈」新宿区教育委員会『地図で見る新宿区の移り変わり―淀橋・大久保編』．
奥須磨子，1984「淀橋・大久保における戦前期の住民構成」新宿区教育委員会『地図で見る新宿区の移り変わり―淀橋・大久保編』．

阪口毅, 2013a「『都市コミュニティ』研究における活動アプローチ—大都市インナーエリア・新宿大久保地域における調査実践より」『地域社会学会年報』第25集, ハーベスト社.
―――, 2013b「"生存の場としての地域社会"への活動アプローチ—新宿大久保地域における『OKUBOアジアの祭』の事例」『中央大学社会科学研究所年報』第17号, 中央大学社会科学研究所.
桜井徳太郎, 1974「結衆の原点—民俗学から追跡した小地域共同体構成のパラダイム」鶴見和子・市井三郎編『思想の冒険—社会と変化の新しいパラダイム』筑摩書房.
新宿区, 1955『新宿区史』.
―――, 1967『新修新宿区史』.
―――, 1998『新宿区史—区成立50周年記念』.
―――, 2007「新宿区基本構想・新宿区総合計画」.
新宿区教育委員会, 1984『地図で見る新宿区の移り変わり—淀橋・大久保編』.
新宿歴史博物館, 2003『新宿区の民俗(6)淀橋地区編』.
―――, 2010『新修新宿区町名誌—地名の由来と変遷』.
白岩砂紀, 1995「エスニック・ビジネスの生成に関する事例的研究—広がるネットワークと起業家精神」中央大学修士論文.
―――, 1997「エスニック・ビジネスの生成に関する事例的研究—広がるネットワークと起業家精神」奥田道大編著『都市エスニシティの社会学—民族／文化／共生の意味を問う』ミネルヴァ書房.
Turner, Victor W, 1969, *The Ritual Process: Structure and Anti-Structure*, Chicago, Aldine Publishing Company.（＝1996, 冨倉光雄訳『儀礼の過程〈新装版〉』新思索社）
Wellman, Barry, and Barry Leighton, 1979, "Networks, Neighborhoods, and Communities: Approache to the Study of the Community Question," *Urban Affairs Review*, 14(3), pp. 363–390.（＝2012, 野沢慎司訳「ネットワーク, 近隣, コミュニティ—コミュニティ問題研究へのアプローチ」森岡清志編『都市空間とコミュニティ　都市社会学セレクションⅡ』日本評論社）
Whyte, William Foote, 1993, *Street Corner Society: The Social Structure of An Italian Slum*, Fourth Edition, The University of Chicago Press.（＝2000, 奥田道大・有里典三訳『ストリート・コーナー・ソサエティ』有斐閣）
山鹿誠次, 1984「新都心新宿の発展」新宿区教育委員会『地図で見る新宿区の移り変わり—淀橋・大久保編』.
吉原直樹, 2011『コミュニティ・スタディーズ—災害と復興, 無縁化, ポスト成長の中で, 新たな共生社会を展望する』作品社.

第 8 章
"深層/深淵"のヨーロッパ
―― オーランド，カーボベルデ，サルデーニャとコルシカにおける
"境界領域"のフィールドワーク ――

新 原 道 信

　キリスト教が成立するはるか以前からある，異なる民衆のいくつもの"智恵 (saperi)"と"智慧 (saggezza)"――砂の一粒一粒から岩が形成されていくようにしてつくられた，異質にしてひとつのヨーロッパ (Un'Europa eterogenea)。人々は，多方向へと旅立ち，帰還し，入植し，再び旅立つ。移動はくり返され，"出会い"，"衝突・混交・混成"し，重合していく。鍾乳洞の石筍が，時を経て，石灰質の混じった水滴からひとつの石柱へと形成されていくように生成するいくつものヨーロッパ (*Europe*)。ロマやサミの民が見たヨーロッパ。ヴァイキングや地中海の民が見たヨーロッパ。異端，異物，異質性，異文化，移動，航海，出会い，根，島々，岬，半島から生成するいくつものもうひとつのヨーロッパ (le altre *Europe* delle *Europe*) ――"深層/深淵"のヨーロッパ。[1]

1．はじめに："時代のパサージュ"と"深層/深淵"のヨーロッパ

(1)　"端/果てからの探究/探求"の前史

　各種の日本地図を見ますと，種子，屋久までは書き入れてありますが，その南の方はたいてい省略されています。それは地図の紙面がないということだけではないようです。われわれの意識の底にそこははずしてもいいと

いうような感覚がのこっているのです。……たとえば奄美の地図を書く時に，徳之島の西の方の鳥島を落としていても平気だという気持ちをなくしたいのです。(島尾 1982：228-29)(鹿野 1988：10-11)

　本章の眼目は，"深層／深淵"のヨーロッパにおける"毛細管現象／胎動／交感"を"探究／探求"するなかで得られた知見をふりかえることにある。
　地域社会の構造や動態のみならず"深層／深淵"を，"端／果て"から「理解」していくという問題意識は，1985年から1987年にかけての沖縄・広島・長崎における平和運動・社会運動の調査において芽生えた。そこでは，地域社会の構造と動態を理解するためあらかじめ準備していた分析枠組ではどうしてもとらえきれない事実に直面した。そして当面はこの理解が困難な「認識の穴もしくは淵」のごときものを「地域問題の堅い岩盤」という言葉で"粗描(abozzare)"した。その場合の「岩」とは，長きにわたる"衝突・混交・混成・重合"の「集合的プロセス」を経て「砂の一粒一粒」から形成されてきたものであり，その組成のメカニズムを理解することは「底なし」の困難を感じさせるものだった。1989年の「ベルリンの壁崩壊」から「ヨーロッパ統合」へのうねりをサルデーニャ滞在中に体験し，それ以後も，ヨーロッパの地域社会の「堅い岩盤」が，どのように"移行・変転・変化"していくのか，その変転のなかで，いかなる"毛細管現象"や"胎動"が生じているのかに強い関心を持って調査研究を開始した[2]。
　それ以後，現在に至るまでの30年近く，サルデーニャ(イタリア)，沖縄・奄美，広島・長崎，コルシカ(フランス)，ケルン(ドイツ)，ストックホルム・エステルズンド(スウェーデン)，コペンハーゲン・ロスキレ(デンマーク)，サンパウロ・リオデジャネイロ・エスピリトサント(ブラジル)，川崎・鶴見，神奈川，石垣・竹富・西表，南北大東島，対島，周防大島，マカオ，済州島，サイパン・テニアン・ロタ・グアム，リスボン・アゾレス(ポルトガル)，カーボベルデ，ヘルシンキ・ミッケリ(フィンランド)，オーランド(フィンランド・スウェーデンの間国境地域)，ヴァッレ・ダオスタ(イタリア・フランス・スイスの間

国境地域)，トレンティーノ＝アルト・アディジェとアルプス山間地（イタリア・オーストリア・スイスの間国境地域)，フリウリ＝ヴェネツィア・ジュリアとゴリツィア／ノヴァ・ゴリツァ（イタリア・オーストリア・スロヴェニアの間国境地域)，トリエステからイストリア半島（イタリア・スロヴェニア・クロアチアの間国境地域）など，日本社会とヨーロッパ社会とかかわりの深い地域社会，国家の「中心」から見るなら「辺境」とされるような地域の"深層／深淵"を理解するための"探究／探求"をしてきている。

世界各地でのフィールドワークのほとんどすべては，サルデーニャ・イタリア社会とのかかわりを機縁として広がっていったものだが，イタリアは，通常，スペイン，ポルトガル，ギリシアなどとひとまとめにされて「南欧」と呼ばれる。また，「ヨーロッパ・ラテン」あるいは「地中海ヨーロッパ」という場合には，スペイン南部やフランス南部の地中海沿岸の諸地域，イタリア半島部そしてギリシアが，こうした呼称の対象となっている。「ヨーロッパ大陸」の住人にとってのイタリアは，「南」の国，「地中海」への入り口であり，夏のバカンスで行くのはいいが，ずっと住むには「無秩序で不安定な社会」であった。

そのイタリア・サルデーニャを調査研究の主たるフィールドとするきっかけのひとつは，ドイツの著作家 H. M. エンツェンスベルガー（Hans Magnus Enzensberger）の「相対的に停滞していたゆえにこそ，前近代的なものをまだ豊富に残していて，この力を借りて未来のあらゆるショックを吸収してしまうことのできる"ポスト・モダンの実験室"」であり，「イタリア＝モデルは，"民族性"の問題ではさらさらなくて，ある新種の歴史的状況に対する可能な反応のうちのひとつなのであり，全ヨーロッパにかけられている挑発への，可能なひとつの回答なのだ。したがって問題は，"典型的にイタリア的"な問題性とは違って，きわめて普遍的なものである」(Enzensberger 1987＝1989：133, 127) という言葉であった。

「挑発への，可能なひとつの回答」は，ヨーロッパの「中心」やイタリアの「中心」ではない場所でも見出し得るし，しかもその一つひとつが「普遍的」意味を持った「"ポスト・モダンの実験室"」だと考えたのである。

こうして，イタリアの「辺境」のひとつであるサルデーニャを"基点／起点"として，《「新種の歴史的状況」としての「グローバリゼーション／ポスト・モダン」[3]への反応／応答の様態，その"深層／深淵"にあるものを，"端／果てから探究／探求"していく》という方向で調査研究をすすめていくことになる。そのなかで，国家が引く境界線の突端に近く，「辺境」として意識されてきたような地域が，境界を越えて他者と往き来するような"テリトリーの境界領域（frontier territories, liminal territories, terra 'di confine'）"でもあることに気付いていき，《「中心」から見て"端／果て（punta estrema / finis mundi）"とされる"境界領域"から世界を見直していく》という「エピステモロジー／メソドロジー」が，次第にひとつのまとまりへと形成されていったのである。

(2) "時代のパサージュ／変転の時代"の"毛細管現象"

今日，じつにしばしば，「世界は深いところで変化してきたし，そしてつねに変化している」という言い方を耳にします。新聞やテレビでの一般的な議論の中で，こうした表現に頻繁に出会うということにはいかなる意味があるのでしょうか。

「深いところで変わった」という言い方には，人類史においてほとんどはじめて，これまでの歴史において一度も直面したことがないほどの変化が生じたという意味がこめられています。たしかにこの50年ほどの間に，それ以前の1000年の歴史において体験してきたであろうような変化と比しても，きわめて根本的なところで，この地球に暮らす人間の諸条件の変化を私たちは産み出してきました。それゆえ，この「深いところで（profondamente）」という言葉はきわめて真剣なものです。そしてまたこれと同時に「世界はつねに変化している」と言われています。これはすなわち，私たちが既に産み出してしまった変化，いま産み出しつつある変化が「不可逆的なもの（irreversibile）」であるということ，もはやもとの場所に還ることはできないような変化を産み出してきたし，また産み出しつづけているということを意味しています。たしかにこのような意味での変

化は人類がはじめて直面した事態です。たとえば，核，遺伝子操作などはまさに好例なのですが，これらはまさに，私たちがすでに獲得してしまった力，そんなものは持っていないのだと自らを偽ったり，そのことを忘れることが決してできないような力の証人として眼前にあります。私たちにできることは，それをどう扱うかについての決断のみです。つまり私たちは，まさにはじめて本当の意味で人類史の岐路に立っています。これは過去の時代において変化がなかったということではなく，近年私たちが産み出しつづけている変化の諸相が，深くそして不可逆的なものであるということによっているのです。(Melucci 2000f＝2001：2-3)」

2000年5月にメルッチが日本地域社会学会で講演したときの上記の時代認識の言葉の意味を，本当の意味で"わがこと，わたしのことがら (cause, causa, meine Sache)"としてとらえたのは，「3.11以降」のことであった。「深くそして不可逆的なもの」という言葉は，「（私達の生活のみならず"生存の在り方（Ways of being)"）はもはやもとにはもどらない」という直観と結び付き，私達が生きる「現在」は，"[時代の]裂け目（spaccatura d'epoca / epoca di spaccatura)"の連続体，深いところでの不可逆的な変化が連続する"時代のパサージュ／変転の時代（passaggio d'epoca / epoca di passaggio)"なのだとあらためて感得した。それは，移行もしくは移転，"変身・変異"が噴出する時期・瞬間としての"メタモルフォーゼの境界領域（metamorfosi nascente)"としての「現在」を生きることを意味する。

2010年4月から2011年3月にかけては，「慣れ親しんだ」イタリア・サルデーニャでの在外研究期間を過ごしていた。ヨーロッパ各地では，EUの統合「システムの危機」と「格差／社会的排除の問題」に起因する不安や不満，衝突が噴出し，イタリアの社会学者L. ガリーノ（Luciano Gallino）は，「第二次大戦後，私たちが身を賭してつくってきた『ヨーロッパ性』を手放してはいけない」という声を発した。1968年イタリアの「暑い秋」を喚起させるような騒然とした雰囲気のなかで2011年の3月11日はやって来た。そのときまだ，

家族と共にサルデーニャで過ごしていた筆者は，日本への出発の直前まで，信頼できる複数の友人たちと「震災・原発」の歴史的意味を真剣に話し合った。

1987年にイタリアの原発廃止運動ともかかわった「旧友」たちは，こう言った。「少なくとも奥さんと娘はイタリアに残せ。なぜそう言うのか？『チェルノブイリの四半世紀経たいま，どうしてかなりの数の身近な友人や知人が，癌や白血病になって死んでいるのか』と，この社会とのつきあいが長いおまえも感じているはずだ。これは『科学者』としてではなく，トータルな，人間的な"応答"として言っているのだ」。

帰国後，サルデーニャ・イタリア，そしてヨーロッパ各地の友人たちと連絡をとり合いながら，「統治性の限界（the Limits of Governmentality）」，それゆえにますます強く働く「昨日のごとく」[4]としていこうとする力の作用を感じとり，ひとりの"ごくふつうの人間（uomo della strada）"として，"惑星社会の諸問題を引き受け／応答する（responding for / to the multiple problems in the planetary society）"こと，"時代のパサージュ／変転の時代""［時代の］裂け目"への責任／応答力（responsibility）こそが，調査研究の"基点／起点"であり"行く先（destination）"なのだと強く思った。

しかし，《応答はある日突然やって来るものでなく，"毛細管現象（fenomeno della capillarità）"のようなかたちで"深層／深淵"に潜伏している》という感触を，1987年と2011年をめぐるサルデーニャでの個人的な体験／記憶として持っていた。1987年から1989年にかけて，筆者は，サルデーニャ北部の中世市サッサリに滞在し，「1987年の原発停止をめぐる国民投票」運動を主導した若手知識人グループの会議や集会などに参加し，参与観察を行なった[5]。チェルノブイリの原発事故の翌年である1987年当時のサルデーニャは，ヨーロッパ有数のリゾート地とNATOの演習場が隣接し，北東部に位置するラ・マッダレーナ諸島には米軍の原潜基地が建設され，放射能による海域の汚染が危惧されていた。チェルノブイリの事故後，「イタリアは安全だ。ただちに健康の問題はないが，子どもはなるべく外出しないほうがいい」というマスコミ報道が流れ，他方で，事故直後に販売が禁止されていた生鮮野菜や牛乳に対す

る恐怖感と共に，「先日の雨や，いま食べているパスタから，○○ベクレルが検出された」という情報が，研究者や環境保護団体などから届いていた。そして 1987 年の国民投票の結果，イタリアのすべての原子力発電は廃止された。

この「1987 年の国民投票」以降，「目に見える社会運動」（メルッチ）はもはや顕著なものではなくなり，イタリアの諸地域においても「個人化」と「新自由主義化」の傾向は強まっていくように思われた。サルデーニャでは，「中道右派か中道左派のどちらかのグループから州代表（知事）が選出される」という図式が崩れ，インターネット企業ティスカリの創業者 R. ソル（Renato Soru），さらには「メディア王かつイタリア共和国首相の S. ベルルスコーニ（Silvio Berlusconi）の強力な支持を得た無名の新人」U. カッペラッチ（Ugo Cappellacci）が新たなサルデーニャ州代表（知事）となった。しかしながら，イタリア社会の複合的な危機が深刻化するなかで，大学や病院などの公共施設の「民営化」の方向に反対する社会運動が再び活性化し，とりわけ 2010 年から 2011 年にかけてのサルデーニャにおいては，牧畜業者によるデモを学生・若手大学教員が支援するという，今までにないクロスカルチュラルな運動の形態が見られるようになった。

そして 2011 年 5 月には，サルデーニャへの原発建設を主張するベルルスコーニ首相への反対運動がサルデーニャで起こり，サルデーニャ州全体の住民投票により原発建設反対が決定された。同年 6 月のイタリア全体の国民投票では，「『3.11』の影響はあれども（投票成立に必要な）50％ の投票率確保は困難」との予測が覆され，（投票権を有する）国民の 54.79％ が投票，原発凍結賛成票 94.05％ で，「原子力発電の再開を凍結する国民投票」が成立した[6]。

「チェルノブイリ以降」のヨーロッパ・イタリア・サルデーニャの日常を生きた人達は，ずっと声をあげ社会運動をし続けたわけではない。しかしながら，「一つの波頭」であった 2011 年 5 月と 6 月の動きと"平時"との関係は，鹿野政直の「未発の一揆」に関する指摘のような見方を必要とする[7]。声を発し，直接的な行動をとらなかったその間も，日々の暮らしのなかでの「不安」とたたかい，目に見えて言葉や行動を表していないときでもまた，いつでも動

けるような状態を保っていたということかもしれない。危機の瞬間に何ごとかを"想起"し、さっと身体が動くということと「未発の一揆が反芻される」（鹿野 1988：129）ということ，ある特定の瞬間の「集合的プロセス」と個々人の"深層／深淵"における"未発の毛細管現象／胎動／交感／社会運動"の"道行き・道程"とは，どのように繋がっているのだろうか？

　1987 年と 2011 年の二つの国民投票における「集合的プロセス」は，「市民生活に直接関係する諸問題に，行政も政党も労働組合も十分に対応することができないでいる状況の中でせっぱつまって」（日高 1986：129）のものと考えられる。現代社会における数々の社会運動と諸個人の深部からの要求を結びつけて理解しようとしたメルッチは，この点に関して，「社会運動は，直接的に体験される日常生活と社会システムの間に位置する領域であり，その社会の最も奥深くにある知のメカニズムにふれるものであり，社会のフロンティアにおける変化と同時に生起するものである」（Melucci 1996a＝2008：202）と述べている。

　では，1987 年から 2011 年にかけての「直接的に体験される日常生活」，その"深層／深淵"に在り続けたであろう「社会運動」以前の「不平・不満・いらだち・愚痴・怒り・歎き・悲しみ・あきらめ・そねみ，その他もろもろのかたちをとる秩序への違和感」（鹿野 1988：129）──いわば，"毛細管現象"については，どう考えたらよいのであろうか。1987 年から 1989 年にかけて暮らしたサルデーニャ州・サッサリの集合住宅には，ポーランドなど東欧からやって来た人達がいた。「移住者」からの甲状腺などに障害を持った子どもの出産・死産の「告白」は，どこかまだ遠い話で，「チェルノブイリ以降」のイタリア社会には，"底知れぬ喪失／喪失の深淵"と「あいまいな喪失」との"隔絶"が存在していた。

　しかし，四半世紀にわたる「直接的に体験される日常生活」のなかでは，きわめて「個人的な出来事」としての「生老病死」が身近な人達のなかに起こった。それは，「チェルノブイリ以降」をひとつのメタファーとしてはいるが，より根本的・普遍的な問題として，現代社会のシステムが私たちに「社会的な

病をもたらすという"劇的な収支決算"」(Melucci 2000g：新原 2010：51)，つまり，"生体的関係的カタストロフ (la catastrofe biologica e relazionale della specie umana)"への"予感"と無縁ではなかった。現代の"未発の毛細管現象／胎動／交感／社会運動"をとらえるには，この"根の異郷化／流動化 (spaesamento / fluidificazione delle radici umane)"，"身体の異郷化 (spaesamento del corpo)"の問題についての"探究／探求"が不可欠となる。

　本章は，深いところでの不可逆的な変化が連続する"時代のパサージュ／変転の時代"を同時代認識とした上で，"メタモルフォーゼの境界領域"における"毛細管現象／胎動／交感／未発の社会運動 (movimenti nascenti)"に着目しつつ，「社会のもっとも奥深く」にある個々人の体験／記憶と社会システムの"境界領域"が変動するメカニズムを考察するための試みとしたい。

　こうした問題意識を持ちつつ，"わがこと，わたしのことがら"を機縁としてすすめてきた"境界領域"のフィールドワークのなかから，2節では2003年から2004年のオーランド，3節では2009年のカーボベルデ，4節では2010年から2011年のサルデーニャとコルシカでの知見をとりあげていく。

2．エンツェンスベルガーの「危惧」と
オーランド人の"根"

　　幸福とはノルウェーでは抽象的観念ではない。それは木材と草と岩と海水から組み立てられていて，そしてきっちりと場所が限定されるものだ。ノルウェーの幸福は，最寄りの大都会から少なくとも2時間は離れてフィヨルドの岸辺にあるのだ。(Enzensberger 1987＝1989：324)。

(1)「フィヨルドの岸辺」と「海のほとりのボヘミア」のメタファー

　ドイツの著作家エンツェンスベルガーは，1993年のマーストリヒト条約（欧州連合条約）の発効を目前にひかえた1987年に，『嗚呼！ヨーロッパ　2006年に記されるエピローグと七つの国の"知覚"(Ach Europa! Wahrnehmungen aus

Sieben Ländern mit einem Epilog aus dem Jahre 2006)』という著作を発表した[8]。エンツェンスベルガーは，この作品のなかで，スウェーデン，イタリア，ハンガリー，ポルトガル，ノルウェー，ポーランド，スペインといった，「ヨーロッパの辺境」とみなされる土地を，ひたすら踏査・渉猟，たったひとりで"異郷／異教／異境"[9]の地に降り立ち，様々な「知覚（Wahrnehmungen）」――記憶や経験として，沈殿し，折り重なっているところの「真実（Wahr）」を掬い取ろう（nehmen）とした。本節冒頭の「フィヨルドの岸辺」の「幸福」は，「きっちりと限定された」「木材と草と岩と海水」といった地理的，経済的，生態学的な成層と結びついた「ヨーロッパ半島」のメタファーとなっている。

　最終章である「2006年に記されたエピローグ」に付されたのは，「海のほとりのボヘミア」という「寓話」であった。同書の刊行から20年後にあたる2006年において，「ヨーロッパ統合（EU）」は実現しているが，フランスでは深刻な原発事故が起こっている。「超大国アメリカ」の新聞記者が，「フィンランドの寒村で隠遁生活を送る元ヨーロッパ総裁を訪ねる」ため，かつて自分も派遣されていたドイツのラムシュタイン米軍基地を訪ね，そこからオランダのハーグ，ベルリンを経て，ヘルシンキへと向かう。ヘルシンキから「北へむけて三時間ほど車を飛ばし」，「二度ほど道に迷」い，「なんとかあの発音できない地名のところ」に辿り着き，さらに「白樺並木の細い小道に沿って進んでゆくと，小さな湖のほとりに出た」[10]。その湖に面した小屋のなかで「目当ての男」は機械いじりをしていた。そして，「アメリカ人じゃな……図星じゃろう。社会学者かね。それとも新聞記者かね」と言われる。

　「元総裁」は，「技術の進歩だとか，発展だとか合理化だとか」を追い求め，「管理者と軍事専門家とテクノクラートのヨーロッパを合い言葉にし，その輝かしい成功例として日本をもちあげ」るような考え方に対してとても批判的であった。ヨーロッパは，「白い日本人として露命をつなぐ」競争からは脱落し，「ちっぽけな半島」のままでいいのだと言うのである。「海岸線は，近づいて細かく見れば見るほど，どんどんその不規則性がきわだってくるはずなんじゃ……たとえば，所得分布や方言，あるいは，選挙の動向，宗教，教育程度，人口

移動，食習慣……ここにできるそれぞれの図柄の大きさは，決してきっちりとした数では表すことができないということなんじゃよ……ヨーロッパは，どこまでも不規則な断片（フラクタル）から成る存在なんじゃよ」(Enzensberger 1987 = 1989：570-573)。そして，この「混沌」こそが「もっとも大切な宝」であり「個々の差異を糧にして生きて」いくことを積極的に選択したのだからこれでよいのだと話す。

「元総裁」の言葉に当惑したアメリカ人記者は，ルーマニアのブカレストの「アメリカンスタイル一色に統一」されたレストランへと向かい，地元の人達から，この表面上のアメリカ化にもかかわらず「バルカンの現実」は「ずっとこのまま変わらないでしょう」と言われる。「もうヨーロッパにはうんざりだ」と思いつつ，プラハの空港へと向かうタクシーで，モルダウの橋にさしかかったその瞬間に，オーストリア生まれの運転手から一片の詩を手渡される[11]。

「ボヘミアが海のほとりにあるなら，わたしはまた海を信じる。そして海を信じるなら，陸地への希望もわく」という言葉ではじまる「海のほとりのボヘミア」と題されたその詩は，「わたしはもう何も欲しはしない。ただ，沈みゆくのみ。沈みゆく――海の底へ，そこに見出されるは，なつかしのボヘミア。……わたしもかつては思い迷い，試練に耐えれなかった，だが，わたしはついに乗り切った，くりかえし何度も」と続き，「わたしはボヘミアびと，放浪の旅人，何も所有しないし，何物にもとらわれない，ただ定かならぬ海よりわが選びし国を望み見る才を授けられているのみ」という言葉で終わる。

「ボヘミア」地方はヨーロッパの内陸部の土地である。「海ほとりのボヘミアだって！　ばかばかしい！」というアメリカ人記者に，運転手は言う。「お読みになっても，何のことだかおわかりにならないかもしれませんが，できたら是非ともこの詩は，暗唱しておかれるといいと思うんですがね」(Enzensberger 1987 = 1989：596-598)[12]。

(2) どこまでも不規則な断片（フラクタル）から成る
　　「ヨーロッパ半島」という"願望と企図"

　エンツェンスベルガーは,「フィヨルドの岸辺」と「海のほとりのボヘミア」のメタファーで, 何を"想起"し, 本書にとっての「未来」である2006年にむけて, いかなるメッセージを遺そうとしたのだろうか。エンツェンスベルガーは,「ヨーロッパ統合」が,「強制的な統一」「均一化」「一様化」「均質化」へと向かうことを「危惧」していた。一様な「多数派」が, より支配的な存在となり,「どこまでも不規則な断片（フラクタル）から成る存在」としての"異端／他端／多端"のヨーロッパがますます棲息困難となっていく。そこでは, 個々の「生身の記憶」の「系統的な忘却」がすすみ, それはまた, "忘我・自失（raptus）"へと繋がり, 全体的なことに対して人間的な判断をして暴走に歯止めをかけることが困難になっていく。そして, グローバリゼーションと過度なシステム化のなかで, "社会的痛苦（patientiae, sufferentiae, doloris ex societas）"や"生体的関係的カタストロフ"が噴出していく。

　ここでのエンツェンスベルガーの歩みと語りのなかには,「あたりまえ」とされる多数派の肥大に対する「危惧」と同時に, こうした均質化と表裏一体をなす都市の混沌, 動揺, 統治不可能性にこそ希望を見出すという"願望と企図"があった。それは, アイロニカルなユートピアであり,「差異性を生命として」, 独自の地位を保ってゆこうとする（あくまで「大陸」ではない）「ヨーロッパ（半島）」である。同書のなかで, エンツェンスベルガーは, ヨーロッパの中心であるドイツからやって来た主人公にこう言わせる。旅の途上, 流感に冒されたうえに強い酒を痛飲し, 混乱の極に達し, 咳の発作に襲われながら,「きみたちの欠陥さえもが緊急に必要とされているんだ」「ヨーロッパって, 欠陥の寄せ集め以外の何物でもないじゃないか。あまりにその欠陥がまちまちなもんだから, お互いに補完してバランスをとらなきゃならないんだ」（Enzensberger 1987 = 1989：445-446）と。

　1987年に書き残された「どこまでも不規則な断片（フラクタル）から成るヨー

ロッパ」という"願望と企図"は,「3.11以降」の"惑星社会"を生きる私たちにとって,どんな意味を持つのだろうか。ヨーロッパが「半島」なら,私たちの"根"となってるのは,ユーラシアプレートの東端に位置し,日本海溝へと沈み込む力と隆起する力が拮抗する日本列島,北海道,本州,四国,九州の主要四島,千島列島や奄美諸島・琉球諸島なども含めた島々によって構成される弧状列島である。その列島では,放射能汚染,大地震,津波,噴火,液状化などの"生身の現実"が"常態"である。にもかかわらず,私たちは,「安定した〈大陸の思考〉」で現実に接している。〈大陸〉の中で重要な場所は,農耕に適した平野であり,穀物や鉱物資源を輸送するための港に作られた都市であったりする。

「島嶼社会」という言葉がある。「島」は比較的大きな島,島嶼の「嶼」は比較的に小さな島を指し,「日本列島は,6852の島から構成されている」とされる。「される」と書いたのは,四つの大きな「島」から統計上に「島」「嶼」として登録されている島以外にも,もっと小さな無人の岩なども,海面や水面に浮かんでいたりするからだ。にもかかわらず,日本列島の住民もまた,〈大陸〉で暮らしているような意識を持ち,「島」の話はどこか遠くの海の孤島を連想する。この思考態度（mind-set）は一体どこから来るのだろうか。

島とは何であると通常思われているのだろうか。私達は,島という言葉を聞く時,大海に浮かぶ「孤島」を想像する。あるいは現代社会の「外部」にあって,社会の変容の波をかぶらずに守られている「楽園」「避難所（アジール）」であるとイメージする。島は外界から自己を隔絶し,「ムラ」として孤立主義をとりやすい場でもあり,時として巨大な帝国にそっくりの「自民族中心主義」の小さな帝国を作りやすい場所でもあると。

瀬戸内海はヨーロッパの地中海と同じく,陸に囲まれ,多くの島がある海,多島海だった。日本列島にはたくさんの「大島」があるが,「オウシマ」とは,「鳥が休む場所」「神々の宿る場所」であり,「天と海との境界としてのオウに浮かぶ神聖な島」「オウの境界よりはるかかなたのニライカナイから神々（まれびと）が立ち寄る場所」であり,「シマ」は,神々の領域,特定の神々の影響

下にある土地で,オウシマはシマの王様ということになる(菅田 1995:2-4)。すなわち島は,複数の境界の間に立つ"境界領域"であり,この考え方からするなら,「本土」や「中央」から島へと文化が伝わるのでなく,シマから文化が伝わるという回路,(「海の道」)のほうが,人間にとってずっと長い歴史を持っていたことになる。

　岬は,半島部や島の突端に位置し,多くは断崖や絶壁や岩礁地帯に位置し,灯台がつくられ,海からやってくる敵への前線基地/フロンティアとなる。ジャック・デリダ(Jacques Derrida)は,『他の岬』という著作のなかで,ヨーロッパは「大陸」でなく,「アジア大陸の小さな岬」というヴァレリーの言葉を引用しつつ,現在のヨーロッパをとらえ直そうとした(Derrida 1991=1993)。岬は,陸地の果てにあり,陸地の端として海と境界を接している。私達もまた,岬や半島という視点から,現実を理解していくことにしよう。島の中心的な都市へと立ち入る前に,「海の道」を辿ってやって来たかつての「海の民」のように,まず岬を発見し,河を溯り,原野を見晴らし,山を眺望するという経路を辿って現実を理解していく。岬の果て,岬の多端,他端には,無数の島々があることを忘れずに,「小(さな)陸」である「島々」,「島嶼」の一つひとつを看過することなくみていく。それゆえ,研究の方法は,土地勘のないひとつの土地をゆっくりやわらかく深く理解していく,"異端/多端/他端"から事実を理解していくということになろう。

(3) "深層/深淵"のオーランド——"不協の多声"を聴く

　以下では,2002年度から2004年度にかけて行われたオーランド調査,バルト海に浮かぶオーランド(Åland)諸島で"出会った"人達の語りの意味を,『ヨーロッパ半島』の「元総裁」や「タクシー運転手」の言葉を念頭におきつつ考えなおしていきたい[13]。フィンランド領の自治州(自治政府)でありながら,住民の大半がスウェーデン語を話すこの土地で,可視的な「自治制度」,それを支える根拠とされている「オーランド・アイデンティティ」(集合表象),さらにその"深層"にあるものを"識り"たいと思って調査をした。し

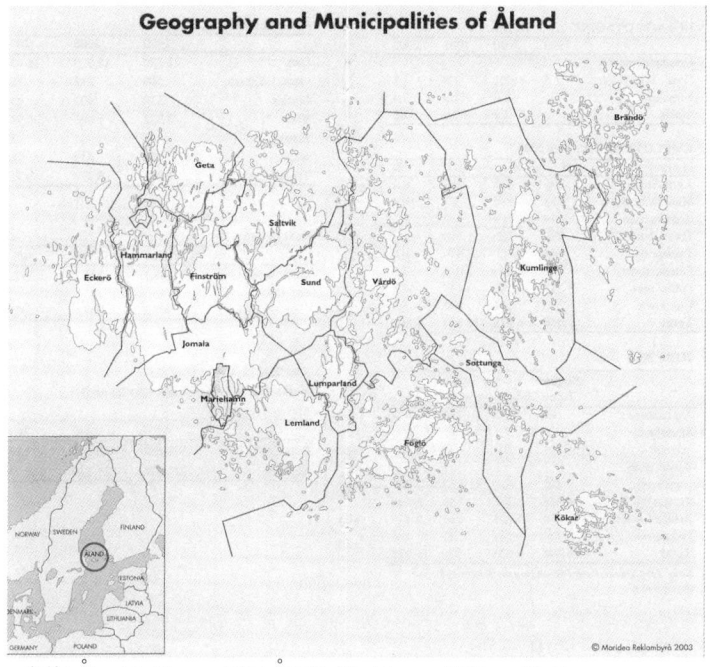

図 1　オーランドの行政区分地図

出所：Aland in Figures 2003, ASUB, Mariehamn, 2003, pp. 10–11.

かしながら，オーランドへの調査旅行は，自分のなかに埋め込まれている「平面的，あるいは単線的な理解」を思い知らされる機会となった。

　2003年の夏，エンツェンスベルガーの「ヨーロッパ半島への旅」を意識しつつ，成田からヘルシンキ，ヘルシンキからオーランド島の州都マリエハムンへと入った。長期にわたって入りつづけてきたサルデーニャや地中海島嶼社会とは異なり，筆者にとっては，ほとんど蓄積のないオーランド調査においては，発話の意味を理解し確定することの困難を感じ，「型」にはめていくことの危険性を強く意識した。たとえば，オーランド・オートノミーの獲得，非武装中立・権利獲得要求についての話を聴いたときのことである[14]。

　「1921年，国際連盟の時代に設立されたオーランドの自治は，フィンランドへの統合ではなくスウェーデン語の文化の保障を前提としている。それゆ

え，フィンランドが統合をすすめるとオーランドが解釈した場合には，国際レベルで訴えることが可能となった（1953年にはソビエトとの二国間条約があるという条件下で自治法の見なおしがなされた）。EUは，オーランドのような地域マイノリティの問題を処理するシステムをまだ作れていない（ヨーロッパ議会に1議席欲しいのだけれど，EUもヘルシンキもそれを認めない）。オーランド島民はEUに入ることで，スウェーデンとヨーロッパに接近するのではと期待したが，EU加盟後，かえってフィンランド語の書類の量が増えた。もしいま再度，投票をしたら『島民』は加盟に反対するだろう」。

あるいは「オーランドの人々は，はるか昔（1500年くらい前から）スウェーデン語を話していた。スウェーデンが国家となった時に併合され，1809年にロシアに征服されるまでその状態が続いた。その後も，スウェーデン語圏として存在し，『スウェーデン（語を話す）人だ』というアイデンティティを持ち続けた。安定した農民人口があり移住者が少なかったこともあって，中世の時代からオーランドのアイデンティティは存在していた。それは，農業（漁業，林業などの生業）に根ざしたものであったが，産業構造が変化してアイデンティティは複雑化した」といった「説明」ならば，調査者は，自分の無意識の前提と合致することから「すんなり」と受けいれていくのである。

オーランド「島民」については，「島民権（indiginate right）」を持つ者として定義することが出来る。移住してきたり仕事をしたりすることは禁止されていないが「島民権」がないとその都度，許可が必要となる。EU内での諸活動のためには，この複雑性を理解する行政担当者が必要となる。人材をどのように育成するのか。「小国が自立性を確保するためにはlegality（適法性）の確保がきわめて重要である。フィンランドもオーランドもそうした選択をしてきた。複雑なプロセスを維持することは適法性の確保と繋がる。それゆえ，より複雑なプロセスを選択する個々人の努力がきわめて高いレベルで求められるのだ」。

そして，このような「説明」から得られた「理解」から「結論」へと向かっていく。——「オーランド人は古くから固有のアイデンティティを形成し自ら

のオートノミー（自治・自立）に対する意識が高く，島を捨てることなく，島に固有の資産を活かすかたちで，複雑かつ可変的な国際情勢・国際関係のなかで，複雑で戦略的な選択をし続けた結果，現在の地位を確保している。しかもこのオートノミーとアイデンティティは，島嶼部の人々が典型的に表しているように，いくつもの問題解決の在り方の固有のネットワークの集合体である」と。このような「理解」へと「着地」しかけているときに，筆者の「固定化」を揺り動かし「当惑」させてくれたのは，オーランド島に唯一つの高等高校（Ålands Lycéum）での三人の教員からの「不協和音」を伴う「多声」だった。

　スウェーデンに留学していたオーランドの女性と結婚し，スウェーデンからオーランドにやって来たという先生は，「いまでは『自分はオーランド人だ』と言います。スウェーデンからオーランドに『帰還する』時にスイッチが切りかわるのです」。遠い祖先はフィンランド（「本土」）からの移民であるが自分自身はマリエハムンで育ち，スウェーデンのウプサラで勉強したという先生は，「オーランド人は，自分達が特別な存在であることに対する確信が強い。自分達は（実際の世界の中心がどこかにかかわりなく）『中心』であると思っている。しかしそのアイデンティティの中身はそれほどはっきりしない」，あるいは，「スウェーデンの人間はオーランドについて無知だが，素朴に聴いてくれることで，理解は深まっていく。つまりは無関心だからだ」といったかたちで，「一筋」には辿れない話を同時にした。さらに，「本島の田舎で育ち，フィンランド本土のトゥルク大学（University of Turku）で勉強した。マリエハムン近郊と，本島内の田舎，島嶼部の違いは言葉にあらわれる」という先生は，「島嶼部は方言が強い。別世界だ。しかし，フィンランド語と古いスウェーデン語の双方が話されているトゥルクは，もっと文化的にちがう。他にスウェーデン語で学べる大学がフィンランド内にはないからそこにいかざるを得ない。フィンランド文化圏でもあることから，トゥルクにいるとき最も強い疎外感を感じた」と言う。

　さらには，それぞれが別の言い方で，「オーランドとフィンランド双方に対する嫌悪」を語り出した[15]。「オーランドでは知識人は尊重されず，金儲けの話ばかりだ。アイデンティティ？　移民として出ていった島民は，主として北

米，ニューヨーク，シアトルなどに暮らしているが，個々人で連絡をとり合うだけで，同郷団体などは存在しないよ。しかし，この島々から外に出た誰もが『大使』や『代弁者』となるね。高校生達のほとんどはフィンランド語の学習を選択するよ。しかし現実には，スウェーデン語との文法的な違いが大きくて，私達がフィンランド語を話すのはとても難しい。しかし他のフィンランド人からは，自分の国の言葉を話したくないのだと誤解されるのさ」と。

　互いに自分の母語ではない英語でのコミュニケーションだったのにもかかわらず，発せられた言葉の数はとても多かった。しかし，そのときのメモを再現してみても，誰がどこからいかなる方向で話をしていたのかという「筋立て」を見出すのがとても困難である。三人それぞれが同時に別の意見を述べ，しかも次の瞬間には，それぞれの口から，さっき自分が話していたこととほぼ対極にあるような言葉が発せられ，「混乱」する聴き手は置き去りにされたまま，また次の場面へと舞台が転換していく。もしかしたらそれは，すべてを「自治・自立とアイデンティティ」という一様で「大きな物語」へと「回収」していこうとする「観察者」の質問に対して，あのエンツェンスベルガーの本に登場する「元総裁」や「タクシー運転手」のような"謎かけ"をしたのではないかと後から思った。

　三者三様の"多声的な（ポリフォニック）"な応答によって，「予定」した方向へと向かおうとする聴き手に"不協和音（ディスフォニー）"がもたらされることを企図したのではないか。いいかげんにあしらったのでなく，あたりさわりのない「公式見解」だけ述べるのでなく，思い切った言葉を投げかけ，相手との関係性がどう揺れ動いていく（playing）のかを見守っていたのではないか。──少なくとも最初から「だめだ」と「切り捨てる」ことなく，真剣に，challengingに，自分たちが体感している「難解さ」を伝えようとしてくれていたのだと思い，深い感謝の念がわきあがってきた。2004年の夏に再訪し，前回の緊張感ある"出会い"をどのように理解したのかを話すと，「ああ，そうかい」とうなずかれ，まったく同じメンバーであるはずの三人は，ゆったりと率直に話をしてくれた。

⑷　"島のひと"の"対位する身体"とその"智慧（saggezza）"

　これまでもサルデーニャや沖縄での調査に始まり，"島のひと（gens insularis）""移動民（homines moventes）""痛む／傷む／悼むひと（homines patientes）""境界領域を生きるひと（gens in cunfinem）"の"内なる島嶼（l'insulità o l'isolità / l'iléité）"について，考え続けてきた。個々人の違いのみならず，一個人内部においても多声的（ポリフォニック）であり，そのことによって，「平面的で単線的な」質問から，くりかえし「逃げ水」のように"ぶれてはみ出す不協の多声"，揺れ動くプレイング・セルフを成り立たせているものは，オーランドの場合，いったい何なのか？

　オーランド自治政府の代表者である女性は，「オーランド・モデルはつくりません。なぜなら状況に応じて変化していくことが大切だからです。後から続くものにとってモデルはマイナスになるし，モデルという考え方自体が古い枠組みです。いま在るオーランドは，すべてたたかってかちとられたもので，自然に出来たものはなにひとつないのです」とおっしゃり，流動性と可変性，そして自ら始めることの意味を強調した。

　統計局の責任者は，「オーランドという単位で閉じているのでなく，それぞれの人と土地が別の島や陸地との結び付きをつくっている。だから州都マリエハムンから外に出て，島嶼部を訪ね歩いたほうがいい」と教えてくれた。レストランでの食事を共にするためにボートでやって来た若手起業家や，島嶼部の小さな島を買い取り，夏はボートで，そして「7年に一度くらい海が凍る年には車で（!!）海をわたるのさ」という島議会（lagting）の議長などから，「きっちりと場所が限定」された，この島の「幸福」についての話と，自分たちで今この場所で，常に，「自治・自立」を"創り"続けるためには，「より複雑なプロセスを選択する個々人の努力」が大切だという話を聴いた。

　子ども達がフェリーとスクールバスを乗り継いで通ってくる島嶼部の中心的な島フォーグロー（Föglö）ではまさに，「より複雑なプロセスが選択」されていて，小学一年生から英語を第一外国語，第二外国語として，フィンランド

語，ドイツ語，フランス語など学ぶ。この話をしてくれた校長の部屋には，自らが狩猟をしたキツネやエルク（ヘラジカ）の毛皮が飾られていた。「ここの人間じゃないけれど，自然との関係や狩猟を楽しむ生活などを考えると悪くないと思っていますよ。子どもの教育を考えると，文化的刺激の点でどうかと思うかもしれませんが，年に何回かは，トゥルクやストックホルムに家族で映画か演劇を見に行ったりするのでそれほど問題はないと思うのです」と言い，総人口600人ほどの「島で暮らすことの幸福」を語ってくれた。

「オーランド島民」は，制度的にはフィンランド，言語文化的にはスウェーデン語という「ネジレ」によって，車の免許や教員免許をとるといった日常生活のなかで，くりかえしくりかえし，文化的距離の違いと，フィンランドの制度内にいることのジレンマに直面する。常に，自らが自らの反対物，異質にして他者であるような"対位法（contrapunctus）"が，身体に"埋めこまれ／植えこまれ／刻みこまれ／深く根をおろして（radicato）"いる。その歴史的形成の厚みから，"複合的身体（corpo composito）"であるのみならず，いわば"対位する身体（corpo contrapporrendo）"でもあるのだ。

"島のひと"は，幼くして境界線を越えることを自覚的に体験する。境界線を越えて移動することによって，異なる体験をし，自らの属している領域が持つ限界を識り，その境界のかなたには自分達が持っていない何かが存在していることを"識る"ことになる。そして，島から出て行き，帰還した人達には，それぞれに「固有の異文化体験」（"異物"として「発見」された cross-cultural experiences）がある。フィンランドに対してもスウェーデンに対しても，"内なる異物（outsiderwithin）"であるような自らの存在（とその意味）を，体感・自覚しているかというところに，その存在の基盤が在るのだ。

スウェーデン，ロシア，そしてフィンランドといった，国家による介入を，ずらし，かわし，バランスをとり，「統合」され「承認」されることを「甘受」しつつ，その実質まで失わないために，コストのかかる複雑なプロセスを確保し続け，応答をし続ける。そこには，農夫や漁民の生活があり，バルト海貿易のなかに自らの役割を見出す商人たちがいた。オーランドのオートノミーとア

イデンティティの"深層／深淵"にあるものは何かと聞かれたとするなら，その中身はむしろ，自らのしかたでどのように始めるかというところから始めるアウトノミアの力，いくつもの個々の歴史的応答にこそ在るはずだ。

　今こうして，オーランドの人達の「難解さ」を理解することの端緒が開けたのは，サルデーニャや沖縄の人々からのいただきもの，そこからの"連想"や"想起"のおかげであると思う。オーランドを訪れる以前からも，きっちりと限定された土地や人と"出会い"，何度も何度も忍耐強く，真剣に，"謎かけ"をしてもらい，そのなかで"不協の多声"と"対位する身体"の意味を考えさせられていなければ，「堅い岩盤」は閉ざされたままだったのではないか（cf. 新原 2004 a）。

　「3.11以降」の"見知らぬ明日（unfathomed future, domani sconosciuto）"に立ち向かおうとするとき，膨大な時間とエネルギーを以って"不断／普段の営み（movimenti continui e quotidiani）"として続けてこられた"島のひと"の"思行（思い，志し，言葉にして，考えると同時に身体を動かしてみる）"から学ぶことは多い。なぜなら，地球規模の社会の均質化と同時に進行する都市の多民族化，複合文化社会化は，混沌・動揺，「統治性の限界」をもたらし，そこに生きるものは，これまで無意識に依拠してきた日常的思考の限界を経験し続けることとなり，急速に変動し続ける社会の濁流のなかで，わが身もまた流転していくという感触を持たざるを得ない。

　システムとネットワークの「端末」であることの「確かさ」は，その一方で，個々人の内面において，意識されないがゆえに語られない，あるいはうっすらとは"知覚"されてはいるのだが言語化するには至ってなくて語れないこだわりやひっかかり，いわば"システム化の痛み"を生み出す。"島のひと"は，たしかにそこに在るところの"痛み"と"根の異郷化／流動化（spaesamento/fluidificazione delle radici umane）"に応答し，その内実を"伝承・伝達（trasmissione）"する術を蓄えてきたのでないか。

　オーランドの"島のひと"からの問いかけを今ふりかえることで，後からやって来るものがあること，それ自体が"境界領域"のフィールドワークの「果

実」なのもしれない。確かにいつも，新たに訪れた場所で，既に身体のなかに刻み込まれた感触を"想起"し，過去の体験や知見との意外な〈つながり／つらなり〉を"連想"し，"対話"するということを続けてきた。1994年にはサルデーニャのサッサリで1988年以降の旅をふりかえり（新原 1995a），「ヨーロッパ統合」についての文章をオーランドで書いた（新原 2004a）。そして，オーランドについての文章は，イストリア半島への旅のなかで書き（2006a），本節のもとになったリフレクションはフィンランドのミッケリ近郊の湖畔で書いた。新たな"旅／フィールドワーク"は，知見や見聞や体験されたことの意味を"連想"し"想起"するためにも必要なのである（新原 2002；2006b）。

3．"境界領域"のカーボベルデ

　大航海時代の航海者にとっては，既知の世界であり，彼らにとっての「海」であった地中海や北海やバルト海に比べて，ジブラルタルの果てに広がる大洋は，想像を越えた茫漠さであったろう。あてどなくその大海へと漕ぎだし，数々の岬と新たな海を越えて，アゾレス諸島，カナリア諸島，マデイラ諸島，そしてカーボベルデ諸島と出会った。カナリアとマデイラには，ベルベル族などの先住民がいたが，アゾレスとカーボベルデは無人島であったため，航海者たちの「上陸」によって，その土地の「歴史は始められた」。カーボベルデもまた，クレオリザシオン（créolisation）の実験場となった。アゾレスとカーボベルデ，レユニオン，コモロ諸島，モーリシャス，モザンビーク，ザンジバル，インド，そして，マラッカ，東ティモール，マカオという土地と人のつらなりのなかで，これまでの旅の意味付けをすることが可能になるはずだ。

　スペインが「大陸」に向かったのに対して，ポルトガルは，海と島々，岬と半島へと漕ぎ出した。ポルトガル人の航海と商業は，土地の「占有」を目的としていなかった。土地を占拠した唯一の例はブラジルだが，これは国としての選択ではなく，ブラジルへの植民者たちの選択だった。アフ

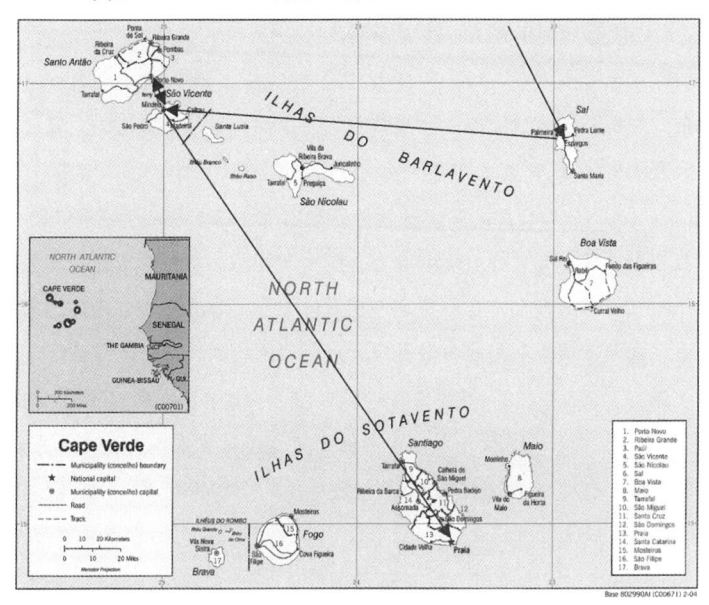

図2　カーボベルデ諸島の地図：フィールドワークの経路

出所：テキサス大学のホームページ（http://www.lib.utexas.edu/maps/index.html）より取得した著作権フリーの地図をもとに加工している。

リカからインド，アジアにかけて，海岸沿いに無数の港を建造（impostazione）した。この他の領土拡張（espansione）は，デンマークが行なったもので，フェロー，アイスランド，グリーンランドへと向かった。それ以前に，ヴァイキングはこの地域，さらにはアメリカ大陸にも到達していたが，地図もつくらず記録も残さなかった。ポルトガルもオーストラリアに到達していたが，「発見（scoperta）」はクックのものとなった。ある土地に到達したとしても，そのことを他者に「宣言」し，記録や地図を残さなければ「発見」にはならない。国旗を立てて，「この土地は私のものだ」と宣言し，「証紙」を残してはじめて「発見」したことになる。航海が，他者との出会い（incontro）や到達（arrivo），交換／やりとり（scambio）を意味するものと，「占有・占拠」するための「発見」とに分かたれている。

　ポルトガル人は，1490年にブラジルに到達していたが，「発見」はその

後だった。「発見」したときには，先住民のみならず，既に難破船（naufrasi）の生存者のポルトガル人がそこにいた。同じイベリア半島に位置しながら，ポルトガル人は，陸地の"端（punta fine）"にいるという感覚を持ち，だから少人数で海へと漕ぎだし，未知の大陸の多数の人達に対して自分たちの存在を認めてもらわなければならなかった。「大陸」「大国」「帝国」が，「神のご加護により新世界を占有する」という発想でなく，「半島人」が「島」や「岬」に沿って，航海を始め，境界を越えて，他者との関係の作り方そのものも，特定の状況によってつくることから始めた。だから，武力で制圧し，その後も自分たちの力で異族を支配するという発想は，（国家の統治ではなく実際に生きていた人々の他者との衝突・混交・混成・重合の総体としての）ポルトガルからは出てくるはずがなかったのだ。（2008年2月24日，アゾレス諸島ファイアル島のホルタからリスボンへの飛行機内でのメルレルとの対話より）[16]

「スペイン以前」の他者との出会い方の固有の意味については，これまでずっとメルレルとの間で対話を積み重ねてきている。通常の私たちの理解における国家としてのポルトガルは，「大航海時代の先駆者」として，「点の支配」により「一大海洋帝国」を築いたが，「スペインとの併合」，「対英経済従属」などを経て，「衰退した」と位置付けられている。これに対して，メルレルは，国家としてのポルトガルの「盛衰」の"深層"にあって，伏流水のように存在し続けた，"ひとの移動"と他者との出会いがもたらした「果実」に着目する。メルレルとの"旅／フィールドワーク"の途上，1997年のマカオでは，アンゴラ生まれで父親はポルトガル系だが母親はアンゴラの人，インドのゴアで暮らした後にマカオに来て，中国系マカオ人を妻にした男性とセナド広場で出会った。そしてまた，2008年のアゾレスへの旅の途上で，ピコ島の港町ラジェス（Lajes）では，「1460年にこの街は始まった」という碑とともに，教会の前で，この町で生まれ東ティモールの最初の司教（vescovo）となり，マカオで亡くなった神父を顕彰する銅像に出会った。こうした人達の身体には，「大航

海」以後の"ひとの移動"，他者との出会いによる衝突・混交・混成・重合の歴史が刻み込まれている。ポルトガルからの"ひとの移動"は，現在でも，アフリカ，ブラジル，インド，アジアとの間で，土地と人のつらなりの"翠点"となっている。

　メルレルは，"ひとの移動"を，「度重なる多方向への旅（帰還し，再び旅立ち，再び入植し，複数の場所の間で，一定期間をおいて繰り返し移動し続けること）をくり返すという〈ひとつの再帰的な旅〉をし続ける状態」を意味すると考えているが，この発想は，アルプス山間地域の麓のイタリアの都市トレントで生まれ，家族と共にブラジルに移住しサンパウロでものの見方と社会学者としての基礎を築いたメルレルの，他者との出会い方への理解の在り方から生まれているのだと考えたほうがよいだろう。

　メルレルによれば，「大航海時代」に，地中海からアフリカの沿岸部，アデン湾，紅海，インド洋，マラッカ，ティモール，マカオ，そして日本にまで行き着いた「少数（派）のヨーロッパ人」がいた。自国から行くのは少数であったから，地元の人々を「ポルトガル人として遇し」た。たとえば，カナダやブラジルやオセアニアに到達しても，「この土地は私達が発見した（がゆえに私達のものだ）」という言い方をせずに，「今まで知らなかった土地に出会った（がそのことも秘密にしておこう。秘密にした上で商品の取引をすることにしよう）」という身の処し方をした。オーストラリアの海岸部では，クックたちの「発見」以前にこの地に到達していたポルトガル人によって遺されたコインが発見されている。メルレルによれば彼ら「航海者」のなかには，ヨーロッパ内の先住的マイノリティ地域の出身者が多く含まれていた。このような移動の歴史の中に，アゾレスやカーボベルデ，ブラジル，マカオや東ティモールの現在の「定住民」は存在しているのである。

(1) 大航海時代と"惑星社会の諸問題"のなかのカーボベルデ

　以下では，危機のかたちで現象する「変容」や「超越」に対する応答の諸形態を，アフリカ大陸西岸において（入植したポルトガル人と連行されたアフリカ人

によって生み出された）クレオリザシオンの舞台となったベルデ岬諸島（バルラヴェント諸島およびソタヴェント諸島）によって構成されるカーボベルデ共和国（1975年7月5日にポルトガルからの独立が法的に承認される）をフィールドとして考察していく。調査を共にしたのは，ポルトガル語を母語のひとつとするメルレルと，セネガルでの留学・在外研究の経験を持つサッサリ大学教員のM.コッコ（Mariaantonietta Cocco）である[17]。

カーボベルデ調査は，サルデーニャや沖縄への筆者たちの入りこみ方と比較した場合，きわめて限定された範囲のものとならざるを得ない。しかしながら，既に知見の蓄積がある地域との比較によって，オーランド，アゾレス，サイパン・テニアン・ロタ，南北大東島などにおける限定的な調査においても成果をとりまとめてきた[18]。

こうしたフィールドワークの途上で，"毛細管現象／胎動／交感／個々人の内なる社会変動／未発の社会運動"の"兆し・兆候"に気付くための「エピステモロジー／メソドロジー」を，A.メルッチとの間では"聴くことの社会学"，A.メルレルとの間では"旅する社会学"というかたちで錬成してきている。個々人のちょっとした仕草や表情，言葉から意味を読み取るための「エピステモロジー／メソドロジー」は，メルッチとの"聴くことの社会学"に依拠している。「慣れない土地」にどう入るのか，何を見るのか，どこで立ち止まり奥深くに入り込んでいくのかといった点については，メルレルとの"旅／フィールドワーク"の「エピステモロジー／メソドロジー」に依拠している。以下の調査報告は，"聴くことの社会学／旅する社会学"の具体的実践の一例である。

カーボベルデは，レユニオンとならんで，ヨーロッパからは「入り込みやすい」アフリカである。言葉は古いポルトガル語から派生したクレオール語，都市部ではかなり標準的なポルトガル語，ブラジル・ポルトガル語が話されている。宗教的にはカソリックで，気候も「受け容れがたい」ほどではなく，海水から精製された水は，飲むことは出来ないが，コレラなどの伝染病に感染する確率は，きわめて低い。「入り込みやすい」という記述のなかには既に，島々

第 8 章　"深層／深淵"のヨーロッパ　*361*

を見るときの，外から・ヨーロッパからの「視点の問題」（序章 5 節〈島嶼社会論〉を参照されたい）が混入している。

　今回の調査においては，九つある有人島のなかで，四つの島に入っている。カーボベルデ諸島は，バルラヴェント諸島とソタヴェント諸島という二つの諸島に分かれるが，前者のサル（Sal）島に始まり，サン・ヴィセンテ（São Vicente）島，サント・アンタン（Santo Antaõ）島，さらに，空路でソタヴェント諸島のサンティアゴ（Santiago）島に移動している。移動の経路そのものも，"旅／フィールドワーク"の方法に基づき，対象地域の「地方」から入り，最後に「首都」を見るという方法を採用している。すなわち，メルレルの言い方である「外側から」見られたまとまりとしての「群島」であるところのカーボベルデ内部を見ていく際に，出来る限り，"端／果て"から見ていくことを意識し，それぞれの島では，都市部のみならず，陸路で移動出来る範囲の島内をすべて概観し，最後に「首都プライア」を訪れるかたちで旅程を組み立てた。また，機縁法により，メルレルとコッコの旧知の友人を訪ねて，深い聞き取り調査を行なっている。

　カーボベルデにおいても，〈あるく・みる・きく〉[19]ことを基本として，都市の街路や山野のあぜ道で，そこに暮らすごくふつうの人達の話を聴き，街並みや山野をその場で観察した。自分の観察，人々のやりとりから考え，そこから抽出された理論（ものの見方）によって，緒論を批判的に検討する。この"探究／探求の技法（Arti di ricerca / esplorazione, Art of exploring）"は，「気力」とともに「毎日の見聞を統括するアキューメン（acumen）」を必要とする（3 章冒頭 113 ページの鶴見俊輔が鶴見良行の学問の特徴を評した言葉を参照されたい）（鶴見俊輔 2006：41）。

　フィールドでのデイリーワークのなかでの「大量で詳細な記述」——keeping perception / keeping memories（ぐいっとのみこむ，かく，きざみこむ）の実行にあたって，重要となるのは，"傷つきやすさ／攻撃されやすさ，罪責／悪／弱さをつつみかくさず，道理のある話をする"ことである。はじめての土地での最初の印象は，「今までの自分の常識，自分の感覚からすると理解出来な

い」「とても適応出来ない」というものであり，"旅／フィールドワーク"が終わる頃には，この最初の「違和感・アウェイ感覚」は，かなり薄らぐ。だからこそ，最初の「違和感・アウェイ感覚」を大切にして，たとえそれが自分の狭量さや偏見から来ているものであったとしても，そういうことがあったことをきちんと記録しておく（後から自分に都合良く書き換えてしまわない）[20]。

そして，最初の「違和感・アウェイ感覚」が薄らいだ後に，自分のなかに"埋めこまれ／植えこまれ／刻みこまれ／深く根をおろした"感覚と，新たに体験したものの個々の要素のどこが近く，どこが遠く，どんな関係になっているのかを，丹念にときほぐしていくことが大切となる。それゆえ，十分にコントロールされていない言葉で記述したものを，出来るかぎりそのままのこすかたちで再録していくこととなる。

⑵　サンティアゴ島とサン・ヴィセンテ島を歩き，景観の背後の人間の想念の歴史を見る

首都プライアの歴史的中心街と新市街

以下は，首都プライア（Praia）があるサンティアゴ島と，古都ミンデロ（Mindelo）のあるサン・ヴィセンテ島での〈あるく・みる〉についての記述である。実際のフィールドワークの時系列の順序を組み直すかたちで叙述をすすめていく[21]。

　　　私たちは，サル島から，サン・ヴィセンテ島とサント・アンタン島に移動し，サン・ヴィセンテ島から首都プライアのあるサンティアゴ島に入った。首都プライアの歴史的中心街は，プラトー（高台）の上にあり，外敵からの防御を考えられたつくりとなっている【写真①：首都プライア旧市街の遠景】[22]。

　　　ホテルの前につくと，年配の男性がやって来て，タクシーの運転手さんの手を払いのけて荷物を運ぼうとする。ホテルの扉は厳重に閉められていて，何者かを確認してからやっと開けてもらい，運転手さんの助けでなん

写真①：首都プライア旧市街の遠景

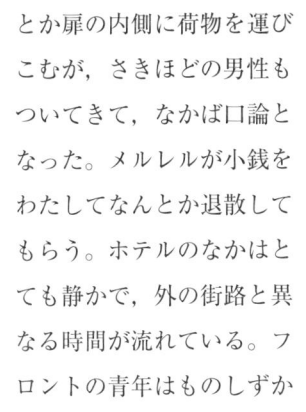

とか扉の内側に荷物を運びこむが，さきほどの男性もついてきて，なかば口論となった。メルレルが小銭をわたしてなんとか退散してもらう。ホテルのなかはとても静かで，外の街路と異なる時間が流れている。フロントの青年はものしずかで，床や部屋も清潔。ただ部屋にはいってみると，このホテルのすべての部屋は外側に窓がない構造で，窓がひとつもない部屋で数日を過ごすことは精神的に厳しいと感じられたため，旅行代理店やレンタカー屋などを経営している会社の本店に行き，別のホテルに窓のある部屋を確保してもらう。たいへん恰幅のよい女性経営者がすべてをとりしきっており，愛想のよい男性が忙しく働いている。移動してみると，部屋はやや汚れていて，ランプなどがほとんどきれていたため，なんとか調整してもらってやっと一段落する。シャワーは，熱湯がごくわずか出るだけで，トイレからの悪臭は強く，トイレットペーパーがなくなっても，新しいものをもらうことがとても困難であった（ペーパーの使用は「経営者の指示」によって厳しくおさえられていた）。なんとか宿泊可能な状態にまで持っていくのには，かなりの交渉が必要となる。フロントにいるのは十代の女性で，ほとんどの時間は，彼氏とホテルの電話で話しているため，なかなか応対してもらえない。こちらのホテルも，正面玄関の扉はきちんと閉められているが，時折，人の出入りの合間をとらえて，小銭をせびる子ども達が入って来る。そして，何かをもらえるまでは決して立ち去ろうとせず食い下がる。

「首都プライア」が，カーボベルデに入ってから見てきたサル島，サン・ヴィセンテ島とサント・アンタン島の都市や地域とは「まったく雰囲気が違う」と

感じていることをメルレルたちと確認する。道を訪ねても最初の二人は応答せず，三人目の人は言葉を発せずに首を少し動かしてこっちだという合図をしてくれたがその情報は間違っていた。やっと談笑する若い女性二人に正しい道を教えてもらう。ともあれ，緊張感を保ちながら，少し街を歩く。歴史的中心街の一角には，セネガルやアメリカの大使館がある。20世紀初頭頃のコロニアルスタイルの建物は，とてもしっかりした造りで，同じ街のなかでまったく異なった雰囲気の街並みとなっている【写真②：首都プライア旧市街の広場】。さらに少しいくと，ポルトガル統治時代につくられた高校の建物があり，メルレルによれば，自分たちの「偉大さ」を誇示するため，新古典主義的な壮大な建築物を建造した。プライアには多くの病院が見られたが，ポルトガルは，植民地での病院と学校の建築に力を入れていたのだという。

　プライア到着の翌日，メルレルに運転してもらい，プライアの歴史的中心街から新市街へとくだっていき，街の様子を見る。新市街には，歴史的中心街に入りきれない政府の建物や各国の大使館（スペイン，中国，ロシア，国連，ブラジル，フランス，ナミビア，ポルトガルなど）が林立し，しかもそのすぐ側には，アフリカの諸地域からやって来た人達が住む貧民街と，ホワイトカラー層向けの高層住宅が隣接している。貧民街は，土埃と砂利の中に無秩序に建物が並び，アップダウンの住宅街は，アスファルト道路できちんと区画整備がなされている。メルレルによれば，カーボベルデ人（ポルトガル文化との異種混交の痕跡を残す人達）の数は少なく，最近アフリカ大陸からやって来たであろう「新移民」の存在が圧倒的である。歴史的中心街と新市街の間には，大量の廃車の残骸が放置されている。歴史的中心街がかろうじてひとつのまとまりを保っているのと比較すると，新市街はまったく無秩序

写真②：首都プライア旧市街の広場

に拡散している【写真③：首都プライア新市街の遠景】。

写真③：首都プライア新市街の遠景

大航海時代の「旧い都市（Cidade Velha）」を高台から見た後に谷底からも見てみる

　プライアの新市街を出て，ポルトガル語で「旧い都市」を意味する町シダーデ・ヴェーリャ（Cidade Velha）へと向かう。新市街を出ると，ポルトガルの統治時代に整備された石畳の道と石のガードレールがずっと続いている。ポルトガル統治下，地域住民の仕事を確保するための公共事業として，道づくりは推奨されていたという。現在のシダーデ・ヴェーリャは，少しの観光と少しの農業・漁業をするだけの小さな町となっているが，歴史的には大航海時代の重要な植民都市であるリベイラ・グランデ（Ribeira Grande）が建設された場所であった。この場所にあった要塞，教会，修道院などはすべて朽ち果てた状態だったが，この十年ほどの間に，「世界遺産」として「再発見」され，スペインからの支援で「修復」，新たな観光地として「再開発」されている。

　フィリペⅡ世の治下にあった1587年に，キャプテン・ドレイクたち海賊の攻撃にそなえるために造られた要塞は，ほぼ完全に修復され観光地となっている。1556年に建設が始まったカテドラルは，現在も「瓦礫」のままとなっているが，1512年にポルトガルから石も含めたすべての材料が運ばれ建設された大理石の柱は，現在も中心的広場のシンボルとなっており，ここには，セネガルからやって来た物売りの人達がたくさんいて，観光客達が「つかまって」いる。15世紀に建設が始まった古い街路であるバナナ通りは，「1545年には既に500軒以上の石の家が並んでいた」と書かれていた。1495年に建設が始まった，カーボベルデで最も古い教会であるロザリオ教会と，1640年に建設されたフランシスコ会の教会と修道院は，文化的のみならず職業訓練の場としても機

写真④：高台から見たシダーデ・ヴェーリャ

能していた。1712年に海賊によって破壊されたが，1999年から「修復」作業が行なわれ，観光スポットとなった。その他，宿泊所などもあり，バナナ，マンゴー，甘薯，キャッサバ，サトウキビなどが栽培されている。

　私たちは，まず，市街から少し離れた場所にあって，海岸部とリベイラ・グランデの谷底部分を見渡すことが出来る要塞にいき，この場所の全体像を概観した【写真④：高台から見たシダーデ・ヴェーリャ】。上から見ると，切り立った断崖によって囲まれていて，人々の声や，鶏や山羊の鳴き声がひびいてきている。雨が降ったらその水を吸収出来るつくりとなっているこの谷の豊かさが実感出来る。続いて，市内へと入り，各種の「世界遺産」を見ていったが，今度は下から見ると，緑によって強い太陽光線から土が守られ，濃い緑と背が高い木々が茂り，整備された耕作地が可能となることをあらためて感得することが出来た【写真⑤：谷底から見たシダーデ・ヴェーリャ】。

　セネガルで留学・在外研究をしていたM.コッコの案内で，セネガル時代からの友人夫妻が経営するイタリア・レストランで食事をした後，島の内陸部へと入っていく。標識もなく，崖崩れをしかけた道の先を聞いても，道行く人は，教えてくれようとする気持ちはあってもなかなか伝わらない（「そっち」「あっち」「どんどん」「ちょっと」などの片言か，首を少

写真⑤：谷底から見たシダーデ・ヴェーリャ

しかしげるといった反応がかえってくる）。当初は予定していなかったという集落に入り込んでしまい，道は崖崩れで岩がころがっていて，ガードレールもなく，石積みであるため，普通車でいくのはとても困難であった。それでも地図と格闘し，なんとか内陸部への道を捜そうとして，何度か道を間違え，人に会うたびに何度も道を聞きつつ進んだが，日没が近づき，悪路のなかで立ち往生し，いろいろ考えた末，もとの道をひきかえすという選択をするに至った。

サンティアゴ島の北西部へと向かう

　次の日に向かったサンティアゴ島北西部への道は，アスファルトで舗装されている。この舗装道路に沿っての道では，少し標高があがって植物が群生している場所に出ると，とぎれることなく人家を見ることが出来た。交通量も多く，大型トラックがひっきりなしに通り過ぎる。これまでの島々で見てきた光景とは異なる人口密度と物資の集中が見てとれた。内陸の町サント・ドミンゴス（S. Domingos）の教会を訪ねると，ポルトガルの北部の町からこの地にやってきて50数年というアントニオ神父に教会を案内してもらう。この町を出る頃には，ちょうどお昼頃で，子ども達が学校を終えて帰路につく行列に出会った。メルレルによれば，学校は2交代制で，午前の部と午後の部のグループに分かれている。車で迎えに来てくれる親もいないわけではないが，子ども達は，かなりの距離（10kmくらい）を歩いて学校に通う。農村部に学校をつくることが困難だった他の島の状況よりはるかによい条件だ。尖った岩と教会が遠くからでもとても目立っていたピコス（Picos）という町では，帰路につく生徒と登校する生徒の両方でごったがえしていた【写真⑥：ピコスの小中学校の遠景】。内陸部のアソマーダ（Assomada）は，市場

写真⑥：ピコスの小中学校の遠景

写真⑦：アソマーダの市場

のある「巨大な町(!!)」(人口 1 万 2,000〜3,000 人)で，レストランを見つけ食事をすると，隣の席には，この町にある私立サンティアゴ大学で社会科学系の科目を教えているらしい大学教員のグループに遭遇する。土地の人達が T シャツでいるのに比して，彼らだけは，黒ずくめのスーツにネクタイをしめ，周囲と自分たちとを「峻別」していた【写真⑦：アソマーダの市場】。

　ここから少しいくと，ついにアスファルト道路は途切れて，ふたたび石畳の道となる。人家もまばらとなり，他の島々の農村部と近い光景となってきて，途中，ロバをつれて水汲みに向かう 5 歳くらいの子ども達に何度も出会う。途中，「ポルトガルの独裁者」だった A. サラザール（Antonio de Oliveira Salazar）の政権時代に政治犯を収容し緩慢なる死を強要していた刑務所に立ち寄り（プライアからやって来た医師たちは，囚人の治療を一切することなく，ただ死亡証明書を書くためだけにここにいた）【写真⑧：刑務所の内部】，北端の町タラファル（Tarrafal）へと到着した。

写真⑧：刑務所の内部

サン・ヴィセンテ島の都市部と農村部を〈あるく・みる〉

　一つの地域の都市部と農村部を対位的に見ていくという試みは，サル島，サン・ヴィセンテ島においても行なっている[23]。ここではサン・ヴィセンテ島

第8章 "深層／深淵"のヨーロッパ　369

についてのみ紹介する。

　サン・ヴィセンテ島の主要都市ミンデロには，ポルトガル文化会館（Centro cultural portogués，別名を大航海時代の詩人ルイス・デ・カモンイス Luís Vaz de Camões の名前にちなんで Istituto Camões となっている）が置かれている。ポルトガル統治時代の建てられた館には，中庭に大木が植えられ，木陰がつくられている。この雰囲気はマカオにいったときにも感じたものだ。カーボベルデの主要な港湾都市の歴史についての展示があり，まことに興味深い。展示によれば，ミンデロが都市として開発されたのは，1850年頃で比較的新しい。最初は，隣接するサント・アンタン（S. Antaõ）島が植民されたが，後になって，よい港湾があることからミンデロでの港湾建設が始まった。農業が困難で，漁師の集落がいくつかある程度の島に都市が建設された。そのため，サル島の主要都市エスパルゴスの道が曲がりくねっていて，自然発生的に街が形成されていったのと比較すると，ミンデロの街路は，ポルトガル統治時代の敷石そのままの広い道路がまっすぐにのびていて，ポルトガル政府の施設，市庁舎，教会，征服者（Conquistador）の建物（現在は人民の宮殿（Paço do Povo）と呼ばれている），師範学校（Istituto superior de educação）などが配置されている。海岸沿いの道路をすすむと，リスボンのベレン（Belém）の塔のレプリカと，この島を発見した航海者 D. アフォンソ（Diego Afonzo）の銅像がある広場があり，ついさきほどの漁でとってきた魚をその場でさばいて干物にする作業をしている人達がいる【写真⑨：塔と銅像の下で干物を加工する風景】。

写真⑨：塔と銅像の下で干物を加工する風景

　ポルトガル統治の痕跡である塔と銅像の下で，土地の人によって生業がなされており，近くにはシェルのスタンド，そして遠景にはコロニアルスタイルの別荘やホテルなどが一枚の写真におさまるという光景は，現

写真⑩：ミンデロのカーニバル（2009.02.22）

写真⑪：内陸部の村マデイラル

在この街が置かれている状況を象徴的に表している。強風と土埃のなか，魚市場，その後，市庁舎と教会を見学し，リスボンにあるのと同じ様式の精緻な敷石を歩いた後に，フランツ・ファノン通り（Rua Franz Fanon）の一番上にあるレストランで食事をする。

　カーニバルでにぎわうミンデロ【写真⑩：ミンデロのカーニバル（2009.02.22）】から島の内陸部へと向かう。強風と渇水のなか，かろうじて台地にへばりついている木々の根元に，プラスチックゴミやポリ袋がからみついている。しばらく「荒野」をすすむが，時折，民家があって，この島に来てはじめて，山羊や豚，鶏，牛などの家畜を見かける。内陸部の村マデイラル（Madeiral）とはまったく異なり，日曜日に少女が家畜の世話をしている光景に遭遇する【写真⑪：内陸部の村マデイラル】。この集落を出て，少しずつ海岸部にむけて降りていくと，北岸には，区画整備され，風車で地下水をくみ出す井戸で得られた水によって，畑の耕作がなされていた【写真⑫：内陸部の耕作地】。ここで採れた野菜を，ミンデロの市場で見てきたということになる。南岸には，何かが植えられたが根付かずに枯れてしまった痕跡が残っている。車で走っていると，道沿いに少しくぼんだ土地が続き，「これが川だ」とメルレルに教えてもらった。今は水がまったく流れていないが，数少ない降雨の折には水が流れ，その水をせき止める小さな堰が複数あって，土中にしみ

こみ地下に貯水された水を井戸でくみ出すことでかろうじて農業が成立する。これは，はじめての知見であった。確かに，地下水がある場所には，灌漑設備がなくても，植物が存在している。その姿は，灌漑設備によって可能となっている緑の濃い畑や，背の高いヤシとは異なり，

写真⑫：内陸部の耕作地

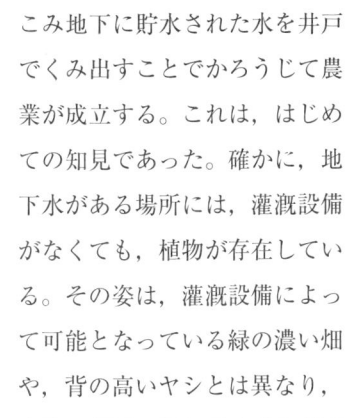

土埃で煤け，枯れる寸前に見えているが，確かに生きている。「荒野」として一括して処理してしまう景観の機微をどのように読み解くかを考えさせられた。

　海岸部の町カリャウ（Calhau）にまで降りてくると，携帯電話のための巨大なアンテナ塔の先に，漁師の家々も見られたが，大半の建物は，青や赤，黄色といった原色で塗り固められたコロニアルスタイルの最近の建物だった。ミンデロのレストランが日曜日だけ出張し，この地で開店していて，その建物は綺麗な青で塗られていた。フランス人が次々と車でやってきて，エビやカニ料理と，この土地では高価なワインを飲んでいる。このカリフォルニア風のシーフードレストランの裏手にまわって見ると，早くもトイレの窓の柵はさび付いていた。建築当時（といっても数年前のことかもしれない）には綺麗であったはずの建物は，強い海風と砂埃で塗装は剥がれ劣化している。これらの建物に隣接し，ひっそりと残っている漁師の作業小屋は，風景に馴染み，海風に耐えている【写真⑬：レストラン裏の漁師の作業小屋】。

写真⑬：レストラン裏の漁師の作業小屋

このレストランで食事をするのはどうにも抵抗感があって，結局ミンデロまでもどって，馴染みの通りにある大衆的なレストランで，「郷土料理」の「カチュパ（チョリソーとトウモロコシ，豆類などが炒め煮されたもの）」を食べる。

　食後再び，ミンデロを出て，標高 750 m のヴェルデ山（Monte Verde）のふもと（Mato Inglês）に立ち寄る。ここにも「（渇いた）川」が存在し，農家をぽつんぽつんと見ることが出来る。山腹の途中には教会もあり，いくつもの小屋や家を発見するがそれらはすべて廃墟となっている。さらに登っていくと，山頂近くには，灌漑設備を施した畑とかなり規模の大きな建物があって，こわれたトラックが捨て置かれている。何の施設であるか分からなかったが，下りの道で，ロバに枯木を積んだ農夫と出会い質問してみると，かつてイギリス人によって，養鶏場として建設されたが，経営破綻し撤退したという。その他，花卉栽培なども試みられたが外部の資本による開発はすべて失敗し，結局古い農業だけがかろうじて生き延びている。

　山から下りて海岸部（Baia das Gatas）へと下っていく。湾内の反対側には，北を意味するノルテという集落が二つあり（ノルテ1，ノルテ2と書かれていた），ここは，マデイラルと似た雰囲気を持つ集落だった。ところが!! 対岸の街（Gatas）は，徹頭徹尾，リゾート地として開発され，区画整備され，「Show House」「For Sale」といった看板が出ている。英語圏の人間がほとんど来ない場所であるはずなのに，あえて「国際的な言語」を使っている。この海岸では，毎年夏に一週間ほど，「ワールドミュージックの祭典」が開かれるのだという。区画整備され売りに出された土地から少し出ると，火山岩がちらばる荒れ地で，ところどころにリゾート風の建物の大きな窓ガラスがあり，土埃で曇っていた。

　この町にほど近いサラマンサ（Salamansa）にも寄ってみる。この町の道路は唯一アスファルトで舗装されている。ということは，ポルトガル統治の時代にはこの町にはインフラが整備されなかったということになる。しかし，町はとても活気があり，子供たちはカーニバルの練習などをしている。

　サン・ヴィセンテ島という 227 平方 km の島の中に，今日のグローバル化と都

市・農村問題のほとんどが織り込まれている。もちろん，日曜日のほぼ同じ時刻に，ミンデロの街でカーニバルの練習に高揚する少女たちと，山羊の世話をする同い年くらいの少女を対比することは出来る。あるいは新築で錆び付き始めたリゾートレストランと漁師小屋の対比は可能だ。しかしこの対比の構造は，ただ単に，都市－農村という単層の構造で対位しているのでなく，入り組み，交錯し，その一つひとつを解きほぐしていくしかない様相を呈している。

⑶　聴かれるべき声を〈きく〉——サント・アンタン島にメルレルの旧友を訪ねる

以下は，その土地を識る智者（"地識人（the streetwise）"）の聴かれるべき声を〈きく〉ことにかかわる記述である。

2009年2月23日，サン・ヴィセンテ島の主要都市ミンデロ（Mindelo）から船で一時間ほどのサント・アンタン島にメルレルの旧友フライ・アントニオ・フィダルゴ・デ・バーロス（Frei Antonio Fidalgo de Barros）神父（以下，メルレルの呼び方に従ってアントニオ神父）を訪ねる。朝の5時より準備を始めて7時少しに宿を出て，港へと向かい，サント・アンタン島行きのチケットを買う。対岸のポルト・ノボ行きのフェリーは，定刻の午前8時より数分早く出港する。「海は比較的静か」とのことだが湾の外に出るとすぐに強い揺れがおそってきて，冷や汗をかきながら1時間をじっと耐える。ポルト・ノボの港に着くと，アントニオ神父が教会ボランティアのイタリア人の方といっしょに出迎えてくれる【写真⑭：サント・アンタン島の港】。神父と会ってすぐに，いくつかの短い言葉のやりとりから，多くの体験をし，その意味を深く理解してきたひとだと直観する。たしかに会うべき特定の個

写真⑭：サント・アンタン島の港

人に出会っている。荷台がベンチになっていて，大きく TOYOTA と書かれたトラックで教会へと向かい，教会では1時間ほど，とても密度の濃い対話をすることが出来た。

　メルレルとアントニオ神父は，1970 年にトリノで知り合った。1971 年にはリオデジャネイロでも会い，友人となった。神父は神学を学ぶ留学生として，メルレルは南米最高の大学であるサンパウロ大学の大学院を修了した後，セネガル，パリなどでの大学教員経験を持つかたちで，故郷のイタリアに「帰還」したはずであるのに，着任先のミラノカトリック大学，トレント大学では，学生（大学院生）の扱いを受けて，不遇と孤独を感じている時期だった（「この時期は，母国であるはずの場所に強い疎外感を感じて，とても困難な時期だったが，『イタリアに住むイタリア人』であることに疑問を持たない『国民・市民』から"ぶれてはみ出す"人達との間に深い友情を持つことが出来た」と以前語っていた）。メルレルにとって，アントニオ神父は，いっしょにいる時間は短かったが，「帰還」以後の人生のなかで，最も深い友情を取り結んだ相手の一人であったのだろうと想像する。メルレルは，この頃にアントニオ神父からもらったカーボベルデ・クレオール語の詩集から，Ovídio de Sòusa Martins, Luis Romano, Giovanni M. Fancello の詩を翻訳し，サルデーニャの文化雑誌『La grotta della vipera』（n. 12/13, 1978）に掲載した。この話を約 40 年ぶりの再会ではじめて知ったアントニオ神父は，「作者の故郷の言葉であるサント・アンタン島のクレオール語は，かなり難しいのにどうやって翻訳したんだい？」と驚かれた。

　メルレルは昨晩話していた通り，カーボベルデの政治状況についてのインタビューを始めた。カーボベルデ政府は，22 の自治体（municipi）とひとつの議会を持つが，アントニオ神父は，国会議員として政治参加もした。自らが編集発行する雑誌 Terra Nova に毎回記事を書き，ラジオ放送（Radio Nova）でも話を続けた。ポルトガルの植民地支配に対する反発と「アフリカへの回帰」というイデオロギー的な流れのなかで路線の対立も起こり，1985 年から 1990 年にかけては最悪の時期で，時の政府によって二年間投獄もされた。1991 年以後，どうにか複数政党制が実現し，多少の自由化がはかられた。フランス人や

イタリア人が突然やって来て，わずかばかりの農業で成り立っていた土地を，「美しい海」として「発見」し，買い占め，地域の価値体系を破壊した。経済政策は，世界経済の動向とヨーロッパの強国からやってくる起業家たちとの関係に大きく左右されている。「ポルトガルからの独立」というイデオロギーによって，経済的には維持が困難な軍隊と大規模な警察を持っている。しかし警察官は，都市部にあふれかえってはいても，農村部には存在していない。農村部に学校をつくって教育することはとても困難で，保健衛生の問題なども含めて「ヨーロッパへの接近」という選択をせざるを得ない。

　ここでメルレルからカーボベルデの四つの可能性について質問がなされ，議論を続けた。①ギニアやセネガル，サントメ・プリンシペなどといっしょの国になるという案は，「建国の父 A. カブラル（Amilcar Lopes Cabral）も考えたが，たとえばセネガルとは言語的・歴史的にも困難が多く現実味はないだろう」。②分離独立案は，「イデオロギー的に支持されてきたが，現在は，ヨーロッパに接近するという立場のリベラル派が強くなってきている」。③植民地であり続ける（cf. コモロ諸島，モーリシャスの独立の経緯），「これは誰も認めないだろう」。④フランスとレユニオンの関係，あるいはポルトガルのなかに入ってアゾレスやマデイラのような自治州の扱いを受けるという案については，「なんらかの形で EU に入るという選択は既にこの 2 年ほどで大筋として認められ，協約策定の段階に入っているが，『ポルトガルの一部になる』という選択は（植民地時代が思い出されるので）あり得ないだろう。ヨーロッパ参入のための『ロビー』としてポルトガルが機能するということならある程度は認める人が出てくるかもしれないが」。

　「レユニオンは，EU によって社会政策が保証されている。つまり『超辺境（ultra periferica）』の EU ということだが，いったい誰にとっての『辺境』だというのかい？　ヨーロッパの中心から見て『縁辺』にあるとしても，大西洋の島々は，かえってアフリカ，ヨーロッパ，ブラジルの境界がぶつかり合い，それらの全景把握が可能な場所だというのに。確かに農村部に学校をつくることは困難だ。だから人々は，都市部へと『逃散』していく。農業の専門家を養

成する学校（scuola professionale）はフォゴ島にしかない。大学にも農業を専門化して教える場所（学科・専攻）が存在していない。ポルトガルからミンデロにやってきた私立大学（Lusófona）などはその典型だが，『情報についての専門的技術が身につきます』という幻想をふりまいて，カーボベルデ人のなけなしの金を奪い取るためだけに存在している。家にもどって農業をやるための専門的技術を身につけるには都市に出て行くしかないが，都市に出たら故郷にはもどらないだろう」と嘆いた。

アントニオ神父の話に対して，メルレルが，家族と働きながら学べる場所（campo educativo e lavorativo）である「農村家族学校（scuola famiglia rurale）」[24]の話をすると，アントニオ神父は強い興味を示した。子ども達は親元から離れることなく，また伝統的生活そのままでもなく，かといって，地域の現実にまったくかみ合わずむしろその地域の系を破壊してしまうような知を別の場所で身につけるのでもない，等身大の技術教育の在り方と，それはいかなる資金調達や制度的な整備によって可能かをアントニオ神父はしきりに識りたがっていた。

サント・アンタン島の山間部と海岸部を〈あるく・みる〉

対話の後，アントニオ神父の案内で，タクシーに乗り込み，サント・アンタン島の主要道路のひとつである山道を通って，コルダの集落，そして対岸の町を訪ねる。ポルト・ノボの町を出て対岸までずっと，ポルトガルの統治時代に整備された石畳の道と石のガードレール，そして段々畑が続いている。アントニオ神父によると，ポルトガルの統治下，地域住民の仕事を確保するための公共事業として，道づくりが推奨されていたという。この石畳の道は，アスファルト道路が「瓦礫」となってしまうような時でも，堅固に存在し続けるだろう【写真⑮：堅固な石畳の道】。

最も驚いたことは，標高が高くなるほどに，緑が濃くなり人家が増えていくことだった。サン・ヴィセンテ島の農村部と同様に，農業は機械化されておらず，荷物を運ぶロバなども随所に見られたが，標高が高くなるにつれて緑は濃

くなり，霞がかかって，時折，雨もぱらつき（カーボベルデの他の島ではなかなか考えられない！），カーボベルデに来て，初めて，森を見ることも出来，コルシカやサルデーニャ，あるいは箱根の森にいるかのような錯覚を起こすほどだった。とりわけ，標高1,170mの窪地（Cova）は，畑地として整備され，整然とした区画整備がなされていた【写真⑯：窪地のなかの耕作地】。最奥部にもかなりの人家と段々畑があり，新しい家も続々と建てられていて，住民が集落を放棄して廃村となる気配は感じられなかった【写真⑰：山腹の段々畑】。ミンデロよりは風もかなり弱く，土埃の強いポルト・ノボと比較すると，「都市的な」消費生活などを抜きにすれば，はるかに暮らしやすいであろうと思えるほどだった。

標高1,979mに達する山々のおかげで保水力もあるのか，海岸部のパウル（Paúl）の町では，カーボベルデに来て初めて，水が流れている川を見た。

写真⑮：堅固な石畳の道

写真⑯：窪地のなかの耕作地

写真⑰：山腹の段々畑

写真⑱：コルコバードの丘のような光景

この川の近くの丘には，リオデジャネイロのコルコバードの丘やリスボンの丘のように，キリストの像が建てられており，キリスト像の麓部分には，深紅の花（ハイビスカス）が咲きほこっていた。バナナとサトウキビと椰子の木も生き生きとしていて，メルレルに言わせれば，「ここだけ見たらブラジルの風景だといってもおかしくない」とのことだった【写真⑱：コルコバードの丘のような光景】。

　パウルの食堂で，タクシーの運転手さんも含めて，ゆっくりとした食事（筆者たちはカーボベルデの「郷土料理」である「カチュパ」，アントニオ神父と運転手さんは魚のグリル）をした後，帰りの船の乗船時間を気にしつつ，帰路へとついた。出発の直前，アントニオ神父は，まだとても若く，サンパウロで医学の勉強をしていたというこの町の元町長と挨拶をかわした（街の人々の多くが神父のことを知っていて，親しげに挨拶をしてきた）。帰り道，タクシーの前を，この島の特産品である蒸留酒（Grogue）を積んだ車でふさがれ，山道で抜かすことも出来ず，出港ぎりぎりの時間に船に辿り着く。アントニオ神父と抱擁の挨拶をかわし，どうにか帰りの船に乗り込むが，チョリソーと卵入りのカチュパを食べての車酔いと船酔いでかなりまいる。揺れる感覚と胃液の匂いをのこしたまま，サン・ヴィセンテ島のミンデロの街に到着すると，また，強風とカーニバルの喧騒に再会する。近くの広場では，ジャズやロックの演奏が続き，今夜もまた，一晩中続くであろうことから，なかなか寝かせてはもらえそうにない。部屋のなかには，あいかわらず風と土と音が入り込んでいた。

　あらためて考えさせられたことは，カーボベルデとブラジルとの繋がりの強さだ。そもそもミンデロのカーニバルは，リオのカーニバルと酷似している。ポルト・ノボの港に着くとすぐに，アントニオ神父はブラジルから来ている少

女に話しかけた。レンタカーの担当者や，パウルの元市長のように，ブラジルに留学していた人，逆にカーボベルデに働きに来ている人々も多い。確かにカーボベルデの島々は，アフリカでもヨーロッパでもありブラジルでもある。

この日地元のラジオ放送（Radio Nova）で，メルレルが詩を翻訳した L. ロマーノ（Luis Romano）が，郷愁の念（saudade）について話をしていたという。なんという"奇偶"と"機縁"であることか。

(4) カーボベルデの「ヨーロッパ人」——過剰な「選択のパラドクス」と「寄港地」という神話

> 選択は，私たちの時代の不可避の運命である。どこに物理的に居を構えていようとも，私たちはいつも同時に，ニューヨーク，パリ，あるいはロンドン，サンフランシスコ，東京といった，現実のあるいは想像上の大都市の住人である。大都市は，相互に依存し合う高度に複雑／複合的な惑星システム（highly complex planetary system）の端末である。……あるシステムから別のシステムへと動くとき，ある時間から別の時間へと経過していくとき，また，単に行為するというだけのときも，選択を強いられるのである。……この努力は，終わりのない螺旋となって，私たちを疲労困憊させることになるのだ。(Melucci 1996a＝2008：62-64)

カーボベルデには，現在，ヨーロッパ各地からの観光客がやって来てくるだけでなく，「移住」をめざす人達も少なくない。M. コッコの友人でシダーデ・ヴェーリャのレストランを経営するイタリア人夫妻の店で，カーボベルデの伝統的な魚料理を食べたときのことだ。従業員の女性二人はきびきびと働いている。建物や設備は古かったが，手入れがいきとどき，その細かな配慮は，一つひとつの器具や食器からよみとることが出来た。

60 代半ばのレストラン店主は，イタリアの名門大学の文哲学部を卒業し大手銀行員として長く働いた後，世界各地を移動して暮らそうと考えた。モザンビークなどいくつかの土地で暮らした後，カーボベルデにやって来た。イン

ターネットのHPを開設し，そこでは，旅や移住を目的としてカーボベルデにやって来る人達に情報を提供し，同時に，カーボベルデ・クレオール語の辞書も作成している。話し言葉としてどんどん変化していくクレオール語は，紙ベースの辞書よりも，複数の人達の書き込みによって改訂されていくWEB版のほうがよいと考えたからだ。「カーボベルデで金儲けをしようと考える他の起業家たちとはちがって，最低限の暮らしが維持出来る程度の稼ぎがあればよくて，自分達はいつか別の場所に出て行くのだから，ここで働くカーボベルデの人達が，いずれは独立し，自分の店を持てるようになればと思って育ててきた。そろそろカーボベルデから出て行こうと考え，実によく成長した二人の女性従業員に経営権を譲ろうと考えた。「しかし彼女達は，『それは責任が重すぎる。私たちは，従業員のままがいい』と言うので少しがっかりしたよ。そこで，自分たちのHPで，経営を引き継ぐ人を募集したところ，彼がやって来たのさ」。

ちょうどこの地に滞在していた40歳前後のイタリア人男性は，装飾物に金箔を貼り付ける技術の特許を持つ会社を父親から譲り受けた「オーナー経営者」だった。ファッション業界から重用される仕事であり，「上海やドバイなどで超高級ホテルに泊まり，ひたすら儲かり，貯まった金の使い道も思いつかず散財を繰り返していたけれど，この華やかで虚しい暮らしから，自分を切り離したいという願望が徐々に育ってきました。ブラジルにいったときも，移り住めないかと考えたけど，肌にあわなかった。ところが，初めてカーボベルデに来たらとても気に入って，会社を手放しここに来たいと考えるようになったのです。しかし，正直言って，数年ここで暮らした後どうするかは，まだ自分でもわかりません。しかし，店主ご夫妻と同じく，『自分らしい本当の生活』が出来る場所を探しています。カーボベルデにやって来るイタリア人で，移住までしてしまう人達の大半は，この『リアルな本当の生』を求めているのではないでしょうか。バカンスで滞在する人達が求める一時的なエキゾチシズムとは異なる『深いところからの人間的要求』を私達は持っているのです」と言う。

メルッチは，「惑星社会」を生きる「私達は，しっかりとした錨をおろせる

場所（anchor points）を渇望しているにもかかわらず，自分の記憶を辿っても『確固たる自己』に相当するものを認識することは出来ず，……自分のための『寄港地（home）』をつくり，しかもそれを何度も何度もつくり直さねばならないのだ」（Melucci 1996 a＝2008：3）と言葉を続けている。

　このとき同席していたのは，すべてイタリア人であった。女性の二人連れ，夫婦ではないがいっしょに旅を続けているという中高年のカップルなどで，共通していたのは，「私はなにものか」という「自己」をめぐる問いが，家族や仕事など，すべてに優先しているということだった。「移住」をほぼ決めていた女性は，ミラノで仕事を続ける夫との関係については「まだ調整中」だという。別の男性も，今は家族がなく（離婚しており），「もし誰かと来るとしたら，会社経営をしている別の友人とやって来るかもしれない」と言っていた。

　今度はサントメプリンチペで暮らしたいという店主は，目をわずらっていて（緑内障），かなり難しい手術が必要なのだが，カーボベルデではその手術が出来ないので，奥さんは，これを機会に，故郷のジェノヴァに帰りたがっていた。ジェノヴァには家も残してあり，現在の生活が体力的に無理となったら，いずれはもどりたいと思う。しかし，夫はまだまだ「旅を続け」たがっており，「出来るだけつきあってあげたいけど，身体のことも心配なのよ」と言っていた。この後，店主夫妻はイタリアにもどり緑内障の手術を受けたが末期癌であることがわかり，程なく故郷ジェノヴァで永眠した。シダーデ・ヴェーリャの店を引き継ぐものはなく閉店を余儀なくされ，「リアルな生を求めてカーボベルデにやって来た青年実業家」は引き続きファッション業界での仕事を続けている。

　カーボベルデの物価はポルトガルよりほんの少し安いが，決して楽というほどではなく，ガソリンなどはむしろ高価だ。にもかかわらず，カーボベルデは，「ヨーロッパ人」にとっての「寄港地（home）」として「発見」され続ける。「バカンスは必ずとらなければならず，バカンスでどれだけ他の人のいかない場所にいくか，どれだけ他の人がしたことのない体験をしたかを語らねばならない」という「圧力」を感じている人間にとって，「カーボベルデでは，

イタリアにいるときよりも，『本当の自分』になれたような気がする。ここにやって来る『ヨーロッパ人』たちは，多かれ少なかれ似た感覚を持っていてこの土地に『癒される』のさ」。離婚や事業の失敗など，必要以上に聞かれたくないことを穿鑿されることもない。「選択のパラドクス」から開放されたいという要求が，カーボベルデの「発見」，個々人の「自分探し」や「移住」，これまでの生活からの「跳躍」や「離脱」の後押しをしている。

今ふりかえってみるなら，2009年2月に出会ったカーボベルデのイタリア人は，ヨーロッパから「大洋」さらには「新大陸」へというコロニアリズムの"端／果て"に，旧植民地からの逆流現象が起こり，さらにはその移民送出地において都市と農村が"配置変え（reconstellation / ricostellazione）"を起こしていくという一連の"道行き・道程（passaggio）"のなかに存在している。メルレルは，〈ひとの移動〉について，「移動はまたある所与の状況の外に出ること（emigrare）であるのと同時に，新たな状況へと入り込むこと（immigrare）であるが，それは，度重なる多方向への旅（帰還し，再び旅立ち，再び入植し，複数の場所の間で，一定期間をおいて繰り返し移動し続けること）をくり返すという〈ひとつの再帰的な旅〉をし続ける状態を意味する。この観点からするなら，たまたまあるものが特定の土地に留まり『定住している』という現象は，この循環し再帰し多系的に展開していく旅の一場面を見ているということになるだろう」（Merler 2004＝2006：63-64）とした。しかもこの動きは，"惑星社会"という「状況・条件」下で，テリトリーを前提とした地理的・物理的移動にとどまらず，"心身／身心現象"と"衝突・混交・混成・重合"するかたちで現象している。そしてこの，「寄港地」を求めるための「再帰的な旅」は，この過剰な「選択のパラドクス」の大きな流れのなかに存在しているのだ。

⑸「生成するカーボベルデ人」と"惑星社会の諸問題"

カーボベルデへ向かう前，リスボン新大学（Universidade Nova de Lisboa）[25]の研究者との話し合いのなかでも，くり返し言及されたことだが，「カーボベルデ人」というのは，人種・民族ではない。「カーボベルデ人」とは，「発見」

「植民」「混交」「独立」などの体験を経て国をつくった人達の共通の体験／記憶を表す言葉であった。しかもこの共通の体験／記憶は，個々人の身体になかに"埋めこまれ／植えこまれ／刻みこまれ／深く根をおろし"ているものとして，"不協の多声（polifonia disfonica）"と共に，生成され続けているものだ。

　リスボンで出会った研究者達からは，ポルトガルは，今や，ブラジルという「大国」をはじめとした旧植民地国のおかげで，地球の各所に広がる"曼荼羅"の翠点として生きる道を与えられているという理解があることが伝わってきた。興味深いのは，旧植民地国に対する特権意識でも，植民地主義への「贖罪」でもなく，"衝突・混交・混成・重合"のなかで生成し続ける他者として敬意を払っていること（「これらの地域が存在しなければ自分たちのヨーロッパ内での立場はもっと悪くなってしまっただろう。ポルトガル語を話し，リスボンを移動の拠点としてくれ，文化や情報，商業の繋がりを維持してくれていることがとてもありがたい」という気持ち）が伝わってくることだ。これは，前述の「視点の問題」（序章5節〈島嶼社会論〉）から見た場合には，リスボンからの「視点」ということになろう。

　しかしながら，「植民された側」「無人島につれて来られた側」は，グローバリゼーションの大波にどのように応答し，現在をどう生きているのだろうか。出生率が高く，若年層の比率が高いカーボベルデでは，もはや独立以前の生活を識っている人達は少ない（だとすると共通の体験／記憶としての「カーボベルデ人」はいまどうなっているのか）。

　アスファルト道路をどのようなかたちでどこまで造るかは，もちろん政策によるものだが，その結果，人や物資の「移動・交換」の在り方にも大きな影響をもたらし，見事に，境界線を生み出している。「マクロ・トレンド」についていける人とそうでない人との間の分岐が生じて，最低限の生活も維持出来なくなる人達が出る。そして，各所から，「上昇」への「野望」を持った人々が，都市部へとやって来る。プライアのホテルにおける「欠落」は，どうも女性経営者個人の考えにもあることがわかってきた。彼女は，プライアの歴史的中心街に位置するホテルのほとんどを所有し（直接的に経営していなくても建物を所

有していたり，出資していたり），さらにレンタカー会社，旅行代理店を経営している。ホテルのフロントには，観光を学んでいる途中の専門学校生や一切の接客業の訓練を受けていない10代の女性を雇用し，経費をおさえている。

　雇用されている人達の裁量の範囲はほとんどなく，こちらからランプやトイレットペーパーなどの不具合を指摘してもそのまま放置されてしまい，そのたびごとに直接女性経営者のところに話しにいかなければならない。この時期には大量のフランス人の観光客がフォゴ島やサント・アンタン島の山に登るためにやって来ているが，彼らは，一泊だけをこの女性経営者のホテルで「やり過ごし」，二軒あるフランス人レストランのどちらかで食事をして，「ここの連中についての毒」を「文明社会の仲間たち」と出し切ってから，出来るだけ早く，近隣の島の「無垢で豊かな自然」を求めて移動していく（イタリア人レストランなどもこの地で同じ機能を果たしている）。ここでの不満は，イタリアやフランス，すなわち，直接的に自分たちが植民者ではなかったヨーロッパの「視点」とかかわっている。

　カーボベルデが，ヨーロッパ諸国の「バカンスの波」にまきこまれ「発見」されたことで，「移民しなくても成功する可能性」が見えてきた。これまでの生活の在り方（たとえば共同耕作や相互扶助によってかろうじて暮らしていくという共同性）から「離脱」して，「グローバルな競争」へと参入していこうとする人々は，新市街に周囲から隔絶した高級住宅を建設することをめざし，プライアのダウンタウンへの「移民」もまた，旧市街とは隔絶した「スラム街」を形成していく。

　旧市街で「ふつうに暮らし」ていた若者たちは，缶コーヒー1本分くらいの水で車を洗車し，街路で靴磨きをして小遣い銭を手に入れるという生活から，「もっとチャンスがあるかもしれない」と鼓舞されて，新しく出来たマンション程度の大きさの「最新の情報が学べる専門学校や私立大学」に通うことを考えるようになる。プライアの中心街では，無線LANが無償で提供され，市民はパスワードさえ確保すればこれが使用出来るが，まずそのまえにパソコンを買う必要がある。これまでの生活からは考えられないような費用が，携帯電話

やパソコンなどの情報端末や学費に蕩尽されていくことになる。欲しいものはすべて，この地では作ることが出来ないものばかりで，すべては輸入に頼るしかない。

　なにかが「欠乏し，困窮し，貧困である」ということのかたちは，「絶対的な不足」だけではない。都市部では，子ども達までが最新の情報端末を携帯し，「ケーキの美味しい店」に通う。アスファルト道路から離れた集落では，手作業で可能な最低限の農業をするために，国がつくった海水からの精製水が届く共同の水道まで，子ども達がロバをつれて水を汲みに来る。首都のなかでは，かつての中心街であるプラトー（高台）が空洞化し，大使館街と海浜リゾート地，シーフードレストランと新築の高級住宅，それらにアスファルト道路の突然の「切れ目」から続く土埃の舞う不規則に置かれた石や煉瓦と木がごちゃまぜになったバラックに「別の種類」の「移民」たちが棲息している。

　カーボベルデが直面している問題は，グローバリゼーションのなかの「小国」「発展途上国」「島」「ローカルコミュニティ」の問題ということになろう。しかもその問題は，グローバリゼーション／ポスト・モダンのアンビヴァレントで不均衡な"衝突・混交・混成・重合"の問題であるが，そのなかには，「移民」「開発・発展」というモダンの問題と，「植民」というプレ・モダンからの問題も成層化している。この"多重／多層／多面"性を，地球規模の「クレオリザシオン」に直面する現在を生きる個々人の"心身／身心現象"まで含めて全体的にとらえ，メルッチは，「惑星社会」という言い方をしたのだと再解釈出来る。

　サル島やサント・アンタン島，サンティアゴ島の北部で見た村々の生活が成り立っていくためには，貨幣経済以外の経済（家政／オイコノミア）が存在している必要がある。玉野井芳郎は，K. ポランニー（Karl Polanyi）や I. イリイチ（Ivan Illich）を解読するなかで，貨幣経済へのオルタナティヴとしての「生命系の経済学」に理論的に到達した。その際重要だったのは，東京大学から沖縄国際大学に赴任して，まさにその"臨場・臨床（klinikós）"の場で生きられている経済（家政／オイコノミア）を体感していった"道行き・道程（passaggio）"そ

のものだったのであろう[26]。玉野井が思索をめぐらした時代からさらに貨幣経済の不確定性は露呈しており，今いちどの配置変え（reconstellation / ricostellazione），メルッチの言葉に重ねていえば「惑星社会のオイコノミア」を考えることが求められている。この文脈／水脈においては，ポルトガルの「航海者」たちが他者と出会った場所における，その後の"道行き・道程（passaggio）"を辿り，それぞれの特定の場所において起こりつつある"毛細管現象／胎動／交感／個々人の内なる社会変動／未発の社会運動"を全体のなかで意味付けし直すことに深い意味を見出すことが出来ると得心した。

　カーボベルデ大学のスタッフは，「国がつくった海水からの精製水が届く共同の水道まで，子ども達が遠くからロバをつれて水を汲みにいくことは確かに困難を伴いますが，そうすることで，アスファルト道路から離れた場所でかろうじて農作業を営む人達の共同性が保たれ，ここから新たな『カーボベルデ人』が育っていくのではと期待しているのです」と言った。メルレルの旧友であるサント・アンタン島のアントニオ神父やカーボベルデ大学のスタッフは，メルレルが紹介した「農村家族学校」の運動に強い関心を示した。子ども達は親元から離れることなく，また伝統的生活そのままでもなく，かといって，地域の現実にまったくかみ合わずむしろその地域の系を破壊してしまうような知を別の場所で身につけるのでもない，等身大の技術教育の在り方と，それはいかなる資金調達や制度的な整備によって可能かを彼らはしきりに識りたがっていた。現時点では，十分な解釈をなし得ていないが，アントニオ神父そしてカーボベルデ大学の学長以下スタッフとの話し合い[27]は，「視点」の問題を自覚し，固定化された枠組みを揺り動かす，"不協の多声（polifonia disfonica）"の可能性として記憶にとどめておきたい。

　このような試みは，「惑星社会」を前提とするのならば，それはひとつの"曼荼羅"のような構造を持つのであるから，どこからでも始めることは出来る。強いて言えば，そのなかの「翠点」のような場所として，カーボベルデの都市と農村での出来事を位置付け，ふりかえることが出来るということだろう。

4．海の「間国境地域」——サルデーニャ北東部とコルシカ南部[28]

　地中海は〈ひとつの〉海ではなく，「海の複合体」なのだ。いろいろな島があり，いろいろな半島が切断され，さまざまな海岸に囲まれた海から成っている。その生活は地上と関わっているし，海のポエジーは半分以上農村的であり，地中海の船乗りたちは季節によっては農民である。地中海は，船で漕ぐ小さな舟や商人の丸い貨物船であると同時にオリーブの木やぶどうの木のある海である。（Braudel 1966（1949）= 1991：16）

　個人としての人間は文明を裏切ることがある。それでもやはり文明は，いくつかの決まった，ほとんど変質しない地点にしがみついて，自分自身の生活の仕方で生きつづける。……人間には，あらゆる山登り，あらゆる移動が許されている。人間がただ一人で，自分の名で旅をするとき，その人間と，その人間が運ぶ物質的ならびに精神的財産を止めることは何ものもできない。集団や社会全体となると，移動は困難になる。一個の文明はその荷物全部を移動することはない。国境を越えるとき，個人は慣れない環境で居心地が悪くなる。彼は背後に自分の属する文明を捨て，「裏切る。」（Braudel 1966（1949）= 1993：192）

　以下では，サッサリで筆者の家族の友人となりコルシカ南部へと移住した「サルデーニャの羊飼い」が直面した問題に即して考察をすすめていく。これまでの調査研究においては，ヴァッレ・ダオスタ（イタリア・フランス・スイスの間国境地域），トレンティーノ＝アルト・アディジェとアルプス山間地（イタリア・オーストリア・スイスの間国境地域），フリウリ＝ヴェネツィア・ジュリアとゴリツィア／ノヴァ・ゴリツァ（イタリア・オーストリア・スロヴェニアの間国境地域），トリエステからイストリア（イタリア・スロヴェニア・クロアチアの間国

境地域）等において，陸の「間国境地域（zona trasfrontiera）」でのフィールドワークを蓄積してきた。これに対して，本節で取り上げるのは，オーランド（フィンランド・スウェーデンの間国境地域）等における調査と同じく，海の「間国境地域（zona trasfrontiera）」である。

(1) 海の「間国境地域（zona trasfrontiera）」――サルデーニャ北東部とコルシカ南部[29]

ラ・マッダレーナ諸島からガッルーラ（Gallura）地方にかけてのサルデーニャ北東部とコルシカ南部の地域・島々は，「間の（intermedio）」と呼ばれる地政学的な要衝であり，ひとつの「歴史的地域（regione storica）」[30]を形成していた。山野河海，風水土によって形成されるひとつのまとまりを考えるときに，生態学的・考古学的・歴史学的・民俗学的等，多くの視点も含めた"多重／多層／多面"的理解がとても重要となる。サルデーニャにおける集落の形成を考えるときはとりわけである。ガッルーラ地方に住む住民の多くは，山の中腹の水がわき出る土地の近くに，この地に多く見られる火山岩あるいは花崗岩を使って，住居や家畜用の囲いのための石垣を造り，家畜を飼い，チーズや肉の保存食料を作り，果樹や雑穀を植え，草木や岩や水等の物質循環のなかに身をうずめながら暮らしていた。その生活圏は一定の広さを必要としたが，幸いこの地域の人口密度はきわめて少なく，自然の恵みは十分であった。

17～18世紀頃には，ガッルーラ地方へコルシカからの移民が入ってきて，その一部がガッルーラの中心都市テンピオでブルジョア層を形成した。コルシカ人の影響を受け，ガッルーラ地方の言葉はコルシカ語に近いガッルレーゼ（Gallurese）と呼ばれるものとなっていった。テンピオとカランジャーヌス（Calangianus）の間にある小さな集落ルーラス（Luras）のみが，サルデーニャ北部のサルデーニャ語であるログドレーゼ（Logudorese）を話している。つまり，少数の流入者が地域に影響を与え，サルデーニャ人のコルシカ化が起こったのである。

他方で，サルデーニャとコルシカの間には常に政治権力の境界線が存在して

図3 サルデーニャとコルシカ南西部の地図

出所：鈴木鉄忠の協力の下で新原道信が作成。

いた。サルデーニャがジェノヴァの勢力下にあったとき，コルシカはトスカーナ（ピサ，ルカ）の影響下にあった。コルシカ南部のボニファシオ（Bonifacio）からポルト・ヴェッキオ（Porto Vecchio），サルテーヌ（Sartène）[31]にかけての地域にはジェノヴァの要塞が造られていた。サルデーニャ沿岸のカタルーニャ勢力への対抗や「海賊の襲撃」に備えるためだった。その後，コルシカがフラ

ンスの支配下におかれたとき，サルデーニャはピエモンテのものであった。コルシカとサルデーニャの間に，トスカーナ，ジェノヴァ，ピエモンテ，フランスといった様々な力が介在し，その地域社会形成において，"多重／多層／多面"的な「移行」のプロセスを持つに至った。

　コルシカとサルデーニャの海峡の「間」に位置するラ・マッダレーナ諸島（Arcipelago della Maddalena）はもともと無人の島々だった。この島々にまず移住したのはコルシカ人だった。最大の島ラ・マッダレーナ島の南部の海岸に建設された唯一の都市ラ・マッダレーナ（La Maddalena）の住民は，今日でもコルシカ島南部のボニファシオやポルト・ヴェッキオで現在話されているコルシカ語によく似た言葉であるサルデーニャ語・マッダレーナ方言（Maddalenono）を話す。コルシカ人の街ラ・マッダレーナは，1767 年ピエモンテに領有され海軍の要塞が建設された。フランス革命の時代に，ナポレオンはラ・マッダレーナ諸島を領有しようと考えて，対岸のサント・ステファノ島に砲台を建設し，1793 年にラ・マッダレーナを砲撃した。そのため，ラ・マッダレーナ市民は，「私たちコルシカ人は，フランスではなくサルデーニャに入ることを選択する」と言った（この逸話は，オーランド島民が第一次大戦後にフィンランドに入ることを選択した話とも重なり，"島のひと"の〈深層のアウトノミア〉をめぐる体験／記憶となっている）。

　境界線の移動・衝突と，人や文化の衝突・混交・混成・重合の"舞台（arena / scena）"であり続けたラ・マッダレーナの島々には，19 世紀後半にはイタリア王国の海軍基地が建設された。さらに 1970 年代に入ると，アンドレオッティ内閣の時代には，サント・ステファノ島に米軍直轄の原潜基地がつくられ，1980 年代にはヨーロッパ全体の平和運動のシンボルとなったが，この基地は 2008 年に閉鎖された。

　こうして，コルシカ南部とサルデーニャ北東部は，政治的境界線が何度も引き直され続けた地域であるのと同時に，海を介する"ひとの移動"が現在に至るまで持続的に続いている地域でもある。それぞれの「山賊」にとって「逃散の地」であったし，「羊飼い」もまた二つの島の間を移動している。フェリー

では，サルデーニャから紙や家具等の加工製品が運ばれ，コルシカからは，木材やセメント，煉瓦，動物等一次産品が運ばれている。

(2) 地中海の"移動民（homines moventes）"——パッターダの『パードレ・パドローネ』

次に，2010年12月23日から12月31日にかけてのコルシカ南西部でのフィールドワークの受け入れ先となってくれたサルデーニャからコルシカに移動した「羊飼い」の"固有の生の物語（biography）"について述べたい。以下は，2010年8月より親交を深めたデレッダ夫妻がしてくれた話に基づいている。

サルデーニャ出身のノーベル賞作家グラッツィア・デレッダ（Grazia Deledda）と同じ姓を持つガヴィーノ・デレッダ（Gavino Deledda）は，サルデーニャ北部のガッルーラ地方の南側に位置する「歴史的地域」のひとつであるモンテアクート（Monteacuto）地方の町パッターダ（Pattada）に，「羊飼いの子」として生まれた。ガヴィーノ・レッダ（Gavino Ledda）の小説『パードレ・パドローネ』（Ledda 1975＝1995）のように，「「主人」として君臨する父親」のもとで育ち，「羊飼いの腕前（mestiere）」をたたきこまれた。4人の姉妹，1人の「障害」を持った弟と共に育った彼は，幼い頃から「家業（pfofessione）」を継ぐべき「唯一の男子」だった。8歳の時には，朝早くに乳搾りをしてから小学校へと通う生活が始まった。それ以後，学校が休みの時期には，パッターダのレルノ山（Monte Lerno）に連れて行かれたまま，父親が食料を届けに来るまでの間（30～40日）は，羊と犬と自分だけで山野に暮らしていた。父親は，男子は勉強せずにひたすら家業をするしかないが，娘たちにはきちんとした教育を受けさせて，もっと別の暮らしをしてもらいたいと考える人だった。

強制的に始められた「羊飼いの家業」だったが，少年はこの暮らしに適応し，レルノ山の奥深く，草木や岩の隅々まで識ることとなった。そしてこの山野での「一人暮らし」のなかで，肉を切るナイフを研ぎ，羊の乳を搾り，保存に適したパン（カラザウ）とチーズ（ペッコリーノ）とソーセージ（サルシッチャ）

で食事をして，チーズをつくる技術を「自習」していった。自分には「家業」を強制するのに「家業への情熱が感じられない父親」に反発し，12歳の時に「家出」をして，他の「羊飼いの下働き（servo pastore）」をしながら「自立」する道を選んだ。

　「羊飼い」として成功し，故郷パッターダで，800頭の羊と40頭の牛，さらに豚や馬，そして広大な畑を耕すようになり，作物はみな知人・友人に配るという生活をしていた。後にパートナーとなるダニエラは，親族すべて「サッサリ大学をはじめとする国立大学で高等教育を受ける」という環境で育った都市の知的階層出身者であり，サルデーニャの内陸部の暮らしについて肌身で理解しているわけではなかった。薬学部を卒業し動物向けの薬剤を扱う薬局につとめていたダニエラは，病気となった羊のために薬を買いに来たガヴィーノと知り合い，これほど動物のことをよく理解している人はいないと思ったという。少しずつ「羊飼いの世界」を理解していくなかで，彼が「とてもすばらしい智者」であることがわかった。そして二人は，結婚を決意し，娘を授かった。

　一年中休みなく羊や他の牧畜の世話をしなければならないガヴィーノのもとに，平日はサッサリの薬局で働くダニエラと娘が週末ごとに通うという生活が始まった。しかし，サルデーニャを襲った羊の伝染病である「青舌病（Bluetongue disease, Lingua blu）」で羊がすべて死んでしまい，廃業せざるを得なくなった。

　サルデーニャのみならず，島嶼社会を理解するには，狭義の社会科学の境界をこえて，生態系も含めた複合的知識が必要となる。「青舌病」は，牛や羊や鹿等の反芻動物に感染するウイルス性の病気であり，ウイルスの分類としては，第3群（Group III）－レオウイルス科－オルビウイルス属－ブルータングウイルスとなる〔口蹄疫ウイルスは，第4群（Group IV）－ピコルナウイルス科（Picornaviridae）－アフトウイルス属（Aphthovirus）－口蹄疫ウイルス（Foot-and-mouth disease virus）となる〕。ハエ目ヌカカ科（Ceratopogonidae）に属する体長1mm～数mm程度の「ヌカカ（糠蚊）」等に吸血昆虫が媒介し，羊が感染した場合は致死する可能性が高い。1998年にギリシアのロードス島，レスボ

ス島で確認され，1999年にブルガリア，マケドニア，セルビア，クロアチア，アルバニア，さらには2000年にサルデーニャで確認された。さらにシチリア，カラブリア，コルシカ，バレアレスへと感染地域は広がり，2004年にはスペイン，2006年にはポルトガルとオランダ，ベルギー，ルクセンブルク，ドイツ，フランス等へとひろがり，2007年9月にはイギリスでも発見された。EUは，感染が確認された地点から半径150km以内を「監視区域」として，動物そして精子・胚・卵子も，「監視区域」外への移動が制限され，感染が疑われる動物については，半径20km以内の「予防区域」からの移動が禁止された[32]。

しかたなく，何頭かの馬と畑地をのこして，サッサリへと「引き揚げ」，薬局で働く妻と娘の世話をする「主夫」の暮らしをせざるを得なくなった。ほとんど「重要無形文化財」と言えるほどの「希少な羊飼い」であるにもかかわらず，「ヨーロッパ統合以後の自由競争にさらされるサルデーニャの牧畜業」のもとでは，なかなか事業を再開する機会を持てずにいた。しかし，コルシカ南西部でアグリツーリズムを経営する会社から雇用されるチャンスがやって来た。コルシカ南西部のムルトリ（Murtoli）湾近くで大規模農場を所有していた経営者は，祖父の代で途絶えしまった羊のチーズ作りを再開することを悲願としていた。そのため，チーズ作りが出来る練達の「職人」をサルデーニャで探し，ガヴィーノを雇い入れ，新たに羊を購入し，広大な敷地内に存在する海岸部と山間部のレストランで使うための羊のチーズを作ることとなった。

ガヴィーノにとっては大きなチャンスだけれども，コルシカに一度「渡って」しまえば，ずっと「単身赴任」せざるを得なくなる。家族で悩んだ末，コルシカで働くことを決意しティレニア海をわたったのである。

(3) 仕事の場——コルシカ南西部のアグリツーリズムと長期滞在型貸別荘について

ガヴィーノの移住先であるサルテーヌは，フランスの行政区画のなかでは，コルス＝デュ＝シュド県サルテーヌ郡（arrondissement）のなかの小郡（canton）を構成する地域となっている。ガヴィーノの職場となったムルトリ（Le Do-

写真⑲：広大な保護地の遠景

maine de Murtoli）は，1992年にフランスの「歴史的建造物（Monuments historiques）」に指定されているロッカピナの塔（Torra di Roccapina）[33]やライオン岩（Lione di Roccapina）も含めた広大な敷地内に，いくつもの小さな入江や谷，川，丘，低灌木地帯，農園や牧草地を抱えている。敷地内に入ってから，車での移動に一時間近くかかり，経営者ポールの会社が所有する保護地（reserva）は20km^2（2000ヘクタール）にも及ぶ【写真⑲：広大な保護地の遠景】。すなわち，伊平屋島（沖縄県）20.59km^2，御蔵島（東京都）20.55km^2，与論島（鹿児島県）20.47km^{2}等に匹敵する面積を有していることになる。

山と海のそれぞれのレストラン（La GrottaとLa Spiaggia）では，敷地内のワイナリーで作られたワインと，農園の野菜，自前の肉とチーズでの食事をすることが出来る。保護区のなかには11軒の貸別荘があり，大きいものは10数名が寝泊まり出来る。すべての別荘にプールが設置されており，価格帯も他の近隣の貸別荘よりもかなり高くなっている[34]。

⑷　"境界領域"の交通——サルデーニャ－コルシカ間のフェリー

オーランド調査や沖縄調査においても同様であったが，島と島の間の移動を考えるとき，とりわけフェリーでの移動とその経路についての理解は重要となる。しかもその寄港地の配置は，歴史的地域の形成過程ともかかわりを持つかたちとなっている場合がある[35]。ヨーロッパ各国の夏のリゾート地となっているサルデーニャとコルシカには，自家用車で来訪するためのフェリー便が運航されている。SNCM（Société nationale maritime Corse Méditerranée），モビーラインズ（Mobylines），コルシカフェリーズ（Corsicaferries），ラ・メリディオ

ナーレ（La méridionale）の4社が代表的なフェリー会社となっている（その他にもグランディ・ナヴィ・ヴェローチ（Grandi Navi Veloci）社のシチリア・サルデーニャ・コルシカ・チュニジア・モロッコ・スペイン・マルタを行き来する豪華フェリー等がある）[36]。

　サルデーニャからコルシカ南西部へとフェリーで向かう別の方法は，サルデーニャ北岸の港町サンタ・テレーザ・ガッルーラ（Santa Teresa Gallura）から，ボニファシオ海峡をわたってコルシカ最南端の港町ボニファシオへと向かうルートである。サルデーニャとコルシカを60分ほどで結ぶフェリーは，サルデーニャの州都カリアリに本社を持つフェリー会社サレマール（Saremar=Sardegna Regionale Marittima）によって運航されている。たとえば同社所有の船イクヌーサ（Ichnusa）は，2181トンの排水量で350名の乗客と50台の車を収容する。1987年創設の同社は，コルシカーサルデーニャ間以外にも，サルデーニャ本島とラ・マッダレーナ諸島，サンピエトロ島とを結んでおり，1936年に創設されたイタリアの島嶼部と本土とを結ぶ国営の船会社ティレニア（Tirrenia）の一部だった。しかし，ティレニアの「民営化」に伴って（2008年11月6日第4期ベルルスコーニ内閣のもとで決定された），2009年11月3日にサルデーニャ州政府へと「譲渡」された。サルデーニャやコルシカの公共交通の変化は，地域社会の解体と再編の一局面として見ることが出来る。

(5)　「日誌（フィールドノーツ）」よりの考察

　それでは，以上の概況をふまえて「日誌（フィールドノーツ）」の内容を，まず時系列に沿って，次に考察というかたちで見ていきたい。「日誌」は，フィールドワークのなかで最も肝要な「果実」であり，「フィールドのなかで書くこと（writing in the field, writing while committed）」から生み出される"想像／創造の力（immaginativa / creatività）"と理論（現実を理解する"かまえ"であり現実理解のフィルター）のための「沃地」となっている。これから紹介する日誌は，以下のような叙述の形式となっている。最初に日付と移動の経路，本文中では起こったことについての観察・連想したこと・社会学的考察等と，これまでの

"社会学的探求"によって練り上げてきた概念(キーコンセプト)とを編み合わせながら叙述を展開している。一つひとつは,きわめてつたないものであるが,誤字脱字の訂正等を除けば,個々の瞬間における,理解の浅薄さや誤謬・誤認,個人的な動揺・不安感,偏見,推察,推論,直観,洞察,等々を出来るかぎりそのままのこすかたちで再録することを,方法論的に選択している。以下ではまず,時系列に沿って「日誌(フィールドノーツ)」の一部を見ていきたい。

2010年12月26日(日)　少しだけ晴れ間がのぞくが,その後は曇り,そして冷たい時雨　セラジャ／ロッカピナ

　コルシカに来てから初めて,朝日が窓に差し込んだ。同じ場所がまったくちがって見える。この機会をとらえて近隣を散歩する。ボニファシオからピアノトリ,そこからは山中の曲がりくねった道に入り,サルテーヌ,プロプリアノ,さらにはアジャクシオへと抜ける街道(196号線)から細い坂道へと入って,何度かカーブを抜けるとセラジャの集落に到着する(行政的にはサルテーヌに含まれる)。集落の真ん中を走る一本道からいくつかの枝道があり,道のはずれには教会と共同墓地があり,そこを越えると,オリーブ畑,さらには,片側が断崖で,その反対側には,山へと続く丘陵が広がっている【写真⑳:コルシカ南西部セラジャの貸別荘】。道の近くには,農家の家を夏向けの貸別荘に改築した家々が,オリーブ畑や農地のなかに散見される。遠くへと視線を移すと,コルシカ南東岸の海とその反対側には昨夜降り積もったであろう雪をたたえた山々を見渡すことが出来る。アスファルト道路から脇道へと入り込み,道の真ん中には,タイム等のハーブが自生する間道を歩いて行った。道を歩いていると,子ども達がフランス語で話しかけてくる。

写真⑳:コルシカ南西部セラジャの貸別荘

帰宅後，チーズ作りから帰ってきたガヴィーノの車に乗り，ピアノトリのスーパーマーケットに向かうが，既に閉店していたため買い出しをあきらめて帰る。帰り道でロッカピナの塔やライオン岩を眺望する。ダニエラが作ってくれたナスのパスタを食べて少し休憩した後，ガヴィーノと私だけで午後の乳搾りに出かける。

写真㉑：歩いて羊の世話に向かうガヴィーノ

　広大な保護地のなかに入ってしばらくしてから，エンジンから鈍い爆発音が聞こえ，車が突然，低灌木のなかで「立ち往生」してしまう。いかなる事情があっても乳搾りをせざるを得ないため，車を放棄して泥道を歩き始める【写真㉑：歩いて羊の世話に向かうガヴィーノ】。三菱の車には，羊達が食べるはずだったトウモロコシと，犬達の食料となるはずの肉とパスタが置き去りにされたままとなってしまった。幸い，私達が「立ち往生」していた場所から近くにある番犬小屋の隣にバギー（整地されていない土地を走行可能な軽量車）が置かれていた。窓ガラスのないバギーで冷たい風をあびながら，ごつごつとした岩や石が飛びだしている急斜面の道を泥水を跳ね上げながら進み，全身泥まみれになった後に，保護地の入口近くにある作業用の車の駐車場に到着する。ここで，いすゞ（Isuzu）の中古トラックに乗り換え，羊達のところにふたたび向かう。

　往復に1時間以上を費やし，5時をかなり過ぎてから放牧地に到着すると，あっという間に夕闇となる。泥でぬかるむ斜面を歩く。ガヴィーノが「エイ，エイ」と「かけ声」をかけると山腹に散らばっていた羊達が集まってくる。ガヴィーノは，柵のなかにギュウギュウ詰めとなった羊達のなかに入り込み，乳を手際よく搾っていく。真っ暗闇のなか，1時間ほどで，どうにか乳搾りが終わるが，車を交換してしまったため乳を持ち帰ることはかなわず，イノシシに飲まれてしまわないように柵に厳重にしばりつけ，放牧地をあとにする。

漆黒の原野を走っていると，遠くに車の灯がいくつも見える。暗闇の上のほうを見ると，ガヴィーノがチーズ作りをしていた山の上の洞窟レストランの灯だけが浮かび上がっている。山の上のレストランは，この土地全体を支配する城のようにも見える（事実，経営者ポールの邸宅はこのレストランの近くの山上に建てられている）。この「灯台」をめざして車が山を登っていく。顧客達は，山上のレストランで，ガヴィーノが作ったチーズ等も含め，保護地内で作られた食材だけで調理した「特別メニュー」を，夜通しかけてのパーティーで賞味するのだと言う。

保護地の出入り口は自動開閉式で，出入りする人間は，IDカードによって厳密に管理されている。ガヴィーノのカードを見ると160番という番号が付されている。この保護地のなかには，牧畜，畑，レストラン，別荘やプライベートビーチの管理などをそれぞれ担当するために，相当数の人間が働いている。ガヴィーノと泥道を歩いていたとき，この地で働く人達以外にも，原野を散歩する何組かの人達に出会った。ガヴィーノによれば，保護地のなかにある別荘を借りて長期間滞在している客なのだという。

なんとか新たな車でセラジャの集落までもどってくると，朝の散歩のときに気になっていた小屋から，私達の貸別荘の家主が顔を出した。「ちょっと待ってくれよ」とコルシカ語で言われ，少し待つと大量のイノシシ肉をビニール袋に入れて持ってきてくれた。本日の狩猟で三頭をしとめたのだという。「ガヴィーノは羊のことをよく識っている。たいしたやつだ。だから俺達は友達なんだ」と言って，この「土地の恵み」であるイノシシ肉を「おすそわけ」をしてくれた。道沿いの小屋は，セラジャの人達の集会所となっているらしい。サルデーニャでも体験したことだが，イノシシ猟は，時期を限定され許可された人間だけが集団で行うこととなる。セラジャの場合は，地元の人だけで日曜日の猟をしていたらしい。ガヴィーノは，「頂き物」のイノシシ肉を大鍋で，一時間ほど月桂樹やタイム等とトマトソースで煮込み，ポレンタといっしょに賞味した。

2010年12月27日(月) 晴 時々曇り セラジャ/ロッカピナ,ボニファシオ

　ゆっくりと起き出し,乳搾りとチーズ作りから帰ってくるガヴィーノを待つ。頭痛の薬を手に入れるため,コルシカ最南端の港町ボニファシオへと向かう。ピアノトリからボニファシオへの道を走りながら,1989年のコルシカ訪問で車から見た光景を想い出した。1989年には二度コルシカを訪れ,それぞれ東海岸と西海岸を南下している。東海岸ルートは,コルテのコルシカ＝パスカル・パオリ大学（Pascal Paoli は18世紀コルシカ独立運動の英雄の名）に招かれての帰り道で,コルテからアレリア,ポルト・ヴェッキオを経て,比較的なだらかで干潟等もある海岸部をボニファシオまで南下した。西海岸ルートは,1989年にアジャクシオでの国際シンポジウムに参加した帰りに通っている。サッサリ大学国際法学者のP.フォイス教授（Paolo Fois）の運転する車で,アジャクシオから山路に入り,プロプリアノ,サルテーヌを経て,ボニファシオへと辿りついた。とりわけピアノトリからは,起伏のある丘陵地帯が東に広がり,西側には切り立った断崖の多い海岸部が続く。緑の原野のなかに一本道だけが浮かび上がって見えるその光景は,20数年前に見たものとほとんど変わらなかった。

　車を必死に飛ばして,ボニファシオへと12時半に到着する。港には,サルデーニャの州都カリアリに本社を持つフェリー会社サレマールの船イクヌーサが停泊している。港に位置する薬局に行ってみると,午前中の営業は9時から12時までだった。ガヴィーノには午後の乳搾りがあるため,開店時間まで待つことは出来ない。やむなく手ぶらでもどることとなり,そのまえに港の上にそびえたつ城塞都市（旧市街）へと向かう。しかし,高台までいくと,風はあまりに強く冷たく,数分の滞在で帰路を急ぎ,途中ピアノトリのスーパーで土産（栗の粉が入ったクッキーやジャム,とても匂いが強い山羊の乳のチーズ）等を買い込み,なんとかセラジャへともどり,残り物で昼食をとる。ガヴィーノは頭痛のため昼食をとることも出来ず横になっている。

2010年12月28日（火）　晴　セラジャからプロプリアノ，ポルト・トッレスからサッサリへ

　午前5時前には起床し出発の準備を始める。7時半の出港に間に合わせるため午前6時に家を出る。まだ漆黒の闇のなか，曲がりくねった道を走り抜け，サルテーヌを経てプロプリアノの港に到着する。娘のキアラは，山のような体躯の父親の身体にすがりつき，父親の背中で手をパタパタと動かしながら，必死に別れの挨拶をした。ダニエラとガヴィーノは，あいかわらず言葉少なで，涙をため，ただ何度もキスをした。キアラは口を大きくあけたまま，抱き合う二人を見ていた。ガヴィーノは，私たちと見送った後，朝の乳搾りに向かったが，あまりの痛さに歩くことすら出来なくなり助けを呼んだという。経営者のポールは，動けなくなったガヴィーノをすぐにポルト・ヴェッキオの病院まで運び込んだ。寒さのなかでの重労働で，首から肩にかけて極度に硬直しており，ひどい神経痛が起こっている。脳腫瘍の疑いもある。

　羊の乳搾りが出来る人間はガヴィーノしかいない。朝晩の乳搾りをしなければ羊は乳を出さなくなり，食肉となるしかなくなる。仕事は一日も休むことはできない。800頭の羊を飼っていたときは，農場で仮眠してまた働くという生活をずっと続けていた。子どものときから一日も休むことなくこの生活を続けている。身体には積年の疲労がたまっている。

　ガヴィーノの身体には，羊と共に暮らしてきたサルデーニャの「羊飼い」の"智"が"埋めこまれ／植えこまれ／刻みこまれ／深く根をおろして"いる。チーズ作りの技術，そして彼の故郷であるパッターダの特産品でもある大小の肉切りナイフ（Sa resolza）の使い方，刃の研ぎ方，肉の切り方にも長けている。先日の「頂き物」のイノシシ肉の塊も，故郷のパッターダ農場から持ってきた30数年使っているという肉切りナイフで，巧みに調理してくれた。そして特製の羊の乳のチーズは，コルク樫の皮に故郷パッターダの風景を刻み込んだ愛用のまな板の上で切り分けられ，私達も食べさせてもらった【写真㉒：パッターダのナイフとコルク製のまな板】。

　本来ならこのチーズは，すべてこの巨大なアグリツーリズムのもので，市場

に出ることは決してない。食べたい人間は，ムルトリの高級別荘に滞在して海か山のレストランに行くしかない。現在の羊の数（100頭ほど）では，朝晩，乳搾りをしても，ペッコリーノチーズは一日わずか4個，これに加えて同じくらいの分量のリコッタチーズしか作ることは出来ない。帰る直前の私達に，ビニール袋に入れられた，この貴重なチーズの塊が届けられた。「菌が生きているから冷蔵庫には入れないように」と，ガヴィーノからの申し送りがあった。

写真㉒：パッターダのナイフとコルク製のまな板

2010年12月31日（金）　晴　サッサリで

　断層撮影（tac=CT）の結果，ガヴィーノの脳内には「染み（macchia）」が発見された。断層撮影による「染み」の発見は「腫瘍（tumore）」を意味する。脳外科の手術とさらなる精密検査を受けるために，マルセイユの病院へと運ばれた。この日のサッサリは「夜通しの年越し」パーティーだった。友人たちに羊飼いガヴィーノの話をしたが，メルレル以外は誰も関心を示してくれず，参加者たちは，「サルデーニャ主義者」で「羊飼いの文化」についての多数の著作を書いている作家についてひたすら「論評」していた（たとえば，「サルデーニャ文化の衰退はローマ帝国の侵略によって始まった」等々）。きわめて閉じた「知識人世界」の「論壇」で語られる「羊飼いの文化」と"生身"のガヴィーノ一家が直面している受難との"隔絶"に気持ちが悪くなり，ソファで寝込む。それでも「議論」は続き，長話が終えるのを待って午前二時過ぎにやっと帰宅する。心身ともに疲労の極に達する[37]。

2011年1月7日(金)

　ダニエラから連絡が入る。「ガヴィーノの手術そのものは成功したけれども，腫瘍は悪性であり，完全に取り切ることは出来なかった。今後は化学療法と放射線療法をしていくことになる。少しでも長く生きてと願っている」。母親を脳腫瘍でなくしている彼女は，激烈な痛み／傷みを伴うかたちで，夫の「状況」と「条件」を理解している。

2011年1月26日(日)

　化学療法と放射線療法は，アジャクシオの病院で受けることになった。一人闘病する夫をアジャクシオに，娘をサッサリにのこし，ダニエラは，職場と病院と二つの島の間を行き来する。

2012年3月18日(日)

　病状が悪化し，マルセイユへと転院したガヴィーノは，一年余の困難な闘病生活の後，2012年3月18日，永眠した。

(6) "居合わせる"こと，"追想／追憶し続ける"こと

　フィールドワークとは，ある特定の地域をフィールドとして学問的な方法で実地調査をするだけではない。むしろ，フィールドに出て調査に意識を集中させている時間以外のほとんどすべてをフィールドとして，自覚的に行なうべきデイリーワークが含まれている。確かに，フィールドワークは，「知識や見聞」を広げるための「旅行」や，自分にとっては「未知の土地」へと入り込んでいく「冒険」とは異なる。とはいえ，生身の身体で「慣れない土地」へと向かうときには，気候の変化や病気や怪我，盗難や事故等から身を守る力が必要となる。また「慣れない土地」で，「慣れない言葉」を使って，自分が何者で，なぜここに来たのかを伝える力，「相手のこと」を理解する力が必要となる。その意味では，「探検」や「踏査(とうさ)」「渉猟(しょうりょう)」といった言葉で表されるような要素を持ってもいる。さらに，このような意味での"旅／フィールドワーク"を続

けていくと，自分や自分と近しい人達の「生老病死」の問題は避けて通れなくなる。2010年12月の短期のフィールドワークにおいてもまた，最後には「生老病死」の問題に直面している。個々人の心身／身心にまで降りていく"旅／フィールドワーク"は，あきらかなる介入（intervento）の暴力を自覚し罪責感とともにその自らの業を引き受ける，遮蔽しようと思えば出来ないことはないと思われるコトガラ，"識る"ことの恐れを抱くコトガラをあえて境界を越えて選び取るしかない。

たとえばコルシカのアグリツーリズムへと職場を移して働かざるを得なかった「羊飼い」ガヴィーノのナイフの研ぎ方，肉の調理の仕方といった個々の所作のなかに"埋めこまれ／植えこまれ／刻みこまれ／深く根をおろした智"を"自ら学ぶ／骨身にしみる／身体でわかる"ためには，出来る限りその場で，泥水や土埃の近くで"知覚"することが必要になる。サルデーニャやコルシカでの生身の個人との出会いがなければ，今回の短期フィールドワークで"知覚"出来ることの範囲はずっと限られていたはずであろう。特定の生身の個々人のなかに埋め込まれた"智恵（saperi）"（他者とのかかわりの在り方）を通して，歴史的地域のなかの自然集落がグローバリゼーションに直面し，翻弄されつつ，共有地を守り育て続けていること，その一方で羊も人間も病を発症することの意味もまた，ゆっくりとやわらかく理解する可能性が開けてくる。

今回のフィールドワークでは，30年近くの時間の流れのなかで，その変化の諸相を見てきたサルデーニャ北東部とコルシカ南部についての"知覚"の集積が調査研究の「デイリーワーク」としてまず在り，そのなかで，ガヴィーノの病発と死に"居合わせる"こととなった。ここでの"フィールドワーク（learning / unlearning in the field）"においては，"居合わせる"ことと，後から"追想／追憶し続ける"こと，そして"対話的にふりかえり交わる"ことが，最も重要な要素となっている。

"居合わせる"は，イタリア語では trovarsi sui momenti nascenti, critici, determinati, cruciali e al bivio だが，英語の"居合わせる"は，Being there by accident at the nascent moments in which critical events take place と

した[38]。苦しみ，感情，病をともにすること（sym-pathy），自らの情動や力のすべてをふりしぼって，内からわきあがる熱意をもって，喜び，高揚，痛み，苦しみに参加すること，ともにすること（com-passion），ある他者とともに感じている（feeling-with-another）こと——イタリア語で"居合わせる"を直訳すると trovarsi per caso，「居合わせた人」は i presenti となるが，「その場にいる」は essere sul posto，「巡り合う」だと incontrarsi per caso となる。英語の copresence にあたる言葉としては，イタリア語では copresenza e compresenza という造語が出てくる。"毛細管現象／胎動／交感／個々人の内なる社会変動"の現場に「居合わせる（trovarsi sui momenti nascenti）」「なにかが生まれつつある複数の瞬間にその場に居合わせる」となるが，「生まれつつある（nascenti）」のところは，「決定的（definitivi, determinate, cruciali）」「特定の（particolari）」「危機的（critici）」「岐路に立つ（al bivio）」などの複数の言い方が含まれている。隠蔽されていたコトガラの心意／深意／真意が顕在化し，"メタモルフォーゼ（変異＝change form / metamorfosi）"が起こるしかない「状況／条件」を表しているという点で，「決定的な瞬間に立ち会う（essere a un momento cruciale）」ことでもある。

"追想／追憶し続ける（keep re-membering, ri-cordando）"は，英語の remember に相応するイタリア語 ricordare が cor cordis ="cuore"となり，記憶の場と信じられていた心臓から来ている。「member」の membrum と remember の memorari を重ね合わせて，re-membering そして ri-cordando となる。記憶（Erinnerung）と"特定の場と時間に生起したことがらを忘却する性向（amnesia）"との間にある"想起（anamnesis）"とかかわって，"すべてのことを忘れずに（memento momenti）""想起／追憶し続ける（re-membering, ri-cordando）""想起（anamnesis）""存在と契りを結ぶ（s'engager）"，くりかえし忘却させられたものを想起し続けるという意味で，keeping anamnesis でもある。

(7) 異なる場所，複数の目・声・やり方で動いていく

筆者にとってのサルデーニャは，"旅する社会学""聴くことの社会学"の

"基点／起点"となった場所だが，時を隔てて，同じ場所を再訪し，その土地を識る"地識人（the streetwise）"たちと再会することを基本的な営みとしてきた。ガヴィーノの病発と死に"居合わせ"たことの意味を"追想／追憶し続け"るなかで2012年8月2日に行ったサッサリ大学地域研究所主催の国際シンポジウム「エネルギー選択，市民社会，生活の質」[39]では，「旧友」との再会により，1987年から2011年にかけてのおたがいの「日々の営み（デイリーライフ）」の理解に"化学反応／生体反応"が起こった。

　この会議には，20数年来の友人であり言語・文化問題と環境問題を中心とする社会運動家としてよく知られているV. ミガレッドゥ（Vincenzo Migaleddu）も招かれていた。放射線医学の専門家である彼は，米軍の原潜基地が建設されたラ・マッダレーナ諸島の事故と放射能汚染の問題に強い興味関心を持ち，社会運動の担い手としても活躍していたことから，筆者は1987年のサルデーニャ調査で知り合っている。彼はまた，「大規模拠点開発」によって建設されたが財政破綻で維持が困難となり，汚染物質と施設だけが残されたポルト・トッレスの石油化学コンビナートの工場廃棄物による汚染の問題にも強い関心を寄せてきた。

　2003年にラ・マッダレーナ諸島で「原子力潜水艦の大きな事故」[40]が起こった。事故の影響に対する調査が行われることになり，ミガレッドゥは，政府の側でなく環境保護団体で国際的NGOのWWF（World Wide Fund for Nature, 世界自然保護基金）から依頼され，フランスに本部がある放射能事故の影響を調べる専門医師グループCRIIRAD（Commission de Recherche et d'Information Indépendantes sur la Radioactivité）とのネットワークで，「公的な調査」に対する反対調査の責任者となった。この運動のなかで，環境問題とかかわる医師の国際的ネットワークであるISDE（International Society Doctor for Environment, Medici per l'Ambiente）に参加し，ここで活動をするようになった。そして，放射線医学の専門知を活かしつつ，社会運動家としてエネルギー政策の制度面・政治経済面等についても情報を収集し，現在サルデーニャ州政府がすすめようとしている，「緑の化学（Chimica verde）」と名付けられたポルト・トッ

レスの「再生計画」が,「植林等の緑化計画」を唱えながらも結局は,旧態依然の巨大プラント建設という古い処方箋へと向かっていこうとすることを批判し,サルデーニャのすべての住民が,持続的開発・発展の問題を根本的に考えていくための情報と意見の提供をしてきた。その彼が,シンポジウムの場で,以下のような議論を展開してくれた。

　「いま当面考えるべきことへの現実的対応」をしようとすることで,可視的な現実の背後で起こっている"毛細管現象"を見落とす可能性がある。「財政・市場・政治勢力の構築」といった論点の立て方そのものが,2001年の「9.11」,2008年の「金融恐慌」,そして2011年の「3.11」などによって,配置変えを余儀なくされているのだ。だとすると,既存の枠内からは「夢想だ」と言われるよう場所から未来を構想することのほうがはるかに現実的だ。日本の原発政策が抱える問題は,原発のないサルデーニャの問題とほとんど重なる。たとえば,現在,サルデーニャの政府が推し進めようとしている環境政策においても,日本の場合と同じく産官学の複合体の問題が存在している。たとえばカリアリ大学とサルデーニャ州政府は強い結び付きと相互依存によって政策をすすめようとしている。サルデーニャの支配層は,すべてを財政と投資をめぐる闘争に還元し,『エネルギー選択』を単なる『賭け金』としている。そこには,まったくといっていいほど,持続可能性という発想はなく,拙速に,その場しのぎの財政投融資計画のリズムで動いていく。そもそも,「エネルギー政策」の中身は,住民にほとんど知らされていない（その秘密主義は,Fukushimaへの日本政府の対応と酷似している）。まったくの『白紙』の状態からの『選択』などあるはずもなく,すでに利権がらみで建設されてしまったポルト・トッレスの巨大プラントや基地,マフィアがらみの風力発電,そしてまた新たな利権と繋がる太陽光パネル等は,その都度の妥協や勢力争いの産物として,個々の位置付けを少しずつ変化させながら,大量のエネルギーの生産・需給・蕩尽を前提とする社会システムの一部を構成している。

持続可能性の問題と並んで，最も注意すべきは，廃棄物の問題だろう。放射性廃棄物のみならず，サルデーニャの巨大石油化学プラントは膨大な汚染物質と廃棄物を生産する基地となっているが，いまや外部の産業廃棄物を遺棄する場所となりかかっている。こうした廃棄をめぐる問題と持続可能性を結び付けて考えないといけない。そしてまずなによりも，個々の事実をひっくるめて，全体として何が起こりつつあるのかを多くの人が知ることだ。

　ミガレッドゥが話す具体的事実（たとえばシチリアのタラントから有毒な廃棄物が陸揚げされているといった事実）について，これだけ環境・原発・エネルギー問題に関心がある聴衆が集まってきていてもほとんど知られていないということが，あらためて確認された。何十世代の先までも見渡した未来に責任／応答するかたちで，"不協の多声（polifonia disfonica）"を発する場を創っていく必要があるのだという自覚が参加者の間に起こり，会議は終了した[41]。

　数日後，メルレルも含めた他の何名かとミガレッドゥの家族が集まり，夕食を共にしながらセミナーをふりかえった。シンポジウムやセミナーなどでの議論は，これまでの経験の蓄積で，ほぼ理解と予測が可能となっているが，食事をしながらの会話は，常に理解と予測の範囲を越えるところがある。この日の議論も，イタリア語のみならず，サルデーニャ語，カタルーニャ語，ラテン語，スペイン語，フランス語などのネオ・ラテンの言葉と，いくつかの英語の専門用語が飛び交っていたのだが，こうした言語的に多声であることのみならず，メルレルはもちろんのこと，この日のメンバーは，サルデーニャを代表する知識人・文化人であり，彼らの話の背後にある経験を含めて理解しつつ，会話の変化と展開についていくのは，困難を極めた。

　ミガレッドゥは筆者と初めて出会ったときのことをよく覚えていた。ちょうどいま20代前半の若者となった一人息子が生まれたばかりの1988年の大晦日が初対面だった。この日も，サルデーニャの政治と文化についての激論で夜を過ごし，彼は，自分が書いたサルデーニャ語の詩に曲をつけて，ギター演奏を

しながら歌った。そのときの会話の端々から感じられた印象は，彼がただならぬ洞察力を持った，自分の土地をよく識り，愛し，憂える知識人だというものだった。彼が医師でもあるということを聞かされていたが，放射線専門医であるこということよりも，サルデーニャの言語・文化への強い関心と，地域の自立を希求する「社会の医者」であることが理解できた。

　1988年秋から1989年冬にかけての知識人・文化人，運動家との交流によって，個々人が当面の関心を寄せ，「論点」や「争点」となっていることがらの背後に，原思想や原問題とでも言うべきものがあることを"自ら学ぶ／骨身にしみる／身体でわかる（autoistruirsi）"機会を得た。こうした人達と長く付き合っていくことで，場に変化が生じていったとしても，"生身の現実"に対する応答の仕方には一定の法則性があるのだということを学んだ。これは，（体制に対する反体制の運動内部に，ちょうど「合わせ鏡」のようなピラミッドが形成され，そのなかの一分野における自分のテリトリー，立ち位置からのみ，意見と行動が出てくる）「組織人」のそれとは異なる動き方となっている。

　地球上の異なる場所で（おたがいから見れば地球の裏側で），複数の目で見て複数の声を聴き，複数のやり方で，地域社会や個々人の"心身／身心現象"として立ち現れている"惑星社会の諸問題"を考え対話していくことの意味を再確認した瞬間だった。誰でもどこからでも出来るのだと。

5．おわりに："惑星社会"と人間の「物理的な限界」から始める

(1)　メルッチが「可能性と限界」から「限界と可能性」へと語り直したことの意味

　本章の最後では，序章と3章も含めた「結語」を記すことを試みたい。

　本章の1節では，"境界領域"のフィールドワークから"惑星社会の諸問題"に出会った"道行き・道程"をふりかえった。2節では，エンツェンスベルガー

に導かれ，オーランドの"深層／深淵"に外から入っていった。その"出会い"は，緊張感と共にアウトノミアへの可能性を感じるものであった。3節では，メルレルとの"旅／フィールドワーク"のなかで，カーボベルデの"多重／多層／多面の問題"——アウトノミアの現在と都市／地方／個々人の"内面崩壊／亀裂"，イタリア人レストラン店主の死など——に出会った。4節では，羊飼いガヴィーノの「生」の変転と死を通して，「内なる惑星」としての"生・体（corpus corporale）""個・体（individuo corporale）"の問題が現象するサルデーニャとコルシカを見てきた。本章の"境界領域"のフィールドワークで見てきた事実，とりわけ3節，4節は，「自分の身体の問題でもある"惑星社会の諸問題"を認識できない」ことの証左ともなっていた。2012年8月の国際シンポジウムでも明らかになったように，「おわったこと，なかったことにする」力や，はてしなき相克・闘争の予感は，限られた特定の個人や地域だけの問題ではない。コーティングされていた外皮が剥ぎ取られ，"メタモルフォーゼの境界領域"の「穴」や「淵」が可視の領域に居座り続け，"見知らぬ明日"が常態化し続けている。"境界領域"のフィールドワークのなかからこうした「3.11」以降の"惑星社会"をめぐる根源的な「状況」を"予見［的認識を］する（prevedere）"ことが，本書全体の眼目であった。

いわば〈不治の病という生〉に直面したメルッチは，"境界領域を生きるひと（gens in cunfinem）"を自らの"身実（みずから身体をはって証立てる真実）"としていた。惑星社会のなかで病むものにとって何が大切かについて，自らの体験を通じて"知覚"していた彼は，社会の痛苦の体現者としての病者でもある社会の医者の学，"聴くことの社会学（sociologia dell'ascolto）"を志向した[42]。

ここでは，『プレイング・セルフ』の冒頭部分で「グローバルなフィールドとその物理的な限界（the global field and its physical boundary）」というかたちで「可能性」から話を始めたメルッチが，同書の第9章「地球に住む」では，「限界と可能性（Limit and possibility）」という組み替えをして，語り直していることに着目したい。以下，長い引用をする。

「第一に「限界（limit）」とは有限性（finiteness）を表すものであり，個別具体的な身体性（corporeality）と死が，私たちの条件を画す空間であるという認識を明示している。身体は生きること，苦しみ，そして死を通じて，人間に与えられている時間は常に暫定的なものにすぎないという現実を絶えず想起させ，私たちの科学技術への信仰——これが文化の有する聖なるものとの関係性にとって代わったのだが——を厳しく問いただす。

しかしながら限界には，制限（confinement），フロンティア（frontier），分離（separation）の意味もある。したがってそれは，他者，差異，還元できないものを承認する（recognition of the other, the different, the irreducible）ということをも意味している。他者性との出会いは，試されるという体験である。というのも，差異を力によって縮減したいという誘惑が生まれるが，しかし，コミュニケーションへの挑戦もまた同時に生み出すからである。それは，絶えることなく新たに始めつづける試みである。

その一方で，可能性を探求することには，第一に，痛みや死という限界をこえて，人間の体験に時間と空間の境界をさらに押し拡げようという，私たちの押さえがたい衝動を示している。第二に，それは人間という種がもつ性向を示しているのであるが，それは，身体を脳化していくこと，高次の機能によって産み出される意味の世界へと身体を「引き上げ」ようとする傾向である。私たちは，自身が自然であるにもかかわらず，その自然の意味を探し求め創造せずにはいられないのだ。最後に，可能性を強調することは，連帯とコミュニケーションにかかわる次元を想起させてくれる。それは，多様性がもつ不透明性や還元不可能性を，できるかぎり縮減しようという衝動である。「他者」とは，私たちにとっての限界を意味するだけではなく，それはまた，差異を媒介とした交わりのなかで，より高い水準の共同性へと到達しうることをも表しているのだ。

限界と可能性との間の緊張は，とりわけ近代西洋において定義されたような合理性の概念に影響を及ぼしてくる。手段と目的の計算のみに基づく合理性のいかがわしさが，次第に明らかになるにつれて，新たな智のかた

ち (new forms of knowledge) が現れる道が開かれてきている。感情，直観，創造性，世界の「女性的な」知覚 (emotion, intuition, creativity, 'female' perception) は，私たち個人および社会の現実が構築されるプロセスのなかに，完全に組み入れられるようになった。こんにち，私たちはこれらの意識の形がもつ役割を無視するのではなく，それらを認識し承認しなければならない。

　それと同様に，倫理はもはや究極目的の確実性を提示できるようなものではなくなり，それ自体が，差異のただなかで，と̇も̇に̇・生きていくことの責任／応答力とリスク (the responsibility and the risk of *co*-living amongst the difference) へ託されることになっている。地球上の地域や人々の間の裂け目が，日増しに深刻化していくにつれて，責任／応答力の場は，ますます個人の行為へとシフトしてきている。生態系の存続 (the survival of the ecosystem) は，私たちの自覚的な選択にかかっている。まさにこの理由から，内なる惑星 (inner planet) が私たちにとって決定的な事柄となるのである。内なる惑星は，私たちを最も内奥で規定し，私たちの一部であり，私たちを外なる宇宙へ導く道なのである。そしてまた関係のなかで個々人として在ることの力を発展させることを通じて，私たちは，地球と人類に対し新たな，そして分かち合われた責任／応答力に寄与することができるのだ。(Melucci 1996a = 2008：177-178)

　ここでは「グローバルなフィールド」が際限なく開けていくというイメージは崩壊し，「物理的な限界」のもとでの「生態系の存続」，個々人そして社会そのものの「有限性 (finiteness)」を自覚せざるを得ない。しかしこの「制限 (confinement)」のなかにある「境界 (finis)」と向き合うことで，その"端／果て (punta estrema / finis mundi)"から「他者，差異，還元できないものを承認する (recognition of the other, the different, the irreducible)」ことへと可能性が開けてもいくかもしれない。だから，あえて勇気をもって，「差異のただなかで，と̇も̇に̇・生きていくことの責任／応答力とリスク」を引き受けることが必然性

を持つのだ——この見方は,『プレイング・セルフ』刊行後に病に見舞われたメルッチにとっての"予見的認識"だった。そこでの「自由」は,「限界を受け容れる自由（free acceptance of our limits）」(Melucci 1996 a = 2008：79),すなわち,いま在るかたちを変えるという意味での喪失に応答することを選び取るという側面を持つことになる。その「晩期」のメルッチが見ていたもの（メルッチの「未発の社会理論」である"境界領域"の社会学[43]）を,彼との対話の記憶から想像してみよう。

(2) 「物理的な限界」「有限性」の領域（element）を組み込んだ惑星と人間の生態学へ

産業社会の勃興期には,「社会」という「大きな森」をとらえようする「人文的な素人（humanistic amateur）」が複数存在した。次第に学問として制度化した社会学は,複数の技法を開発し「木」の状態をひとつの変数で説明することに「成功」した。「危機」の瞬間になって,「木を見て森を見ない」という隘路に気付き,いま岐路にたたずんでいる。社会学は,国家でも市場でも神でもない,人間の「生活の場」である社会という存在に気付いたところから始まる。社会が,一個の「生き物」として独自の動きをするという直観である。この直観に基づき,個々の条件下で,社会はどのような動きを示すのかを,一個の「生き物」としての存在する個々人の動きとは別の法則性を持つものとしてとらえようとした。

一個の「生き物」としての社会のなかには,これまた独自の法則性を持って動く社会集団や組織,都市,地域社会,諸制度などが存在する。「生き物」としての社会,とりわけ近代社会がひとつのシステムとして,個々の部位の間での相互浸透をすすめていく過程においては,たとえば社会を進化の側面からとらえることが可能となり,社会システム論は,この一個の「生き物」としての社会を理解することに大きな寄与をもたらした。しかし,社会という「生き物」がひとつのシステムとして,ますます"複合・重合"化していくにつれて,社会が生み出すもの,たとえば核エネルギーや遺伝子操作などは,「生活の場」で

ある社会を成り立たせている"生存の場"に危機をもたらす大きな可能性を有するに至った。

　こうした「状況」に対して，R. N. ベラー（Robert N. Bellah）たちは，「ヴェトナム戦争」以後のアメリカ社会の「肉声」を掬い取り，制度化された「職業的な」社会科学の境界を越えて，総観的（synoptic）な見方を持った，使命（profession, calling, vocation）としての社会科学という「旧い」考え方にもどることを提起した（Bellah et al. 1985＝1991：357-369）。ブルデューやメルッチもまた「公衆」の声を聴くことへのコミットメントに，学者としての後半生を賭けた。彼らはみな，現に目の前で起こっていてすぐには整理・分析が困難な現象を"大きくつかむ"ことを試みていた。

　私達は，人間が生み出したプログラムであるシステムの「統治性の限界」に直面している。プログラムを生み出すプログラムを創出した人間は，自らの閉じた定常系のシステムを破壊する／革新するというアンビヴァレンスを抱えることになった。人間は「例外則」によって進化する。しかし，中立化し得ない装置としての国家は，例外を排除する。拡大された身体としての国家が機械化（官僚制化）していく。システム化された社会は，大量で高エントロピーの廃棄物（「ゴミ」）を生み出す。しかも，機械化（官僚制化）の一方で，権力の問題は残されたままで，中立化は実現しない。権力は，自らの「統治性の限界」を認めようとせずに，その原因を「統治不能なもの（the 'ungovernable'）」の側に求め"異物（corpi estranei）"の根絶・排除へと向かう。"惑星社会の諸問題"は，首相や大統領になったからといって「解決」出来るものではなく，むしろ様々な部署に配置されている「専門家」や「権威者」たちの「ちょっとした過ち」によって，社会に決定的な断裂をもたらす可能性を有してしまっている。

　人間同士の"交感／交換／交歓"は可能であるとしても，人間とシステムの間には，「統治性の限界」がある。異端排除や英雄待望による，"人間の内面崩壊／人間の亀裂（degenerazione umana / spaccatura antropologica）"へと向かわないために，地域社会の"深層／深淵"に位置する，個々人の"心身／身心現象"における"草の根のどよめき"[44]に応えるべき制度やシステムを，これか

ら構築していくしかない。制度が非在の場合には，"想像／創造の力"によって実質を"創起する動き（movimenti emergenti）"，無数の"草の根のどよめき"が必要となる。「そのなかで自分の立場はどういうものなのだろうか」などと考えることもなく，「一粒の麦」として「いてもたってもいられない」ことを，「ガルゲンフモール（Galgenhumor）」と共に「せっぱつまって」やる。惑星社会は，そうした人達の"無償性／無条件性／惜しみなさ（gratuitousness, guratuità）"から何かが生まれる可能性を増大させる。

そこでは，たとえば初期シカゴ学派のR.E.パーク（Robert E. Park），E.W.バージェス（Ernest W. Burgess），R.D.マッケンジー（Roderic D. Mackenzie）たちが構想した「人間生態学（Human ecology）」「人間のコミュニティ研究に関する生態学的アプローチ（The Ecological Approach to the Study of the Human Community）」の再考／再構築も必要となろう。メルッチの議論と組み合わせれば，土地や自然に強く拘束される存在であった人間が農村コミュニティから相対的に自立した都市コミュニティを形成し，そこでは人間と人間の関係，象徴的相互作用の次元が重要となった。この流れの果てに立ち現れている，"生体的関係的カタストロフ"の時代の人間生態学はいかなるものとなるのかを再考し再構築する必要がある。意識や心理の"深層／深淵"の次元まで含めた社会的諸力の関係，境界線の束も含めた学とならざるを得ないという点では，メルッチが言うような「内なる惑星」の問題をも含めざるを得ないだろう。いま求められているのは，「危機」と対面している21世紀の"複合・重合"社会をひとつの「生き物」として"大きくつかむ"惑星と人間の生態学であろう。

"生存の在り方"を託すことの出来る学問，メルッチは，このような学問の方向性を，"聴くことの社会学"と言い表していたが，いま名付け直すのだとしたら，それは，"危機の時代の総合人間学（cumscientia (humanities, human ecology) at moment of crisis）"ということになろう。社会が新たな局面に突入しているまさにその瞬間に，自らの設定した領域そのものを突き崩すかたちで"メタモルフォーゼ"をしていく。新たに始める初発の段階では，方法も概念も十分に精緻なものであるというよりは，多少の穴はあっても事実に切り込ん

でいることにこそ，その存在意義を見出す学問である。その意味においては，あり合わせの道具であっても，材料や準備の不足を，創意工夫で補ってやりくりをする力，欠如を恐れず，その限定された条件のなかにあって，すべてについてなにごとかを識ることを求め続けることによって命脈を保つという点で，"メタモルフォーゼ"を生命とする学問——よりゆっくりと，やわらかく，深く，耳をすましてきき，勇気を持って，たすけ合う学智（una cumscientia di lentius, suavius, profundius, audire, audere, adiuvare）である。

その先にあるのは，"生体的関係的カタストロフ"を"わがこと，わたしのことがら"として，「有限性」と「限界」を"基点／起点"とする，考現学でもあり系譜学でもあるところの，いくつもの"考故学（"perdutologia"=una cumscientia di pèrdita）"——故旧，故郷，縁故，故事，事故，故人など，喪失を"痛むひと"の"社会的痛苦"を引き受け探求する学問であろう。

⑶ 「エピステモロジー／メソドロジー」はさらに錬成されねばならない

しかし，このように考えるに至ったのが，"境界領域"のフィールドワークの途上での"知覚"の「自然な集積の結果」によって生まれた"化学反応／生体反応"とは言い切れない。1980 年代から「3.11 以降」に至る自らの"選択的盲目"——向き合うべき根源的なことがらに対して，「しばらくの間，やり過ごし，先送りしてきたこと」を痛感させられたのが，「3.11」という「ペリペティア（peripeteia）」[45]であったことを「告白」せねばならない。2011 年 3 月に帰国してすぐ，親しい友人に，下記のような言葉を送った。

　　……チェルノブイリの後（というよりもほとんどの人間が息を合わせて［安楽死］へと向かい始めた 1980 年代）の流れをなんとか少しでも抑止することに力をこめようと考え行動してきたのに，「私達はまだ（放射能に）汚染されてはいません。同じ国の人間です」という悲痛の声を生み出したことに，地域社会の現実から学ぶべき者として忸怩たる想いでいます。……私

が，チェルノブイリの少し後にサルデーニャにいったのは，グラムシの故郷ということもありましたが，島の北東部（ラ・マッダレーナ諸島）に米軍の原潜基地があり，そこがイタリア・ヨーロッパの反原発運動の「舞台」ともなっていたからです。……だからなおさら，地震に伴う原発の事故を生み出してしまう社会の構築に「加担」してきたことに強い罪責感を感じています。……家庭人としても，社会学者としても，逃げるわけにはいきません。明らかなる介入の暴力を自覚し，罪責感と共にその自らの業を引き受けるしかないと思います。こころあるかたたちと共に，この"生身の現実"に対して，声を発し，現実をつくりかえていくことに力をふりむけたいと切に思います。少しでも具体的な動きをつくっていきたいと考えております。当初の問題意識をとりもどし，ふたたび動かねばと強く感じています。そしていまこの社会／文明が直面している「劇的収支決算」の意味を，ごいっしょに考える機会が得られたらと切に思います。

本書は一貫して，この問題の所在を発見することを主眼として，試みをつらねてきた。"境界領域"のフィールドワークのなかで，"惑星社会"という全景把握や，個々の意義深い"知覚"に出会うことは出来たが，再解釈や分析はまだ今後の課題であり，そのための「エピステモロジー／メソドロジー」はさらに錬成されねばならない。知見を蓄積し，"生身の現実"の問題に呼応するかたちで社会調査の「エピステモロジー／メソドロジー」と概念装置のかたちを動きのなかで変えて（change form）いくしかない。

一度はまとめたオーランド，カーボベルデ，サルデーニャ―コルシカでのフィールドワークをふりかえり，理解し得たことは，再解釈していく，"対話的にふりかえり交わる"という営み自体がフラクタル――"多重／多層／多面"的，可変的，流動的であり，"かたちを変えつつ動いていく（changing form）"しかない。それは，当初の理解にとっては手痛い「敗北」――ここまでの"道行き・道程"を「懐疑（Zweifel）」することでもあり，罪責感と共にその自らの業を引き受けるしかない。努力は灰燼に帰し，「絶望（(Verzweiflung)」的な

気持ちにもなるが，膨大な時間と無数の人の努力の集積としての"智慧（saggezza）"ですら"責任／応答力（responsibility）"を持つことが困難な"メタモルフォーゼの境界領域"の時代，"見知らぬ明日"を生きていかねばならないのだから，"底知れぬ喪失／痛みの深淵"を「始まり（principium）」とするのがきっとよいのだろう。

　"知覚"し得るものの限界が持つ"圧倒的な現実（realtà ingovernabile）"から垣間見えるいくつかの可能性の"兆し・兆候"を"予感し（ahnen, presentire）"さらには"知覚"への道筋をなんとか捻り出していくこと，すなわち，"境界領域"のフィールドワークから"惑星社会"という「往路」に対しての「復路」——誰でも，どこからでも，複数の声・視点・やり方で"惑星社会の諸問題を引き受け／応答する"ことから始めることが今後の課題である。自らの"選択的盲目""忘却""忘我・自失""自執による自失"を常に警戒しつつ，いま在るかたちを変えるという意味での"喪失"に応答することを選び取り続けたメルッチのように。

　　形を変える（changing form）には，変化の流動性，保持しながら喪失を受容する能力，リスクへの寛容，限界を見極める分別が必要である。西洋の近代的体験を条件づけてきた冷淡で計算高い合理性は，こうした要請に向いていない。新しい質が必要であり，私たちはまさにいまそれを学び始めている。破裂することなくひとつの形から別の形へと移り変わっていく，予報できない断片をひとつに束ねていく，そのためには，直観力と想像力を必要とする。……喪失も展望もないメタモルフォーゼなど存在しない。人が形を変えていけるのは，自己の喪失を進んで受け入れ，好奇心を持って想像をめぐらし，驚きをもってしかし恐れることなく，可能性と出会える不定形な領域に入り込んでいこうとする，そんなときだけだ。（Melucci 1996 a＝2008：79）。

注

1) この言葉は，2000年に行なった国際シンポジウム「ヨーロッパ統合と日本」の第三セッション「多文化・多言語：『いくつものもうひとつのヨーロッパ』と日本の可能性」への呼びかけ文として筆者が準備したものの一部である。シンポジウムの成果については，(新原 2004b)(Merler 2003＝2004)を参照されたい。

2) 1985年から1987年にかけての沖縄・広島・長崎調査と1987年のサルデーニャ調査においては，それぞれ「標準日本語」と「標準イタリア語」による質問項目を準備し，「目立つ人(識者)」，「組織化された運動のリーダー」に意見聴取を行なった。すなわち，その土地の人々にとっての「自然言語」「生活言語」ではない言葉によって，「外部の人間が識者からの二次的情報によって地域の概況を理解する」という「手法」がとられた。このなかで「知覚」されたのは，「識者」によって言語化された「情報」から「理解」可能な範囲と，「了解」が困難な範囲(ここでは"想念(idee, immagine)"と呼ぶこととする)とのズレであり，相手のなかに「在る」(とフィールドワークの最中に「知覚」された)"想念"を，調査者の思考・言語体系の中に強引に押し込めてしまう危険性は，とりわけ大きな問題であった。ここでは，「主体」を組織や集団や行政との関係でのみとらえようとしていたが，複合体としての個人はある地域社会のなかで"多重／多層／多面"的な繋がりをつくり，その"拘束／絆(servitude humana／human bondage)"のなかで，葛藤を持ちながら行動している。

　このような個々人のなかに"埋めこまれ／植えこまれ／刻みこまれ／深く根をおろした(radicato)"コトガラをつかむための苦肉の策として，「堅い岩盤」「文化的抵抗力」などの(後に再解釈の余地をのこした)言葉によって"粗描"しておくことを試みた。その後，1988年から1989年にかけてのサルデーニャでの長期滞在のなかで，①「堅い岩盤」「文化的抵抗力」として"粗描"した地域社会の個々の事実を出来る限りその地域の「社会的文脈(contesto sociale)」のなかに生きる"個々人の内なる社会変動(movimenti corporeali)"に即して「理解」すること，②地域社会の個別性が持つ普遍的な意味を，他の地域社会との異同，相関関係を見ることによって明らかにすることを試みた。そのなかで，「堅い岩盤」「文化的抵抗力」として"粗描"を試みたことがらは，"根(radice)"と"社会文化的な島々(isole socio-culturali)"という「メタファー」へと再解釈がなされている。「堅い岩盤」については(新原 1988；1991a；1992a；1992d)など，「文化的抵抗力」については，(新原 1990；1991b；1992c；1996；2003b)などを参照されたい。イタリア語論文においても，このテーマについての考察を試みている(Niihara 1989a；1989b；1994；1995；1997；1998；2010；2011)。「"深層"のヨーロッパ」をテーマとした調査研究と考察の成果は，主としてサルデーニャでの知見に依拠する(新原 2004a；2004b；2007a；2007c；2009b)(Niihara 1999)。沖縄については(新原 1988；1992c；1997b；1998a；1998e；2000a；2001a；2001b；2003a)，オーランドについては(新原 2006a)を参照されたい。

3) 筆者は，古城利明監修のもと，2006年に刊行された地域社会学講座(全3巻)に

おいて第2巻『グローバリゼーション／ポスト・モダンと地域社会』の編集作業にかかわった。第1巻が地域社会学の理論と研究方法について，第3巻がその応用篇であったとするならば，第2巻は，いわば，1巻と3巻の「隙間」，"境界領域"として位置付けられるものだった。編集に際しては，二つの問題意識があった。一つめは，グローバル・イシューズ／マクロ・トレンドとかかわるものである。モダニゼーションの果てのポスト・モダンの状況下で，地域社会生活は解体を余儀なくされ，「生命」「自立」「共生」というテーマをどうとらえ直すかが突きつけられている。しかし，その矢先に，このモダン／ポスト・モダンという文脈とは異なる角度から，「グローバリゼーションのもとでの地域社会の解体」というテーマが，いわば割って入ってきている。それゆえ問題意識の第一は，いま現に起こっていることに対するこの見方の側のズレ，裂け目をどう理解するのかというものであった。第二は，メルッチのいわば遺言ともなった〈惑星社会と身体の間の地域社会〉というパースペクティブを導きの糸として，前者のズレ，"［時代の］裂け目（spaccatura d'epoca / epoca di spaccatura）"の理解の糸口を探ろうというものであった（新原 2006c）。メルッチはその理論的な主著『プレイング・セルフ』のなかで，人間の異なる文化が，円（circle）もしくは循環（cycle），矢（arrow），点（point）という三つのメタファーによって，時間を定義しようとしてきたとする（Melucci 1996a＝2008：14）。モダニゼーションとは，円や循環の時間感覚が，矢にとって代わられるプロセスであり，モダニティとは，矢という枠組みが個々人の中に内面化している状態である。しかしこの直線的時間は，接続されていない点の間での移動，時間が現今の点でのみ意味を持つような瞬間の連続，すなわち点の時間にとって代わられている。これがポスト・モダンの状況である。さらに，モダン／ポスト・モダンという軸とは異なる文脈であるはずのグローバリゼーションの諸々の議論は，まさに切断された点として，偏在し散発し消長する。しかし個々の点においては，一様な多様性をその内部に組み込み（incorporate）つつ全方位的に展開するマクロで全面的なトレンドとして，グローバリゼーションが論じられている。こうして，グローバリゼーションというイデオロギー的な問題設定によって，循環／矢／点の衝突・混交・混成・重合の場であるはずである現在は，点としてのみとらえられている。ここから，地域社会学講座の第二巻では，循環／矢／点の衝突・混交・混成・重合の場としての現在をとらえるために，モダニゼーションの問題として語られてきた移動に焦点をあてて，ポスト・モダン状況／グローバリゼーションのなかで，"境界領域"において，いかなる"メタモルフォーゼ（変異 change form / metamorfosi）"あるいは"未発の毛細管現象／胎動／交感／社会運動（movimenti nascenti）"が起こっているのかを見ようと考えた。

4) 「戦中と戦後の間」（丸山 1976）と「昨日のごとく」（中井 1996）より着想している。
5) サルデーニャへと旅立つ前，イタリアの「緑の運動」に参加していた舩田正さんは，ご著書（船田 1990）を刊行される以前に，その得難い体験を口伝えで惜

しみなく与えてくださった。船田さんを紹介してくれたのは,『技術と人間』の高橋昇さんと天笠啓介さんだった。

6) 2012年8月のサッサリでのシンポジウムでは,農学部で化学を専攻した若者から,「日本人は寡黙かつ従順であると思い込んでいましたので,『草の根』であるような人々が,静かに,動きをつくっていることに驚嘆しています。イタリアやサルデーニャの反原発をめぐる動きは,日本のそれと対照的で,様々な大きな声だけが飛び交う一方で,現実を根底から揺り動かすような運動へとなっていません」と言われた。

7) 序章,31ページの(鹿野1988:128-129)の引用文を参照されたい。

8) 石黒英男,野村修などの練達の訳者によって,すばらしい訳書が,『ヨーロッパ半島』というタイトルで1989年に出版され,同訳書に収録された哲学者の鶴見峻輔と長田弘の対談「虫の目で見たヨーロッパ」もまた,"深層/深淵"の「ヨーロッパ半島」を考えるための導きの糸となっている。

9) "異郷(terra estranea)""異教(pagania)""異境(stato 'di confine')"としたのは,「自分の"同郷"でない場所に行く」ことは,「異なる教え(価値やものの見方)が信じられている場所に行く」ことであったり,「自分にとっては『慣れない』境界線の引き方(区別や区分)をする場所に行く」ことであったりもすることから。

10) この部分の記述を「理解」するために,2010年8月,ヘルシンキのヴァンター国際空港から,バスで一時間半ほどの距離にある南スオミ州の都市ラハティ(Lahti),そこからさらに,車で一時間ほど移動して,ヘイノラ(Heinola)を越え東スオミ州の湖畔の港町ミッケリ(Mikkeli)の近くの,白樺など針葉樹の森と遠浅の湖が広がっている湖沼地帯のバンガローで,ノルウェーへの旅から帰ってきたミッケリ出身のフィンランド人の友人家族とともに,一週間ほどを過ごし,「きっちり限定された」森や草木,岩や湖水が持つ意味についての「レクチャー」を受けた。また,森と湖の意味については,スウェーデンのエステルズンド(Östersund)を故郷に持つ友人からも学んでいる。

11) 2004年から2007年にかけてのフリウリ=ヴェネツィア・ジュリアとゴリツィア/ノヴァ・ゴリツァ(イタリア・オーストリア・スロヴェニアの間国境地域),トリエステからイストリア(イタリア・スロヴェニア・クロアチアの間国境地域)での聴きとり調査のなかで,イタリアのトリエステ,ゴリツィアからイストリア半島のリエカに至る地域にその"根"を持つ"イストリア人"(「イタリア人」「スロヴェニア人」「クロアチア人」)の家族が,ポーランド,チェコ,スロヴァキア,オーストリア,ハンガリーといった,ほぼ同じ経度の地帯を南北に移動しつつ暮らしてきたというケースに少なからず出会った。彼らは,言語的にも,母語以外にイタリア語,ドイツ語,ロシア語,フランス語などを使いこなしていた。

12) 訳書『ヨーロッパ半島』の訳注によれば,「海のほとりのボヘミア」は,インゲボルク・バッハマン(Ingeborg Bachmann)というオーストリアの詩人の1964年の作品である。彼女はチェコスロヴァキアを旅して,非スターリン化の運動へ

の期待をこめて，この詩を書いた。「海のほとりのボヘミア」は，エンツェンスベルガー主催の不定期刊行雑誌『時刻表』15 号に掲載された。しかしこの作品が掲載された 1968 年の 8 月 15 日には，ソ連の戦車がプラハを蹂躙し，「プラハの春」はうち砕かれた。バッハマンは海のないボヘミアを海のほとりとすることで，また，詩の最後の方にある「わたしはボヘミアびと，放浪の旅人，何も所有しないし，何物にもとらわれない」という言葉で流浪の民のイメージに自由への願望を託し，この詩を書いたのだという (Enzensberger 1987＝1989：601-602)。

13) ここでの記述は，すでに（新原 2006a；2011b）などでとりまとめた考察をもとに加筆している。オーランド調査の概要については，（古城 2006）（新原 2006a）を参照されたい。

14) 2003 年 9 月 17 日と 18 日のインタビューと当日の配布資料に依る。(1) Åland history, the Autonomy of Åland, the organisation and work of the Assembly, EU-matters, the Committee of the Regions: Mr Lars Ingmar Johansson, Secretary General, Ms Susanne Eriksson, Deputy Secretary, Mr Hasse Svensson, member of the Assembly. (2) The work and organisation of the Government and the Administrative Board; Åland as an example, the Demilitarisation, the Right of Domicile: Ms Elisabeth Nauclér, Head of the Administration, EU matters: Ms Michaela Slotte, Head of EU-Unit. Interview regarding Cultural activities: Mr Jan-Ole Lönnblad, Head of Unit. オーランドには二つの議会がある。オーランド議会（18 条）とフィンランド議会（27 条）。1921 年にジュネーブにて決められた体制である。知事は大統領任命制だが，オーランド議会の議長が賛成しないと認められない。地域マイノリティが持つ権利としては珍しい。知事はオーランド協議会（delegation）の議長となる。オーランド立法議会の起案はまず協議会にいく。そこで意見の統一が得られない場合は最高裁判所にいく。1950 年代の始まりにオーランドが国旗を策定しようとした時，その旗があまりにもスウェーデンの国旗に似ていたために，国際安全保障にかかわる場合には立法権が拒否されるという条項によって，国旗のデザインが変更された。EUの規定にそぐわない場合も拒否される。オーランド行政府は島内の内政を担当する。一例として警察をあげる。警察は二つの議会と行政府にまたがる存在である。島行政府内に各部署が存在する。法務部，交通部，経済産業農業部，社会環境部，文化教育部，財務部，総務部（EU 関係，警察関係などはここに所属している），等々の部署があり，統計局は別組織となっている。

15) このときの体験から，サルデーニャに通い始めた頃に行なった知識人へのインタビューで，どのようなかたちで"島のひと"の言葉が発せられていたのか，どのようなかたちで「観察者」側の"智"へのパトスが試されていたのかを理解した。

16) 2008 年のアゾレス諸島での"旅／フィールドワーク"については，（新原 2011a）にてまとめている。

17) 2009 年 2 月 16 日から 3 月 2 日にかけて，成田⇒ローマ⇒アルゲロ（サルデー

ニャ)⇒ローマ⇒リスボン⇒サル島⇒サン・ヴィセンテ島⇒サント・アンタン島⇒サンティアゴ島⇒リスボン⇒ローマ⇒成田という経路で，カーボベルデ諸島における島嶼社会の地域調査，カーボベルデ大学等の研究者・知識人の意見聴取，カーボベルデ大学等での資料収集を実施した。本節は，(新原 2009b；2012b) の記述と重なっている。ここでは，「旧植民地」の土地と人，そしてヨーロッパ人の現在のみ論じているが，ヨーロッパにおける「移民・難民」については稿を改めて論じたい (cf. 新原 1991b；2001d)。

18) オーランドについては (新原 2006a；2011b)，サイパン・テニアン・ロタと南北大東島については (新原 2000a；2001a；2001b；2002；2003a) などを参照されたい。

19) 初期シカゴ学派，宮本常一，鶴見良行，エンツェンスベルガー，R. マーフィーなどの先達から学んだ〈あるく・みる・きく〉という"探究／探求の技法（arti di ricerca/esplorazione)"については，(新原 1993；1995b；1998d；2006b；2006c；2011e；2012a) (Niihara 1994；1995) (Merler e Niihara 2011a；2011b) などで論じている。

20) たとえば，カーボベルデに到着してからまだ日が浅かったサン・ヴィセンテ島の港湾都市ミンデロ滞在中には以下のようなことを考えていた。

　　旅の疲れからか，比較的早めに就寝するが，夜通し聞こえるディスコや居酒屋からもれる大きな話し声や笑い声，強い風の音と，薄い毛布一枚の寝具だったために，寒さと喉の痛みから目を覚ましてしまう。私達がコートやセーターを着て街を歩いているのに，地元の人達は半袖やTシャツ一枚でいて，宿の女主人に毛布をもう一枚くださいと言っても『え，どうして？』と驚かれる。これまで多くの国や地域を旅してきたが，今回は慣れるのに時間がかかってしまっているのはなぜか。ベッド，水，電気，電化製品，食器，必要なものがないわけではない。だが，フォークやスプーンがほしいときになかったり，毛布がなかったり，その時に必要だと感じるものがいつも欠けている。ミンデロはカーボベルデ第二の都市でもあり，観光客向けの店なども多数存在しているのだから，物品の全般的欠如の問題ではない。ということは，なにが生活上必須のものであるかに関する知覚の在り方の違いかもしれない。これは，国民社会や地域社会ごとの違いだけではない。いまとなっては，思い通りのかたちに温度や湿度がコントロールされたフローリングの室内で暮らしていることから，欠如に対してありあわせのものでやりくりする能力が著しく衰えてしまっているのだと感じる。これは，若い頃には持ち合わせていなかった"知覚"の在り方である。朝起きてきたメルレルから，『毛布がなかったら隣のベッドのカバーとかコートとか，ありあわせのものをひっぱがしてかければよかったじゃないか。そうしていると思ったよ』と言われ，はっとさせられた。このような欠如に対するやりくりの能力の衰えは，カーボベルデの人々にも起こっているとコッコは言う。ソニーの製品などを帰還移民達が持ち帰り，若者達は，かなり豪華な端末を持ち歩いている。いくつかの欠如はあたりまえでそれを智恵で補えばいいという在り方から，ひとつの製品の欠如は致命的

なものとなり，その欠陥を補うことが唯一の至上命題となる。そのための金が必要となり，手段を選ばなくなるという構造は，グローバルに存在し，その影響は，島々の隅々にまで及んでいる。ハーバーマスが，「生活世界の植民地化」を論じたときにまだ観念的な先取りであったものが，広く深く展開し，この惑星の隅々まで，個々人の内面にまで，かつてのコロニアルな状態とはかたちを変えながらの新たなコロニアルな状態がつくられている。現在のポスト・コロニアルが，過去のものと決定的に違うのは，個々の地域や個人の内発性や潜在力を奪うかたちでの「消費や情報へのコロニアルな状態」が，ニューヨークやロンドン，パリといった「世界都市」や，「先進社会」の諸地域においても進行し，そのようなマクロ・トレンドのなかで，個々の地域，個々人においては，それぞれ別の，固有のかたちでの悲劇が起こるという構造を持っている。つまり，全面的で内面的であるという点にある。ポルトガルの航海者が，港や商館をつくり，地元の人々がそこで働き，それぞれの生活世界の余地を遺しつつ，衝突・混交・混成・重合していった時期から，スペイン以降のコロニアリズム，さらにグローバリゼーションを経て，あまりに隔たった局面に来てしまっている。(2009年2月21日，サン・ヴィセンテ島のミンデロにて)

21) フィールドワーク全体の時系列に即しての記述と，サッサリとリスボンから始まるカーボベルデ調査の概要については，(新原 2009b；2012b) などを参照されたい。
22) 以後，本章で使用する写真はすべて新原道信が撮影したものである。
23) 詳しくは (新原 2009b) を参照されたい。
24) 1996年夏に行ったメルレルたちとブラジルへの"旅／フィールドワーク"では，サンパウロ大学，リオデジャネイロのフルミネンセ大学，エスピリット・サント州のヴィトリア大学で国際シンポジウムとセミナーを行ない，ここでメルレルの恩師で南米最高の社会学者 O. イアンニ (Octavio Ianni) とも邂逅した。そして，このエスピリット・サント州で MEPES-Movimento de Educação Promocional do Espirito Santo と La AIMFR (Associazione Internazione dei Movimenti Famiglie di Formazione Rurale) の共催で，第60回の農村家族学校 (Escolas Famílias Agrícolas) の国際大会が開催され，メルレル達と共に全日程を参加した。エスピリット・サント州のコロニア (開拓地) のひとつ，ドミンゴス・マルティンス (Domingos martins, 1,134km², 海抜542km, 人口26,102人, 1847年にドイツ系，1880年にイタリア系によって植民。言語は，ポルトガル語，ドイツ語，ポメラニア〔Pomeranea バルト海沿岸の旧ドイツ領で第二次大戦後，オーデル川以西がドイツ領，以東がポーランド領となった〕とフンスリュック〔Hunsruck ライン山地南西の高原〕の土地の言葉，そしてイタリア語が使われている) の農村家族学校を訪問し聞き取り調査を行った。このときのコミュニティ調査の成果は，(Giorio-Lazzari-Merler 1999) としてまとめられている。
25) 社会学や文化人類学の拠点であり，ポルトガルにおけるアカデミズムの頂点に立つリスボン新大学の教員の個々の発言のなかには，ポルトガルのみならずポル

トガル語圏全体のリーダーとしての責務という認識が強く出ていた。2008年2月のアゾレス調査におけるアゾレス大学でのシンポジウム開催の折に，アゾレス大学の教員との話し合いの機会を持ったことで，既に何度か滞在し，シンポジウムやセミナー等を行ってきたリスボン新大学からのものの見え方と「地方大学」のそれとの差異を意識させられた。(cf. 新原 2011a)

26) (玉野井 1990a；1990b) (伊藤他 1990) などを参照されたい．

27) 創立まもない国立カーボベルデ大学 (Universidade de Cabo Verde) は，理学部，工学部，社会科学部，経営学部，教員養成学部，文学部などが設置されている。学長の話によれば，次々と「グローバルな」私立大学が開設し，かなり厳しい競争が存在しており（プライアに着いたときに見た新聞記事では8,000人が高等教育を受けているとのことだった），キャンパスは複数の島にまたがっていて，財政的問題を常にかかえている。大学人として地域社会への責任を考えざるを得ないという学長は，「カーボベルデの学者にとって，あなた達のお話，島の諸地域の固有性をどのように生かしていくのかというお話はとても興味深いのです。島にある大学同士が繋がりをつくることが出来ればありがたい」と話されました。メルレルから，アフリカ，ヨーロッパの地中海沿岸諸国の大学院レベルのサマースクールの話が出ると，これにアゾレス，マデイラ，カーボベルデ，アフリカ，ブラジルといった大西洋諸地域の大学を加えることが出来ないかという話へと広がった。この後，社会科学系の3名の学部長（地理学，心理学，社会工学など）と話をした。観光について，「サル島の塩田観光やサンティアゴ島の要塞観光は，地域生活に何の寄与ももたらさない。巨大企業による介入で，プラスチックやゴミ袋を散乱させるだけになってしまっている。村々の生活を救わないといけないのです。次に来るときは，フォゴ島とブラバ島を見てください。ぜひ夏に来てほしい，夏に来れば緑はもっと濃くなるのだから」と熱をこめて語ってくれた。この会見の後に，カーボベルデ大学は，メルレルが中心的役割を果たしている「世界の島嶼地域の大学間ネットワーク (R. E. T. I. =Rete di eccellenza dei Territoriali Insulari)」に参加することとなった。その後，メルレルと学長は，まったく偶然に何度か，リスボンとマドリードの空港で出会ったという。

28) サルデーニャ北東部ガッルーラ地方とコルシカ南部の結び付きの歴史に関するここでの記述は，A. メルレルとの度重なる"対話"と，サッサリ大学で博士号（社会学）を取得したテンピオ（歴史的地域ガッルーラの中心的な宗教都市）の自治体職員ルーチョ・ヴェッレ (Lucio Verre) との20年以上にわたる協力に依拠している。

29) 本節でとりあげるフィールドワークは，既に時系列に沿って（新原 2011d）にて紹介している。

30) サルデーニャやコルシカにおいては，現在の行政区画以上に「歴史的地域」からの理解が重要となる。サルデーニャの歴史的地域は，以下のとおりである：Anglona, Barbagia di Belvi, Barbagia di Nuoro, Barbagia di Ollolai, Barbagia di Seùlo, Barigadu, Baronie, Campidano di Cagliari, Campidano di Oristano,

Gallura, Goceano, Mandrolisai, Marghine, Marmilla, Meilogu, Monreale, Montacuto, Montiferru, Nurra, Ogliastra, Parteòlla, Planargia, Quirra, Romangia, Sarcidano, Sarrabus-Gerrei, Sassarese, Sulcis-Iglesiente, Trexenta.

31) コルシカの地名の片仮名表記については，フランス語での呼び方に準じている．たとえば，サルテーヌ（Sartène）は，コルシカ語では，サルテ（Sartè）となる．プロプリアノ（Propriano）はコルシカ語でプロピア（Prupià）となり，ボニファシオ（Bonifacio）は，イタリア・ジェノヴァ地方の言葉であるリグリア語のボニファシオ方言（ligure bonifacino）ではボニファッツィウ（Bunifazziu），コルシカ語ではボニファツィウ（Bunifaziu）となる．

32)「監視区域」についての記述は，「『ブルータング病』，ヨーロッパ全域での感染拡大を懸念」（2006年09月01日　05：35　発信地：フランス，http://www.afpbb.com/article/life-culture/health/2105775/840899 Last Access 2013.09.26）による．

33) コルシカには，サルデーニャと同様に，「外敵の襲撃」にそなえた「物見の塔」が今でも多くのこっている．1583年の「アルジェの海賊によるサルテーヌ襲撃」では数百人が連れ去られており，襲撃は18世紀まで続いた．ロッカピナの塔は都市国家ジェノヴァによって建造された．

34) たとえば4人用の家の場合，一週間借りるためには，冬期（10月から2月）は1,800ユーロ，8月には7,500ユーロの賃貸料金を払う必要がある．さらに12人用の家の場合には，冬期は8,100ユーロで8月には28,200ユーロの賃貸料金で一週間借りることが出来る．高価格の貸別荘以外にも，コルシカ南岸には，夏期を中心として長期滞在型の貸別荘が多く造られている．たとえば，私達が滞在した貸別荘は，リビングと寝室が二部屋あり，五人家族用で，冬期は一日あたり70ユーロだった．冬期は400ユーロ程度，夏期には900ユーロ程度の賃貸料金で一週間借りることが出来る．

35) オーランド調査でも，オーランド島からフォーグロー島（Föglö）に向かうフェリーの寄港地などで，このことが確認された（新原 2006a：413-418）．

36) フェリー会社についての情報等は，旅行代理店等で収集したフェリー会社のパンフレット，コルシカとサルデーニャの地図・ガイドブック，辞書や事典等の紙ベースの資料，パソコンに装備した世界大百科事典第2版やインターネット等のデジタル資料，直接聞いた話に依拠している．私達が乗船したのは，1931年創立で本社はマルセイユ，コルシカのアジャクシオとバスティアに支社を持つフランスのフェリー会社ラ・メリディオナーレ（La méridionale）のスカンドラ（Scandola）という大型船である．1999年就航のこの船は，排水量14,500トン，全長150m，全幅23m，42名の乗組員，250名の乗客と90台の車を収容し，1名用から4名用までの79の客室が設置されている．ポルト・トッレス（Porto Torres）から14時半に出港し，コルシカのプロプリアノ（Propriano）に寄港した後，そこからマルセイユに向かう．たとえばマルセイユからの客は，18時に乗船し，翌日，プロプリアノを経てポルト・トッレスに11時半に到着することになる．逆に，ポルト・トッレスから14時半に出港する場合，翌朝の7時半にマルセイユ

に到着となる。同社が所有する他の船は，ジロラタ（Girolata）が600人／160台，カリステ（Kalliste）が500人／120台の収容能力を持っている。コルシカとフランス本土を結ぶ便については，SNCM（Société nationale maritime Corse Méditerranée）と共同運航している。モビーラインズが所有するほぼ同程度の大きさの船モビー・ファンタジー（Moby Fantasy）が13,910トン，全長144 m，全幅22 mで，1,200名の乗客と400台の車を収容することと比較すると，スカンドラは，船の大きさの割に収容客数と車の台数が少ない。貨物の積載量が多いことが理由として考えられる（1,600メガリットル積載可能とある）。

37）その"生身の現実（cruda realtà）"と「知識人の世界」との隔絶については，サルデーニャにおける「知識人の世界」と「内陸部サルデーニャ」というテーマでこれまでも多くの機会に日本語とイタリア語で発表し（cf. Niihara 1992；1994），とりわけイタリアにおいては何度も厳しい論戦を避けがたく体験した。

38）イタリア語とラテン語の組み合わせについてはメルレルとの間で，イタリア語に対応する英語の選定は，主としてメルッチとの間で行ってきた。そしてメルッチ亡き後は，中村寛さんに助力を仰いでいる。

39）新原の基調報告「Fukushima：エネルギー選択，市民社会，生活の質」とそこでの議論については，（新原 2013a）を参照されたい。

40）L'arcipelago della Maddalena は，サルデーニャ島の北東沖にある島嶼群であり，経済的には，軍事上の要衝として成り立ってきた。1972年アンドレオッティ内閣の時代にサント・ステファノ島に米軍直轄の原潜基地が建設され，1980年代には，シチリアのコミゾ島と並んで，ヨーロッパの反核平和運動にとって象徴的意味を持ち続けた。2003年10月25日，そのラ・マッダレーナ諸島付近で，アメリカ海軍のロサンゼルス級原子力潜水艦のハートフォードが座礁し，放射能汚染が問題となった。

41）日本語であれイタリア語であれ，言いたいこと伝えたいことのすべてが達成されるわけではない。最善の準備が出来るわけでもない。その場所に生起したことがらのすべてをデータに出来るわけでもない。しかし，突然の「無茶な依頼」に応えての「ただ働き」や「無駄骨」をくり返すことで，「歩留まり」が少しずつ出来ていく。最善ではなくても次善のパフォーマンスを安定して発揮出来るようになる。「ただ働き」や「無駄骨」は，いかなる「状況」のもとでも，自分の「条件」を整え確実に結果を出し続ける力（"臨場・臨床の智の思行"）を養うための自己への"企図（progettare）"となっている。

42）"聴くことの社会学"には，"聴くことに根ざした社会学（Sociologia di ascoltare）"と，そのような社会学であるのならば，まさに今こそ，この"社会学の声を聴こう（Ascoltiamo la sociologia）"という意味が盛り込まれていた。

43）病のなかで構想されたメルッチの「新たな智のかたち（new forms of knowledge）」については，（新原 2004c；2010；2011b）などを参照されたい。

44）この言葉は，哲学者・古在由重（1901-1990）の著書『草の根はどよめく』（古在 1982）を典拠としている。古在は同書のなかで，「グラスルーツ（草の根）」

の意義と「現実路線」の背後の「基本的な矛盾」を論じている。
45) 哲学者・真下信一は、G.ルカーチ（Georg Lukács）が「アリストテレス以来のドラマ作法の根本概念の一つ」である「ペリペティア」を取り上げ、「ヒトラーという現象」を論じた文章（「運命の転回」）と対比するかたちで、日本人と日本社会が体験した「ペリペティア」について下記のように論じた（真下 1979：165-167）。

　　いかなる事実にも、いかなる出来事の新しさにも、あたかも絶縁体でしかないようなファナティシズムを別とすれば、八・六と八・一五は日本のファシスト的戦争劇における最大のペリペティアであった。主人公たちの頭と心のなかで「無知から知への急転」がそこで生じねばならないはずの「認識の場」であり、ドラマの窮極の意味が「そうであったのか！」というかたちで了解されるべきラスト・シーンであった。もとギリシャ語のペリペティアは、ことに、悪しき状態への、人間的災禍への急変という意味をもつものであるが、八・六と八・一五のパニック、自己をも含めてこの国民の最大の災禍をかかるものとして率直にみとめ、つづいて、「最後に」このような「結果としてあらわれ」たものが「客観的現実のなかにすでにとっくに存在」していたことを承認し、この確認にもとづいてあの「本質」をたぐりだし、その「本質」への自己のかかわり合いを明らかにしようとすること、このことが責任性の問題一般が生じうる必須の条件なのである。

　　「八・一五」をわれわれは見た。それは事柄の事実的経過のなかで「うわべのまやかし」が一枚一枚と剥ぎとられてゆくそのとどのつまりに、むき出しの「本質」としてあらがいがたく目前に横たわったものであった。それを各自が見たと思ったそのイメージを保ちながら、あの歴史的経過を逆にたどれば、数々の「うわべのまやかし」が、あたかもフィルムの逆回転のなかでのように、一枚一枚と各自のもつ「本質」のイメージの上へ戻されてゆく。この後からの積み戻しのなかでは、新しく暴露された諸事実の知識が加えられつつ、ひとは事実的経過のなかにかつて巻き込まれていたときよりも、はるかに聡明にふるまうことができる。「本質」のイメージは多少とも見直され、この見直された「本質」観が、かつての自己に対置される。それゆえに、各人の自己批判、自己責任の追及の仕方は、「本質」のそれぞれの見直し方に相対的であるよりほかはない。

引用・参考文献

Alberoni, Francesco, 1968, *Statu Nascenti*, Bologna: Il Mulino.
―――, 1989, *Genesi,* Milano: Garzanti.
Bachmann, Ingeborg, 1996, *Poesie,* Milano: TEA.
Bellah, Robert N., et al., 1985, *Habits of the Heart : Individualism and Commitment in American Life*, The University of California.（＝1991、島薗進・中村圭志訳『心の習慣―アメリカ個人主義のゆくえ』みすず書房）

Braudel, Fernand, 1966（1949）, *La Méditeranée et le monde méditerrnéen à l'époque de Philippe* Ⅱ, Paris: Librairie Armand Colin, 2 édition revue et corrigée.（＝1991, 浜名優美訳『地中海 Ⅰ　環境の役割』藤原書店）

─, 1966（1949）, *La Méditeranée et le monde méditerrnéen à l'époque de Philippe* Ⅱ, Paris: Librairie Armand Colin, 2 édition revue et corrigée.（＝1993, 浜名優美訳『地中海　Ⅲ　集団の運命と全体の動き 2』藤原書店）

Derrida, Jacques, 1991, *L'autre cap: suivi de la democratie ajournee*, Paris: Minuit.（＝1993, 高橋哲哉・鵜飼哲訳「他の岬─ヨーロッパと民主主義」みすず書房）

Enzensberger, Hans Magnus, 1987, *Ach Europa! Wahrnehmungen aus Sieben Ländern mit einem Epilog aus dem Jahre* 2006, Frankfurt am Mein: Suhrkamp.（＝1989, 石黒英男他訳『ヨーロッパ半島』晶文社）

Galtung, Johan, 1984, "Sinking with Style", Satish Kumar（edited with an Introduction）, *The Schumacher lectures. Vol . 2*, London: Blond & Briggs.（＝耕人舎グループ訳「シュマッハーの学校─永続する文明の条件』ダイヤモンド社）

古城利明, 2006「序」古城利明監修, 新原道信他編『地域社会学講座　第 2 巻　グローバリゼーション／ポスト・モダンと地域社会』東信堂.

─, 2011a「総論・地域社会学の構成と展開［新版］」地域社会学会編『キーワード地域社会学　新版』ハーベスト社.

─, 2011b『「帝国」と自治─リージョンの政治とローカルの政治』中央大学出版部.

日高六郎, 1986「市民と市民運動」似田貝香門他編『リーディングス日本の社会学 10　社会運動』東京大学出版会.

石牟礼道子, 1972『苦海浄土─わが水俣病』講談社.

伊藤るり他, 1990「座談会　フロンティアとしての玉野井理論」『新沖縄文学』86 号.

鹿野政直, 1988『「鳥島」は入っているか─歴史意識の現在と歴史学』岩波書店.

古在由重, 1982『草の根はどよめく』築地書館.

Ledda, Gavino, 1975, *Padre padrone: l'educazione di un pastore*, Milano: Feltrinelli.（＝1995, 竹山博英訳『父パードレ・パドローネ─ある羊飼いの教育』朝日新聞社）

真下信一, 1972『思想の現代的条件──哲学者の体験と省察』岩波書店.

─, 1979「思想者とファシズム」『真下信一著作集　第 2 巻』青木書店.

丸山真男, 1976『戦中と戦後の間：1936-1957』みすず書房.

Melucci, Alberto, 1982, *L'invenzione del presente. Movimenti, identità, bisogni individuali,* Bologna: Il Mulino.

─, 1984a, *Altri codici. Aree di movimento nella metropoli*, Bologna: Il Mulino.

─, 1984b, *Corpi estranei: Tempo interno e tempo sociale in psicoterapia*,

Milano: Ghedini.
———, 1989, *Nomads of the Present: Social Movements and Individual Needs in Contemporary Society*, Philadelphia: Temple University Press.（＝1997, 山之内靖・貴堂嘉之・宮崎かすみ訳『現在に生きる遊牧民：新しい公共空間の創出に向けて』岩波書店）
———, 1991, *Il gioco dell'io: Il cambiamento di sè in una società globale*, Milano: Feltrinelli.
———, 1994a, *Passaggio d'epoca: Il futuro è adesso*, Milano: Feltrinelli.
———, 1994b, *Creatività: miti, discorsi, processi*, Milano: Feltrinelli.
———, 1996a, *The Playing Self: Person and Meaning in the Planetary Society*, New York: Cambridge University Press.（＝2008, 新原道信・長谷川啓介・鈴木鉄忠訳『プレイング・セルフ―惑星社会における人間と意味』ハーベスト社）
———, 1996b, *Challenging Codes. Collective Action in the Information Age*, New York: Cambridge University Press.
———, 1996c, *Verso una sociologia riflessiva: Ricerca qualitativa e cultura*, Bologna: Il Mulino.
———, 2000a, *Zénta: Poesie in dialetto romagnolo*, Rimini: Pazzini.
———, 2000b, *Giorni e cose*, Rimini: Pazzini.
———, 2000c, *Parole chiave: Per un nuovo lessico delle scienze sociali*, Roma: Carocci.
———, 2000d, *Diventare persone: Conflitti e nuova cittadinanza nella società planetaria*, Torino: Edizioni Gruppo Abele.
———, 2000e, *Culture in gioco: Differenze per convivere*, Milano: Il saggiatore.
———, 2000f, "Sociology of Listening, Listening to Sociology".（＝2001, 新原道信訳「聴くことの社会学」地域社会学会編『市民と地域―自己決定・協働, その主体　地域社会学会年報13』ハーベスト社）
———, 2000g, "Homines patientes. Sociological Explorations（Homines patientes. Esplorazione sociologica）", presso l'Università Hitotsubashi di Tokyo.
———, 2002, *Mongolfiere*, Milano: Archinto.
Melucci, Alberto e Anna Fabbrini, 1991, *I luoghi dell'ascolto: Adolescenti e servizi di consultazione*, Milano: Guerini.
———, 1992, *L'età dell'oro: Adolescenti tra sogno ed esperienza*, Milano: Guerini.
———, 1993, *Prontogiovani: Centralino di aiuto per adolescenti: Cronaca di un'esperienza*, Milano: Guerini.
Merler, Alberto, 1988, *Politiche sociali e sviluppo composito,* Università degli Studi di Sassari.
———, 1989, "Tre idee-forza da rivedere: futuro, sviluppo, insularità", in *Quaderni bolotanesi,* n. 15.

―――, 1990, "Insularità. Declinazioni di un sostantivo", in *Quaderni bolotanesi*, n. 16.

―――, 1991, "Autonomia e insularità. La pratica dell'autonomia, vissuta in Sardegna e in altre isole", in *Quaderni bolotanesi*, n. 17.

―――, 1996, *Regolazione sociale. Insularità. Percorsi di sviluppo,* Cagliari: EDES.

―――, 2003, *Realtà composite e isole socio-culturali: Il ruolo delle minoranze linguistiche.*(＝2004，新原道信訳「"マイノリティ"のヨーロッパ―"社会文化的な島々"は，"混交，混成し，重合"する」永岑三千輝・廣田功編『ヨーロッパ統合の社会史』日本経済評論社)

―――, 2004, *Mobilidade humana e formação do novo povo / L'azione comunitaria dell'io composito nelle realtà europee: Possibili conclusioni eterodosse.*(＝2006，新原道信訳「世界の移動と定住の諸過程―移動の複合性・重合性から見たヨーロッパの社会的空間の再構成」新原道信他編『地域社会学講座　第2巻　グローバリゼーション／ポスト・モダンと地域社会』東信堂)

―――, 2011, *Altri scenari. Verso il distretto dell'economia sociale,* Milano: Franco Angeli.

Merler, Alberto et al., 1982 *Lo sviluppo che si doveva fermare.* Pisa-Sassari: ETS-Iniziative Culturali.

Merler, Alberto, M. Cocco e M. L. Piga, 2003, *Il fare delle imprese solodali. Raporto SIS sull'economia sociale in Sardegna.* Milano: Franco Angeli.

Merler, Alberto, G.Giorio e F. Lazzari (a cura di), 1999, *Dal macro al micro. Percorsi socio-comunitari e processi di socializzazione,* Verona: CEDAM.

Merler, Alberto e G. Mondardini 1987 "Rientro emigrati: il caso della Sardegna", in Antropos, n. 18.

Merler Alberto e M. Niihara, 2011a, "Terre e mari di confine. Una guida per viaggiare e comparare la Sardegna *e il Giappone con altre isole",* in *Quaderni Bolotanesi,* n. 37.

―――, 2011b, "Le migrazioni giapponesi ripetute in America Latina", in *Visioni Latino Americane*, Rivista semestrale del Centro Studi per l'America Latina, Anno III, Numero 5.

Merler, Alberto and A. Vargiu, 2008, "On the diversity of actors involved in community-based participatory action research", in *Community-University Partnerships: Connecting for Change*: proceedings of the 3 rd International Community-University Exposition (CUexpo 2008), May 4-7, 2008, Victoria, Canada. Victoria, University of Victoria

中井久夫，1996『昨日のごとく：災厄の年の記録』みすず書房。

新原道信，1988「対抗文化の可能性―沖縄・広島・長崎における生活の見直しと自立への動き」『平和運動の思想と組織に関する政治社会学的研究』(昭和60-62年

度科学研究費補助金（総合 A）研究成果報告書，研究代表者・吉原功）．

―――，1990「小さな主体の潜在力―イタリア・サルデーニャ島の「開発・発展」をめぐって」季刊『窓』第 3 号．

―――，1991a「地域の内発的発展の先行条件に関する一考察―サルデーニャにおける『地域問題』把握の過程と知識人」千葉大学文学部『人文研究』第 20 号．

―――，1991b「統合ヨーロッパの内なる『島』と『群島』―イタリア・サルデーニャの移民が選択した協同への回路」『思想と現代』第 25 号．

―――，1992a「島嶼社会論の試み―「複合」社会の把握に関する社会学的考察」千葉大学文学部『人文研究』第 21 号．

―――，1992b「ひとつのヨーロッパ・もうひとつのヨーロッパ―イタリアにおける"複合社会"論の展開が意味するもの」関東社会学会『年報社会学論集』第 5 号．

―――，1992c「沖縄の自立と内発的発展を考える―地中海島嶼社会との比較で」日本平和学会『平和研究』第 17 号．

―――，1992d「イタリア社会の再発見―"混成社会"に関する社会学的考察」千葉大学文学部『人文研究』第 22 号．

―――，1993「方法としての地中海への"旅（itinerario）"―日本社会と日本人を再発見するために」奥山真知・田巻松雄編『20 世紀末の諸相―資本・国家・民族と「国際化」』八千代出版．

―――，1995a「"移動民"の都市社会学―"方法としての旅"をつらねて」奥田道大編『21 世紀の都市社会学　第 2 巻　コミュニティとエスニシティ』勁草書房．

―――，1995b「『素人』の学としての沖縄関係学」『沖縄関係学研究会　論集　創刊号』．

―――，1996『横浜の内なる社会的・文化的"島"に関する実証社会学的研究』かながわ学術研究交流財団．

―――，1997a『ホモ・モーベンス―旅する社会学』窓社．

―――，1997b「"移動民（homo movens）"の出会い方」『現代思想』vol. 25-1．

―――，1998a「Over Sea Okinawans……それは境界をこえるものの謂である」川崎市文化財団『EGO-SITE　沖縄現代美術 1998』．

―――，1998b「THE BODY SILENT―身体の奥の眼から社会を見る」『現代思想』vol. 26-2．

―――，1998c「境界領域の思想―「辺境」のイタリア知識人論ノート」『現代思想』vol. 26-3．

―――，1998d「そこに一本の木があって―サルデーニャのことがらが語る地域社会論のために」専修大学現代文化研究会『現文研』No. 74．

―――，1998e「島への道―語り得ぬすべてのものを語るという試み」『ユリイカ』No. 407, vol. 30-10．

―――，1999「"異文化"を"社会学する"」玉水俊哲・矢澤修次郎編『社会学のよろこび』八千代出版．

―――，2000a「"恐怖の岬"をこえて―サイパン，テニアン，ロタへの旅」『EDGE』

No. 9-10 合併号。
─── , 2000b「『ストリート・コーナー・ソサエティ』を読む」『書斎の窓』No. 496。
─── , 2001a「生起したことがらを語るという営みのエピステモロジー」大阪大学『日本学報』No. 20。
─── , 2001b「境界のこえかた─沖縄・大東島・南洋」立命館大学『言語文化研究』Vol. 13-1。
─── , 2001c「聴くことの社会学のために─二〇〇〇年五月の"賭け（progetto）"の後に」『地域社会学会年報 13』ハーベスト社。
─── , 2001d「"内なる異文化"への臨床社会学─臨床の"智"を身につけた社会のオペレーターのために」野口裕二・大沼英昭編『臨床社会学の実践』有斐閣
─── , 2001e『多文化・多言語混成団地におけるコミュニティ形成のための参加的調査研究』科学研究費補助金基盤研究(C)報告書（研究代表者・新原道信）。
─── , 2002「旅」永井均他編『事典 哲学の木』講談社。
─── , 2003a「ヘテロトピアの沖縄」西成彦・原毅彦編『複数の沖縄─ディアスポラから希望へ』人文書院。
─── , 2003b「自らを見直す市民の運動」矢澤修次郎編『講座社会学 15 社会運動』東京大学出版会。
─── , 2004a「深層のヨーロッパ・願望のヨーロッパ─差異と混沌を生命とする対位法の"智"」永岑三千輝・廣田功編『ヨーロッパ統合の社会史』日本経済評論社。
─── , 2004b「ともに旅をして，対比・対話し，考える（Viaggiare, comparare, pensare）」『評論』No. 143。
─── , 2004c「生という不治の病を生きるひと・聴くことの社会学・未発の社会運動─A・メルッチの未発の社会理論」東北社会学研究会『社会学研究』第 76 号。
─── , 2006a「深層のアウトノミア─オーランド・アイデンティティと島の自治・自立」古城利明編『リージョンの時代と島の自治』中央大学出版部。
─── , 2006b「他者を識る旅」中央大学『中央評論』No. 256。
─── , 2006c「序」「現在を生きる知識人と未発の社会運動─県営団地の"総代""世間師"そして"移動民"をめぐって」「あとがき」新原道信・奥山眞知・伊藤守編『地球情報社会と社会運動─同時代のリフレクシブ・ソシオロジー』ハーベスト社。
─── , 2006d「いくつものもうひとつの地域社会へ」「あとがき」古城利明監修, 新原道信他編『地域社会学講座 第 2 巻 グローバリゼーション／ポスト・モダンと地域社会』東信堂。
─── , 2007a『境界領域への旅─岬からの社会学的探求』大月書店。
─── , 2007b『未発の「第二次関東大震災・朝鮮人虐殺」の予見をめぐる調査研究』科学研究費補助金基盤研究(C)調査報告書（研究代表者・新原道信）。
─── , 2007c『21 世紀"共成"システム構築を目的とした社会文化的な"島々"の

研究』科学研究費補助金基盤研究(B)学術調査報告書（研究代表者・新原道信）。
———，2008a「『グローバリゼーション／ポスト・モダン』と『プレイング・セルフ』を読む—A. メルッチが遺したものを再考するために」『中央大学文学部紀要』社会学・社会情報学 18 号（通巻 223 号）。
———，2008b「訳者あとがき—「瓦礫」から"流動する根"」A. メルッチ，新原道信他訳『プレイング・セルフ—惑星社会における人間と意味』ハーベスト社。
———，2009a「変化に対する責任と応答を自ら引き受ける自由をめぐって—古城利明と A. メルッチの問題提起に即して」『法学新報』第 115 巻，第 9・10 号。
———，2009b「境界領域のヨーロッパを考える—移動と定住の諸過程に関する領域横断的な調査研究を通じて」『横浜市大論叢』人文科学系列，第 60 巻，第 3 号。
———，2009c「"生身の現実を観察する"という社会学の実践感覚について」中央大学通信教育部『白門』第 61 巻第 9 号。
———，2010「A. メルッチの"境界領域の社会学"—2000 年 5 月日本での講演と 2008 年 10 月ミラノでの追悼シンポジウムより」『中央大学文学部紀要』社会学・社会情報学 20 号（通巻 233 号）。
———，2011a『旅をして，出会い，ともに考える』中央大学出版部。
———，2011b「A. メルッチの『時間のメタファー』と深層のヨーロッパ—『フィールドワーク／デイリーワーク』による"社会学的探求"のために」『中央大学文学部紀要』社会学・社会情報学 21 号（通巻 238 号）。
———，2011c「死者とともにあるということ・肉声を聴くこと—2011 年 3 月の震災によせて」メールマガジン「大月書店通信」第 28 号（2011.4.26）所収。http://www.otsukishoten.co.jp/files/memento_mori_20110426.pdf, http://www.otsukishoten.co.jp/news/n 2274.html
———，2011d「"境界領域"のフィールドワーク—サルデーニャからコルシカへ」『中央大学社会科学研究所年報』15 号。
———，2011e「出会うべき言葉だけを持っている—宮本常一の"臨場・臨床の智"」『現代思想　総特集＝宮本常一　生活へのまなざし』vol. 39-15。
———，2012a「現在を生きる『名代』の声を聴く—"移動民の子どもたち"がつくる"臨場／臨床の智"」『中央大学文学部紀要』社会学・社会情報学 22 号（通巻 243 号）。
———，2012b「"境界領域"のフィールドワーク(2)—カーボベルデ諸島でのフィールドワークより」『中央大学社会科学研究所年報』16 号。
———，2013a「"惑星社会の諸問題"に応答するための"探究／探求型社会調査"—『3.11 以降』の持続可能な社会の構築に向けて」『中央大学文学部紀要』社会学・社会情報学 23 号（通巻 248 号）。
———，2013b「"境界領域"のフィールドワーク(3)—生存の場としての地域社会にむけて」『中央大学社会科学研究所年報』17 号。
———，2014「A. メルッチの『限界を受け容れる自由』とともに—3.11 以降の惑星社会の諸問題への社会学的探求(1)」『中央大学文学部紀要』社会学・社会情報学

24号（通巻253号）。

Niihara, Michinobu, 1989, "Sardegna e Okinawa: Considerazioni comparative fra due sviluppi insulari," in *Quaderni bolotanesi*, n. 15.

――――, 1989, "Alcune considerazioni sulla vita quotidiana e sul processo dello sviluppo. Confronto fra due processi: Giappone-Okinawa e Italia-Sardegna," in *Il grandevetro*, n. 102.

――――, 1992, "Un tentativo di ragionare sulla teoria dell'insularità. Considerazioni sociologiche sulle realtà della società composita e complessa: Sardegna e Giappone," in *Quaderni bolotanesi*, n. 18.

――――, 1994, "Un itinerario nel Mediterraneo per riscoprire il Giappone e i giapponesi, Isole a confronto: Giappone e Sardegna," in *Quaderni bolotanesi*, n. 20.

――――, 1995, "Gli occhi dell'oloturia." Mediterraneo insulare e Giappone, in *Civiltà del Mare*, anno V, n. 6.

――――, 1997, "Migrazione e formazione di minoranze: l'altro Giappone all'estero e gli'estranei' in Giappone. Comparazioni col caso sardo," in *Quaderni bolotanesi*, n. 23.

――――, 1998, "Difficoltà di costruire una società interculturale in Giappone," in *BETA*, n. 3.

――――, 1999, "Integrated Europe as Viewed from Mediterranean Island", in T. Miyajima, T. Kajita & M. Yamada (eds.), *Regionalism and Immigration in the Context of Europian Integration*, JACAS Symposium Series No. 8, The Japan Center for Area Studies-National Meseum of Ethnology, Osaka, July 1999, pp. 63-69.

――――, 2003a, "Homines patientes e sociologia dell'ascolto," in Luisa Leonini (a cura di), *Identità e movimenti sociali in una società planetaria: In ricordo di Alberto Melucci*, Milano: Guerini.

――――, 2003b, "Il corpo silenzioso: Vedere il mondo dall'interiorità del corpo," in Luisa Leonini (a cura di), *Identità e movimenti sociali in una società planetaria: In ricordo di Alberto Melucci*, Milano: Guerini.

――――, 2008, "Alberto Melucci: confini, passaggi, metamorfosi nel pianeta uomo," nel convegno: *A partire da Alberto Melucci…l'invenzione del presente*, Milano, il 9 ottobre 2008, Sezione Vita Quotidiana-Associazione Italiana di Sociologia, Dipartimento di Studi sociali e politici-Università degli Studi di Milano e Dipartimento di Sociologia e Ricerca Sociale-Università Bicocca di Milano.

――――, 2010, "I servizi socio-educativi in Giappone: una comparazione," nel convegno: *Sistema formativo e servizi socio-educativi per le famiglie, per le scuole, per le comunità*, Sassari, il 15 luglio 2010, Laboratorio FOIST per le Politiche Sociali e i Processi Formativi con il patrocinio di Sezione di Sociologia dell'educazione e Sezione di Politica sociale-Associazione Italiana di Sociologia, Università degli Studi di Sassari.

―――, 2011, "Crisi giapponese―Conseguente al disastro nucleare degli ultimi mesi", nel *Seminario della Scuola di Dottorato in Scienze Sociali*, Università degli Studi di Sassari.

―――, 2012, "Il disastro nucleare di FUKUSHIMA. Scelte energetiche, società cvile, qualitàdella vita", nel *Quarto seminario FOIST su Esperienze internazionali nell'università*, Università degli Studi di Sassari.

奥田道大，1990「訳者解題」，Faris, Robert E.L., with a foreword by Morris Janowitz, 1970, c 1967, *Chicago sociology, 1920–1932* (The heritage of sociology), Chicago: University of Chicago Press.（＝1990，奥田道大・広田康生訳『シカゴ・ソシオロジー：1920-1932』ハーベスト社）

Polanyi, Michael, 1966, *The tacit dimension*, The University of Chicago Press.（＝2003，高橋勇夫訳『暗黙知の次元』ちくま学芸文庫）

―――, 2007，慶伊富長編訳『創造的想像力［増補版］』ハーベスト社。

最首悟，1998『星子が居る―言葉なく語りかける重複障害の娘との20年』世織書房。

島尾敏雄，1982「私の見た奄美」「奄美大島から」『島尾敏雄全集　第16巻』晶文社。

菅田正昭編著・日本離島センター監修，1995『日本の島事典』三交社。

玉野井芳郎（槌田敦・岸本重陳編），1990a『玉野井芳郎著作集2　生命系の経済学に向けて』学陽書房。

―――（鶴見和子・新崎盛暉編），1990b『玉野井芳郎著作集3　地域主義からの出発』学陽書房。

鶴見和子，1981『南方熊楠―地球志向の比較学』講談社。

Whyte, William Foote, 1982, "Social Inventions for Solving Human Problems: American Sociological Association, 1981. Presidential Address", *American Sociological Review*, Vol. 47.（＝1983，今防人訳「人間の諸問題を解決するための社会的発明―アメリカ社会学会，1981年会長就任演説」，「社会と社会学」編集委員会編『世界社会学をめざして　叢書　社会と社会学Ｉ』新評論）

―――, 1993, *Street Corner Society: The Social Structure of An Italian Slum, Fourth Edition*, The University of Chicago Press.（＝2000，奥田道大・有里典三訳『ストリート・コーナー・ソサエティ』有斐閣）

吉原直樹，2011『コミュニティ・スタディーズ―災害と復興，無縁化，ポスト成長の中で，新たな共生社会を展望する』作品社。

終　章
再び"境界領域"のフィールドワークから
"惑星社会の諸問題"へ

古 城 利 明

1．本書の構成とその要点

　既にみてきたように，本書の大半は"境界領域"をめぐる理論とフィールドワークから構成されている。そのことを踏まえて，ここでは本書の諸要点の確認から出発したい。

　まずは序章だが，そのタイトルからもうかがえるように，上記の「"境界領域"をめぐる理論とフィールドワーク」を踏まえた上で，"惑星社会の諸問題"への展望を提起するものとなっている。すなわち，3節から7節までの"境界領域"論を挟み込むように，1〜2節で"惑星社会"論への喚起がなされ，8節以降で再びそこに戻って今後の展望に触れているのである。しかし，こうした筋書きは，本書の基となるプロジェクトの当初から予定されていたものではない。次節でも触れるが，「3.11」がその契機となって，それまでの"境界領域"をめぐる理論とフィールドワークに秘められていた新たな可能性を喚起する構成に組みかえられたのである。その意味で，この序論は，これまでの"境界領域"をめぐる理論とフィールドワークの蓄積を見定めた上で，その転換ないし発展を試みた論考だといって差し支えあるまい。この「見定め」については次の第1部の要点確認と合わせていくつかの点に触れたい。

　そこで第1部の諸論考に移るが，既にみてきたように，このパートはメルレル・新原，メルッチ・新原による諸論考である。この2組の論考は一定のズレ

を伴いつつ重合して，上記の「転換ないし発展」への土台を形成している。この土台となる「蓄積」を「見定め」てみよう。

　第 1 章は東日本大震災の起こった「3.11」の前後に発表された論考である。しかし，これらの論考には「3.11」への言及はない。それゆえにまた「3.11」以前の"境界領域"論の到達点をよく示しているということも出来る。この章はメルレル・新原による論考であり，序章の 4 節（メルレルの"複合的身体"），5 節（〈島嶼社会論〉），6 節（"根"と"未発の社会運動"），7 節（"境界領域"概念を紡ぎ出す），9 節（〈毛細管現象／胎動／交感／個々人の内なる社会変動／未発の社会運動〉へ）と対応する章である。この序章の 5 つの節を踏まえると第 1 章の論述のなかで執筆した 2 人の関心と視点が微妙なズレを内包しつつ，見事に融合して"境界領域"論を展開しているのを見出すことができる。

　第 2 章と第 3 章はそれぞれメルッチと新原の単独論考であるが，後者は前者を補う意味も含んで執筆されているので，関連した論考とみることも出来る。いいかえれば，前者は 2001 年に構想されたメルッチの生前最後の論考であるので，今日の時点で後者のなかでそれを受け止める必要があるのである。またこの第 2 章は序章の 2 節（"惑星社会"への"かまえ"）とも響き合っているが，その直接の関連は薄い。むしろメルッチの"惑星社会"論は序章の 1 節（はじめに：「3.11 以降」の"惑星社会"を生きるために），2 節，3 節（メルッチの"生体的関係的カタストロフ"），8 節（ゆるく固定されたピボット・ピンのように揺れ動くプレイング・セルフ），10 節（おわりに：「限界を受け容れる自由」とともに）のなかで展開されている。

　このように，メルレル，メルッチ，新原の論考は深く連携しているが，それぞれの得意技があり，本書の序章から第 1 部の展開は，この連携の新原版といえるのではあるまいか。

　続く第 2 部は「フィールドワークの現場」であるが，「マクロからミクロへ」という本書の構成とはややズレた視点，すなわち世界システム分析を踏まえた「変容をのぞきこむ視点」（本章 2 節参照）からこれを整理してみよう。

　まず指摘しておきたいのは，本書で対象とされている「現場」は，その大半

が世界システムの中心部の中心ないし周辺だということである。それは序章で提起されている"境界領域"の定義に関わる。くり返せば，そこでは「"境界領域"とは，"多重／多層／多面"の境界区分の『変容』『超越』と共に，グローバル・イシューズが衝突・混交・混成・重合するローカルな『場所』」[1]とされているが，ここでは「変容」に力点をおいて「現場」（ローカルな「場所」）を並べ替えて，そこでの「グローバル・イシューズの衝突・混交・混成・重合」を整理してみようというのである。

　この視点からみると，まずは中心部の中心ニューヨークに潜む境界線に着目した第6章が注目される。コロンビア大学とそれに隣接するハーレムの間を走る境界線，その「引き直し」をめぐって大学のキャンパス拡大戦略とハーレムとが拮抗している。筆者の中村は，ハーレムに住むアフリカ系アメリカ人の友人の依頼で，ティーチング・アシスタントを務めるコロンビア大学の図書館の利用許可証を取得するためその友人とキャンパスを移動していたとき，大学の警備員に呼び止められる。この事件を契機に上記の「拮抗」の様相が深められていくが，その根は歴史を遡ってアフリカにまで到達する。「グローバル・イシューズの衝突」は中心部の中心で見え隠れしている。

　次いでこれも中心部をなすヨーロッパにかかわっては，3つの論考がある。第4章，第5章，第8章である。このうちの中島が執筆した第4章と新原の手になる第8章では「統合」よりも「差異」に拓いてゆくエンツェンスベルガーの「ヨーロッパ半島」というイメージが共有されている。しかしその詰めた内容にはズレがあるようにもみえる。すなわち前者の場合はそこに「収斂と分岐のダイナミクス」をみようとするのに対して，後者では「『どこまでも不規則な断片（フラクタル）から成る存在』としての"異端／他端／多端"のヨーロッパ」をみているからである。これを「変容」と「超越」のズレとみるのは読み過ぎであろうか。筆者（古城）には，このズレがフランスにおける「『外から』『上から』の空間の介入による地域の創出」と「"深層／深淵"のオーランド」理解の着眼点の違いに関連しているかにみえる。尚，新原の「理解」は，第8章において，ヨーロッパ周辺部の島々（カーボベルデ，サルデーニャ，コルシカ）

にも貫かれていく。もうひとつの第5章は鈴木の執筆になる「北アドリア海リージョン」論である。ここでのリージョンは「複数の歴史的地域」の「組み合わせ」から成るが，そこでは「前世期の国境紛争の歴史認識をめぐるコンフリクトは終わっておらず」，その緊張のなかで「国境線をどう越えるかが焦眉の問題として現れて」おり，この「境界線」を越える模索が続けられているのである。それも「"異端／他端／多端"のヨーロッパ」の姿であろう。

最後は阪口の執筆になるアジアにおける中心部の中心，東京・新宿区大久保のフィールドワークである。そこでは江戸時代以降の人々の移動による差異とコンフリクトという歴史的地層の上に，2000年代以降「コリアンタウン」化，「観光地」化が位置付けられ，そこでは東アジアからイスラム圏に連なる「グローバル・イシューズの衝突・混交・混成・重合」という"境界領域"化が見出されることが描かれている。

以上の整理を踏まえて言えることは，"境界領域"化は世界システム中心部の至るところで進行しているということである。だが，それは世界システムの周辺部ではどのように展開しているのであろうか。おそらくは，顕在しているにせよ，潜在しているにせよ，より激烈に展開し，ここでは充分取りこまれていない惑星社会論とかかわるように思われる。

そこで次節では，本節で触れ得なかった内容も含めて，今後の展望とかかわる2つの論点をあげておきたい。

2．「3.11以降」の"境界領域"と"惑星社会"

その第1は，「3.11以降」という現時点での，"境界領域"あるいはそれを含む"ローカル"の持つ意味についてである。ここにはいくつかのキーワードがある。

まず，「3.11以降」という言葉について。新原はこの「以降」について次のように言う。それは「メルッチが言うところの『劇的な収支決算』の状況が持続していくという意味がこめられている」と。そして，これに続けて言う。そ

れは「突然，想定外の事件が起きたが，困難をのりこえ，『もとどおり』のありかたへと復興していく」という認識とは異なる見方，すなわち「『震災，津波，原発事故』で，日本社会とそこに生きる私たちの状況・条件が変わってしまったのではなく，実は既に存在していた"多重／多層／多面の問題（the multiple problems）"が顕在化した」ことである，と。つまり，"未発の状態（stato nascente）"の顕在化，それが「3.11 以降」の状況だというのである[2]。

とすれば，この「以降」という言葉にこめられた時空間の状況は，「3.11 後」の日本社会だけ，東北地方だけに限られるものでないことは明らかであろう。その状況は惑星社会＝地球社会の"多重／多層／多面"の文脈のなかに「既にとっくに存在」[3]しており，それが契機を得て顕在化してきた，あるいは認識に上ってきたとみるべきであろう。だが，この論点についてはここではこれ以上触れない。

次に注目したいのは，"境界領域"及び"ローカル"の持つ意味についてである。これらの概念及びその連関について，既に前節でみた新原の"境界領域（cumfinis）"の定義を前提として，ここでは二つの点に留意されたい。そのひとつは「境界区分の『変容』『超越』」の意味である。そこでの「変容」と「超越」はどのように違うのか，また関連しているのか。この意味を考えるためには，既に序章で提示された「"境界領域"の概念図」を参照するのがよいように思う。すなわち，「境界区分の『変容』」とは"テリトリーの境界領域"の変容を軸に"心身／身心現象の境界領域"及び"メタモルフォーゼの境界領域"の変容をのぞきこむ視点であり，「境界区分の『超越』」とは，後二者の「境界領域」を軸に前一者（"テリトリーの境界領域"）の意味を問うという視点である。このように「変容」の視点と「超越」の視点は異なるが，それらは「既存の単位間」の区分を前提とする議論とは対立しているのである[4]。

もうひとつは，この「境界領域」がグローバルに連なる「ローカルな場」ととらえられていることである。それら以外の単位区分は考慮にいれられていない。このことは「超越」の視点とはよくかみ合うように思う。これに対して，筆者（古城）の近著では，そのサブタイトルにもあるように，ローカルと共に

リージョンにも注目している。この注目は，世界システム分析の諸理論を検討するなかで，特に山下範久の理論に依拠して導き出されたものである。すなわち，氏によれば，グローバリゼーションによって近代世界システムを作動させていた「ジオカルチュア」は終焉するが，それは「ステイトとネイションの解体」を意味する。が，それはこれらの消滅ではなく，それぞれの契機，つまり「近代的統治という普遍性を志向するステイトの契機と個別的共同性を根拠として連帯を志向するネイションの契機」それぞれの徹底化からリージョナリズムとローカリズムが「体化」するとしているのである[5]。これは「変容」の視点になじむ。とすれば，ここでも「超越」と「変容」の視点が，明示的ではないが，「ローカル」への着目を基点に，いささかブレながら共振しているのがみうけられる。

　以上のことはなにを意味するか。それはグローバリゼーションによる「ステイトとネイションの解体」のなかで，新しい時空間を「広さ」と「深み」の二つの相で模索する二つの動向を意味しよう。それをあえて統合するよりも，さしあたりは，それぞれ相に入れ込みつつ，もうひとつの相に目配りを怠らないという作法が有益ではあるまいか。だが，いずれはその高次統一の機会は訪れよう。

　その第2は，"惑星社会"とその展望についてである。本書の序章を，新原は「社会的行為のためのグローバルなフィールドとその物理的な限界という，惑星としての二重の関係は，私たちがそこで私的生活を営む"惑星社会（the planetary society）"を規定している」[6]というメルッチの文章を引用することから始めている。そして，それに続く1節のなかでは，「3.11以降」を念頭に「核エネルギーは，私たちの"生存の在り方"を問い，遺伝子操作・産み分け・クローンなどによって『人間』の境界線は揺らいでいる。もはや『物理的な限界』を無視した対処法……では，未来の不安を消すことは出来なくなってきた」と述べている[7]。しかしながら，本書では全体として，こうした問題設定は後景化している。それは何故か。それは単なる諸科学の分担の問題ではない。むしろ"境界領域"論がこの「物理的な限界」を取りこむ「エピステモロジー／

メソドロジー」を充分に練り上げていないからではないか，あるいは先送りしているからではないか。だが，既に触れた「3.11 以降」の状況を踏まえれば，この問題をいつまでも先送りするわけにはいかない。さしあたりそれは，新原のいうように，「"生存の在り方"を問う」なかで，また「人間の境界線」の揺らぎを問うなかで自覚的に取り上げられるべきであろう。だがその「エピステモロジー／メソドロジー」とは何か。ここに残された課題があるように思う。「惑星社会」から「惑星」を展望に入れた「エピステモロジー／メソドロジー」，それは宇宙論を前提とした身心論なのか，空無を覗き込んだ現象学[8]なのか，課題は深い。

注

1) はじめに，ⅰ-ⅱページ。
2) 新原道信，2013「"惑星社会の諸問題"に応答するための"探究／探求型社会調査"―『3.11 以降』の持続可能な社会の構築に向けて―」『中央大学文学部紀要』社会学・社会情報学第 23 号（通巻第 248 号），50-51 ページ。
3) 同，51 ページ。
4) 古城利明，2006「序」同監修『地域社会学講座　第 2 巻　グローバリゼーション／ポスト・モダンと地域社会』東信堂。
5) 古城利明，2011『「帝国」と自治―リージョンの政治とローカルの政治―』中央大学出版部，8-9 ページ。
6) Melucci, A. 1996, *The Playing Self: Person and Meaning in the Planetary Society*, New York: Cambridge University Press.（＝2008，新原道信・長谷川啓介・鈴木鉄忠訳『プレイング・セルフ―惑星社会における人間と意味』ハーベスト社，3 ページ）
7) 序章，5 ページ。
8) 青井和夫，1980『小集団の社会学―深層理論への展開』東京大学出版会，第 6 章「禅と社会学」参照。

あとがき

　"境界領域"のフィールドワークは，"たったひとりで異郷／異教／異境の地に降り立つ"ことから始められた。その"道行き・道程"で，契りを結ぶことになる他者（智者）と"出会い"，切り結び，喪失の体験と向き合ってきた。それが，当初想像していたとおりの旅程ではなかったとしても，「いままで識らなかったことに出会うことはとてもありがたく楽しいことだ」ということを体感した。

　フィールドで出くわす事実は，最初，ひとつの「景観」のように立ち現れる。しかしその事実や智者の言葉の背後には，舞台に登場することのなかった言葉や想念が在る。さらにその舞台裏の言葉や想念の背後には，身体に刻み込まれた記憶，同時代に起こったコトガラがある。（智者である）他者を理解するとは，この"多重／多層／多面"の「一所懸命」を理解すること。「景観」として受けとめた「事件」や「データ」や「情報」の背後にある"心意／深意／真意"と"身実（みずから身体をはって証立てる真実）"を探ろうとすること。かたちを変えつつ動いていく"事柄の理（ことわり）"を"探究／探求"すること。つまりは，あるき・みて・きいて・しらべ・ともに考え，「景観」のなかの"構造／人間の汗や想い"を掬い取ること。そして，こころとからだをくぐり抜けた言葉を書き／描き遺すことだ。

　時代の強い「風」が吹き始めている今，「誰でもどのような場所でも出来る，これは，倫理的なユートピアの話ではなく，リアルな物理的状況であり」，「限界をもった個人，集団や社会であるからこそ，その自らの固有性に由来する豊かな贈り物を他者へともたらす」ことが出来るというメルッチの「遺言」は，より現実的な理念となっている。ごくふつうの個人が，地球というグローバルなフィールドのプレーヤーとして，"責任／応答力"を発揮する可能性を有している。

「今日と同じように生きられればいい」と思うふつうのひとびとの「不条理な苦痛を減らす」こと。"低きより"，「合間」から，"寄せ集めるという骨折り"のなかで"智"を紡ぎだすこと。背中で後からやって来るひとびとに先人の"智"を"伝承・伝達"していくこと。この，識ることへの旅——"旅をして，出会い，ともに考える"ことと，"たったひとりで異郷／異教／異境の地に降り立つ"ことがクロスする場所を，"ともに（共に／伴って／友として）"することが少しでも出来るのならば，何よりの喜びであり，意味なのだと思う。

2014年1月27日

執筆者を代表して　新原道信

付　　記

　本書の索引は，"境界領域"のフィールドワークの途上で"出会ったひと"と"出会った言葉"に基づき構成されている。

　"境界領域"のフィールドワークは，たったひとりで"異郷／異教／異境"の地に降り立つ"旅／フィールドワーク"である。"異郷／異教／異境"と三つ並べて書いたのは，「自分の"同郷"でない場所に行く」ということ以外にも，「異なる教え（価値やものの見方）が信じられている場所に行く」ことであったり，「自分にとっては『慣れない』境界線の引き方（区別や区分）をする場所に行く」ことであったりもする。個別具体的に限定された"異郷／異教／異境"の場で，"他者との出会い（incontrare l'altro, encountering the other）"のなかで，自然言語や生活言語と科学的思考との"衝突・混交・混成・重合"のなかで，言葉と人の記憶を蓄えてきた（cf. 新原 2011：iii-vii）。

　選定した言葉は，著者それぞれの経験とかかわる，英語，イタリア語，ラテン語，ドイツ語，フランス語など，複数の言語が混交・混成した状態で提示されている。"境界領域"のフィールドワークのなかで浮かびあがった想念を日本語で表現しようとすると，どうしても，ずれたり，ぶれたり，染みだしたり，はみ出てしまったりするものが在る。いたしかたなく，その折々に去来していた"想念（idee, immagine）"を"粗描する（abozzare）"ための「言葉の地図」をつくるようにした（cf. 新原 2007：256-260）。

　この索引は，「言葉の地図」であるのと同時に，ひとつのローカルな場となってしまった惑星社会の特定の時間・空間に「きっちりと限定された」，"不協の多声"を伴った記憶・体験の成層と結び付いている。すなわち，"境界領域"のフィールドワークの旅程を"粗描"したものでもある。

　このような「エピステモロジー／メソドロジー」をゆるやかに共有しつつ，フィールドで，研究チーム内で，"対話的にふりかえり交わる（riflessione e riflessività）"ことを試みた。同じ言葉であっても，異なる"書き手／描き手／語り手（scrittore/rappresentatore/narattore）"によって，「ずれ」や「ぶれ」が存在している。さらに，ひとつひとつの言葉のなかには，"書き手／描き手／語り手（scrittore / rappresentatore / narattore）"のフィールドワークの旅程の内部の"不協の多声"が編み込まれている。この"不協の多声"の様態を自覚化することによって，新たな"社会学的探求"の方向性が見えてくるのではと考えている。

引用・参考文献

新原道信，2007『境界領域への旅——岬からの社会学的探求』大月書店。
————，2011『旅をして，出会い，ともに考える』中央大学出版部。

項目索引

ア 行

アイデンティゼーション　42, 330
アウトノミア　23-26, 84, 355
青舌病（Bluetongue disease）　392-393
アゾレス　421
アッパー・ウェスト・サイド（Upper West Side）　243, 266
アフリカ系アメリカ人　234, 237, 244, 256, 264-269, 283, 284
あるく・みる・きく　361
居合わせる（being there by accident at the nascent moments）　119, 402-404
EU（ヨーロッパ連合の項を参照）
異郷／異教／異境　88
異界の力（una capacità "di confine"）　45
イストリア　193-194, 196-203, 207-211, 213-224, 226-227
　──地域主義運動　202-203, 226
　──人（Istriani）　202, 223-224
　──民主会議（DDI-IDS）　202
痛むひと／痛みとともにあるひと（homines patientes）　40, 415
異端（estraneo contrapponendo）　7, 21, 54, 66, 105, 346, 413
逸脱　238, 245
遺伝子操作　5, 339, 412
移動・交換（transference）　i, 483
移動民（homines moventes）　16-20, 391-398
居ながらの出郷／心情の出郷　52
異物（corpi estranei）　18, 54, 413
ヴェール（境界の項も参照）　234
内なる
　──島々のつらなり　20
　──島嶼　24
　──複数性　324-325, 329-330
　──惑星　51, 411
美しさ（beauty）　257-259, 264, 273, 276
海のほとりのボヘミア　343-345
エクソダス　200, 204, 222, 227
エスノグラフィ（民族誌，記録文学）　238, 273
エスピリット・サント　423
エピステモロジー／メソドロジー　132, 138, 291, 415, 442-443
エリジウム（Elysium）　233, 275, 276
オウシマ　347-348
オートノミー（自治・自立）　24, 349-352
オーランド　343-356
　──アイデンティティ　348-352
驚きと遊び心と探求心（a sense of wondering & playing & exploring）　11, 141, 142, 148
想いを／あきらめない気持ちを持ち続ける力（power of idea）　114
おわったこと，なかったこと　3

カ 行

カーボベルデ　356-387
化学反応／生体反応（reazione chimica e vitale）　12, 134
隔絶（weiter Ferne, distanza abissale）　3
仮借なき［博識の］探究（a relentless erudition）　120
堅い岩盤　33, 336, 355, 418
かたちを変えつつ動いていく（changing form）　2-6, 34, 416
偏ったトタリティ　35
活動アプローチ　328
瓦礫（marcerie / rovine）　14, 60, 126-127, 146
関係性　100
　──の危機　3
間国境地域（国境の項も参照）　189, 193, 388
慣習（習慣の項を参照）
歓待（ホスピタリティの項を参照）

寛容（generosity） 256, 264, 271, 272
危機的な瞬間（critical moment） 4-5
危機の時代の総合人間学 414
寄寓者 32-33
聴くことの社会学 113, 132, 330, 409, 426
寄港地（home） 379-382
兆し・兆候（segni, signs） 11, 15, 49, 51, 125, 360, 417
傷つきやすさ／攻撃されやすさ（vulnerability） 125, 145-146
北アドリア海 190, 193-196, 199, 205-206, 220-221
基点／起点（anchor points） 3
昨日のごとく 340
規範 245
9.11以降 7, 14, 171, 191, 192
境界 80, 194, 196-198, 213, 220-223, 226, 233, 237-243, 245-247, 249, 261, 265-267, 269, 270, 273, 277, 282, 284, 290, 300, 307-308
境界区分
　——の超越 439, 441-442
　——の変容 439, 441-442
　多重／多層／多面性の—— 439, 441
境界線の束 54, 414
境界領域（cumfinis） ii, 38-41, 192-193, 437-442
　心身／身心現象の——（liminality, betwixst and between） ii, 38-41, 61, 193
　テリトリーの—— ii, 38-41, 192, 193
　メタモルフォーゼの——（メタモルフォーゼの項を参照）
　——の社会学（sociologia di confine） 46, 412
　——を生きるひと（gens in cunfinem） 39, 46, 122
共成（cosviluppo） 7-9, 20, 84
共生（convivenza, living together） 84, 202-203, 206-207
共同性（communality） 289, 290
共同体（community） 289-290, 305, 325, 326
儀礼 265

岐路 5, 41
ぐいっとのみこむ，かく，きざみこむ（keeping perception/keeping memories） 119, 133
空間 238, 240, 245, 251, 255, 258, 261, 266
　——の定義 290, 296, 307-320, 324, 326
　——の再定義 322, 325
草の根のどよめき 413
蜘蛛の巣のような"智" 140-142
グルノーブル 180
クレオリザシオン（créolisation） 8, 356, 360, 385
グローバリゼーション 170-172, 184, 442
グローバリゼーション／ポスト・モダン 338, 385, 419-420
群島（l'arcipelago） 8, 26, 32-33, 89, 171
傾向性（disposition） 241
警察官（police officer） 284, 285
警備員（security officer） 236-238, 266, 268-272, 284
契約 99-100, 256, 280
劇的な収支決算（un bilancio drammatico） 13, 15, 343
限界と可能性 15, 42, 408-412
限界を受け容れる自由（free acceptance of our limits） 54, 59, 412
言語（言葉の項を参照）
原子力潜水艦 405, 426
原子力発電 5, 341
現代社会の病（i mali della società postmoderna） 13
原発事故 5, 275
個・体（individuo corporale） 10, 59
交感／交換／交歓（scambio, Verkehr） 6
"考故学"（'perdutologia' = una cumscientia di perdità） 415
拘束／絆（servitude humana / human bondage） 34
肯定性のホメオスタシス（Homeostasis of positive） 4
故郷喪失 318-320, 324

黒人（アフリカ系アメリカ人の項を参照）
ごくふつうの人々（la gente, uomo della strada, ordinary simple people） 10, 223
国民投票 340-341
個々人の内なる社会変動（change form/metamorphose, metamorfosi nell'interno degli individui corpolali） 47-51, 330
国境 189-195, 203-208, 213-214, 220-227
──と国民の境界 194, 213, 220-222
──とボーダー 189-196, 199, 205-206, 213, 217, 220-222, 224
──の定義 194
コトガラ（事柄の理）（ragione di cosa/causa） 46, 120, 127, 164-165
言葉（word） 233, 234, 240, 259-262, 264, 265, 269-272
異者（異物［イブツ］の項も参照） 233, 238, 268-270, 276, 316-318
個別の二者関係 325, 330
コミュニティ 171, 172, 174, 260-265, 289
──を基盤とする参与的行為調査（Community-Based Participatory Action Research-CBPR） 123-124
コルシカ 387-395
コロンビア大学 233-249, 253, 255, 256, 259, 260, 262-280, 282-284
根源性 28-29
コンストラクティヴィズム 167-168, 170

サ 行

再帰的近代 165-166, 179
サルデーニャ 195, 217, 387-408
サン・ヴィセンテ島 368-373
サンティアゴ島 362-368
3.11 163, 166, 437-438
──以降 2-6, 163, 166, 355, 440-443
サント・アンタン島 373-382
参与的行為調査（Participatory Action Research） 96, 123
ジェスチャー（gesture）（所作, 態度, 振る舞い, 物腰の項も参照） 241, 270,

271
ジェントリフィケーション 247, 264, 271-273
ジオカルチュア 442
時間 249, 257-259, 266
仕草（ジェスチャー, 所作, 態度, 振る舞い, 物腰の項を参照） 47, 240
"思行" 54, 117, 355
システム化の痛み 9, 355
自然 256, 259
シダーデ・ヴェーリャ 365-367
時代の裂け目（spaccatura d'epoca/epoca di spaccatura） 2, 339
時代のパサージュ／変転の時代（passaggio d'epoca/epoca di passaggio） 40, 41, 338-340, 343-347
島 166, 167, 182, 224
島々のつらなり 121
使命（professione, Beruf, calling, vocation） 3, 58, 413
社会学的探求（Sociological Explorations/Esplorazioni sociologiche） 118-120
社会的痛苦（patientiae, sufferentiae, doloris ex societas） 3-6, 9, 59, 165
社会的排除 166-167, 171, 173, 176, 179
社会のオペレーター（operatori sociali） 124
社会文化的な島々（isole socio-culturali） 20-27, 84-85, 326
習慣 241, 245
集合的な出来事 308, 311, 328
集合的プロセス 24, 32, 48, 342
受難 4, 30, 165
状況・条件 4-6
衝突・混交し混淆する重合性（compositezza） 16, 19
生老病死 143, 403
所作（carriage）（ジェスチャー, 態度, 振る舞い, 物腰の項も参照） 240, 256, 271
叙述／伝達の技法（arti di rappresentazione, art of representations） 131-138
人種 233-235, 237, 240, 246, 255, 256, 265-267, 269-272, 277, 283, 284
新住民／旧住民 316-318, 329

索　引　*451*

心身／身心現象（fenomeno dell'oscurità antropologica）　10, 59
　　——の境界領域（境界領域の項を参照）
深層／深淵（obscurity, oscurità/abyss, abisso）　15-16
　　——のヨーロッパ（ヨーロッパの項を参照）
身体　240, 258, 271, 274, 280, 281
ステイトとネイション　442
スローダウン　55
生・体（corpus corporale）　10, 409
精神療法／心理療法（psychotherapy）　108-109, 147-148
生存の在り方（ways of being）　4-7, 290, 339
生存の場　290, 326
生態系の存続　411
生体的関係的カタストロフ（la catastrofe biologica e relazionale della specie umana）　12-16, 343
生という不治の病（There's no cure for life）　118
生命系の経済学　385
世界システム　272
　　——の周辺部　440
　　——の中心部　438-440
　　——分析　205, 438
責任／応答力（responsibility）　4-5, 54, 125-126, 163, 165, 340, 411
前人未踏の地　54
選択のパラドクス　379-382
創起する動き（movimenti emergenti）　47-51, 414
喪失（perdita）　45, 51-54
創発（emergence）　48, 52, 54, 289-290
底知れぬ喪失／痛みの深淵（pertità abissale／abisso di dolore）　3

タ　行

対位する身体（corpo contrapponendo）　46, 353-356
対位法（contrapunctus）　20, 354
対象の反逆（rivolta dell'oggetto）　139
態度（attitude）（ジェスチャー，所作，振る舞い，物腰の項も参照）　237, 264, 268, 270, 271
胎動（movimenti dell'oscurità antropologica）　47-51
大陸の思考　8, 347
対話的なエラボレイション　ii-iii, 118-121
対話的にふりかえり交わる（riflessione e riflessività）　117, 119
多重／多層／多面性（multiplicity）　42, 329-330
　　——の境界区分（境界区分の項を参照）
ただ受けとめる（accettare）　49-50, 122
立川プロジェクト　144-145, 325
旅／フィールドワーク（esprorazione, learning/unlearning in the field）　ii
　　——する社会学　127
探究／探求型社会調査（Exploratory Social Research）　20, 121-127
探究／探求の技法（Arti di ricerca/esplorazione, Art of exploring）　126-131
端末　355, 379
地域化／領土化された政策　175
地域政策　174, 175
知慧（sapienza）／智恵（saperi）／智慧（saggezza）　105
チェルノブイリ以降　340-343
地中海　81-82, 89-90, 189
チッチェリア地方　194, 214-220, 223, 228
超越（transcendence）　i, 205
チルコロ・イストリア文化会　203, 206-223, 225-226, 228
追想／追憶し続ける（keep re-membering, ri-cordando）　119, 404-405
"慎み深く，思慮深く，自らの限界を識ること（umiltà）"　126
出会い　49, 52, 65-66
ディアスポラ　200, 203, 204, 207, 208, 223-224, 228
デイリーワーク　129, 403
デザイン　241, 255, 257, 259, 261, 273
デモクラシー　175, 184
テリトリーの境界領域（境界領域の項を参照）

伝統の再創造　218-219, 222, 228
島嶼社会論　20-27
島嶼主義　23-24
島嶼性（insularità）　22-25, 83
統治性の限界（the Limits of Governmentality）　2, 340, 413
都市政策　171, 173, 176, 177, 179, 181-183, 187
ともに（共に／伴って／友として）　11-12
トリエステ　189, 194, 197, 200-201, 203-208, 210-211, 213-219, 222-225
　――人（Triestini）　223-224
　――問題　189, 200, 203

ナ 行

ナショナリズム　191, 192, 221-222, 226
生身の現実（la cruda realtà）　3
日誌（フィールドノーツ）　130-131
人間の内面崩壊／人間の亀裂（degenerazione umana/spaccatura antropologica）　13, 51, 413
根（radice）　14, 28-32, 35-36
根こそぎにされた（uprooted, sradicato）　3-6, 290
農村家族学校（scuola famigla rurale）　147, 376

ハ 行

ハーレム　234, 236-247, 249, 255, 256, 260, 262, 265-267, 270, 274, 276, 277, 279, 284
廃棄　5, 28, 258, 275, 407, 413
白人　234, 237, 244, 245, 253, 267, 268, 276, 284
端／果て（punta estrema/finis mundi）　38, 85, 335-338
場所　238-240, 245, 246, 249, 253, 256, 257, 259, 260, 262, 270, 289-290
　――の赤字　166, 172-173, 125-126
ひとの移動　60, 289-290, 300-301, 306, 316, 318, 320-322, 324, 358-359, 390
ピボット・ピン　42-43, 224
フィールドのなかで書くこと（writing in the field, writing while committed）　55, 136-138
フィヨルドの岸辺　343-345
フィルターとしての理論　12, 51, 138-140
フォイベ　203-204, 209, 222, 227
フォーグロー島　353
不規則な断片（フラクタル）　345-348, 416
不協の多声（polifonia disfonica）　119, 348, 407
不均衡な均衡（simmetria asimmetrica）　5
複合・重合性（compositezza）　329-330
複合し重合する私（io composito）　86, 91, 224, 329
複合的身体（corpo composito）　16-20, 354
複雑性のもたらすジレンマ　4-6
服装（clothing）　251, 255, 268, 269
物理的な限界　1, 5, 42, 408-412
プライア　361-365, 383-385
振る舞い（ways of acting）（ジェスチャー，所作，態度，物腰の項も参照）　240, 241, 258, 271, 272, 274
パッターダ　391-392
半島（penisola）／島尾（l'isola con la coda）　83, 90-91
低きより（高みから裁くのでなく，地上から，廃墟から）（umiltà, humility）
プレイング・セルフ　2, 353
ぶれてはみ出す（playing & challenging）　2
フロンティア　205, 227
　――のアイデンティティ　216-217, 228
雰囲気（aura, mood, atmosphere）　240, 269, 271
文化コード　238, 245, 271, 272
ペリペティア　415, 427
変化に対する責任と応答を自ら引き受ける自由（a freedom that urges everyone to take responsibility for change）　54, 60
変容（transformation）　i, 205
忘我・自失（raptus）　4

忘却（amnesia）　4, 165
放射能　3, 51, 290, 340, 347, 405, 415
方法としての手紙　131-136
暴力（Gewalt）　238, 270, 271, 273, 274, 276, 285
ボーダーランド（境界の項も参照）　245
ホスピタリティ　257, 276, 279

マ 行

マイノリティ　222-224
招き入れ（invitation/reception）　256, 264, 271
マングローブの根　33-38
マンハッタンヴィル（Manhattanville）　247, 250, 262, 263, 273
岬　85, 348
見知らぬ明日（unfanthomed future, domani sconosciuto）　3, 5, 355
道行き・道程・移行・移動・横断・航海・推移・変転・変化・移ろい（passaggio）　19, 40, 45, 46-47, 80
身なり（服装の項を参照）
未発の
　　──一揆　31, 342
　　──社会運動（movimenti nascenti）　6, 47-51
　　──状態（stato nascente）　5, 441
　　──もの　164-166, 169
民族誌（エスノグラフィの項を参照）
ミンデロ　369-370, 422-423
迎え入れ（招き入れの項を参照）
無償性の交感（accettazione di guratuità）　47-51, 65
メタ・コミュニケーション　100-101
メタファーとしての概念　12
メタモルフォーゼ　43, 164
　　──の境界領域　ii, 38-41, 193
毛細管現象（fenomeno della capillarità）　6, 47-49, 340
モーニングサイド（Morningside）　239, 243, 245
物腰（demeanor/manner）（ジェスチャー、所作、態度、振る舞いの項も参照）　240, 270, 271

ヤ 行

病んだ近代（i moderni mali）　13
有限性（limits, limiti）　15, 38, 146, 410, 411, 415
用語（言葉の項を参照）
ヨーロッパ　170-171, 195, 224
　いくつものもうひとつの──　220, 222
　異端／他端／多端の──　346, 439-440
　深層／深淵の──　224, 335
　──半島　224, 346-347
　ひとつの──　224
　──連合（EU）　189, 191, 194, 206, 213, 218, 221-224
予感する（ahnen, presentire）　4, 11, 29
予見［的認識を］する（prevedere）　64, 273
汚れのなさ（immaculacy）　257, 259
よそ者（異者の項を参照）
余裕（room, skholé）　55
よりゆっくりと、やわらかく、深く、耳をすましてきき、勇気をもって、たすけあう（lentius, suavius, profundius, audire, audere, adiuvare）　119, 127, 415

ラ 行

ラ・マッダレーナ　340, 388-391, 405
ラディーノ　63
リージョナリズム　442
リージョン　440, 442
リスク　13, 411
リフレクシヴ（再帰的／内省的／照射的）　4, 10, 59, 93-103, 226
流体（fluido）　35, 44
流動性／重合性　37
領域化／脱領域化／再領域化　201-204
良識ある第三者（conscientious third party）　265, 271
療法的でリフレクシヴな調査研究（T&R）　123-124
リヨン　176, 181
"臨場・臨床の智（cumscientia ex klinikós）"　ii, 105-106, 125

礼儀にかなった（decent）　251, 272
歴史的地域　194-198, 199, 204-207, 220-221, 223, 226, 294, 311, 327, 391
歴史的地層　305-307, 320-325
列島の思考　8, 351
ローカリズム　442
ローカル　191, 194, 220-223, 439-441

ワ　行

わがこと，わたしのことがら（cause, causa, meine Sache）　6, 343

惑星社会（società planetaria, planetary society）　i, 163-164, 166, 223, 228, 437-438, 440-443
　——内なる惑星（内なる惑星の項を参照）
　——の諸問題（the multiple problems in the planetary society）　3-6

人名索引

ア 行

アンダーソン，E.（Anderson, E.） 284
イアンニ，O.（Ianni, O.） ii, 7
石牟礼道子（Ishimure, M.） 52
稲葉佳子（Inaba, Y.） 293, 296-297, 327
井上直子（Inoue, N.） 227
ヴァルジゥ，A.（Vargiu, A.） 87, 124
ウイリアムズ，T.（Williams, T.） 66, 277, 284
梅棹忠夫（Umesao, T.） 284
ウルフ，V.（Woolf, V.） 145
エンツェンスベルガー，H.M.（Enzensberger, H.M.） 171, 337, 343-346, 439
オーテ，M.（Autès, M.） 175
大野盛雄（Óno, M.） 133
奥田道大（Okuda, M.） 293, 297, 299-300, 328-329
オジェ，M.（Augé, M.） 277
オソフスキー，G.（Osofsky, G.） 283-284
小野塚知二（Onozuka, T.） 146

カ 行

カッチャーリ，M.（Cacciari, M.） 8
鹿野政直（Kano, M.） 31, 41, 335-336, 342
カブラル，A.（Cabral, A.） 375
鎌田 慧（Kamata, S.） 281
鎌田 遵（Kamata, J.） 58
ガリーノ，L.（Gallino, L.） 339
キットラー，F.（Kittler, F.） 282
キャステル，R.（Castel, R.） 175, 178-180, 184
グリッサン，E.（Glissant, É.） 8
コーンブルム，W.（Kornblum, W.） 277, 284
古在由重（Kozai, Y.） 426
柑本英雄（Kojimoto, H.） 228
コッコ，M.（Cocco, M.） 360

サ 行

サーバ，U.（Saba, U.） 224, 228
サイード，E.（Said, E.） 66, 125
酒井直樹（Sakai, N.） 277
阪口 毅（Sakaguchi, T.） 440
桜井徳太郎（Sakurai, T.） 326
サックス，I.（Sachs, I.） 22
サッセン，S.（Sassen, S.） 58
島尾敏雄（Shimao, T.） 90, 335-336
シュミット，V.A.（Schmidt, V.A.） 168-169
鈴木鉄忠（Suzuki, T.） 440
鈴木祐司（Suzuki, Y.） 134
スピリト，P.（Spirito, P.） 223
セルトー，M.（Certeau, M. de） 282, 284, 285

タ 行

ターナー，V.W.（Turner, V.W.） 40, 326
玉野井芳郎（tamanoi, Y.） 146, 385-386
チャップリン，C.（Chaplin, C.） 258, 281
鶴見和子（Tsurumi, K.） 31-32, 228
鶴見俊輔（Tsurumi, S.） 146
鶴見良行（Tsurumi, Y.） 79, 80-81, 134
テイラー，M.（Taylor, M.） 266, 267
ディンキンズ，D.（Dinkins, D.） 264
デュークス，H.（Dukes, H.） 264
デュブドゥ，H.（Dubedout, H.） 180-181
デュボイス，W. E. B.（DuBois, W. E. B） 234
デリダ，J.（Derrida, J.） 279, 348
デレッダ，G.（Deledda, G.） 391
ドゥラリュ，J.M.（Delarue, J.-M.） 182
トゥレーヌ，A.（Touraine, A.） ii, 65, 107
トミッツァ，F.（Tomizza, F.） 223

ドンズロ, J.（Donzelot, J）　175, 176, 184-185, 186

ナ 行

中澤秀雄（Nakazawa, H.）　64
中島康予（Nakajima, Y.）　439
中村 寛（Nakamura, Y.）　66, 439
新原道信（Niihara, M.）　164, 168, 325-326, 330, 437-443

ハ 行

パーク, R. E.（Park, R. E.）　414
パーシ, A.（Paasi, A.）　192
バージェス, E. W.（Burgess, E. W.）　414
バーテルソン, J.（Bartelson, J.）　i
バウマン, Z.（Bauman, Z.）　65
パオリ, P.（Paoli, P.）　399
蓮見音彦（Hasumi, O.）　326
バッハマン, I.（Bachmann, I.）　420
ハミッド（Hamid）　234-238, 243, 267-272, 274, 283
パリエ, B.（Palier, B.）　174, 177
バンヴェニスト, E.（Benveniste, E.）　279
ピラ, M.（Pira, M.）　139
ファイアレイ, W.（Firey, W.）　326
フーコー, M.（Foucault, M.）　281, 282
ブフォン, M.（Bufon, M.）　195, 205-206, 227
古城利明（Furuki, T.）　i, 205-206, 227-228, 441, 443
ブルデュー, P.（Bourdieu, P.）　66, 146, 167, 178, 233, 278, 325
フレイレ, P.（Freire, P.）　123
ブローデル, F.（Braudel, F.）　34, 387
ブロムカンプ, N.（Blomkamp, N.）　275, 276
ベラー, R. N.（Bellah, R. N.）　283, 289, 413
ベンヤミン, W.（Benjamin, W.）　16
ボヴォーネ, L.（Bovone, L.）　143
保苅 実（Hokari, M.）　58
ボリンジャー, L.（Bolinger, L.）　247, 262

ホワイト, W. F.（Whyte, W. F.）　123, 171-172

マ 行

マーフィー, R.（Murphy, R.）　40, 116
マグリス, C.（Magris, C.）　215, 228
真下信一（Mashita, S.）　427
マッケンジー, R. D.（Mackenzie, R. D.）　414
松本 康（Matsumoto, Y.）　327
ミーリャ, G.（Miglia, G.）　203
ミガレッドゥ, V.（Migaleddu, V.）　405-408
ミッテラン, F.（Mitterrand, F.）　176, 177, 180, 181
南方熊楠（Minakata, K.）　140, 142, 148-149
宮本常一（Miyamoto, T.）　136
メルッチ, A.（Melucci, A.）　ii, 12-16, 41-46, 55-56, 93-111, 223-224, 326, 329-330, 408-412, 417, 437-438, 440, 442
メルレル, A.（Merler, A.）　ii, 16-27, 79-92, 224, 329-330, 356-358, 437-438

ヤ 行

柳田国男（Yanagita, K.）　31
山口昌男（Yamaguchi, M.）　277-288
山下範久（Yamasita, N.）　442
吉原直樹（Yoshihara, N.）　52

ラ 行

ランゲル, A.（Langer, A.）　8
リー, S.（Lee, S.）　283
ルカーチ, G.（Lukács, G.）　427
レッダ, G.（Ledda, G.）　391
ローレンス, R.（Lawrence, R.）　277

ワ 行

ワイズマン, F.（Wiseman, F.）　284

執筆者・翻訳者紹介（執筆順）

執筆者

新原道信（にいはらみちのぶ）　中央大学文学部教授，
　　　　　　　　　　　　　　中央大学社会科学研究所研究員

アルベルト・メルレル（Alberto Merler）
　　　　　　　　　　　　　　サッサリ大学名誉教授

アルベルト・メルッチ（Alberto Melucci）
　　　　　　　　　　　　　　ミラノ大学名誉教授（2001年逝去）

中島康予（なかじまやすよ）　中央大学法学部教授，
　　　　　　　　　　　　　　中央大学社会科学研究所研究員

鈴木鉄忠（すずきてつただ）　日本学術振興会特別研究員，
　　　　　　　　　　　　　　中央大学社会科学研究所客員研究員

中村寛（なかむらゆたか）　　多摩美術大学造形表現学部准教授，
　　　　　　　　　　　　　　中央大学社会科学研究所客員研究員

阪口毅（さかぐちたけし）　　中央大学大学院文学研究科博士後期課程社会学専攻，
　　　　　　　　　　　　　　中央大学社会科学研究所準研究員

古城利明（ふるきとしあき）　中央大学名誉教授，
　　　　　　　　　　　　　　中央大学社会科学研究所客員研究員

翻訳者

新原道信　　　前出

"境界領域"のフィールドワーク
―"惑星社会の諸問題"に応答するために―
中央大学社会科学研究所研究叢書 27

2014 年 3 月 25 日　発行

　　　　　　　　編著者　新　原　道　信
　　　　　　　　発行者　中 央 大 学 出 版 部
　　　　　　　　　　代表者　遠　山　　曉

　　　　　〒192-0393　東京都八王子市東中野 742-1
発行所　中 央 大 学 出 版 部
　　　　　電話 042(674)2351　FAX 042(674)2354
　　　　　http://www2.chuo-u.ac.jp/up/

ⓒ 2014　　　　　　　　　　　　　　　　電算印刷㈱

ISBN 978-4-8057-1328-0

中央大学社会科学研究所研究叢書

1　自主管理の構造分析
　　－ユーゴスラヴィアの事例研究－
　中央大学社会科学研究所編
　Ａ５判328頁・2800円

80年代のユーゴの事例を通して，これまで解析のメスが入らなかった農業・大学・地域社会にも踏み込んだ最新の国際的な学際的事例研究である。

2　現代国家の理論と現実
　中央大学社会科学研究所編
　Ａ５判464頁・4300円

激動のさなかにある現代国家について，理論的・思想史的フレームワークを拡大して，既存の狭い領域を超える意欲的で大胆な問題提起を含む共同研究の集大成。

3　地域社会の構造と変容
　　－多摩地域の総合研究－
　中央大学社会科学研究所編
　Ａ５判462頁・4900円

経済・社会・政治・行財政・文化等の各分野の専門研究者が協力し合い，多摩地域の複合的な諸相を総合的に捉え，その特性に根ざした学問を展開。

4　革命思想の系譜学
　　－宗教・政治・モラリティー
　中央大学社会科学研究所編
　Ａ５判380頁・3800円

18世紀のルソーから現代のサルトルまで，西欧とロシアの革命思想を宗教・政治・モラリティに焦点をあてて雄弁に語る。

5　ヨーロッパ統合と日欧関係
　　－国際共同研究Ⅰ－
　高柳先男編著
　Ａ５判504頁・5000円

EU統合にともなう欧州諸国の政治・経済・社会面での構造変動が日欧関係へもたらす影響を，各国研究者の共同研究により学際的な視点から総合的に解明。

6　ヨーロッパ新秩序と民族問題
　　－国際共同研究Ⅱ－
　高柳先男編著
　Ａ５判496頁・5000円

冷戦の終了とEU統合にともなう欧州諸国の新秩序形成の動きを，民族問題に焦点をあて各国研究者の共同研究により学際的な視点から総合的に解明。

━━━━━━━中央大学社会科学研究所研究叢書━━━━━━━

坂本正弘・滝田賢治編著

7 現代アメリカ外交の研究

A5判264頁・2900円

冷戦終結後のアメリカ外交に焦点を当て，21世紀，アメリカはパクス・アメリカーナⅡを享受できるのか，それとも「黄金の帝国」になっていくのかを多面的に検討。

鶴田満彦・渡辺俊彦編著

8 グローバル化のなかの現代国家

A5判316頁・3500円

情報や金融におけるグローバル化が現代国家の社会システムに矛盾や軋轢を生じさせている。諸分野の専門家が変容を遂げようとする現代国家像の核心に迫る。

林　茂樹編著

9 日本の地方CATV

A5判256頁・2900円

自主製作番組を核として地域住民の連帯やコミュニティ意識の醸成さらには地域の活性化に結び付けている地域情報化の実態を地方のCATVシステムを通して実証的に解明。

池庄司敬信編

10 体制擁護と変革の思想

A5判520頁・5800円

A.スミス，E.バーク，J.S.ミル，J.J.ルソー，P.J.プルードン，Φ.N.チュッチェフ，安藤昌益，中江兆民，梯明秀，P.ゴベッティなどの思想と体制との関わりを究明。

園田茂人編著

11 現代中国の階層変動

A5判216頁・2500円

改革・開放後の中国社会の変貌を，中間層，階層移動，階層意識などのキーワードから読み解く試み。大規模サンプル調査をもとにした，本格的な中国階層研究の誕生。

早川善治郎編著

12 現代社会理論とメディアの諸相

A5判448頁・5000円

21世紀の社会学の課題を明らかにし，文化とコミュニケーション関係を解明し，さらに日本の各種メディアの現状を分析する。

中央大学社会科学研究所研究叢書

石川晃弘編著

13 体制移行期チェコの雇用と労働

Ａ５判162頁・1800円

体制転換後のチェコにおける雇用と労働生活の現実を実証的に解明した日本とチェコの社会学者の共同労作。日本チェコ比較も興味深い。

内田孟男・川原　彰編著

14 グローバル・ガバナンスの理論と政策

Ａ５判300頁・3600円

グローバル・ガバナンスは世界的問題の解決を目指す国家，国際機構，市民社会の共同を可能にさせる。その理論と政策の考察。

園田茂人編著

15 東アジアの階層比較

Ａ５判264頁・3000円

職業評価，社会移動，中産階級を切り口に，欧米発の階層研究を現地化しようとした労作。比較の視点から東アジアの階層実態に迫る。

矢島正見編著

16 戦後日本女装・同性愛研究

Ａ５判628頁・7200円

新宿アマチュア女装世界を彩った女装者・女装者愛好男性のライフヒストリー研究と，戦後日本の女装・同性愛社会史研究の大著。

林　茂樹編著

17 地域メディアの新展開
－CATVを中心として－

Ａ５判376頁・4300円

『日本の地方CATV』(叢書９号)に続くCATV研究の第２弾。地域情報，地域メディアの状況と実態をCATVを通して実証的に展開する。

川崎嘉元編著

18 エスニック・アイデンティティの研究
－流転するスロヴァキアの民－

Ａ５判320頁・3500円

多民族が共生する本国および離散・移民・殖民・難民として他国に住むスロヴァキア人のエスニック・アイデンティティの実証研究。

中央大学社会科学研究所研究叢書

菅原彬州編

19 連続と非連続の日本政治

A5判328頁・3700円

近現代の日本政治の展開を「連続」と「非連続」という分析視角を導入し、日本の政治的転換の歴史的意味を捉え直す問題提起の書。

斉藤　孝編著

20 社会科学情報のオントロジ
－社会科学の知識構造を探る－

A5判416頁・4700円

オントロジは、知識の知識を研究するものであることから「メタ知識論」といえる。本書は、そのオントロジを社会科学の情報化に活用した。

一井　昭・渡辺俊彦編著

21 現代資本主義と国民国家の変容

A5判320頁・3700円

共同研究チーム「グローバル化と国家」の研究成果の第3弾。世界経済危機のさなか、現代資本主義の構造を解明し、併せて日本・中国・ハンガリーの現状に経済学と政治学の領域から接近する。

宮野　勝編著

22 選挙の基礎的研究

A5判150頁・1700円

外国人参政権への態度・自民党の候補者公認基準・選挙運動・住民投票・投票率など、選挙の基礎的な問題に関する主として実証的な論集。

礒崎初仁編著

23 変革の中の地方政府
－自治・分権の制度設計－

A5判292頁・3400円

分権改革とNPM改革の中で、日本の自治体が自立した「地方政府」になるために何をしなければならないか、実務と理論の両面から解明。

石川晃弘・リュボミール・ファルチャン・川崎嘉元編著

24 体制転換と地域社会の変容
－スロヴァキア地方小都市定点追跡調査－

A5判352頁・4000円

スロヴァキアの二つの地方小都市に定点を据えて、社会主義崩壊から今日までの社会変動と生活動態を3時点で実証的に追跡した研究成果。

中央大学社会科学研究所研究叢書

25 石川晃弘・佐々木正道・白石利政・ニコライ・ドリャフロフ編著
グローバル化のなかの企業文化
－国際比較調査から－

A 5 判400頁・4600円

グローバル経済下の企業文化の動態を「企業の社会的責任」や「労働生活の質」とのかかわりで追究した日中欧露の国際共同研究の成果。

26 佐々木正道編著
信頼感の国際比較研究

A 5 判324頁・3700円

グローバル化，情報化，そしてリスク社会が拡大する現代に，相互の信頼の構築のための国際比較意識調査の研究結果を中心に論述。

＊価格は本体価格です。別途消費税が必要です。